한국선비문화총서 01

선비, 어떤 사람인가

한국선비문화연구원

발간사

　한국선비문화연구원이 연구분야에서 추구하는 목표는 두 가지이다.
　하나는 한국의 선비문화를 연구하여 '한국선비문화총서'를 간행 보급함으로써 선비문화를 미래 정신문화의 토대가 되도록 하는 것이다. 또 하나는 남명학파의 선비문화를 조명하여 '남명선비문화총서'를 간행 보급함으로써 남명사상을 시대에 맞게 계승 발전시키는 것이다. 선비의 전형이라 할 수 있는 남명 조식 선생의 선비정신을 널리 알리기 위해 매년 남명선비문화총서를 간행하고 있으며, 아울러 한국의 선비문화를 체계적으로 정리하여 한국선비문화총서를 매년 간행할 계획이다.
　선비문화와 선비정신은 우리 선조들이 이룩한 높은 수준의 문명으로 우리가 문화강국으로 나아갈 수 있는 초석에 해당한다. 우리 선조들은 경(敬)으로 내면을 함양하고 성찰하며, 의(義)로 외적인 일을 처결하여 예의염치를 알고 정의롭고 공정한 세상을 만들고자 하였다. 그런 정신이 축적되어 존양·성찰·극기를 수신의 바탕으로 삼아 바른길을 지향하였다. 그리하여 황희 같은 경세가가 나오고, 이순신 같은 구국의 영웅이 나오고, 안중근 같은 의사(義士)가 나온 것이다.
　오늘날 우리 사회는 과학기술의 발전으로 풍요로운 삶을 누리고 있지만, 물질만능의 늪에 빠져 정신문명의 기치를 바로 세우지 못하고 있다. 경제적으로 넉넉할 뿐 아니라 정신적으로도 품격을 유지해야 명실상부한 선진국이 될 수 있는데, 정신문명은 아직 선진국의 문턱에 이르지 못하고 있다.

우리는 선비정신을 토대로 정신문명을 새롭게 창조해야 한다. 그래야 정신과 경제의 두바퀴로 굴러가는 진정한 선진국이 된다. 한국선비문화연구원은 이런 시대적 책무를 외면하지 않고 선비문화를 발굴하고 정리하여 우리의 정신문화를 재건하고자 한다.

2025년 9월 1일
한국선비문화연구원장 최구식

책을 내면서

　지난해 '선비, 어떤 사람인가'라는 주제로 두 차례 학술회의를 개최하였다. 기획할 적에 단행본과 연구논문을 뒤적이면서 한국의 선비문화와 선비정신을 가장 잘 정리하고 연구한 분을 물색하여 발표를 청탁하였다. 기왕의 선비에 관한 연구를 일별해 보면, 우리나라 역대 지식인 또는 청렴한 관리를 선비로 보고서 각 사례를 통해 의미 있는 가치를 드러낸 것이 대부분이다. 반면 선비의 개념에 대해 논의하거나 선비정신의 특징을 포괄적으로 논한 글은 매우 적다. 막연한 선비 개념으로 그와 관련된 내용을 뽑아 편찬한 것이 대부분인지라, '선비'란 어떤 인간형인지 쉽게 갈피를 잡을 수 없다.

　우리 연구원은 한국의 선비문화를 연구하고 보급하는 기관으로서 선비개념을 올바로 정립해 보고자 하였다. '선비'에 대한 연구를 보면, 어원적으로 접근하여 '통시대적이고 범문화적인 우리 민족성'을 상징하는 말로 본 연구가 있다. 이는 마치 한민족을 선비로 보는 듯한 인상을 주어 우리가 생각하는 '선비'라는 개념과는 동떨어지게 느껴진다. 게다가 '선비'가 '선비족에서 나왔다'거나, '선인(仙人)에서 연유했다'고 하는 논의는 선비개념을 더욱 모호하게 한다. 이런 연구를 비판하며 '선비'라는 용어는 역사성이 있다는 관점에서 조선 전기 '유(儒)'·'사(士)'·'군자(君子)'를 '선비'로 언해한 것을 통해 조선 전기 이런 가치를 추구한 지식인을 '선비'라고 부르게 되었다는 설이 등장하였다.

　'선비'라는 용어의 내력을 집중적으로 탐구한 권순철 교수의 글은 선비개념을 이해하는 데 길잡이가 된다. 권교수는 '선비'가 한자어 '선배(先輩)'임을 밝혔고, '선비'의 당초 뜻이 '학식을 갖추어 벼슬하는 사람'임을 밝혔고, 모범적 인격을 뜻하는 선비 개념이 사화의 역사 경험을 통하여 형성되었음을 밝혔다. 그리고 '선비'를 '도(道)와 리(理)를 실천하는 자, 비도(非道)와 비리(非理)를 바로잡고자 비판하고 저항하는 자, 도와 리를 지키고 연구하는 학자와 사표'라고 정의하였다.

기왕의 연구를 통해 볼 때, '선비'라는 용어는 당초 '학식을 갖추어 벼슬하는 사람'을 지칭하다가, 조선 전기 사화를 경험하면서 '지조와 절개, 학문과 덕행을 겸비한 양심적 지식인'을 의미하는 말로 쓰이기 시작한 것을 알 수 있다. 이는 마치 사화를 경험하면서 남명 조식 같은 학자를 '처사(處士)'라고 칭하였듯이, '선비'라는 용어도 그와 같은 역사성을 지니고 있다. 그런데 후대 벼슬하지 않은 사람을 모두 '처사'라고 하듯이, '선비'라는 용어도 역사적 의미가 퇴색하면서 '지조와 절개, 학문과 덕행'의 가치는 빛이 바래고, '벼슬하지 않고 초야에 있는 지식인'을 통칭하는 말이 되었다.

당초 기획할 적에 이 책의 제1부는 선비의 개념과 사유에 대해 고찰하는 것으로 하고, 제2부는 지역별 선비정신 또는 선비문화를 살피는 것으로 하였다. 제1부 김언종·권순철·임태홍 교수의 글은 선비의 개념을 집중적으로 논의한 것이고, 김기현·심경호 교수의 글은 선비의 사유와 사상을 논의한 것이다. 제2부는 지역별로 선비문화와 선비정신의 형성과 특징을 살피고자 기획한 것인데, 대체로 기호 학계, 영남 학계, 호남 학계로 크게 나누어 오세현·이종범·전성건 교수가 귀한 글을 써주셨다. 그리고 마지막으로 김석근 교수가 선비정신의 현대적 의미와 가치에 대해 대미를 장식하는 글을 주셨다.

이 책은 선비의 개념에 대해 역사성과 지역성을 담보하면서 그 의미를 정확하게 파악하여 개념을 정립하고자 한 데에 의의를 둘 수 있다. 그간 선비의 개념에 대해 이런저런 논의가 있었지만, 이 책을 통해 선비의 개념을 정리하는 계기가 되었으면 한다. 또한 '선비'라는 용어가 출현하는 16세기 조선 사회의 풍상을 통해, 선비가 어떤 사람을 의미하는지를 분명히 알게 될 것이다. 이를 통해 우리는 지식인의 전형적인 모습이 바로 '선비'라는 것을 알 수 있으며, 그들이 추구한 지조와 절개 및 학문과 덕행이 조선의 선비문화와 선비정신을 만드는 데 원동력이 되었음을 알 수 있다. 이런 선비문화와 선비정신을 오늘날에 다시 되살려 우리 정신문화의 자양분으로 삼을 때 우리는 명실상부한 문화강국, 문화선진국으로 발돋움할 수 있을 것이다.

아무쪼록 이 책이 우리나라가 선비의 나라로 다시 거듭나고, 우리 후손들이 선비정신을 오래오래 계승해 나가는 데에 초석이 되기를 기대한다. 어려운 출판 환경 속에서도 이 책을 흔쾌히 출판해 주신 보고사 김흥국 사장 및 관계자 여러분께도 감사의 말씀을 전한다.

2025년 9월 1일
한국선비문화연구원 부원장 최석기

차례

발간사 • 최구식 ……………………………………………… 3
책을 내면서 • 최석기 ……………………………………… 5

제1부   선비의 개념과 사유

선비, 그 용어의 기원과 함의에 대하여 • 김언종 …………… 11
선비의 개념과 선비상 • 권순철 …………………………… 38
한·중·일의 선비(士) 개념 • 임태홍 ……………………… 85
천명(天命)의 인간학과 오늘의 삶 • 김기현 ……………… 149
어느 선비의 경세제민사상
―『성호사설』의 학문방법과 경세사상 • 심경호 ……… 261

제2부   선비문화와 선비정신

기호학자의 선비정신과 학문세계
―이단상의 경세의식과 학문을 중심으로 • 오세현 ……… 285
호남학자의 선비정신
―조선전기 남원지방 선비문화의 전개와 맥락 • 이종범 ……… 327
영남학자의 선비정신
―돈후와 결기 • 전성건 ………………………………… 381
선비정신의 현재적 의미와 가치
―국민개사(國民皆士), 민주주의 그리고 통합의 리더십 • 김석근
……………………………………………………………… 410

제1부

선비의 개념과 사유

선비, 그 용어의 기원과 함의에 대하여*

김언종 | 한국고전번역원 원장, 고려대학교 명예교수

1. 제언

　한국선비문화연구원에서 이런 큰 제목을 주고 제 소견을 밝힐 수 있는 기회를 줌에 대해 감사드린다. 그런데 선비의 정확한 함의를 적시(摘示)하는 일은 그리 어려운 일이 아니지만 그 어원(語源)과 기원(起源)을 알아내는 일은 쉬운 일이 아니다. 오랫동안 '선비'를 둘러싼 논의가 적지 않았고 다양한 견해가 있었지만[1] 아직 어느 하나도 이 문제에 관심 있는 사람들의 공인을 얻지는 못한 것으로 보인다.
　본고는 가능한 한 이에 관한 견해들을 조사하여 공유하고 그 문제점을 논평하려 한다. 그리고 오늘날 '선비'라는 용어가 담지(擔持)하고 있는 뜻을 거듭 보충해 왔다고 생각되는 유(儒)·사(士)·군자(君子)가 유가 경전에서 어떤 뜻과 연관되어 있는지를 새삼 일별하고 부연하며, 우리 현실에 관련시켜 한마디 제언을 하려고 한다.

---

* 본고는 동 제목으로 『조선시대의 선비』(예문서원, 2015)에 실렸던 구고의 미진한 부분을 보충한 것이다.
1) 심하게는 선비는 '넉넉하게 갖추었다'는 의미의 '贍備'에서 변한 말이란 주장도 있다.

2. 기존 논의 검토

뚜렷한 증거는 없지만 훈민정음이 창제되기 이전에도 '선비'란 말이 당연히 있었을 것으로 짐작된다. 훈민정음이 창제된 지 오래지 않아 '선비'라는 두 글자가 언문(諺文)으로 나타나기 때문이다. 그러나 이 말이 언제부터 쓰이기 시작했을 것인지는 알 수 없으며, 오래 전에 있었다 하더라도 처음 무슨 의미로 쓰였는지는 또한 알 수 없다. 이럴 경우를 위해 공자(孔子)는 "자신이 알지 못하는 부분에 대해서는 함부로 단정하거나 언급하지 않고 빈칸으로 남겨둔다.[於其所不知 蓋闕如也]", "모르는 것은 모른다고 하라.[不知爲不知]"라는 명언을 남겼다. 이 태도가 바로 학문하는 사람의 기본 자세가 아닐까 한다. 그러나 지식인의 자기 인식과 정립에 관련하여 너무 중요한 용어라서 많은 사람이 추측을 통한 자가류(自家流)의 주장을 편 바 있다.

근래 '선비'에 관해 활발하게 논의한 논자의 한 사람인 한영우의 『미래와 만나는 한국의 선비문화』(2014) 가운데 「선비라는 말의 기원」 부분에 그러한 주장들이 나열되어 있다. 한영우의 이 책은 단재(丹齋) 신채호(申采浩, 1880~1936)의 『조선상고사』에서 비롯된 것으로 보이는 '국수주의적(國粹主義的) 선비 논의'의 흐름을 계승한 저작이다. 이해의 편의를 위해 그 주장을 인용하고 그 아래에 '※' 표를 하여 필자의 미성숙한 견해를 부기(附記)하려고 한다.

① "우선, '선비'라는 말은 한국과 중국의 고대사에 보이는 선비족(鮮卑族)과 발음이 같다."

※ 한영우는 '선비족'의 '선비'를 선비의 어원의 하나로 여기려고 한다. 발음이 비슷하다고 하여 어원으로 보려 한다면, 이는 『회남자』·

『열자』・『산해경』・『태평어람』 등에 보이는 '여왜(女媧)'의 발음 '뉘와'와 '여호와[Jehovah]'가 발음이 비슷하다 하여 동일시하는 일부 중국학자들의 황당한 주장과 다름없어 보인다. 중국 신화에 의하면 '여왜'는 인류의 창조자일 뿐 아니라 세계의 질서를 관장하는 신이다. 여왜는 황토를 빚어 사람을 창조하였다 한다.

② "선비족(鮮卑族)은 본래 중앙아시아 초원지대의 유목민으로 살아와서 말을 잘 타고, 싸움을 잘하는 족속이었기 때문에 고대의 무사들을 '선비'로 부르게 된 것이다."

※ 누가 고대의 무사들을 '선비'라 불렀는지에 관한 문헌 증거가 한 줄도 제시되어 있지 않기 때문에 받아들이기 힘들다. 아마 그런 옛 기록을 찾을 수 없을 것이다.

③ "그런데, 삼국시대 이후로 중국인들은 삼국의 선비=무사들을 선인(仙人) 또는 선인(先人)으로 기록하기 시작하고, 삼국 스스로도 중국식 표현을 따라 선인(仙人) 또는 선랑(仙郞)으로 기록했다."

※ 중국의 사서(史書)에 "무사왈선인(武士曰仙人)" 혹은 "무사왈선인(武士曰先人)" 같은 말이 있기 전에는 믿을 수 없다. 고금의 도서를 거의 망라한 『사고전서(四庫全書)』의 경우, '仙人'과 '先人'이 명사로 각각 수천 번 보이지만 '무사'의 의미로 쓰인 경우는 한 번도 보이지 않는다. 『삼국사기』에는 '선인(仙人)'이 4번 나온다. '선인왕검(仙人王儉)'이라 하여 처음 나오는데, 이는 추측일 뿐 '선인'이 '선비'의 한자어 표기라는 아무런 증거가 없다. 나머지 3번은 『삼국사기』「지(志)」의 '직관하(職官下)'에 보이는데 직관명(職官名)일 뿐이다. 고유명사로서의 '선인

(先人)'은 역시 「지(志)」에 4번 보이며 이 또한 모두 직관명이다.

『삼국유사』의 경우, 「탑상(塔像)」 '어산불영(魚山佛影)'의 "북천축 월지국 나갈라성 남쪽에 옛 선인의 석실 안에 있다.[在北天竺月支國那竭 呵城南 古仙人石室中]"라는 구절에서 단 한 번 보인다. 여기서의 '선인(仙 人)'은 산스크리트어 'ṛṣi', 빨리어 'isi'의 의역(意譯)으로, '선인(僊人)', '신선(神仙)', '대선(大仙)', '선성(仙聖)'과 같은 의미의 말이라 한다. 『삼국사기』에는 '선인(先人)'이 「지(志)」에 4번 보이나 모두 직관명일 뿐이다. 『삼국유사』의 경우에는 '先人'이 「피은(避隱)」의 '물계자(勿稽子)'에 "돌아가신 아버님께 누를 끼쳤으니 어찌 효라 하겠소?[累及於先人 可謂孝乎]"라는 구절에서 한 번 보이는데, 여기서의 '선인'은 돌아가신 아버지일 뿐 '선비'일 수 없는 것이다.

'선랑(仙郎)'의 경우, 『삼국사기』・『삼국유사』에 한 번도 보이지 않는다. 한영우는 "신라는 화랑도를 '선랑'으로 불렀다. 하지만 순수한 우리말로는 이들을 '선비'로 불렀다."라고 하였다. 그러나 신라가 화랑도를 '선랑'이라 불렀다는 말이 어느 전적에 근거한 것인지 알 수 없고, 순수한 우리말로는 이들을 '선비'로 불렀다는 말도 무엇을 근거로 한 주장인지 알 수 없다.

④ "오늘날 태권도나 일본에 건너가 만든 가라테[唐手]의 복장을 보면 흰옷에 검은 띠를 두르고 있으며, 검도(劍道)할 때 입는 옷은 검은 옷을 입고 있는데, 이런 것도 옛날 선비=무사의 유풍으로 볼 수 있다."

※ 가라테 선수가 흰옷에 검은 띠를 두른 것이 선비의 옷이고, 검도하는 사람이 입은 검은 옷이 선비 복장의 유풍이라는 주장인데 아무런 근거가 없는 추측성 발언일 뿐이다.

⑤ "그러면 우리나라 최초의 선비는 누구인가?『삼국사기』를 보면, 평양은 본래 선인왕검(仙人王儉)이 살던 곳이라고 되어 있다. 그러니까 '단군왕검'을 우리나라 최초의 '선인', 곧 '선비'로 본 것이다.『삼국사기』를 쓴 김부식(金富軾)은 고려시대 사람이었으므로 삼국시대의 용어를 빌려 '선비'를 '선인(仙人)'으로 부르고, 그 '선인'의 시작을 '단군왕검(檀君王儉)'에서 찾은 것이다."

※ 김부식이 '선인(仙人)'이라는 용어를 썼을 때, 과연 오늘날 우리가 의식하는 '선비'라는 의미로 썼을 것인가? 본인 또한 '추측'의 전철을 밟는 바이지만 '신선(神仙)'과 비슷한 의미로 사용하였을 것으로 보인다.

한영우의 '선비'는 지나칠 정도로 그 의미의 범위를 넓게 잡은 것이라 하겠으며 그랬을 가능성이 전혀 없는 것은 아니라고 하겠다. 그러나 '실증주의(實證主義)'의 잣대로 재어 보면 '사실(事實)'이라고 인정할 수 있는 것은 하나도 없다. 실증할 수 없는 것은 가상, 추측, 소설일 뿐이다. 예컨대, '차차웅', '니사금', '마립간', 나아가 '단군왕검'의 '단군'이 '선비'의 옛말이라 주장해도 되는 것과 같다.

⑥ "중국에서 유교 경전이 들어오면서 '사(士)'라는 용어가 함께 들어왔다. 여기서 공자와 맹자가 말한 '사'를 어떻게 번역할 것인가를 고민하던 한국인들은 '사'를 '선비' 또는 '도사(道士)'로 번역했다. 일반적으로『천자문(千字文)』에서는 '선비'로 번역하고, 16세기 중엽의 최세진(崔世珍)은 자신이 지은『훈몽자회(訓蒙字會)』에서는 '도사'로 번역해 놓았다. 그러니까 중국인이 말하는 '사'는 한국의 전통사회에서 본다면 '선비'나 '도사'에 해당한다고 본 것이다. 여기서 '도사'는 중국의 도교(道敎)를 믿는 종교인을 가리키는 것이 아니라, 한국의 고유 신앙인 무교(巫敎)나 신선

사상을 가진 종교인을 가리킨다. 우리는 무교나 신선사상을 선교(仙敎) 또는 신교(神敎) 또는 도교(道敎)로 불러왔다."

※ 보기에 정교한 논리적 구조로 만들어진 글로 보인다. 그러나 그 가운데 "최세진(崔世珍)은 자신이 지은 『훈몽자회(訓蒙字會)』에서는 '도사'로 번역해 놓았다. 그러니까 중국인이 말하는 '사'는 한국의 전통사회에서 본다면 '선비'나 '도사'에 해당한다고 본 것이다."라고 한 주장은 지나친 부연이다.

『훈몽자회』에서는 '사(士)'를 "됴·스·사 학이거위왈사(學以居位曰士)"라고 하였다. 여기서 말하는 '됴스'는 '도사(道士)'가 아니라 '조사(朝士)'이다. '학의거위왈사(學以居位曰士)'는 '학문을 하여 벼슬자리에 오른 사람'인 '조사(朝士)'를 풀이한 것이기 때문이다. 그러므로 조사는 요즘 말로 고위 공직자인 것이다. 선비 즉 유학자의 본분은 수기치인(修己治人)이다. 수기(修己)를 하여 관직에 나아가 치인(治人)을 하는 사람인 '됴스'인 셈이다. 그러므로 그 뒤를 이은 주장인, "여기서 '도사'는 중국의 도교(道敎)를 믿는 종교인을 가리키는 것이 아니라, 한국의 고유 신앙인 무교(巫敎)나 신선사상을 가진 종교인을 가리킨다."라는 말은 얼마나 근거 없는 주장인가?

⑦ "지금까지의 이야기를 정리한다면, '선비'라는 말은 동호족(東胡族)의 일부 족속을 가리키는 명칭에서 발생하여, 삼국시대에는 한자식 표현인 선인(仙人) 또는 선랑(仙郎)으로 호칭이 바뀌었으며, 선비의 풍속은 군자(君子)요, 선교(仙敎)의 신봉자들이며, 태양을 비롯한 일월성신을 숭배하고, 태양이 떠오르는 동쪽을 숭상하고, 태양 속에 까마귀가 있다고 믿고, 죽음을 하늘로 돌아가는 것으로 믿으면서 장례식을 춤과 노래로 치르는 풍습이 있으며, 삼국시대에는 무사의 기능을 겸비했다는 것으로 요약된다."

※ 이는 한영우를 비롯한 국수적 경향을 띤 학자들이 가진 오랜 주장의 '집약(集約)'이다. 이 듣기에 아름다운 말은, 어느 한 부분에서도 확실한 증거는 하나도 없다. 고증(孤證)이라도 있었다면 좋았겠지만, 하나같이 실증할 수 있는 증거를 바탕으로 하는 학문의 세계에서는 용인할 수 없는 픽션에 지나지 않는다고 하면 지나친 말일까?

그렇다면 하나라도 근거 있는 것은 무엇일까? 이제 근거 있는 말을 거론해 보자. 훈민정음(訓民正音), 즉 언문(諺文)에서[2] '선비'라는 용어가 언제 처음 보이는 것인지를 알아보는 것이 그 첩경이 될 것이다. 이 용어는 1443년 훈민정음이 반포된 지 2년 후인 1445년에 정인지(鄭麟趾)·안지(安止)·권제(權踶) 등이 세종의 어명을 받아 지은「용비어천가(龍飛御天歌)」에서 처음 보인다. 언문 원문의 '선비'를 '유(儒)'라 한역(漢譯)한 것이 3회에 걸쳐 보인다.

서거정(徐居正, 1420~1488)이 지었다고 전해지는 자서(字書)『유합(類合)』에는 '유(儒)'와 '사(士)'를 모두 '선비'라 새겼다. 최세진(崔世珍, 1468~1542)의『훈몽자회』에서는 '유(儒)' 자를 설명하기를 "션븨슈 수도공학왈유(守道攻學曰儒)"라고 하였는데 이는 그 연원을 이은 것이다.(『훈몽자회』에서 '사(士)'를 "됴·숫·사 학이거위왈사(學以居位曰士)"라고 하였음은 위에서 언급되었다.) 여기서의 도(道)와 학(學)은 요·순(堯舜), 공·맹(孔孟)을 위주로 한 유가(儒家)의 도와 학이며, 이런 도학을 하는 사람을 '션븨'라고 한 것이다. 엄격히 말하면 유가의 도가 아닌 다른 사상을 지키고 공부하는 사람은 '션븨'가 아닌 것이다. 그러므로 '션븨'에서 '션비'를 거쳐 '선비'로 정착된 것으로 보이는 이 말이 담지(擔持)하고 있는 내용은 우선 '유(儒)'와 '사(士)'에 국한해야 할 것이다.

---

[2] 언문은 일부 사람들이 오해하고 있는 것처럼 卑下語가 아니다. 어려운 한문과는 달리 누구나 쉽게 배워 쓸 수 있는 글이란 의미가 담겨있다. 창제 당시에 이러한 의미를 담아 언문이라 불렀다.

그러면 '선비'의 어원은 무엇일까? 순우리말일 수도 있고, 한자어일 수도 있는데 필자는 발음이 완전히 부합하는 한자어 '선배(先輩)'가 어원일 가능성이 크다고 본다. 우선 순우리말이라는 관점을 살펴보자. 이 방면의 대표로 다음과 같은 서정범의 주장을 들 수 있다.

> 션비. '션'은 '선'으로 소급될 것이며, '순(丁)'과 동원어(同源語)가 된다. ᄉᆞ나히(男兒)(『字會上 32』)는 '손나히'에서 변한 형이다. 순(丁)은 '솓'으로 소급되며, 사람의 어근 '살(삳)'과 동원어가 된다고 하겠다. 션비의 '비'는 'ᄇᆞ이'가 줄어든 말이다. '비'는 '볻〉볼〉볼이〉ᄇᆞ이〉비'의 변화다. 볼(볻)'은 사람의 본뜻을 지닌다. 악바리(惡人), 군(軍)바리(軍人), 쪽바리(倭人), 혹부리(瘤人), 학(學)비리(學生)의 '바리, 부리, 비리' 등이 사람의 뜻을 지닌다. 션비는 사람의 뜻을 지니는 이음동의어(異音同義語)의 합성어라 하겠다.[3]

'선'도 '사람'이며 '비'도 그 어원이 '사람'이므로 선비는 동어반복이라는 주장인데 쉬 납득하기 어렵다. 이와는 달리 몽고에서 온 외래어 어원설이 있다.

> 어원적으로 보면 우리말에서 '선비'는 '어질고 지식 있는 사람'을 뜻하는 '션비'라는 말에서 왔다고 한다. 이 '션비'의 '션'은 몽고어 '어질다'는 말인 'sait'의 변형인 'sain'과 연관되고 '비'는 몽고어 및 만주어에서 '지식이 있는 사람'을 뜻하는 '박시'의 변형인 '비'에서 온 말이라고 분석되기도 한다.[4]

몽고어를 모르는 필자로선 논평할 위치에 있지 않다. 다만 최봉영

---

[3] 서정범, 『새국어어원사전』, 보고사, 2018, 481쪽.
[4] 금장태, 『유학사상의 이해』, 집문당, 1996, 307쪽.

의 다음과 같은 주장을 인용하여 참고로 삼고자 한다.

> (단재를 인용한 손윤탁은 근거가 없어 믿을 수 없고,) 금장태 역시 언어학적으로 전혀 이치에 닿지 않는 허황된 주장이라 본다.[5]

다음으로 한자어 기원설을 살펴보자. 발음이 완전히 부합하고 의미까지도 연상해 볼 수 있는 한자어로는 '선배(先輩)'가 있을 뿐이다. 그렇다면 한자어 '선배(先輩)'가 어원이라 보았을 경우, '선배'의 의미는 무엇일까? 『한어대사전(漢語大詞典)』에 의하면 다음과 같은 4가지 의미가 있다.

1) 줄의 앞에 선 사람
2) 자기보다 나이 많은 사람에 대한 존칭
3) 당나라 때 진사(進士) 시험 합격자끼리의 호칭
4) 문인(文人)에 대한 존칭

대부분이 우리가 말하는 '선비'와 의미상 겹치는 부분이 있거니와 이 가운데서 가장 주목할 의미는 '4)'로 보인다. 여기서의 '문인(文人)'은 당연히 '글쓰기를 업으로 삼는 사람'이란 의미가 포함되겠지만 그보다는 사서오경을 필두로 한 유가(儒家)의 경서를 포함하는 인문정신의 정화(精華)를 학습하고 실천하는 사람이라는 광의적인 의미로 해석해야 할 것이다.

선비라는 단어와 등호(等號)를 그을 수 있는 단어인 '유(儒)'와 '사(士)' 외에는 '선비'와 같은 의미로 볼 수 있는 명칭은 없을까? 비교적

---

5) 최봉영, 『조선시대 선비문화』, 사계절, 1997.

근사한 것으로 '군자(君子)'를 들 수 있을 것이다. 군자의 말뜻에는 아래의 3가지가 포함된다.

1) 통치자와 귀족 남자에 대한 통칭
2) 인격이 고상한 사람에 대한 칭호
3) 타인에 대한 존칭

이 가운데 '3)'은 후세의 용례이므로 제외되고, '1)'과 '2)' 가운데서도 '1)'은 반드시 고상한 인격과는 관계가 없는 정치적 지위를 의미하므로 제외해도 좋을 것이다.

'선비'와 '유(儒)', '사(士)', '군자(君子)'의 의미상의 등호(等號)를 인정한다면 이제 그 의미 파악에 가장 적절한 자료는 칠서(七書), 즉 사서(四書)인 『논어』·『맹자』·『중용』·『대학』과 삼경(三經)인 『시경』·『서경』·『역경』과 전국시대 말부터 한나라 초기까지에 활동했던 유학자(儒學者)들의 유학에 관한 논문 가운데 명편(名篇)을 정선(精選)한 『예기』가 될 것이다. 이 칠서와 『예기』에서 '유(儒)'·'사(士)'·'군자(君子)'를 언급한 가운데서, 과연 어떻게 생각하고 어떻게 행동하는 사람이 '선비'인지를 알 수 있게 하는 부분을 가려 뽑아 그 구체적 의미를 살펴보는 것이 선비의 정체를 정확히 이해하는 데 한 방편이 될 수 있을 것이다. 물론 그 외의 많은 유가(儒家) 계열의 저술 속에서도 '선비'와 관련된 부분을 다수 찾을 수 있지만 여기서는 논문의 부피를 고려하여 일단 생략하기로 한다.

2. 유가 경전(經傳)의 유(儒)·사(士)·군자(君子)

1) 유(儒)

'유(儒)'는 지금은 변음인 '수'로 발음되나 원발음이 '유'인 '수(需)' 자의 후기자(後起字)라고 한다. '수(需)'는 B.C. 11세기 이전의 갑골문에 보이는데 '목욕을 하여 젖은 사람의 몸'을 상형한 글자이다. 원 모양은 '우(雨)' 자 아래 사람의 상형인 '대(大)' 자를 쓴 것이었는데, 주나라 때 통용되던 글자 형태인 금문(金文)에서 아랫부분이 수염의 상형인 '이(而)'로 와변(訛變)된 채 오늘에 이른다. 원시종교가 성행하던 중국 고대에 제사를 지내기 전에 예를 담당한 자는 반드시 목욕재계한 후에 신을 향해 치성을 드렸다. 그러므로 후세에 '수(需:儒)'를 의례집행자의 고유 명칭으로 삼았다.[6]

이처럼 '유(儒)'는 사례(司禮) 즉 관료로서의 '의례집행자'를 의미하는 글자였다. 그러나 공자가 살던 춘추시대엔 이미 그런 의미로 쓰이지 않았음은 『논어』에 보이는 다음의 구절을 통해 알 수 있다.

(1) 『논어』에서의 유(儒)

"공자가 자하에게 말했다. 너는 군자유가 되고 소인유가 되지 말아라.[子謂子夏曰 女爲君子儒 無爲小人儒]"(『論語』「雍也」) '군자유'와 '소인유'는 무엇일까? 최초의 주석서인 하안(何晏)의 『논어집해(論語集解)』는 한나라 공안국(孔安國)의 설을 인용하여 이를 다음과 같이 설명한다. "군자가 유자가 되면 장차 도를 밝히기 위함이고, 소인이 유자가 되면 제 이름을 뽐내기 위함이다." 주희(朱熹)의 해석에 의하면 자신을 충실하게

---

6) 方述鑫 等, 『甲骨金文字典』, 巴蜀書社, 1993; 李學勤 主編, 『字源』, 天津古籍出版社, 2013.

하기 위한 도덕을 수양하는, 즉 위기지학(爲己之學)을 하는 사람이 '군자유'이며, 내면의 충실을 위해서가 아니라 남에게 알려지기를 바라서 공부하는 사람이 '소인유'이다. 즉 자기 충실보다는 세상 사람들의 평판을 의식하여 공부하는 척하는 자가 '소인유'인 것이다. 현실 대응에 있어서 그들의 행위에는 큰 차이가 있을 것임은 말할 것도 없을 것이다.

(2) 『맹자』에서의 유(儒)

『맹자』에는 '유(儒)'가 2번 보인다. "이자가 말했다. 유가의 도는 옛 지도자들이 백성을 마치 갓난아이 보살피듯 하였다고 하는데 이 말씀은 무슨 뜻입니까?[夷子曰 儒者之道 古之人若保赤子 此言何謂也]"와, "맹자가 대답했다. 묵가를 떠난 자는 반드시 양주에게로 돌아가고 양주를 떠난 자는 반드시 유가로 돌아온다.[孟子曰 逃墨必歸於楊 逃楊必歸於儒]"이다. 둘 다 우리의 관심의 대상이 되지 않는다. 왜냐하면 우리는 유가가져야 할 도리와 처신에 관한 설명이 필요하기 때문이다.

의외의 일은, 유가 경전 가운데 유학의 이념을 가장 충실하면서 다단하게 담은 사서(四書) 가운데 『논어』에 2자, 『맹자』에 2자, 모두 4자의 '유(儒)' 자가 보일 뿐이고 『중용』과 『대학』에는 유(儒)가 한 번도 보이지 않는다는 사실이다.

(3) 삼경과 『예기』에서의 유(儒)

『시』·『서』·『역』 삼경의 경우, 직능(職能)으로서의 유(儒)가 생기기 이전의 전적(典籍)이므로 당연히 등장하지 않는다. 전국시대와 한나라 초에 걸친 시기에 유학자들이 유학을 천명(闡明)하기 위해 쓴 수백 편의 소논문 가운데 한나라 초기의 대성(戴聖)이 가려 뽑은 49편인 『예기(禮記)』에는 29번 보이는데, 사(士)나 군자(君子)에 비해 훨씬 적게 보인다. 그 가운데 주목할 내용은 다음과 같다.

① 애공이 말하였다. "감히 유행(儒行)에 대해 묻습니다." 공자가 대답하셨다. "갑자기 헤아려 말해서는 다 말씀드릴 수 없고, 자세히 다 얘기하려면 오래 머물러야 하니, 하인을 번갈아 세우더라도 다 말할 수 없습니다." 애공이 공자를 위해 자리를 마련할 것을 명하자, 공자가 모시고 말씀하셨다. "유는 자리 위에 진귀한 보배를 준비해 놓고 초빙해 주기를 기다리며, 밤낮으로 학문에 힘쓰며 물음을 기다리며, 충신(忠信)을 지녀서 천거되기를 기다리며, 힘써 행하여 취해지기를 기다리니, 자립함이 이와 같은 것이 있습니다."[7)]

② 유는 금옥을 보배로 여기지 않고 충신(忠信)을 보배로 여기며, 토지를 바라지 않고 의(義)를 세우는 것을 토지로 여기며, 재물을 많이 쌓으려 하지 않고 문장을 많이 배우는 것을 부유함으로 여깁니다. 얻기는 어려워도 녹(祿)을 주기는 쉽고 녹을 주기는 쉬워도 기르기는 어렵습니다. 때가 아니면 만나 보지 않으니, 얻기 어려운 것이 아니겠습니까. 의가 아니면 합하지 않으니, 기르기 어려운 것이 아니겠습니까. 수고로움을 먼저 하고 녹을 뒤에 하니, 녹을 주기가 쉽지 않겠습니까. 그 사람을 가까이함이 이와 같은 것이 있습니다.[8)]

③ 유는 널리 배워서 끝이 없고 독실하게 행하여 게으르지 않으며, 벼슬하지 않고 곤궁하게 살아도 정도를 잃지 않고 높은 지위에 올라도 곤궁하지 않으며, 예는 화함을 귀하게 여기기에 충신한 사람을 아름답게 여기고 여유로운 사람을 본받으며, 어진 사람을 사모하면서도 여러 사람들을 포용하고 모난 것을 허물어 와합하니, 그 너그러움이 이와 같은 점이

---

7) 『禮記』, 「儒行」. "哀公曰 敢問儒行 孔子對曰 遽數之不能終其物 悉數之乃留更僕 未可終也 哀公命席 孔子侍曰 儒有席上之珍以待聘 夙夜强學以待問 懷忠信以待擧 力行以待取 其自立有如此者"
8) 『禮記』, 「儒行」. "儒有不寶金玉 而忠信以爲寶 不祈土地 立義以爲土地 不祈多積 多文以爲富 難得而易祿也 易祿而難畜也 非時不見 不亦難得乎 非義不合 不亦難畜乎 先勞而後祿 不亦易祿乎 其近人有如此者"

있습니다.⁹⁾

④ 유는 몸을 깨끗이 하고 덕으로 목욕하여 말을 아뢰고도 숨기며 고요히 바로잡아서 윗사람이 알지 못하거든 그 잘못을 거칠게 지적하면서도 또 급하게 하지 않으며, 깊은 곳에 임하지 않아도 그 행실이 높으며 조금 더 보태지 않아도 많습니다. 세상이 다스려져도 가볍게 행동하지 않고 세상이 어지러워도 뜻이 꺾이지 않으며, 같다고 하여 편들지 않고 다르다고 하여 비난하지 않으니, 그 우뚝 서고 홀로 행함이 이와 같은 것이 있습니다.¹⁰⁾

⑤ "유는 빈천 때문에 의기를 잃지 않고 부귀 때문에 교만하거나 인색하지 않으며, 군왕에게 치욕을 받지 않고 장상에게 구속을 당하지 않으며 유사를 근심하지 않기 때문에 '유(儒)'라 하는 것인데, 지금 여러 사람들이 유자를 함부로 명명해서 항상 유자라는 말을 가지고 서로 꾸짖습니다." 공자가 관사에 이르자, 애공이 후대하여 관사에 머물게 하였는데, 애공이 이 말을 듣고는 말을 더 진실하게 하고 행실을 더 의롭게 하였다. 그리하여 말하였다. "내가 세상을 마칠 때까지 감히 유자를 가지고 희롱하지 못하겠다."¹¹⁾

2) 사(士)

'사(士)'가 무엇의 상형이냐에 대해 두 가지 팽팽한 주장이 있다. '남

---

9) 『禮記』, 「儒行」. "儒有博學而不窮 篤行而不倦 幽居而不淫 上通而不困 禮之以和爲貴 忠信之美 優游之法 慕賢而容衆 毁方而瓦合 其寬裕有如此者"

10) 『禮記』, 「儒行」. "儒有澡身而浴德 陳言而伏 靜而正之 上弗知也 麤而翹之 又不急爲也 不臨深而爲高 不加少而爲多 世治不輕 世亂不沮 同弗與 異弗非也 其特立獨行有如此者"

11) 『禮記』, 「儒行」. "儒有不隕穫於貧賤 不充詘於富貴 不慁君王 不累長上 不閔有司 故曰儒 今衆人之命儒也妄 常以儒相詬病 孔子至舍 哀公館之 聞此言也 言加信 行加義 終沒吾世 不敢以儒爲戲"

성 생식기의 상형'이라는 주장[12]과 권력의 상징으로서의 '큰 도끼'를 상형한 '왕(王)' 자의 생략형으로 '도끼의 상형'이라는 주장[13]이 그것인데 공통성이라면 '남성형'이라는 것이다. '사(士)'는 『논어』와 『맹자』에 다음과 같이 빈번히 등장한다.

① 공자가 말하였다. "도에 뜻을 둔 사가 옷과 음식 따위에 신경을 쓴다면 상대할 가치가 없다."[14]
② 증자가 말했다. "사는 도량이 넓고 뜻이 굳세지 않을 수 없다. 소임이 막중하고 갈 길은 멀기 때문이다. 인(仁)의 실현이 사의 소임이니 이 얼마나 막중한 임무인가? 죽은 뒤에야 그만두니 이 얼마나 먼 길인가?"[15]
③ 자장이 여쭈었다. "사가 어떠해야 통달했다고 할 수 있습니까?" 공자가 말하였다. "…… 통달한 사는 본바탕이 꾸밈없고 정직하여 정의를 좋아하며 다른 사람의 말을 가려듣고 안색을 살펴보아 늘 상대방에게 겸손할 것을 생각한다."[16]
④ 자공이 여쭈었다. "어떤 사람이라야 사라 할 수 있습니까?" 공자가 말하였다. "자기 행동에 대해 의롭지 않은 것은 부끄러워할 줄 알면 …… 사라 할 수 있다." "그다음으로는 어떤 사람이 해당됩니까?" "일가친척들에게 효성스럽다 이름나고 마을 사람들에게 웃어른을 잘 모신다고 이름난 사람이겠지." "그다음으로는 어떤 사람이 해당됩니까?" "말은 신용이 있어

---

12) 谷衍奎, 『漢字源流字典』, 語文出版社, 2008.
13) 方述鑫 等, 『甲骨金文字典』, 巴蜀書社, 1993; 李學勤 主編, 『字源』, 天津古籍出版社, 2013.
14) 『論語』, 「里仁」. "子曰 士志於道 而恥惡衣惡食者 未足與議也"
15) 『論語』, 「泰伯」. "曾子曰 士不可以不弘毅 任重而道遠 仁以爲己任 不亦重乎 死而後已 不亦遠乎"
16) 『論語』, 「顔淵」. "子張問 士何如斯可謂之達矣 子曰 …… 夫達也者 質直而好義 察言而觀色 慮以下人"

꼭 지키고 행동은 과단성이 있어 끝까지 해내고야 마는 사람이겠지. 이런 사람은 고지식하고 융통성 없는 소인이지만 그다음이라 할 만하지."[17]

⑤ 자로가 여쭈었다. "어떻게 해야 사라 할 수 있습니까?" 공자가 말하였다. "정성스레 좋은 일을 권하고 화목하게 지내면 사라 할 수 있다. 친구 사이에는 정성스레 좋은 일을 권하고 형제간에는 화목하게 지내야 한다."[18]

⑥ 공자가 말하였다. "사이면서 안락한 가정생활에 연연한다면 사답지 못하다."[19]

⑦ 공자가 말하였다. "뜻있는 사와 어진 사람은 삶에 연연하여 인을 저버리지 않고 자신을 희생하여 인을 온전히 이룬다."[20]

⑧ 자장이 말하였다. "사로서 나라가 위급할 때 기꺼이 목숨을 바치고 이익이 앞에 있을 때 정당한가를 생각하며 제사 지낼 때 공경을 다하고 상중(喪中)에 있을 때 슬픔을 다하면 훌륭하다고 하겠다."[21]

⑨ 맹자가 말하였다. "고정적인 생업[恒産]이 없으면서도 늘 변하지 않는 마음[恒心]을 지니는 것은 오직 사만이 할 수 있습니다."[22]

⑩ 맹자가 말하였다. "…… 뜻있는 사는 죽어서 도랑과 골짜기에 버려질 수 있음을 잊지 않고 용기 있는 사는 전쟁터에서 자기의 머리가 베어질 수 있음을 잊지 않는다."[23]

---

17) 『論語』, 「子路」. "子貢問曰 何如斯可謂之士矣 子曰 行己有恥 …… 可謂士矣 曰 敢問其次 曰 宗族稱孝焉 鄕黨稱弟焉 曰 敢問其次 曰 言必信 行必果 硜硜然小人哉 抑亦可以爲次矣"
18) 『論語』, 「子路」. "子路問曰 何如斯可謂之士矣 子曰 切切偲偲 怡怡如也 可謂士矣 朋友切切偲偲 兄弟怡怡"
19) 『論語』, 「憲問」. "子曰 士而懷居 不足以爲士矣"
20) 『論語』, 「衛靈公」. "子曰 志士仁人 無求生以害仁 有殺身以成仁"
21) 『論語』, 「子張」. "子張曰 士見危致命 見得思義 祭思敬 喪思哀 其可已矣"
22) 『孟子』, 「滕文公下」. "曰 無恒産而有恒心者 惟士爲能"
23) 『孟子』, 「滕文公下」. "孟子曰 …… 志士不忘在溝壑 勇士不忘喪其元"

⑪ 맹자가 말하였다. "옛날의 어진 왕들은 선을 좋아했기에 자신의 권세를 전혀 염두에 두지 않았다. 옛날의 어진 사들이라고 유독 그렇지 않았겠는가? 옛날의 어진 사들은 자신이 지닌 도를 즐겁게 여기고 남들의 권세를 염두에 두지 않았다. 그러므로 왕이나 귀족이라 할지라도 공경하는 마음을 극진하게 하고 예를 극진히 갖추지 않으면 그들을 자주 만나 볼 수 없었다. 자주 만나 볼 수도 없었는데, 하물며 그를 신하로 삼을 수 있었겠는가?"[24]

⑫ 맹자가 말하였다. "…… 그러므로 사는 곤궁한 상황에 처해도 의리를 잃어버리지 않고, 출세하더라도 도에서 떠나지 않는다."[25]

⑬ 제나라 왕자 점이 물었다. "사는 어떤 일을 합니까?" "뜻을 숭상합니다." "뜻을 숭상한다는 것은 무엇을 말하는 것입니까?" "인의를 추구하는 것일 뿐입니다. 한사람도 죄 없는 사람을 죽이는 것은 인이 아니며, 자기 것이 아닌데도 취하는 것은 의가 아닙니다. 사는 어떤 곳에 머물겠습니까? 인이 바로 그 곳입니다. 사는 어떤 길을 걸어가겠습니까? 의가 바로 그 곳입니다."[26]

『대학』에는 사(士)가 보이지 않고 『중용』에는 다음과 같이 3번 보인다.

① 무왕(武王)이 말년에 천명(天命)을 받자 주공(周公)이 문왕과 무왕의 덕을 이루어 태왕(太王)과 왕계(王季)를 추존하여 왕으로 높이고 위로

---

[24] 『孟子』, 「盡心上」. "孟子曰 古之賢王好善而忘勢 古之賢士何獨不然 樂其道而忘人之勢 故王公不致敬盡禮 則不得亟見之 見且由不得亟 而況得而臣之乎"
[25] 『孟子』, 「盡心上」. "孟子曰 …… 故士窮不失義 達不離道"
[26] 『孟子』, 「盡心上」. "王子墊問曰 士何事 孟子曰 尚志 曰 何謂尚志 曰 仁義而已矣 殺一無罪非仁也 非其有而取之非義也 居惡在 仁是也 路惡在 義是也"

선공(先公)을 천자의 예로 제사하니, 이 예가 제후와 대부 및 사·서인에 게까지 통하였다. 아버지가 대부이고 아들이 사이면 장례는 대부의 예로 써 하고 제사는 사의 예로써 하며, 아버지가 사이고 아들이 대부이면 장례는 사의 예로써 하고 제사는 대부의 예로써 하며, 기년상(期年喪)은 대부에까지 이르고 삼년상은 천자에까지 이르렀으니, 부모의 상은 귀천 에 관계없이 똑같다.[27)]

② 군주가 신하들을 자기 몸처럼 보살피면 사(士)들이 보답하는 예가 중해진다.[28)]

③ 성심으로 대하고 녹을 많이 주는 것은 사(士)를 권면하는 방법이다.[29)]

3차례 모두 직능으로서의 사에 관한 것일 뿐 도덕이나 수양과는 관 계가 별로 없어 보인다.

삼경의 경우, 우리가 필요로 하는 사(士)에 관한 자료는 거의 보이지 않는다. 『시경』에 보이는 사(士)는 "모사(髦士)", "길사(吉士)", "양사(良 士)" 등인데 모두 '잘난 사내' 정도의 의미로 쓰였고 2번 보이는 "제제 다사(濟濟多士)"는 직능으로서의 고관을 의미하는 것일 뿐이다.

『예기』에는 49편 가운데 제31편으로 편철된 『중용』과 제42편으로 편철된 『대학』을 제하고도 225번이나 언급되었다. 그러나 직능으로만 의 사(士)가 대부분이고, 학문적 소양과 도덕성을 구비한 사람으로서의 사(士)의 의미를 담은 것으로는 아래의 3조목을 들 수 있을 뿐이다.

---

27) 『中庸 18章』. "武王末受命 周公成文武之德 追王大王王季 上祀先公以天子之禮 斯禮 也 達乎諸侯 大夫及士庶人 父爲大夫 子爲士 葬以大夫 祭以士 父爲士 子爲大夫 葬以 士 祭以大夫 期之喪 達乎大夫 三年之喪 達乎天子 父母之喪 無貴賤一也"

28) 『中庸 20章』. "體群臣 則士之報禮重"

29) 『中庸 20章』. "忠信重祿 所以勸士也"

① 사(士)는 덕(德)에 의거하고 예(藝)에 노닌다.[30]
② 옛 기록에 '무릇 배움은 관리는 일을 먼저 하고 사는 뜻을 먼저 한다.' 라고 하였으니, 이것을 말하는 것이다.[31]
③ 악정(樂正)이 네 가지 방도를 존중하여 네 가지 가르침을 세워 선왕의 시서예악에 따라 사(士)를 양성하되, 봄과 가을에는 예악을 가르치고 겨울과 여름에는 시서를 가르친다.[32]

3) 군자(君子)

'군(君)' 자는 권력의 상징인 지휘봉을 잡은 손을 그린 '윤(尹)'과 사람의 입을 상형한 '구(口)'를 합한 글자로 발호시령(發號施令) 하는 사람의 입을 본뜬 글자로 형성 겸 회의자[33]로 갑골문에 보인다. '자(子)'는 '아기'의 상형이지만 여기선 '~하는 사람'이란 의미를 담은 접미사로 쓰였다. 단어로서의 '군자(君子)'는 중국에서 가장 오랜 전적의 일부인 『시경』과 『주역』에 빈번히 보이고 『서경』에도 드물게 보인다. 여기서의 '군자'라는 의미는 대부분 '정치적인 지위와 덕을 고루 갖춘 사람'이다.

사서(四書)가 등장하는 동주(東周)의 춘추 말엽과 전국시대에는 위의 의미로도 쓰였지만 '정치적 지위'가 빠진, 즉 '덕을 갖춘 사람'이라는 의미로 쓰이기도 했다. 여기서는 그런 의미로 쓰인 경우만을 논의의 범주에 넣고자 한다. '군자'라는 단어는 『논어』에 108번, 『맹자』에 83번, 『중용』에 34번, 『대학』에 15번 모두 240번이나 나온다. 의미 또한 넓은 내함(內涵)을 가지고 있다. 거듭되는 언급이지만 중국 고대에 있

---

30) 『禮記』, 「少儀」. "士依於德 遊於藝"
31) 『禮記』, 「學記」. "記曰 凡學 官先事 士先志 其此之謂乎"
32) 『禮記』, 「王制」. "樂正崇四術 立四教 順先王詩書禮樂以造士 春秋教以禮樂 冬夏教以詩書"
33) 李學勤 主編, 『字源』, 天津古籍出版社, 2013.

어서 '군자'라는 두 글자에는 "1) 통치자와 귀족 남자에 대한 통칭, 2) 인격이 고상하고 재능과 덕행이 출중한 사람"이라는 두 가지 의미가 복합되어 있었다. 우리는 여기서 '2)'의 의미로 국한하여 군자는 과연 어떤 사람이며 어떠한 사람이어야 하는지 칠서와 『예기』 가운데서 의미 있는 부분을 가려 뽑아 살펴보기로 한다.

① 남이 나를 알아주지 않더라도 원망하지 않는다.[34]
② 잘못이 있으면 머뭇거리지 말고 고쳐야 한다.[35]
③ 먹는데 배부름을 구하지 않고 사는데 안락함을 구하지 않으며 일에는 부지런하되 말은 신중히 하며 도덕을 겸비한 사람에게 나아가 자신을 바로 잡는다.[36]
④ 세상일에 대하여 꼭 어떻게 해야 한다는 것도 없고 절대로 어떻게 하지 말라는 것도 없다. 다만 의리에 따라 합당하게 행동할 뿐이다.[37]
⑤ (이익에 밝은 소인과는 달리) 군자는 도의에 밝다.[38]
⑥ 말은 신중히 하되 행동은 민첩하게 하고자 한다.[39]
⑦ 교양미와 질박함이 적절히 어우러져야 군자이다."[40]
⑧ 고전을 폭넓게 익히고 예의로 다잡아야 한다.[41]
⑨ 다른 사람들과 조화를 추구하되 부화뇌동하지 않는다.[42]

---

34) 『論語』, 「學而」. "人不知而不慍"
35) 『論語』, 「學而」. "過則勿憚改"
36) 『論語』, 「學而」. "食無求飽 居無求安 敏於事而愼於言 就有道而正焉"
37) 『論語』, 「里仁」. "君子之於天下也 無適也 無莫也 義之與比"
38) 『論語』, 「里仁」. "君子喩於義"
39) 『論語』, 「里仁」. "欲訥於言而敏於行"
40) 『論語』, 「雍也」. "文質彬彬 然後君子"
41) 『論語』, 「雍也」. "博學於文 約之以禮"
42) 『論語』, 「子路」. "和而不同"

⑩ 말하기를 조심하고 행실을 말보다 앞서게 한다.[43]

⑪ 군자는 궁핍을 견딘다. 소인은 궁핍해지면 못하는 짓이 없게 된다.[44]

⑫ 자신에게 남이 알아줄 만한 능력이 없음을 걱정할 뿐, 남이 자신을 알아주지 않는 것에 대해서는 걱정하지 않는다.[45]

⑬ 군자는 책임을 자기에게 돌리고 소인은 남에게 떠넘긴다.[46]

⑭ 군자는 원하지 않는다고 말해놓고 굳이 이리저리 구실을 찾는 것을 싫어한다.[47]

⑮ 다른 사람의 단점을 떠벌리고 다니는 자, 아랫자리에 있으면서 윗사람을 헐뜯는 자, 용기를 좋아하면서 예의 없는 자, 과감하지만 꽉 막힌 자, 이런 자들을 미워한다.[48]

⑯ 천명을 모르면 군자라 할 수 없다.[49]

⑰ 군자에게 다른 사람의 선행을 실천하는 것을 도와주는 것보다 큰일은 없다.[50]

⑱ 마음이 좁고 공경스럽지 못한 것을 군자는 따르지 않는다.[51]

⑲ 부모를 위한 일에는 돈을 아끼지 않는다.[52]

⑳ 하늘을 원망하지 않고 남을 탓하지도 않는다.[53]

㉑ 명성이 실제보다 지나친 것을 군자는 부끄럽게 여긴다.[54]

---

[43] 『論語』,「憲問」. "恥其言而過其行"
[44] 『論語』,「衛靈公」. "君子固窮 小人窮斯濫矣"
[45] 『論語』,「衛靈公」. "病無能焉 不病人之不己知也"
[46] 『論語』,「衛靈公」. "君子求諸己 小人求諸人"
[47] 『論語』,「季氏」. "君子疾夫舍曰欲之 而必爲之辭"
[48] 『論語』,「陽貨」. "惡稱人之惡者 惡居下流而訕上者 惡勇而無禮者 惡果敢而窒者"
[49] 『論語』,「堯曰」. "不知命 無以爲君子也"
[50] 『孟子』,「公孫丑上」. "君子莫大乎與人爲善"
[51] 『孟子』,「公孫丑上」. "隘與不恭 君子不由也"
[52] 『孟子』,「公孫丑下」. "不以天下儉其親"
[53] 『孟子』,「公孫丑下」. "不怨天 不尤人"

㉒ 군자는 반드시 스스로 반성한다.[55]

㉓ 군자에게는 죽을 때까지 지니고 있는 걱정거리는 있어도 일시적인 근심은 없다.[56]

㉔ 우러러 봐도 하늘에 부끄럽지 않고 굽어봐도 사람들에게 부끄럽지 않다.[57]

㉕ 군자는 아무도 보지 않는 곳에서도 경계하고 신중히 하며 아무도 듣지 않는 곳에서도 두려워한다.[58]

㉖ 군자는 먼저 자신이 선행을 한 후에 남에게도 선행을 권하며, 자기가 악행을 하지 않은 다음에 남에게도 악행을 하지 말라고 요구한다.[59]

이제 삼경의 경우를 보자. 『주역』경문에 보이는 군자는 건괘(乾卦)와 겸괘(謙卦)에 그친다. 군주로서의 군자인지 도덕적 표상으로서의 군자인지도 설에 따라 각각 다르다. 우선 후자로 보기로 한다. 건괘 구삼(九三)의 효사(爻辭)에 보이는 "군자종일건건 석척약(君子終日乾乾 夕惕若)", 즉 군자는 해가 질 때까지 부지런히 힘쓰고 저녁에도 긴장을 풀지 않고 조심해야 한다는 것과, 겸괘의 괘사(卦辭) "겸형 군자유종(謙亨 君子有終)"과, 육삼(六三)의 효사(爻辭) "노겸 군자유종 길(勞謙 君子有終 吉)"이 바로 이것이다.

『시경』305편 가운데 '군자(君子)'는 첫 편「관저(關雎)」부터 무수히 보인다. 그러나 우리가 본받아야 할 구체적 도덕성을 묘사한 대상으로

---

54) 『孟子』,「離婁下」. "聲聞過情 君子恥之"
55) 『孟子』,「離婁下」. "君子必自反也"
56) 『孟子』,「離婁下」. "君子有終身之憂 無一朝之患也"
57) 『孟子』,「盡心上」. "仰不愧於天 俯不怍於人"
58) 『中庸』. "君子戒愼乎其所不睹 恐懼乎其所不聞"
59) 『大學』. "君子有諸己而后求諸人 無諸己而后非諸人"

서 등장하는 예는 보이지 않는다. 대부분 제후·군주·국군이거나 여인이 그리워하고 사랑하는 '남자'로서의 의미로 나타날 뿐이다. 물론 시경에 등장하는 대부분 군자가 학문과 도덕성을 갖춘 인물들이 분명하지만, 그 구체적 내함을 묘사한 예를 찾아볼 수 없음은 아쉬운 부분이 아닐 수 없다.

『서경』에는 "군자(君子)"가 보이지 않는다.

『예기』는 전국시대부터 진나라를 거쳐 한나라 초에 이르기까지 유학자들의 견해와 주장을 담은 전적이므로 권력자로서의 군자가 아닌 도덕적 표상으로서의 군자에 관한 언급이 많다. 총 299번 언급된 것으로 보인다. 그 가운데 대표적인 항목을 살펴본다.

① 견문이 넓고 기억력이 좋으면서도 겸손하며, 선행을 돈독하게 하면서도 그 일에 게으름이 없으면, 그를 군자라고 부른다.[60]

② 이 때문에 군자는 공경하고 절제하며 사양하고 겸손하여 예를 밝히는 것이다.[61]

③ 군자는 남이 환심을 다하기를 바라지 않고, 남이 진심을 다하기를 바라지 않음으로써 사귐을 온전하게 한다.[62]

④ 군자가 만일 백성을 교화하고 좋은 풍속을 이루고자 한다면 반드시 배움을 말미암아야 할 것이다.[63]

⑤ 군자가 학문을 함에 있어서는 마음속에 항상 간직하고, 배운 것을 익히고, 쉬면서 익히고, 노닐면서 익힌다.[64]

---

60) 『禮記』, 「曲禮」. "博聞强識而讓 敦善行而不怠 謂之君子"
61) 『禮記』, 「曲禮」. "是以君子恭敬撙節 退讓以明禮"
62) 『禮記』, 「曲禮」. "君子不盡人之歡 不竭人之忠 以全交也"
63) 『禮記』, 「學記」. "君子如欲化民成俗 其必由學乎"
64) 『禮記』, 「學記」. "君子之於學也 藏焉脩焉 息焉遊焉"

⑥ 군자는 가르침이 흥하는 이유를 알고 또 가르침이 폐해지는 이유를 아니, 그런 뒤에야 남의 스승이 될 수 있는 것이다. 그러므로 군자는 가르침에 있어서는 이끌어주기는 하지만 억지로 끌어주지는 않으며 북돋아주기는 하지만 몰아치지는 않으며 열어주기만 하고 끝까지 다 말해주지 않는다. 이끌어주기만 하고 억지로 끌어주지 않으면 화합하고, 북돋아주기만 하고 몰아치지 않으면 편안하며, 열어주기만 하고 끝까지 말해주지 않으면 생각하니, 화합하고 편안한 마음으로 생각하게 한다면 잘 가르쳤다고 이를 수 있다.[65]

⑦ 그러므로 군자가 예를 갖추고 있으면 밖으로는 화합하고 안으로는 원망이 없다. 그러므로 사람이 그 인(仁)을 그리워하지 않는 이가 없고 귀신들이 그 덕을 흠향하는 것이다.[66]

⑧ 군자가 예를 행하는 데 있어서 마음을 다하고 신중함을 기하여 공경함을 지극히 하여 진실한 경우가 있으며, 아름답고 문채가 나면서 진실한 경우가 있다.[67]

⑨ 그러므로 군자는 정욕을 바로잡아 뜻을 여기에 맞추고, 다른 비슷한 일들도 여기에 준해서 행동을 완성시킨다. 그러기 위해서는 우선 간교한 소리나 어지러운 색채가 보고 듣는 사이에 머물러 있지 않게 하고, 음란한 음악이나 잘못된 의례가 사람의 마음에 가까이하지 못하게 하고, 게으르고 오만하고 삿되고 편벽된 기운이 몸에 미치는 일이 없게 해야 한다. 그리하여 이목구비와 마음과 몸 모두가 바른 길을 따라서 의미 있는 일을 수행하게 해야 하는 것이다.[68]

---

65) 『禮記』, 「學記」. "君子旣知教之所由興 又知教之所由廢 然後可以爲人師也 故君子之教喩也 道而弗牽 强而弗抑 開而弗達 道而弗牽則和 强而弗抑則易 開而弗達則思 和易以思 可謂善喩矣"
66) 『禮記』, 「禮器」. "故君子有禮 則外諧而內無怨 故物無不懷仁 鬼神饗德"
67) 『禮記』, 「禮器」. "君子之於禮也 有所竭情盡慎 致其敬而誠若 有美而文而誠若"
68) 『禮記』, 「樂記」. "是故 君子反情以和其志 比類以成其行 姦聲亂色 不留聰明 淫樂慝

⑩ 군자가 사람을 사랑함은 덕으로써 하고 소인이 사람을 사랑함은 고식적으로 한다.[69]

4. 결론

'선비'라는 용어가 우리 문화사에서 언제 등장하였는지, 그리고 최초 그 개념이 정확히 무엇이었는지는 정확히 알 수 없다. 기존 견해들은 다시 말해 확실한 근거가 없는 추정들이었다.

재언되지만 우리는 먼저 1445년에 정인지(鄭麟趾) 등이 「용비어천가(龍飛御天歌)」에서 언문(諺文) 원문의 '선비'를 '유(儒)'라 한역(漢譯)한 것에 주목할 수밖에 없다. 서거정(徐居正, 1420~1488)이 지었다는 자서(字書) 『유합(類合)』에서도 '유(儒)'와 '사(士)'를 모두 '선비'라 새겼는데, 최세진(崔世珍, 1468~1542)은 『훈몽자회』에서 '유(儒)'를 "션븨슈 수도공학왈유(守道攻學曰儒)"라고 하였고, '사(士)'를 "됴·숫·사 학이거위왈사(學以居位曰士)"라고 하였다. 여기서의 도(道)와 학(學)은 요·순(堯舜), 공·맹(孔孟)을 위주로 한 유가(儒家)의 도와 학이며, 이런 도학을 하는 사람을 '션븨'라고 한 것이라고 정리할 수 있고, '선비'에서 '션븨'를 거쳐 '선비'로 정착된 이 말이 담지(擔持)하고 있는 개념은 '유(儒)'와 '사(士)'에 국한해야 할 것이다. '선비'의 어원(語源)은 순우리말일 수도 있고, 한자어일 수도 있는데 발음이 부합하는 한자어 '선배(先輩)'일 가능성이 크다.

모든 용어가 그렇듯이 용어와 용어의 개념은 변화한다. 언어학의 개론에서도 다루어지고 있듯, 언어의 기본 속성 중 하나가 역사성이다.

禮 不接心術 惰慢邪辟之氣不設於身體 使耳目鼻口心知百體 皆由順正以行其義"
[69] 『禮記』, 「檀弓」. "君子之愛人也 以德 細人之愛人也 以姑息"

즉 언어는 어느 시기에 탄생하며 사회의 요구에 따라 성장하며 또 사회가 외면하면 사멸하는데, 이 과정에서 기표(記標)도 변화하고 기의(記意)도 변화한다. '선비'도 예외가 아니다. 다시 말해 선비의 최초 개념은 분명하지 않지만 유교 경전이 우리에게 소개되자 대응되며 부각된 이래 그 개념이 확대되었고, 체득되고 실천되는 가운데 여러 파생 개념을 포괄해 온 긴 역사를 가진 용어이다. 재차 주목해 본 상게(上揭) 유(儒), 사(士), 군자(君子)의 도리와 행위와 모습들도 그러한 과정을 거쳤다고 하겠다. 상게 모든 개별 메시지가 선비를 설명하며 그 연합과 총합도 그러하고 이러한 메시지를 정신으로 삼아 자신을 규율하며 실천하는 사람을 '선비'라고 할 수 있으며, 우리는 사정에 따라 선비의 말뜻을 규정하거나 적용할 수 있을 것이다.

지난 20세기 초 이래 백여 년 한국 사회가 서구지향과 천민자본주의에 분방하면서 우리가 계승하여야 할 전통을 홀대하는 가운데 선비정신도 퇴화를 거듭해 경이원지(敬而遠之)의 대상, 아니 내심 비웃거나 그 정신을 구현하면 할수록 손해라는 인식이 확산되어 있는 듯하다. 이득과 출세에 의리와 염치가 방해된다는 인식은 우리의 양식(良識)을 분열시키고 모순에 빠지게 하면서 한국 사회의 구성원 모두를 결국 피해자이자 가해자로 만들 것이다.

이 소론이 우리 대중에게 사어화(死語化) 단계에 있는 듯한 '선비'라는 용어를 다시 성장기에 들어서게 하는 단초가 되고, 우리의 퇴색한 전통과 관련이 있다는 인식을 전회(轉回)시키는 계기가 되기를 여러분과 함께 기대한다. 근대 이후 시민사회의 윤리와 선비의 윤리가 인간존재와 인간관계에 있어 무엇이 다른가? 오늘의 세태에 선비정신의 부활이 필요하다는 당위를 절감하고 있는 여러분 앞에서 이를 새삼 강조하고 있음은 면구스런 일이 아닐 수 없다.

• 참고문헌

谷衍奎, 『漢字源流字典』, 語文出版社, 2008.
금장태, 『유학사상의 이해』, 집문당, 1996.
方述鑫 等, 『甲骨金文字典』, 巴蜀書社 1993.
서정범, 『새국어어원사전』, 보고사, 2018.
李學勤 主編, 『字源』, 天津古籍出版社, 2013.
최봉영, 『조선시대 선비문화』, 사계절, 1997.
한영우, 『미래와 만나는 한국의 선비문화』, 세창출판사, 2024.
홍원식 외, 『조선시대의 선비』, 예문서원, 2015.

선비의 개념과 선비상*

권순철 | 일본 사이타마대학 명예교수

1. 머리말

'선비 사(士)', 『천자문(千字文)』에 나오는 말이다. 그런데 석봉 한호의 옛 『천자문』에는 '션비 사(士)'라고 되어 있다. 옛말 '션비'는 처음 '학식을 갖추어 벼슬하는 사람'을 뜻하였는데, 현행 사전의 '선비'는 '예전에 학식은 있으나 벼슬하지 않은 사람을 이르던 말'이라고 설명한다. 이러한 용례는 나중에 나타난다.

옛말 '션비'는 처음 '유생(儒生)'·'유사(儒士), 즉 유자(儒者)를 뜻하는 말이었다. 조선 후기 박물학자 이규경은 '유생(儒生)'을 '선배(先輩)'라고 하는 우리 언어관습의 문제를 지적하기도 했다. 일제강점기에 출판된 사전의 '션비'가 한자어 '선배'라고 하는 설명은 이러한 관습을 반영한 것이리라. 그러나 현행 사전에는 '선배'에 대한 언급이 없다. 옛말 '션비'가 한자어 '선배'인지 아직 밝혀져 있지 않다는 것이 통설인 듯하다.

---

* 이 글은 ① 2011년 5월 20일~22일 제102회 公共哲學 京都포럼 '日韓哲學對話: 사무라이(士/侍/武士/武人)와 선비(士/文士/文人/文民)의 사이'에서의 발표문 '선비란 무엇인가?', ② 졸고 '선비 개념의 생성: 한국사상사의 한 토막'(『埼玉大學紀要(教養學部)』 47-1, 2011.9), ③ 2014년 9월 26일 아산서원 2주년 기념 학술대회 '선비정신과 한국사회: 미래의 리더쉽을 찾아서'에서의 발표문 '선비 개념의 생성과 변화', ④ 졸고 '선비 개념의 생성과 변화'(『선비정신과 한국사회』, 아산서원, 2016)에 이어, 2024년 10월 18일 한국선비문화연구원 학술대회에서의 발표문 '선비 개념과 선비상'을 기초로 하여 작성한 것이다. 취지의 변함은 없으며 일부 내용의 보완 및 중복이 있다.

한편, '사(士)'의 경우, 훈민정음 제정 이후 우리말 뜻이 부여되지 않은 채 유사(儒士)·박사(博士)·병사(兵士)·사졸(士卒)·사대부(士大夫) 등 수많은 한자어로 사용된다. 초학자를 위한 자서(字書) 및 역관 교육을 위한 운서(韻書)가 출현하면서 글자의 뜻이 부여되기 시작한다. '션비 사(士)'라는 자의(字義)가 정착하는 것도 이때였다.

역사적 함의가 다른 '선배(先輩)'와 '사(士)'가 만나기까지는 오랜 역사가 있다. 특히 '션비'와의 직접적 만남은 훈민정음이 창제되고 얼마간 세월이 지난 후, 조선 특유의 '사림(士林)'이 형성되고, '사론(士論)'이 등장하며, '선배(先輩)'도 '션비/선븨' 등의 표기도 함께 유행하는 가운데, 그 계기가 마련된다. 연이은 '사화(士禍)'가 그 무대였다. 그 역사 속에서 잉태된 '사(士)'의 함의가 곧 '션비 사(士)'라는 정의를 낳는다.

본고에서는 이를 밝히기 위하여 먼저 사전의 설명을 통하여 문제의 실상을 파악하고, 이글의 과제를 다시 확인한다. 다음 한자어 '선배'의 용례를 통하여 그 수용과 정착 과정을 살펴보며, '선배'의 이색적인 용례에서 옛말 '션비/선븨'의 역사적 함의를 모색해 본다. 이어서 옛말 '션비'의 용례를 정리하고, 자서와 운서를 통하여 정의 '션비 사(士)'에 이르는 과정을 추적한다. 그리고 그 과정에서 드러나는 역사적 함의의 전형(典型) 셋을 제시하며, 이때 조선 특유의 유학사상이 형성되고, 현대적 의미의 선비개념도 구축되고 있음을 논하고자 한다. 마지막으로 정의 이후의 용례 및 근대의 용례를 통하여 다양한 변화양상과 선비개념의 어그러진 실상들을 소개하고 마무리하고자 한다.

2. 사전에서 보는 '선비' 개념의 문제

먼저 우리가 쉽게 접할 수 있는 사전의 설명을 몇몇 들어 보기로 한다.

한글학회의 『우리말 큰사전』(1997)에는 '선비5'까지 있는데, '선비1'에 다음과 같이 되어 있다.

① 학식이 있되 벼슬하지 아니한 사람.
② 학문을 닦는 사람.
【〈선비〉】

국립국어연구원 편 『표준국어대사전』(1999)의 경우, 7까지 있는 '선비1'에 다음과 같이 되어 있다.

① 예전에, <u>학식은 있으나 벼슬하지 않은 사람</u>을 이르던 말.
"사대부, 선비, 그중에도 주체성이 강한 지식인들의 전폭적인 협조 없이는 우리의 대사가 성공할 수 없다는 선생의 ……."(유현종, 『들불』)
② <u>학문을 닦는 사람</u>을 예스럽게 이르는 말.
③ 학식이 있고 행동과 예절이 바르며 의리와 원칙을 지키고 관직과 재물을 탐내지 않는 고결한 인품을 지닌 사람을 이르는 말.
"저하는 선비라 도덕 높고 착하기 한량 없으시지만, 눈이 미처 못 미치는 데가 있을지도 몰라."(김동인, 『대수양』)
④ 품성이 얌전하기만 하고 현실에 어두운 사람을 비유적으로 이르는 말.
"요즘 세상은 선비 같은 남자들이 살아가기 힘든 세상이다."
【〈션븨〈선비〈용가〉】

고려대학교 편 『한국어대사전』(2009)에는 '선비'에 대해 뜻과 예문을 들고, '어법'과 '어원'에 언급하고 있다.

① 학문을 닦는 사람을 예스럽게 이르는 말.
¶ 그는 선비 집안 출신이다. 옛날 선비는 행동을 조심스럽게 했다.
② 재물을 탐내지 않고 의리와 원칙을 소중히 여기는 학식 있는 사람을 비유적으로 이르는 말.
¶ 그는 선비라 거짓말을 하지 않는다.
③ 옛날에, 학식은 있으나 벼슬하지 않은 사람.
④ 품성이 얌전하기만 하고 현실에 어두운 사람을 비유적으로 이르는 말.
어법: 이 말은 『용비어천가』(1447, 80장)에 '션빅'의 형태로 처음 나타난다. '선비'는 '션빅, 션븨, 션뷔, 션븨, 선빅, 선비, 선배' 등의 다양한 형태로 쓰이다가 20세기 이후에 '선비'로 정착한 말이다. 이러한 다양한 발음들에 근거하여, 이 말의 어원을 '선배(先輩)'에서 찾는 견해가 일반적이지만 아직까지 이 말의 어원에 대해서 명확하게 밝혀진 바는 없다.
어원: 션빅(『용비어천가 80장』)

이상에서 한글학회 편 『우리말 큰사전』의 설명①과 ②, 그리고 어원 설명의 공유 사실을 먼저 확인할 수 있고, 주목되는 것은 『한국어대사전』(2009)에만 있는 어법과 어원 설명이다. 특히, 어법에서 '20세기 이후'라는 정착 시기의 애매함의 문제도 있으나, 어원에 있어서 한자어 '선배'에서 찾는 견해가 '일반적'이라고 하면서 '명확히 밝혀진 바는 없다'고 하는 설명이 곧 본고의 과제가 된다.

그렇다면 시대를 조금 거슬러 올라가 보면, 어떤 사전이 어떻게 설명하고 있을까? 해방 직후의 한글학회, 일제강점기의 문세영(文世榮), 그리고 조선총독부가 편찬한 사전을 보면, 그 내용은 다음과 같다.

* 한글학회 편, 『큰사전』(1950)

   선비: 학식이 있되 벼슬하지 아니한 사람.(옛말: 션비)

* 문세영(文世榮), 『조선어사전』(1938)

   선비: 학식을 닦는 사람. 유생(儒生). 선배(先輩).

* 조선총독부 편, 『조선어사전』(1920)

   션(先)비 : 先輩(션비) ②의 轉.

   先輩(션비): ①문학, 덕행이 뛰어난 사람.

           ②儒生(유생)과 같음. (轉, 선비).

먼저 한글학회 편『큰사전』의 설명과 문세영의『조선어사전』설명이 앞서 본『우리말 큰사전』의 설명①과 ②임을 발견할 수 있고, 또한 어원인 '션비'와 한자어 '선배'와의 관계도 명시하고 있음을 알 수 있다. 특히 당대 지식을 대표하는 조선인들이 직접 관여하여 편찬된 사전인 조선총독부 편『조선어사전』에서는 설명①의 일반적 의미를 제시하고, 설명②의 '유생'과 같다는 한정적 의미를 제시하여 이를 구분하고, 설명②의 '션비'는 곧 한자어 '선배'이며, 소리가 전변(轉變)하여 '션비'가 되었다는 것이다.

앞에서 본 바, "어원을 '선배'에서 찾는 견해가 일반적"이라 함은 일제강점기에 출간된 사전에 의거한 견해임을 짐작하게 하며, '명확히 밝혀진 바 없다'는 지적 역시 이들 사전 설명에 대한 것으로 보인다.

여기서『한국민족문화대백과사전』(1991)의 '선비'(금장태 집필)를 보기로 하자. 이상과 같은 현황과 무관하지 않게 여겨지기 때문이다.

『한국민족문화대백과사전』에는 '정의'와 '내용' 항목이 있다. 이어서 중국 고대의 '사(士)'에 관하여 논한 후, '유교 이념을 실현하는 인격을 선비로 확립하였다'고 설명하고, '선비의 역사적 유래'는 '자신의 처지를 선비로 자각'한 고구려의 을파소(乙巴素)에서 시작하여 사림파의 선비에 이른다. 그리고 '선비의 생애와 활동', '선비의 정신세계', '선비 정신의 근대적 성찰과 실현', '선비정신의 현대적 의의'의 항목 기술이 전개되어 백과사전의 면목을 보여준다. '정의'와 '내용'의 관련 부분을 인용한다.

> * 정의 : 학식과 인품을 갖춘 사람에 대한 호칭으로, 특히 유교이념을 구현하는 인격체 또는 신분 계층을 지칭함
> * 내용 : 선비는 한자어의 사(士)와 같은 뜻을 갖는다. 어원적으로 보면 우리말에서 선비는 '어질고 지식이 있는 사람'을 뜻하는 '선비'라는 말에서 왔다고 한다. '선비'의 '선'은 몽고어의 '어질다'는 말인 'sait'의 변형인 'sain'과 연관되고, '비'는 몽고어 및 만주어에서 '지식이 있는 사람'을 뜻하는 '박시'의 변형인 'ㅂ이'에서 온 말이라고 분석되기도 한다. 이에 비하여 한자의 사(士)는 '벼슬한다'는 뜻인 사(仕)와 관련된 말로서, 일정한 지식과 기능을 갖고서 어떤 직분을 맡고 있다는 의미를 갖는다.『설문해자(說文解字)』에서는 사(士)의 글자 뜻을 '일한다' 또는 '섬긴다'(士, 事也)'는 뜻으로 보아, 낮은 지위에서 일을 맡는 기능적 성격을 지적하였다. 동시에 '사(士)'는 '십(十)'(수의 끝)과 '일(一)'(수의 시작)의 결합으로 된 회의문자(會意文字)로 보고 있다. 곧 '십(十)'을 미루어 '일(一)'에 합한다고 풀이하면 넓은 데에서 간략한 데로 돌아오는 박문약례(博文約禮)의 교육 방법과 통하고, '일(一)'을 미루어 '십(十)'에 합한다고 풀이하면 하나의 도리를 꿰뚫는다[吾道一以貫之]는 뜻과 통하는 것으로 해석 된다. 이런 의미에서 '사(士)'는 지식과 인격을 갖춘 인간으로 이해될 수 있고, 그만큼 우리말의 선비와 뜻이 통한다. -이하 생략-

본고의 과제인 어원과 관련해서 "우리말에서 선비는 '어질고 지식이 있는 사람'을 뜻하는 '선비'라는 말에서 왔다고 한다"는 전언(傳言)

으로 설명하고, '선비'의 '선'는 '어질다'는 뜻의 몽고어에서, '비'는 '지식이 있는 사람'을 뜻하는 몽고어 및 만주어에서 유래하는 합성어라는 분석적 견해를 덧붙이고 있다. 근거도 논증도 없는 설명에 『한국어대사전』(2009)의 집필자도 납득할 수 없었을 것이다.

이상에서 선비의 뜻 및 어원에 관한 사전의 설명과 그 문제점을 살펴보았다. 머리말에서 언급했듯이, 필자는 첫째 옛말 '션비'는 곧 한자어 '선배'이며, 둘째 '학문을 닦는 사람'이라는 뜻은 처음부터 있었으나 '학식은 있으나 벼슬하지 않은 사람'이라는 뜻은 나중에 등장하고, 셋째 '션비〉션븨〉선비'와 같이 전변했음은 아래와 같은 경우라고 본다.

* 가식〉가싀〉가시(荊/棘)   * 기러〉기릐〉기리(長)
* 노퍼〉노픠〉노피(高)   * 마더〉마듸〉마디(節)
* 말미〉말믜〉말미(緣)   * 무러〉무릐〉무리(雹)
* 부더〉부듸〉부디   * 소러〉소릐〉소리(音/聲)

3. 고전 한어, 선배(先輩)

고전 한어 '선배'는 어떠한 의미로 어떻게 사용되었을까? 『한어사전』을 찾아보면, "① 연령, 학식 등이 자기보다 앞선 사람. 선진(先進). ② 진사(進士)가 서로 존경하여 상대방을 부르는 말."이라는 설명을 접할 수 있다. 여기서 ①의 용례는 『시경』에 있을 정도로 오래되었으나, ②는 역사를 거슬러 올라가 보면, 과거제도가 본격화하는 당대 이래 향시에 합격한 거인(擧人)이 부르는 이미 급제한 사람에 대한 호칭이었다. 그러면 우리 역사에서는 어떠한 용례를 찾을 수 있을까?

1) 최치원(崔致遠)의 용례

고전 한어 '선배'의 이른 시기의 용례가 당나라 과거에 합격하여 10여 년 외국 생활을 하고 돌아온 최치원(崔致遠, 857~908 이후)의 『계월필경(桂苑筆耕)』에 있다. 당시 신라에서는 독서삼품과(788)가 있었으며, 당나라 과거 빈공과에 응시하는 신라인이 다수 있었고, 최치원은 그중 한 사람이었다.

최치원은 「『소산집(小山集)』을 보여준 수재(秀才) 주번(周繁)에 감사하는 편지(謝周繁秀才以小山集見示書)」에서 '선배'를 존경어로 사용한다. '수재(秀才)'는 과거 1차 합격자를 뜻하며, 최치원이 유학하던 당대에는 이미 '선배'가 통용되고 있었다. 현학적인 표현도 많아 자세한 사정은 알 수 없으나, 그 원문의 풀이는 다음과 같다.

> 어제는 일찍 현성(玄成)을 만나 뵙고 저녁 늦게 집에 돌아오니, 앞마당에서 빛나는 광채를 느꼈고, 책상에서 피어나는 향기를 맡았습니다. 깜짝 놀라 머슴에게 물어보니, 과연 남겨주신 글을 받을 수 있었습니다.
>
> 온화한 한 폭의 글에는 저에게 이익이 될 규범이 찬연하고, 정아한 아홉 편의 시에는 너무나도 많은 시상으로 가득하니, 육의(六義)에 있어서 기강을 떨치고, 칠언(七言)에서 관면(冠冕)을 장식하지 않는 것이 없습니다. 이미 대아(大雅)의 기본을 받드셨으니, 실로 중화(中和)의 반향(反響)을 널리 펼치셨습니다. 삼가 살펴보건대, 여러 가지 하시는 일은 홍곡(鴻鵠)과 짝하고 난봉(鸞鳳)이 날개 짓하여 계원(桂苑)의 명도(名都)에 모이고 연지(蓮池)의 아망(雅望)을 차지하였습니다. 이십삼관랑(二十三官郎) 선배(先輩)께서는 주나라 음악을 빠짐없이 보시고 초나라의 제목을 깊이 살펴보시고는, 각각 찬영(贊詠)하는 노래(詞)를 짓고, 능히 종횡의 작법을 펼쳤으니, 모든 붓이 곧 진실의 기록이며, 기지(機智)에 허세를 부리지 않았습니다. 처음 8수(八首)의 앞부분을 볼때에는 단지 위(衛)나라에 군자가 많다고만 여겼었

는데, 마지막 구화(九華)를 보고 나서야 노나라에 성인이 나온 이유를 알았습니다. 제가 지금 기원하는 것은 취연(翠輦)이 일찍 동쪽으로 순행할 것과 백환(白環)이 서쪽으로 진헌되는 노고를 면하는 것입니다. 이십삼관랑께서는 백보에서 (화살이) 버들잎을 뚫고, 한번 날아서 하늘에 이르시니, 항아가 맞이하여 계궁(桂宮)에 들이고 서왕모가 인도하여 봉도(蓬島)로 돌아갈 것입니다. 그런 뒤에는 기를 타고 다니는 멋진 유람을 멈추시고, 때를 다스리는 뛰어난 대책을 펼치시고, 오셔서는 곽외(郭隗)의 대에 오르고 앉으셔서 진림(陳琳)의 붓을 휘두를 것입니다. 그러니 오늘 아침의 아름다운 노래(藻)는 이미 팔선공(八仙公)의 명망을 덮고, 훗날 빈객의 연석은 반드시 칠재자(七才子)의 수를 채울 것이니, 공자의 제자(丘門)가 기도 청하는 것을 볼 것이고, 진번(陳蕃)이 걸상(陳榻)을 내릴 것을 기대합니다.

저는 곧장 벽(璧)을 품고(銜) 사직을 청하고, 옷(衣)을 추어올려(摳) 가르침을 청하고 싶습니다만, 뜻(志)은 사전(詞戰)에 힘쓰고 있어 장차 집을 지어 농사지으러 돌아간다 해도, 도는 세상에 쓸데없어 그저 문 닫고 비질하는 것(杜門却掃)과 비슷할 뿐입니다. 만나 뵙고 감사드리지 못하고, 삼가 편지글로 아룁니다.[1]

---

1) 崔致遠, 『桂苑筆耕集』 권19, 雜書, 「謝周繁秀才以小山集見示書」. "昨日早謁玄成 晩歸弊止 覺戶庭之發光彩 聞机案之散馨香 遂因驚訊僕夫 果得捧承留示 溫辭一幅 絮然受益之規 雅什八篇 蔚矣患多之思 莫不振紀綱於六義 飾冠冕於七言 旣崇大雅之基 實播中和之響 伏以諸從事 鴻儔鵠侶 鳳翥鸞翔 集桂苑之名都 占蓮池之雅望 二十三官郎 先輩 備觀周樂 深閱楚材 各陳贊詠之詞 能展縱橫之作 筆皆實錄 機不虛張 始窺八首之前 只謂衛多君子 終覽九華之後 方知魯出聖人 某今所以禱望者 翠輦早遇東巡 白環免勞西獻 二十三官百步穿葉 一飛沖天 姮娥則迎入桂宮 王母則引歸蓬島 然後輟勝遊於御氣 展長策於濟時 來登郭隗之臺 坐弄陳琳之筆 則乃今朝麗藻 已掩八仙公之名 他日賓筵 必盈七才子之數 見丘門之請禱 待陳榻之解懸 某使欲銜璧乞降 摳衣請益 但以志勤詞戰 雖將築室反耕 道拙世塗 僅類杜門却掃 未獲面申感謝 謹專修狀啓陳云云"

2) 김황원(金黃元)의 사례

다음의 용례로서 주목되는 것은 『고려사』와 『고려사절요』에 있는 김황원(金黃元, 1045~1117)의 사례이다. 『고려사절요』의 '첨서추밀원사 김황원졸(簽書樞密院事金黃元卒)'의 기사의 인물평[2]을 정리해 보면, 다음과 같다.

①어려서 학문을 좋아하여, 과거에 급제, ②문사(文詞)에서 해동 제일로 인정받았고, ③사람됨이 청렴강직하여 권세에 아부하지 않았다. ④한림원에서 이름을 날리고 있을 때, 거란의 사신이 그의 시를 듣고 놀라서 전편을 베껴서 가지고 돌아갔으며, ⑤고문(古文)을 배워 시류에 따르지 않아, 재상에게 미움을 받아서 한림원에서 쫓겨났고, ⑥지방관이 되어서는 선정을 베풀었다. ⑦국왕(숙종: 재위 1095~1105)이 불러 연영전(延英殿)의 서적을 담당하게 하고, 책을 읽다가 의심나는 것을 질문할 때는 '선배'라 부르고 이름을 부르지 않았다. ⑧예부의 김부식(金富軾, 1075~1151)이 시호(諡號) 내려주길 청하였으나, 담당 요직에 그를 좋아하지 않은 자가 있어 이를 막았다.

즉 국왕이 신하를 대할 때 사용할 만큼, 학덕 있는 관료에 대한 존경어로서 '선배'가 이미 정착되었음을 확인할 수 있다.

3) 이규보(李奎報)의 용례

고려 시대의 또 한 용례는 이미 성숙한 귀족 관료 사회의 '방약무인(旁若無人)'인 '선배'를 비판하는 청년 이규보(李奎報, 1168~1241)의 글에

---

[2] 『高麗史節要』 권8, 睿宗 文孝大王 丁酉 十二年. "○簽書樞密院事金黃元卒 黃元自幼 好學 登科文詞 推爲海東第一 性淸勁 不附勢 與李載 同在翰林 齊名 時契丹使至 黃元 作內宴 口號有「鳳含綸綍從天降鼇駕蓬萊渡海來」之句 使驚嘆 求寫全篇而去 然二人 皆學古文 不隨時態 宰相李資 惡之曰 若此輩 久在文翰之地 必詿誤後生 遂奏斥之 後出爲京山府使 有惠政 肅宗開延英殿 召掌書籍 每觀書有所疑 則輒質之 呼爲先輩而 不名 (중략) 及卒 禮部郎中金富軾請贈諡 當途有不悅者 沮之"

서 찾을 수 있다. 『동국이상국전집』 「칠현설(七賢說)의」 에피소드의 대략은 다음과 같다.

선배 가운데 세상에 글로 유명한 아무개 아무개 등 7인이 스스로 당대 호걸로 생각하고는 서로 '칠현'이라 하였다. 아마도 진(晉)의 죽림칠현을 흠모했기 때문이리라. 모일 때마다 술 마시고 시부를 즐기는 것이 방약무인이어서 세상 사람들이 이를 꾸짖었더니, 조금은 조심하게 되었다. 그때 내 나이는 막 19세인데, 오덕전(吳德全)은 망년(忘年) 벗으로 대하며 이들의 모임에 늘 데리고 갔다. 그 후 오덕전은 동도(東都)에 가고, 내가 다시 그 모임에 갔더니. 이청경(李淸卿)이 나를 지목하여 말하기를 '그대의 덕전이 동으로 가서 돌아오지 않았으니, 그대가 메울 수 있겠는가?'라고 물었다. 나는 일어나서 답하여 말하기를 '칠현이 어찌 조정의 관작이라고 그 빈자리를 메우라는 것인가? 일찍이 혜강(嵇康)과 완적(阮籍)의 뒤를 이은 자가 있다는 말은 들은 적이 없다'라고 하니, 자리에 있던 모두가 크게 웃었다. 또 나에게 시를 지으라고 하면서 '춘(春)'과 '인(人)' 두 자를 찍어 주었다. 나는 일어나서 소리내어 말하기를 '영광스럽게도 죽하(竹下) 모임에 참석하여 자빠진 술통 속의 봄을 즐기는데, 칠현 가운데 씨앗 깬 사람(王戎처럼 옹졸한 사람)이 누군지 모르겠네'라고 읊으니, 자리에 있는 사람들이 모두 화난 얼굴을 하였는데, 모른 척하고 실컷 취해서 나왔다. 나는 젊어서 이렇게 미친 듯했기에 세상 사람들이 나를 가리켜 미친놈(狂客)이라 했다.[3]

---

3) 李奎報, 『東國李相國集』 권21, 「七賢說」. "先輩有以文名世者某某等七人 自以爲一時豪俊 遂相與爲七賢 蓋慕晉之七賢也 每相會 飮酒賦詩 旁若無人 世多譏之 然後稍沮 時予年方十九 吳德全許爲忘年友 每携詣其會 其後德全遊東都 予復詣其會 李淸卿目予曰 子之德全 東遊不返 子可補耶 予立應曰 七賢 豈朝廷官爵而補其闕耶 未聞嵇阮之後有承之者 闔座皆大笑 又使之賦詩 占春人二字 予立成口號曰 榮參竹下會 快倒甕中春 未識七賢內 誰爲鑽核人 一座頗有慍色 卽傲然大醉而出 予少狂如此 世人皆目以爲狂客也"

한편 『동국이상국전집』에는 「가을날 급제하고 환향하는 김선배를 보내다(秋送金先輩上第還鄉)」,「낙제하고 귀향하는 이선배 양을 시로 달래주다(李先輩陽下第東歸以詩慰之)」,「강선배가 장대선사의 죽음을 슬퍼하는 시의 운을 따라서(次韻康先輩哭丈大禪師)」라는 제목의 시와「낙제하고 유람가는 최선배를 보내는 글(送崔先輩下第西遊序)」이 수록되어 있어 이규보의 일상생활에서 '선배'가 상용되고 있었음을 확인할 수 있다.

4) 이색(李穡)의 용례

고려 말기 유학계의 대표적 인물 이색(李穡, 1328~1396)의 『목은시고』에 수록되어 있는 시의 제목에 '선배'가 등장한다. 문하생들이 스승의 만수무강을 축원하는 예식과 문장을 스승에게 바쳤다는 소식을 들은 이색은 기쁜 나머지 시를 지어서 지인에게 증정했는데, 그 시의 제목이 「박밀직(朴密直)으로부터 정선생(鄭先生)께서 문하생이 장수를 축하하는 제례와 서장(祝壽齋狀)을 받으신 모임 이야기를 듣고, 거기 선배유풍(先輩遺風)이 있음에 기뻐서 삼가 시를 지어 좌하에 보내드리니, 웃으며 받아주시길 바랍니다[從朴密直 聞鄭先生受門生祝壽齋狀之會 喜其有先輩遺風 謹成拙詩 寄呈座下 幸資一笑]」이다.

이상의 용례에서 알 수 있는 것은 ①'선배'는 과거제도와 관련된 용어로 통일신라 때에 이미 수용되었고, ②고려 시대에는 국왕이 학덕 있는 관료에 대해 사용할 만큼 성숙한 관료 사회의 존경어로 '선배'가 정착하였으며, ③'방약무인(旁若無人)'의 '선배'에 대한 세상 사람들의 비난과 젊은 청년의 노골적인 비판이 있을 정도로 '선배'는 토착화되어 있었고, ④사제 관계에 있어서 문하생의 스승에 대한 예의 풍토를 '선배유풍(先輩遺風)'이라고 표현할 만큼 중시되고 있었다는 점이다.

5) 조선 전기의 용례: 『조선왕조실록(朝鮮王朝實錄)』

여기서는 『조선왕조실록』의 조선 전기 용례를 살펴보기로 한다. 연령 및 경력의 '선배-후배' 용례뿐 아니라, '선배(先輩)-후진(後進)' 및 '전배(前輩)-후배(後輩)' 등 수많은 용례가 있다. 그 가운데 특이하게도 용어 '선배'의 회피 경향이 보이는가 하면, 모범적 인격으로서의 '선배' 용례와 조소적인 비난의 용례도 있어 그 이질성에 주목하고자 한다.

첫째, 성종 때 김종직(金宗直, 1431~1492)이 좌부승지에서 도승지로 승진 임명되었음에도 거듭 사임한 것에 대한 사신(史臣)의 평인데, 김종직을 추종하는 무리를 비꼬아 '경상선배당(慶尙先輩黨)'이라 했다는 기사이다.

> 史臣曰 宗直 慶尙道人也 博文工詞章 樂於訓誨 前後受業者 多登第 以故 慶尙之儒仕于朝者 推尊爲宗匠 師譽其弟 弟譽其師 過其實 <u>朝中新進之輩</u> 亦莫覺其非 多有從而附者 時人譏之曰 <u>慶尙先輩黨</u>
>
> 사신이 말하기를, 김종직은 경상도 사람이다. 글을 많이 읽어 사장에 뛰어났고, 후학 가르치기를 좋아했기에 전후로 가르침을 받아 급제한 자가 많았다. 이리하여 경상도 유자로 조정에서 근무하는 자도 미루어 존경하며 종장으로 여겼다. 스승이 그 제자를 자랑하고, 제자가 그 스승을 자랑하니, 실로 지나친 것이었다. 조정의 신진 무리도 그 잘못을 모를 리 없건만, 함께 어울리는 자가 많았다. 그때 사람들은 이들을 비꼬아 경상선배당(慶尙先輩黨)이라 했다.[4]

김종직의 돈독한 사제관계에 조정의 신진사류가 동조하게 되자, 이들을 아울러서 비꼬아 비난한 '경상선배당'은 이색이 칭찬한 '선배유

---

4) 『成宗實錄』, 成宗 5년(1484) 8월 6일(경신).

풍'의 뒷모습이라고 할 수 있을 것 같다.

둘째, 선조 때 양사(兩司)가 윤두수·윤근수·윤현을 탄핵하자, 파직한 것에 대한 해설 기사이다. 여기서는 사류의 동서분당을 전배와 후배의 분열 대립으로 설명하면서 이와 구별하여 존경받는 모범 인격으로 '선배숙망청명지사(先輩宿望淸名之士)'를 말하고 있다.

時 士類中分 <u>前輩爲之西 後輩爲之東</u> 後輩皆堂下名士 布列館閣 聲勢甚盛 前輩若干人 立朝年久 疵玷漸生 每爲後輩指摘 一時爭進取者 皆附於東 扼腕游談 皆以爲東正西邪 (중략) 上以邸吏已服 遂從臺論 罷三尹職 自是之後 附東者日起 流俗舊臣 號爲老黨者 曾爲西人所外 皆附東人 得居要地 招權釋憾 峻論自效 淸濁混淆 貪風益盛 而共爲比周 無復激揚之論 <u>先輩宿望淸名之士</u> 皆不見容矣

그때 사류가 둘로 나누어져 <u>전배는 서쪽으로 가고, 후배는 동쪽으로 갔다</u>. 후배는 모두 당하의 명사로 관각에 포열하여 명성과 기세가 매우 왕성했다. 전배는 몇몇 사람이 조정에 있은 지 오래되어 허물들이 점점 드러나서 매번 후배의 지적을 받았다. 한때 승진하고자 하는 자는 모두 동에 붙어서 팔짱끼고 떠들며 나다녔으니, 모두 동이 바르고 서는 나쁘다(東正西邪)고 여겼다. (중략) 이로부터 동에 붙은 자가 날로 승진하니, 유속의 구신(舊臣)으로 노당(老黨)이라 불렸던 자들은 일찍이 서인이라고 소외되었었는데, 모두 동인에 붙어서 요직에 있게 되자 권세를 이용하여 원한을 풀었으며, 스스로 극론을 본받아 공론의 청탁(淸濁)이 뒤섞이고, 탐풍(貪風)이 더욱더 성행하여 서로 더불어 무리를 이루니, 다시 격양하는 공론은 없어졌고, <u>先輩宿望淸名之士</u>는 받아들여지지 않았다.[5)]

---

5) 『宣祖修正實錄』 宣祖 11년(1578) 10월 1일(무인).

전배와 후배가 분열 대립하는 가운데, 용납되지 않는 '선배=숙망=청명'의 사(士)가 존재했다는 점에서 격을 달리하는 모범적 사(士)로서의 선배상을 본다.

이상에서 살펴본 바를 정리해 보면, 선배는 단순한 의미에서 진화하여 모범적 인격의 의미를 지니게 된다. 다만, 한자어 '선배'의 원초적 의미와 용례도 여전히 존재하고 있기 때문에, 문헌상 이질적 용례의 선배에 대한 해석에는 각별한 주의가 필요하다.

4. 옛말 '션빈'의 용례와 소리의 전변(轉變)

선비의 옛말 용례를 살펴보기로 한다. 인용문은 편의상 띄어 쓰기를 했다.

1) 『용비어천가(龍飛御天歌)』(1445)

한글 즉 훈민정음 '션빈'가 병기되어 있는 한문의 '유생(儒生)'과 '유사(儒士)'에 대응하는 제80장은 다음과 같다.

> * 武功뿐 아니爲ᄒ샤 <u>션빈</u>를 아ᄅ실ᄊᆡ 鼎峙之業을 셰시니이다[匪直爲武 <u>且識儒生</u> 鼎峙之業 肆克樹成]
> * 討賊이 겨를업스샤디 <u>션빈</u>를 ᄃᆞᄉᆞ실ᄊᆡ 太平之業이 빛나시니이다[不遑 討賊 <u>且愛儒士</u> 太平之業 肆其光煒]

한문 주에 따르면, 앞 구절은 평소 경술을 중시하는 태조가 군려(軍旅)에서 잠깐 쉴 때마다 명유(名儒)를 불러 경사(經史)를 밤늦게까지 논의하곤 했음을 노래한 것이며, 뒤 구절은 일찍이 올랄(兀剌)을 정벌(제

39장)하러 갔을 때, 벌거벗고 서서 얼굴을 가리고 울고 있는 원(元)의 장원 배주(拜住)를 만나 그가 고려의 이인복(李仁復)과 같은 해 급제했다는 말을 듣고, 자신의 옷을 벗어 입혀주고 말에 태워 함께 돌아와 공민왕이 그를 판사농시사(判司農寺事)로 삼고, 한복(韓復)이라고 성명을 하사하여 거자(擧子)들이 글을 배웠다는 일화를 노래한 것이다. 즉 이성계의 '션비'에 대한 이해와 사랑을 표창하며 개국 창업의 성공과 영광을 칭송한 것이다.

다음 '유(儒)'가 '션비'에 대응하는 제82장을 보자.

* 혀근 <u>션비</u>를 보시고 御座애 니르시니 敬儒之心이 엇더ㅎ시니
  [引見小儒 御座遽起 敬儒之心 云如何已]
* 늘근 <u>션비</u>를 보시고 禮貌로 쑤르시니 右文之德이 엇더ㅎ시니
  [接見老儒 禮貌以跪 右文之德 云如何已]

한문 주에 따르면, 앞 구절은 고려 충렬왕이 세자를 원에 파견했을 때, 원의 세조가 외손인 세자의 배신 정당문학 정가신(鄭可臣), 즉 소유(小儒)를 접견하는 장면에서 원 세조의 유자를 존경하는 마음(敬儒之心)을 노래한 것이며, 뒤 구절은 고려 공민왕 때 이색이 유배지에서 돌아와 인사차 이성계를 방문했을 때, 노유 이색을 예의를 갖춰 맞이하는 이성계의 학문을 숭상하는 인덕(右文之德)을 칭송한 것이다.

이상에서 보듯이, 훈민정음의 '션비'는 절대권력자가 존경하는 대상으로 곧 유생(儒生)·유사(儒士) 그리고 '유(儒)'를 뜻하는 말임은 분명하다.

한편 참고로 '사(士)'의 용례를 보면, 『용비어천가』전125장 가운데 '진민사(秦民士)'를 '진민(秦民)'으로 풀이한 용례가 하나 있을 뿐이고, 한자어 그대로 풀이한 '유사(儒士)'와 '유생(儒生)'이 있는가 하면, 군사

(軍士)·술사(術士)·경사선매(輕士善罵)·예사온언(禮士溫言)·의사(義士) 등 다양한 용례가 있다. 대체로 문(文)/무(武)의 사(士)를 가리킨다.

2) 『내훈(內訓)』(1475)

성종의 생모 소혜왕후(昭惠王后) 한씨(韓氏, 1437~1504)[6]가 아내로서 며느리로서 어미로서 부도(婦道)의 기본이 되는 고전의 글을 모아 언해한 『내훈』에는 '유술(儒術)'을 '션비의 술(術)'(1권 26면)로 풀이하여 '유(儒)'에 '션비'가 대응함은 물론이나, '대유(大儒)'를 '큰 션븨'(3권 12면)라 풀이하여 '션븨'가 처음 등장한다. 즉, '션븨'와 '션비'가 통용되고 있다. 이러한 소리 전변의 실상을 어떻게 이해해야 할 것인지 새로운 과제라 하겠다.

또 하나 주목하고자 하는 것은 '후한 화희 등황후(後漢和熹鄧皇后)'의 소녀 시절 이야기에 나오는 "博박士ㅅ는 션비 벼슬이라"(2권 54면)고 한 주석이다.

> 六歲예 能史書ᄒᆞ시고 十二예 通詩論語ᄒᆞ더시니 諸兄이 每讀經傳이어든 輒下意難問ᄒᆞ샤 志在典籍ᄒᆞ시고 不問居家之事ㅣ어시ᄂᆞᆯ 母ㅣ 常非之曰, 汝ㅣ 不習女工ᄒᆞ샤 以供衣服ᄒᆞ고 乃更務學ᄒᆞ니 寧當擧博士耶아. 后ㅣ 重違母言ᄒᆞ샤 晝修婦業ᄒᆞ시고 暮誦經傳ᄒᆞ신대 家人이 號曰諸生이라 ᄒᆞ더니, 父訓이 異之ᄒᆞ야 事無大小히 輒與詳議ᄒᆞ더라(2권 48면)
> 여슷설의 史ㅅ書셔를 잘ᄒᆞ시고-史ㅅ난ᄉᆞ긔라- 열둘헤 詩시와 論논語어를 通통ᄒᆞ더시니, 모든 오라비 믹양 經경傳뎐을-經경傳뎐은셩경현뎐이라- 닐글 적이어든 곳 뜻을 ᄂᆞ즈기ᄒᆞ샤 힐난ᄒᆞ야 무르샤, 뜻을 典뎐籍젹의 두시고

---

6) 성종 즉위 이듬해인 1470년 생부 의경(懿敬) 세자의 덕종(德宗) 추존과 함께 소혜왕후(昭惠王后)로 추존되고, 1475년 인수대비(仁粹大妃)로 책봉되었다.

집사리일을 뭇디 아니커시늘, 어마님이 샹해 외오녀겨 니르샤디, 네 계집의 일을 니겨 衣의服복을 ᄒᆞ디 아니코 다시곰 學혹問문을 힘뻐ᄒᆞ니 엇디 맛당히 博박士ᄉᆞㅣ 되랴-博박士ᄉᆞᄂᆞᆫ 션빈벼슬이라-. 后ㅣ 어마님말ᄉᆞᆷ 어그릇ᄎᆞᆷ을 重듕히 너기샤, 나지어든 겨집의일을 닷그시고 밤이어든 글을 외오신대, 집사ᄅᆞᆷ이 일홈을 션빈라 ᄒᆞ더니, 아바님訓이 긔이히 녀겨, 일을 크니져그니 업시 곳 더브러 ᄌᆞ셰히 의논ᄒᆞ더라.(2권 54면)

즉 "博박士ᄉᆞᄂᆞᆫ 션빈 벼슬이라"고 한 주석에서 '선비 사(士)'의 단초를 발견하며, 또, '민(民)'을 '빅셩'(2권 98면, 99면)이라 언해하고 있으니, '빅셩 민(民)'의 단초도 여기에 나타나 있다. 한편 호학(好學)·면학(勉學) 하는 소녀에 대하여 집안사람들이 '제생(諸生)'이라 한 호칭도 독특하지만, 이를 '션빈'라고 한 언해 역시 주목할 만하다.

3) 『두시언해(杜詩諺解)』(1481)

『두시언해』에는 '유(儒)'에 대하여 '션비'와 '션븨'가 다수 통용되고 있다. 그 예는 다음과 같다.

가) 션비
* 유복(儒服) : 션비오시 (6권 題衡山縣文宣王廟新學堂呈陸宰)
* 유관(儒冠) : 션비곳갈 (19권 奉贈韋左丞丈二十二韻)
* 유의(儒衣) : 션비오술 (23권 送楊六判官使西蕃)
* 유류(儒流) : 션비무른 (6권 贈虞十五司馬)
* 유소(儒素) : 션비 (21권 所思)
* 노유(老儒) : 늘근 션비 (6권 行次昭陵)
* 부유(腐儒) : 서근 션비 (6권草堂)
* 순유(醇儒) : 醇一ᄒᆞᆫ 션비 (8권 贈特進汝陽王二十韻)

* 문유(文儒) : 글ᄒᆞᄂᆞᆫ 션비 (8권 入奏行西山檢察使竇侍御)
                글홀 션비 (14권 又作此奉衛王)
* 구유(舊儒) : 녯션비 (19권 贈韋左丞丈濟)
* 자유가(自儒家) : 션비지브로 (16권 送竇九歸成都)

나) 션븨
* 유술(儒術) : 션븨術業 (19권 奉贈太常張卿垍二十韻, 21권 奉留贈集賢
                院崔于二學士)
* 유복(儒服) : 션븨오슬 (19권敬贈鄭諫議十韻)
* 유문(儒門) : 션븨家門 (권24 承沈八丈東美 ……)
* 유화(儒化) : 션븨敎化 (권24 贈左僕射鄭國公嚴武)
* 제유(諸儒) : 여러 션븨 (20권 秋日 …… 一百韻)
* 종유(宗儒) : 큰 션븨 (24권 贈秘書監江夏李公邕)
* 세유다골몰(世儒多汨沒) : 世上앳 션븨ᄂᆞᆫ 해 ᄢᅥ뎟ᄂᆞ니 (21권 贈陳二補闕)

이상에서 보이는 '션비'와 '션븨'의 자유로운 통용 현상은 '션비'에서 '션븨'로의 전변 현상을 뜻하는 동시에 토착화한 지역적 방언이 공존하며 유통되고 있었던 것으로 이해하고자 한다. 한편, 언해에서 '부유(腐儒)'(3권,6권客居), '유술(儒術)'(15권 醉時歌) 등 한자어 그대로 사용되기도 한다.

참고로, '사(士)'의 용례를 보면, (1) '사(士)'를 '사졸(士卒)'〈4권 潼關吏〉, '사서(士庶)'〈4권 往在〉, '장사(壯士)'〈6권 客居, 8권 入奏行西山檢察使竇侍御, 11권 追酬故高蜀州人日見寄, 24권 贈左僕射鄭國公嚴武, 24권 哭王彭州掄〉와 같은 한자어로 풀이하는 경우, (2) 한자어 그대로 '의사(義士)'〈6권 草堂〉, '열사(烈士)'〈16권 送顧八分文學適洪吉州, 24권 秦州見勅目 ……〉, '사졸(士卒)'〈9권 山寺〉, '사(士)'〈6권 謁先主廟〉, '재사(才士)'〈15권 和江陵宋大少

府 ……〉, '쳐사(處士)'〈16권 寄李十二白二十韻〉 '가사(佳士)'〈16권 丹靑引贈曹將軍霸〉, '사졸(士卒)'〈17권 瘦馬行〉, '사자(士子)'〈17권 惜別行送劉僕射判官〉, '사인(士人)'〈24권 哭韋大夫之晉〉과 같이 사용하는 경우, (3) '빈사(貧士): 가난훈 士'〈3권 秋日荊南述懷三十韻〉, '훈사(訓士: 訓鍊훈 軍士'〈3권 散愁二首〉), '맹사(猛士): 勇猛훈 士卒'〈4권 去秋行〉, '고사(高士: 노푼 士'〈6권 柴門〉), '현달사(賢達士): 賢達훈 士'〈6권 居室上〉, '명사(名士): 일홈난 士'〈14권 陪李北海宴歷下亭〉, '사칙(士則): 士의 法'〈권24 重題〉 등과 같이 풀이하는 경우, (4) '졸(卒)'을 '사졸(士卒)'〈4권 新安吏〉로 언해한 예도 있다. 즉, '사(士)'에는 일정한 풀이가 없음을 확인할 수 있다.

4) 『행실도(行實圖)』류의 언해

역관 조신(曺伸, 1454~1529)이 지은 『이륜행실도(二倫行實圖)』(1518년/1730년 간행)는 난외상단(欄外上段)에 김안국(金安國, 1478~1543)의 언해가 실려 있는데, 주목되는 것은 당의 '이면환금(李勉還金)'〈38면〉의 '제생(諸生)'에 대한 언해이다.

　　李勉少貧 客梁宋 與諸生共逆旅 諸生疾且死 出白金曰 左右無知者 幸君以此爲我葬 餘則君自取之 勉許諾 旣葬 密置餘金棺下 後其家謁勉 共啓墓出金付之
　　니면이 져믄 제 가난ᄒᆞ여 나가 니 되여서 <u>션븨</u>들과 ᄒᆞᆫ 주인에 잇써니, ᄒᆞᆫ <u>션븨</u> 병ᄒᆞ여 주글 제 은을 니면이 주며 닐으디, 겨틧사ᄅᆞᆷ이 모르ᄂᆞ니 그디 이 은을 날 송장애 쓰고 남거든 그디 가지라. 니면이 그리ᄒᆞ려 ᄒᆞ고, 송장훈 후에 ᄀᆞ마니 그 은을 곽 아래 녀코 가니, 후에 제집 사ᄅᆞᆷ이 니면이를 뵈라 가니, 니면이 ᄃᆞ려가 무팀 여러 은을 내여 주니라.

기사의 앞 '제생(諸生)'은 '션븨'라 언해하고, 뒤의 '제생(諸生)'은 '션비'로 언해한 것을 어떻게 이해해야 할까? 앞에서 추측했듯이, 이미 '션븨'도 통용되는 가운데, 두 말도 별 거리낌 없이 통용되고 있었기 때문이라고 이해하고자 한다.

송(宋)의 '양시입설(楊時立雪)'〈47면〉에는 '양시득명도지전(楊時得明道之傳)'을 '양시란 션비 명도션싱의게 도혹을 비화'라고 언해하고 있다는 것을 덧붙여 둔다. 정명도(程明道)로부터 도학을 배운 양시(楊時)는 주희의 스승인 이동(李侗)이 그의 문하에서 배운 정주학맥의 주요 인물이다.

한편, '사(士)'의 경우, 다음 두 용례를 인용해 둔다.

첫째, 조신(曺伸)이 1518년 찬진(撰進)한 『속삼강행실도(續三綱行實圖)』〈정미년(1607/1667), 기영간개(箕營開刊)〉 '충신도(忠信圖)'의 '심원척간(深源斥姦)'의 기사로, '사류(士類)'를 '됴亽'로 언해하고 있다.

> 燕山亂政 士洪諿構深源 倂其二子而殺之 用事十年 魚肉士類 國祚幾傾
> 연산군적의 임亽홍이 도로 벼슬ᄒᆞ여 심원이을 얼거 두 아돌좃차 죽이니라. 임亽홍이 열희을 용亽ᄒᆞ니 됴亽을 다 죽여 나라히 거의 기울게 되니

둘째로 김안국이 언해한 『정속언해(正俗諺解)』(1518)에 '선유왈(先儒曰)'를 '녜사람미 닐우듸'(27면)으로 언해, '유(儒)'를 '사람'으로 풀이한 예가 있고, 아래와 같이 '사(士)'를 '냥반'(20면)으로 언해하고 있다.

> 古之爲民者伊四尼 士農工商伊是也羅. 士勤於學業
> 녜빅셩도 의리 네가지니 냥반과 녀름지으리와 공쟝와치와 흥졍와치라. 냥반이 글ᄒᆞ기를 브즈러니 ᄒᆞ면

이상에서 보듯이, 『용비어천가』 이후 '션비'뿐만 아니라, '션븨'·'션뷔'의 혼용 양상은 음의 지역적 전변에 따른 당시의 실태를 반영하는 것으로 사료된다. 물론 이들이 '유(儒)'에 대응하고 있음에는 변함이 없으며, '양시란 션비'도 이에 해당한다고 볼 수 있다.

한편 '사(士)'의 경우, 주로 한자어가 그대로 사용되는 가운데 (1) 『내훈(內訓)』의 "博박士亽는 션비벼슬이라"고 한 주석, (2) 『속삼강행실도』에서 '사류(士類)'를 '됴亽'라고 한 언해, (3) 『정속언해』에서 '사(士)'를 '냥반'이라고 한 언해의 등장은 자의(字義)의 정착 과정에서도 주목할 필요가 있다.

5. '션빅'와 사(士)와의 만남: 정의(定義)의 출현

이상에서 살펴본 바와 같이 역사적 함의가 다른 '션비'와 사(士)가 어떻게 만나게 되는지를 아래에서 살펴보기로 한다. 특히 재정리되는 한자음운서, 그리고 초학자를 위한 한자 학습서와 교훈서에 주목하고자 한다. 한자 학습서로서 주홍사(周興嗣)의 『천자문』이 언제부터인지 명확하지 않지만 일찍부터 사용되어 왔으며, 추측건대 훈민정음 이전에도 '하늘 천(天), 짜 지(地)'와 같이 소리내어 우리말 뜻과 음을 암송하며 학습하였으리라.

훈민정음 제정 직후 편찬된 『동국정운』·『사성통고』 등 운서의 수정 및 『노걸대』·『박통사』 등 역관 교과서의 재정비가 외교 담당자인 역관에 의해 진행되는 한편, 초학자를 위한 한자 학습서와 교훈서가 유학자에 의해 편찬되는 가운데 '유(儒)'와 '사(士)'의 우리말 뜻, 즉 자의가 정해지게 된다.

1) 최세진의 연구: 『사서통해(四聲通解)』(序1517)와 『훈몽자회(訓蒙字會)』(引1527)

먼저 역관 출신으로 한학교수인 최세진(崔世珍, 1468~1542)이 편찬한 『사성통해』와 『훈몽자회』의 '유(儒)'와 '사(士)'에 대한 정의 및 설명은 다음과 같다.

가) 『사성통해』
* 儒 : <u>術士之稱</u> 又侏~ (日슈 平聲)
* 士 : 韻會蒙韻쯔下同 <u>學以居位</u>曰~ 又察也理也事也 中原音韻去聲 (禪 씨 平聲)

나) 『훈몽자회』
* 儒 : <u>션븨 슈</u> <u>守道攻學</u>曰~ 俗稱秀才 (儒學: 科第儁儒)
* 士 : <u>됴스 스</u> <u>學以居位</u>曰~ (人類: 士隸民氓)

『사성통해』는 한학역관의 교과서인 『노걸대』와 『박통사』 학습에 필요한 한자의 의미와 발음을 정리한 기본 공구서로 편찬되었으며, 『훈몽자회』는 초학자를 위한 『천자문』이 글자 공부에 치우쳐 있고, 『유합(類合)』 수록 한자가 사물의 모습과 이름[形名]을 학습하기에는 부실한 점[虛多實少 無從通諸事物形名之實]을 개선하기 위하여 편찬한 것이다. 즉 『천자문』과 『유합』을 배우고 경서(經書)와 사서(史書) 등 여러 서적을 읽게 되면, 그 글자를 알 뿐 그 사물을 알지 못해 결국 글자만 외우고 실물 이해에는 힘쓰지 않는 문제가 있다는 것이다.[7] 이를 해소

---

[7] 崔世珍, 『訓蒙字會』. "今之敎童稚者 雖習千字類合 以至讀遍經史諸書 只解其字 不觧其物 遂使字與物二 而鳥獸草木之名 不能融貫通會者 多矣 盖由誦習文字而已 不務實見之致也"

하고자 천문·지리에서 질병·상장(喪葬) 그리고 잡어(雜語)에 이르는 33항목 3,360자를 수록하여 『훈몽자회』라 하였다는 것이다.[8] 새로운 학습서로서의 특징은 한자의 우리말과 뜻에 대한 이해를 돕고자 훈민정음의 구조 및 언문의 특성을 범례에서 설명하는 점에 있다.

최세진은 '유(儒)'의 우리말을 '션븨'라 하고, 그 뜻은 중국 자의와는 달리 '도를 지키고 학문을 연구한다(守道攻學)'라고 설명하고, '사(士)'는 중국 자의와 같이 '학문을 하여 벼슬자리에 있다(學以居位)'를 뜻하며, 우리말 '됴ᄉ'라는 것이다. 각각 그 우리말의 의미를 정의한 것인데, '유(儒)'의 '션븨'는 『용비어천가』의 '션비'에서 『내훈』·『두시언해』를 거치면서 정착된 말로, '수도공학(守道攻學)'이라는 구체적인 설명은 앞서 살펴본 『조선왕조실록』의 특이한 용례와도 상통하는 것으로, 곧 '선배(先輩)'임에 틀림없어 보인다.

'사(士)'의 경우, '됴ᄉ', 즉 현직의 '조사(朝士)'로 특정한 해석임에 주목할 필요가 있다. 『유합』이 우리나라 누구 손에서 나왔는지 모른다고 단언하고, 『유합』의 '션비 ᄉ'라 한 '사(士)' 해석을 배척했기 때문이다. '조사(朝士)'는 『경국대전』 등에 용례가 있으며, 앞에서 살펴본 바 '사류(士類)'를 '됴ᄉ'라고 한 조신(曺伸)이 지은 『속삼강행실도』의 언해가 이미 있었으므로, 당시의 실상을 적극적으로 수용한 것으로 판단된다.

2) 유희춘의 연구: 『신증유합(新增類合)』(1576)

유희춘(1513~1577)도 『유합(類合)』의 편자를 모른다는 입장에서 '글자의 선택이 정확하고 절실하여 많은 사람이 이를 소중히 여기는데, 다만 규모가 광대하지 않아 긴요한 글자가 많이 빠져 있다'는 점을 수

---

8) 崔世珍, 『訓蒙字會』. "臣愚慮切及此 鈔取全實之字 編成上中兩篇 又取半實半虛者 續補下篇 四字類聚 諧韻作書 總三千三百六十字 名之曰訓蒙字會"

정 보완하여 『신증유합(新增類合)』을 편찬한다. 『유합』과 『신증유합』
의 관계 부분은 다음과 같다.

가) 『유합(類合)』(1,515字)
* 公: 구의 공　　* 卿: 벼슬 경　　* 士: 션비 ᄉ　　* 民: 빅셩 민
* 僧: 즁 승　　* 尼: 겨집즁 니　　* 巫: 무당 무　　* 醫: 의원 의

나) 『신증유합(新增類合)』(3,000字)
* 公: 공후 공　　* 卿: 큰벼슬 경　　* 士: 됴ᄉᆞᆺ ᄉ　　* 民: 빅셩 민
* 儒: 션비 유　　* 胥: 아젼 셔　　* 巫: 무당 무　　* 醫: 의원 의

즉 유희춘은 승(僧)·니(尼)를 유(儒)·서(胥)로 교체하고, 우리말 뜻도 고친다. 역시 주목되는 것은 새로 추가한 유(儒)에 '션비'를 옮기고, 사(士)에는 『훈몽자회』와 같은 '됴ᄉᆞᆺ'로 고친 점인데, 이는 『훈몽자회』에 따르면서 유(儒)의 '션븨'를 본딧말 '션비'로 바로잡은 것이다. 판본에 따라 '공후 공/구의 공' 및 '됴ᄉᆞᆺ ᄉ/션비 ᄉ'라고 『유합』의 설명을 추가 병기하기도 한다.

3) 한호의 『천자문(千字文)』(초판 1583)

당대 명필 한호(韓濩)의 『천자문』은 간행 이후 초학자의 습자 교재로서도 오랫동안 널리 유행하게 되어, '션비 ᄉ'라는 자의 정착에 결정적인 서적이다. 참고로 이른바 '광주천자문'의 관계부분과 함께 보면, 다음과 같다.

가) 『천자문』(1575, 光州刊)
* 多: 할 다　　* 士: 계츔 ᄉ　　* 寔: 클 식　　* 寧: 안령 령

나) 『천자문』(1583)

* 多: 할 다   * <u>士: 션비 스</u>   * 寔: 잇 식   * 寧: 편홀 령

두 책 사이에 우리말 뜻이 많이 바뀌었고, 특히 주목되는 것은 사(士)의 경우, '계츰 스'(의미 불명)를 버리면서 편찬 목적이 분명한 학습서인 『훈몽자회』나 『신증유합』의 자의 설명에 따르지 않고, 오히려 『유합』과 같이 '션비 스'라고 한 점이다. 즉 『유합』으로 돌아갔다고 볼 수도 있는 한호 『천자문』의 정의 '션비' 사(士)를 어떻게 이해해야 할까?

6. 정의(定義)된 '션비 사(士)'의 자의식과 선비상

이상에서 살펴본 바와 같이, 정의 '션비 사(士)'는 『유합』에서 처음 등장한다. 서거정(1420~1488) 편찬설이 있는 이상, 한호 『천자문』(초판 1583)보다 100여 년 앞선 시기에 이미 '션비 사(士)'는 유통되고 있었다는 추론도 가능할 것이다. 어쨌든 그동안 '유(儒)'에 대응하던 '션비/션븨'가 '사(士)'에도 대응하면서 결국 한호 『천자문』을 계기로 하여 '션비 사(士)'로 정착되기에 이른다. 한편 『조선왕조실록』에서 확인하였듯이, 존경받아 마땅한 모범적 인격을 지칭하는 '선배(先輩)'의 이질적 용례도 이미 유행하고 있었으니, '션비'가 한자어 '선배(先輩)'임도 절로 추론 가능하다.

여기서 필자는 『유합』에서 『훈몽자회』(引1527), 광주판 『천자문』(1575), 『신증유합』(1576) 그리고 한호 『천자문』(1583)에 이르기까지의 '사(士)'가 처했던 시대 상황을 상기하고자 한다.

즉 '수도공학(守道攻學)'의 '션비 유(儒)'가 과거에 급제하여 '학이거위(學以居位)'의 '됴스 사(士)'가 되어 국왕을 위하여, 천하를 위하여 펼치고

자 한 뜻(志)을 공유한 사림의 시대, 그들 신진사류가 곧 수구세력의 반발로 유형(流刑)과 사형에 처해지는 사화가 무오년(1498), 갑자년(1504), 기묘년(15119), 을사년(1545) 꼬리에 꼬리를 물고 발생한 사실에 주목하지 않을 수 없다. 『훈몽자회』의 '수도공학'의 '션븨 유' 및 '학이거위'의 '됴ᄉ 사'라는 정의는 사화를 겪으면서 극명해진 유(儒)/사(士)의 지위와 역할을 반영하여 이를 선언한 것으로 생각되며, 그로부터 50여 년이 지나서 '사(士)'는 '됴ᄉ'에서 '션븨'로 다시 정의되기에 이른다. 즉 사화의 역사 경험 속에서 잉태된 '사(士)'의 자의식이 조사(朝士) 되기를 버리고, '수도공학'의 '션븨'로 자기의 자리매김을 다시 한 것이다.

사화라는 처참한 역사 경험을 이렇게 되돌아본다.

『세조실록』 편찬 시, 세조의 왕위 찬탈을 비유한 김종직(1431~1492)의 '조의제문'을 그 제자인 김일손(1464~1498)이 사초에 넣은 것이 문제되어 무오사화가 발생한다. 이때 『내훈』(1475)이 출간되었고, 아마 『유합』도 유통되고 있을 것이며, 이들을 조소적으로 '경상선배당(慶尙先輩黨)'이라고 지칭했다는 것이다. 갑자사화는 연산군이 생모 윤씨 폐위 및 사사 사건의 관계자를 문책 처벌한 사건인데, 성종의 왕후 윤씨의 투기와 악행에 대한 인수대비(仁粹大妃)의 격분에 의한 폐위였다. 『내훈』 출간 이듬해 왕비가 된 윤씨, 저자인 인수대비는 부도(婦道)에 반하는 왕비의 행실을 도저히 용서할 수 없었던 것이다.

연산군의 타락한 행동과 폭정에 종지부를 찍은 중종반정(1506)으로, 연산군 측근 사류(士類)가 처형되고, 반정공신에 대한 서훈과 함께 김종직·김일손·김굉필 등 사화 피해자의 신원이 이루어진다. 중종이 발탁한 조광조에 의하여 최충·안향·정몽주 등의 문묘종사가 결정되고, 반정공신의 위훈(僞勳) 삭제론이 화근이 되어 조광조는 동지와 함께 유배되어 처형된다. 윤리서 『속삼강행실도』(1518년 撰進)와 『정속언해』(1518)는 1년 전에, 학습서 『훈몽자회』는 8년 후에 편찬된다. 을사사화는 외척 간의 권력다툼에 '사(士)'가 희생된 사건이다. 그 후 광주판 『천자문』(1575), 『신증유합』(1576), 그리고 한호 『천자문』(1583) 등이 출간되어 '됴ᄉ 사(士)'도 '션비 사(士)'도 유행한다.

조광조의 복권은 100여 년이 지난 후인 인조반정(1623)에 의한 귀결의 하나였다. 이렇게 거듭되는 사화를 거치면서 수구의 훈구파에 대항하는 신진사류의 시대를 역사 교과서에서는 사림파의 시대라 칭하고 있다.

여기서 다음과 같이 정리하고자 한다.

김종직의 '조의제문'을 역사에 남기려고 한 김일손, '소학동자'라 불릴 정도로 일상에서의 도덕을 궁행실천한 김굉필, 요순의 시대와 같은 지치를 실현하고자 한 조광조, 이들은 유학의 이상을 실현하고자 행동한 '사(士)'(선비상1)였다. 특히 조광조는 위훈삭제를 주장하여 부조리를 바로잡고자 한 '사(士)'(선비상2)이기도 하였고, 최충·안향·정몽주 등의 문묘종사를 결정, '사(士)'의 사표의 공인을 실현시키기도 하였다.

이러한 사(士)의 '선비상'은 사화 희생자의 명예회복 논의와 함께 정몽주를 '동방 이학(理學)의 조(祖)'로 하여 '정몽주-길재-김종직-김굉필·김일손-조광조'의 사제관계에 입각한 동방 이학의 정통론이 주장되어 정착되기에 이른다. 이후 오현(五賢)의 문묘종사 논의로 발전하는데, 이는 조선 유학 특유의 사상임에 유의할 필요가 있다.

'사(士)'의 화를 막지 못한 것은 국왕을 제대로 보좌하지 못한 때문이라는 반성에서 탄생한 것이 다름 아닌 '성학(聖學)'이었다. 이황(1501~1570)의 『성학십도』(1568)와 이이(1536~1584)의 『성학집요』(1575)는 선조(재위:1567~1608)에게 올린 것으로, 그 후 경연교재로 활용되기도 한다. 이는 국왕을 위한 '성학'이었을 뿐만 아니라, 그 보좌의 임무를 맡은 '사(士)'야말로 일상 도덕의 궁행실천과 엄격한 자기 규율을 통한 '성학'의 달성이 요구되었던 것이다. 이황이 사직원을 내고 향리의 산림에 물러나 학문을 닦고자 한 것도 이 때문이었다. '성학'을 집성한 이황과 이이는 '수도공학'의 전형(선비상3)이 된다.

이상에서 본 바와 같이 조선유학사상사에 있어서 '션비 사(士)'의 이미지로 다음 세 전형이 형성되었다고 본다.

1. 도(道)와 리(理)를 실천하는 자
2. 비도(非道)와 비리(非理)를 바로잡고자 비판하고 저항하는 자
3. 도(道)와 리(理)를 지키고 연구하는 자

이황 및 이이의 이른바 '성학'은 '이기(理氣)', '성정(性情)', '심(心)'을 철학적 키워드로 해서 인간 도덕의 보편성을 학리적(學理的)으로 확립하고, 나아가 "배워서 성인이 될 수 있다"는 도덕 완성의 가능성을 신인(信認)하는 신유학의 이상을 실현하고자 한 조선 유자의 탐구였으며, 또한 역성혁명 이래 '군민공치(君民共治)'를 실현하고자 행동한 '사(士)'의 축적된 역사 경험이 잉태한 학문적 결실이었다.

이렇게 구축된 '션비 사(士)'의 상(像) 및 '션비 사(士)'의 자의식은 '션비 〉 션븨 〉 션비'와 같이 소리가 전변하면서 세 전형의 함의를 내재화하고, 다른 한편으로는 '션비 사(士)'라고 정의한 한호『천자문』은 해서 뿐만 아니라 초서 판본도 간행되어, 근대에 이르기까지 초학자의 학습서로 유행하여 사(士)의 뜻 '션비'가 일상어로 정착하게 된다.

7. 정의(定義) 이후의 '선배(先輩)' 및 '션비' 용례

정의 '션비 사(士)'가 한호『천자문』에서 확정된 후의 용례를 확인해 보기로 하자.

1) '선배(先輩)'의 용례

먼저, '선배(先輩)'의 경우, 『조선왕조실록』의 용례를 몇몇 살펴보기로 한다.

첫째, 선조 때 이언적의 문묘종사를 청원한 성균관 생원들의 상소에 대하여 허락하지 않는다는 교지가 내려지자, 세 번째 올린 상소에 '선왕(先王)'과 '선배(先輩)'를 병칭하고 있다.

> 考之以先王之所獎 推之以<u>先輩之所尊</u> 則彦迪 果何負於斯道 而殿下有昨日之敎哉
>
> 선왕(先王)이 장려하는 바로 생각하고 <u>선배(先輩)</u>가 존경하는 바로 미루어 본다면, 언적(彦迪)이 사도(斯道)에 과연 어떤 빚을 졌다고 전하의 어제 교지가 있었던 것입니까.[9]

둘째, 광해군 때 좌의정 이항복이 임금에게 올린 차자에서 '전배(前輩)'와 구별하여 말하는 '선배(先輩)'의 용례이다.

> 嶺南一時 兩賢並生 兩賢設敎 疎密差異 故兩家門人 氣象不同 或至錯看師說 點鐵成金 傅會私意 文致話頭 <u>盡將前輩 洗垢索瘢</u> 抉摘微隱 爭相攻發 驕兒不戢 漸至罵母 妬婦無禁 終乃批夫 遂乃大口噴人 肆然無當 因使<u>先輩風流</u> 日見凋落 豈非斯文之不幸也
>
> 영남에서 한때 두 현인이 나란히 태어나서 두 현인이 베푼 교육법에 소밀(疏密)의 차이가 있었습니다. 그래서 두 집의 문인은 기상이 같지 않았습니다. 간혹 쇠를 두들겨서 금을 만들었고, 사의(私意)를 덧붙여서 글을 써서 화두로 삼았으며, <u>모든 전배(前輩)들의 때를 벗기고 흠집을 뒤져</u> 보일듯

---

9) 『宣祖實錄』 선조 37년 3월 21일(신미). 成均館生員曺明勖等三疏.

말듯한 것을 끄집어내서 서로 다투며 까발려서 공격하기에 이르기도 했습니다. 버릇없는 아이를 깨우치지 않으면 머지않아 어미를 욕하기에 이르며, 질투하는 며느리를 못하게 하지 않으면 마침내 지아비를 억누르게 되어 결국 큰 소리로 남을 욕하는 게 방자하여 어찌할 수 없게 됩니다. 이렇게 <u>선배(先輩)</u>의 풍류 또한 조락(凋落)했으니, 어찌 사문(斯文)의 불행이 아니겠습니까.[10)]

사문의 행·불행과 직결되는 선배의 풍류라 함은 곧 바람직한 모범적인 사(士)의 풍류를 뜻하는 것이 아닌가? 역사 경험의 함의를 지닌 '선배'의 특수한 용례가 계속 존재하고 있다는 사실에 주목하는 것이며, 이것이 곧 모범적인 '사(士)'의 상(像)을 구성한다.

참고로 선배가 후배와 짝을 이루는 일반적 용례도 소개해 둔다.

첫째, 광해군 때 의금부 경력 나덕윤의 상소에 나오는 이이에 관한 언급 기사이다.

> 如李珥<u>以儒自任</u> 擔當世道 而只出<u>先輩後輩</u>兩是兩非之論 終不得鎭定維持
>
> 예를 들면, 이이는 <u>유자로 자임하며</u> 시대의 도리(世道)를 담당하였으나, 단지 <u>선배와 후배</u> 둘 다 옳다는 양시론(兩是論), 둘 다 그르다는 양비론(兩非論)을 주장했을 뿐, 끝내 진정시키지도 유지시키지도 못했습니다.[11)]

둘째, 광해군 때 이언적과 이황의 문묘종사가 잘못이라고 훼척하는 정인홍의 차자를 임금에게 올리지 않고 보류시켰다는 기사에 대한 사신(史臣)의 평에 나오는 선배(先輩)와 후학(後學)의 상대적 표현이다.

---

10) 『光海君日記』 광해군 3년 4월 15일(계미).
11) 『光海君日記』 광해군 즉위년 11월 12일(을미).

史臣曰 仁弘之爲此論 蓋憤滉嘗論其師曺植也 先輩長短 非後學所易論 然
二人遺文具在 觀其論著 則滉植之醇疵 可見矣

　사신이 이르길, 정인홍이 이 주장을 한 것은 일찍이 이황이 그의 스승 조식을 논란했던 것이 분했기 때문이었다. 선배(先輩)의 장점이나 단점은 후학(後學)이 쉽게 논할 바가 아니다. 그렇지만 두 사람이 남긴 글이 모두 있으므로 그 논저를 보면 이황과 조식의 순수함이나 흠결도 볼 수 있다.[12]

　이상의 용례에서 보듯이, 선배와 후학의 자의에 입각한 상대적 용법에 있어서도 선배에 대한 존경의 의미가 내재되어 있음은 물론이다. 그러한 가운데, 앞에서 보았던 선배의 특수한 용법, 즉 역사 문맥상의 의미가 부가된 '선배'가 계속 사용되고 있다는 사실을 간과해서는 안 된다.

　한편 문묘종사의 적부(適否)를 둘러싼 논쟁은 당쟁의 재료가 되기도 하여 사표 공인의 불안정성을 여실히 폭로하고 있기에, 모범적 인격으로서의 '션비' 개념 역시 불안정성을 수반한다.

2) '션비'의 용례

　다음 '션비'의 용례는 임진왜란 이후의 효자·충신·열녀 등 표창 대상자를 조사하고 엄선하여 수록한 『동국신속삼강행실도』(1617년 간행)에서 살펴보고자 한다. 다양하고 다수의 용례를 확인할 수 있는데, 먼저 '션비'·'션븨'뿐 아니라, '션뷔'의 세 형태로 등장하는 '사인(士人)'의 언해는 아래와 같은 항목에 있다.

---

12) 『光海君日記』 광해군 3년 3월 26일(병인).

* 션비: 金培執喪禮, 李氏斷指, 趙氏活父, 難終活主, 金氏斷指, 金氏抱屍,
　　　　　　李氏溺海, 李氏死敵, 李氏斷臂, 李氏墜崖, 韓氏縊死, 宋氏哭墓,
　　　　　　辛氏碎指, 許氏守節, 愼氏自縊, 趙氏自縊, 姜氏刳腹, 元氏死敵,
　　　　　　妻崔叩墳.
　　　* 션븨: 韓氏投崖, 梁氏絕粒, 二婦投江, 鄭氏投淵, 鄭氏節孝, 柳氏死敵,
　　　　　　朴氏死敵, 朴氏自剄, 陸氏劍斫.
　　　* 션뷔: 文彬斷指.

　한편 '션비'로 언해한 한자어에는 '사인(士人)' 외에 '유생(儒生)'(趙憲忠烈), '유자(儒者)'(吉元抗敵), '유사(儒士)'(鄭奴效忠), '업유(業儒)'(應井突陣: 션비ᄒᆞ여)가 있으며, '사(士)'(張氏見斬) 및 '조선사(朝鮮士)'(朴選罵敵: 도션션비)의 예도 있고, '학생(學生)'(召史斷指) 및 '유학(幼學)'(權氏열녀5, 金氏投壙, 金氏自縊, 金氏隆馬, 金氏刳腹, 金氏縊死, 韓氏溺水, 金氏死敵, 洪氏刺喉, 崔氏斷髮, 李氏投水, 二婦溺死, 徐氏觸鏑, 徐氏投水, 康氏不屈, 姜氏墜崖, 權氏死劍, 周氏搏敵, 朴氏不汚, 二婦沈淵, 二婦投水, 柳氏被害, 兄弟見斬, 嚴氏投水, 鄭氏遇害, 邊氏見殺, 兄弟死敵 등)의 예도 있다.

　또 '션븨'로 언해한 한자어에는 '사인(士人)' 외에 '유학(幼學)'(尹氏投水, 열녀4'洪氏 션븨김렬의 안해 동반刺喉')과 '사인(士人)'(열녀5梁氏 션븨신효민의 안해, 尹氏 션븨 성원경애 안해)의 예가 있다.

　이상에서 보듯이 '션비'·'션븨'·'션뷔'의 혼용 양상은 당시의 복잡하고 다양한 사용 언어의 실태를 반영하고 있다. 특히 '유(儒)'와 '사(士)' 뿐만이 아니라, '학생(學生)' 및 '유학(幼學)'의 다수 용례는 '션비/션븨/션뷔'가 이미 경향 각지의 사회 저변에 일상어로 정착해 있었음을 보여 준다. 한편 이들은 이미 '조사(朝士)'가 아님은 물론, '벼슬하지 않은 사람'을 지칭하고 있음도 확인할 수 있다.

8. 조선 후기의 두 양상

한호 『천자문』은 초학자의 습자(習字)를 겸하고 있었기 때문에 대중적으로 널리 유포되었으며, 따라서 '션비 사(士)' 역시 일반의 상식이 되었다. 다만 위에서 본 바와 같이 '션비/션븨/션븨' 등 표기도 다양하고, 한자어 '션배' 역시 특수 용례보다 일반적인 용례가 대수를 이루고 있었음은 물론이다. 이러한 가운데 '션비 사(士)'의 복원 재생의 움직임과 '션비/션븨=션배(先輩)' 개념의 속화 양상이 출현한다. 각각의 사례를 보기로 하자.

1) 박지원의 「원사(原士)」

박지원(朴趾源, 1737~1805)의 「원사(原士)」의 앞부분을 보기로 한다.

사(士)는 아래에서는 농(農)·공(工)과 나란히 있으며, 위에서는 왕(王)·공(公)의 벗이다. 자리에는 같은 것이 없으며, 덕행에 있어서는 일을 올바르게 한다. 사(士) 한사람이 독서하면, 그 혜택이 사해에 이르고 그 공적은 만세에 떨친다. 『역경』에 '나타난 용이 밭에 있으니 천하가 문명하다'고 하였는데, 이는 독서하는 사(士)를 말한 것이리라. 그러므로 천자는 원래 사(士)이며, 원래 사(士)는 사람을 살리는 근본이다. 그 벼슬이 천자이고, 그 몸은 사(士)이다. 그러므로 벼슬에는 고하가 있으나 몸이 변화하는 것이 아니며, 자리에는 귀천이 있으나 사(士)는 왔다 갔다 움직이는 것은 아니다. 그러므로 벼슬과 자리가 사(士)에 더해지는 것이고, 사(士)가 옮겨 가서 벼슬자리에 있는 것이 아니다. 대부(大夫)를 사대부(士大夫)라 하여 그를 존경하며, 군자(君子)를 사군자(士君子)라 하여 그를 현인으로 대하며, 군졸을 사(士)라 하여 그를 모은다. 이렇게 사람 그 누구나 사(士)임을 밝히고자 하는 것이다. 법을 집행하는 자를 사(士)라 하여, 그를 혼자 하게 한다. 이렇게 천하에 공(公)을 보여주는 것이다. 그러므로 천하의 공론을 사론(士論)이라 말하고, 당대의 제일류를 사류(士流)라고 말하며, 사해의 의리와 명성을 고무하는 것을 사기(士氣)라 말하고, 군자가 죄없이 죽는 것을 사화(士禍)라고 말하며, 학문과 도리를 강론하는 것을 사림(士林)이라 말한다.[13]

박지원이 원래 사(士)라고 하는 천자는 일반적으로 최고의 권력자를 가리키는 말이다. 농(農)·공(工)과 나란히 있고, 왕(王)·공(公)의 벗인 사(士)는 독서인으로 뭇사람들이 생활하고 있는 공공사회의 주체적 책임자이며, 각자 그 역할에 따라 벼슬과 자리가 주어진다는 것이다. 이를테면 법을 집행함에 천하의 공공성을 현시하기 위하여 독자적인 책임 아래 맡은 일을 한다는 것이다. 즉 모든 사람이 주체적인 사(士)로서 공공의 임무와 역할을 독자적으로 수행한다는 것이다.

천자가 원래 사(士)라 주장하는 이질적인 사(士) 인식을 어떻게 이해해야 할까? 알다시피 조선을 건국한 이성계는 무사 출신이었고, 그를 추대한 혁명 세력 역시 사(士)였다. 이들은 새로운 혁명 왕조를 세우며, '사람을 살리는 근본'으로서 '사(士)'를 자부하였으리라. 즉 박지원의 천자원사론은 역성혁명 이래의 군민공치 이념과 독서인인 사(士)의 원래 모습을 자각, 회복시키고자 주장된 조선 유학사상의 하나의 전형이라 하겠다. 앞에서 본 바 '수도공학(守道攻學)'하여 '학이거위(學以居位)'하는 '선비'가 다름 아닌 독서인이었으며, 사화의 역사 경험을 통하여

---

13) 朴趾源, 『燕巖集』권10, 별집, 「原士」. "夫士 下列農工 上友王公 以位則無等也 以德則雅事也 一士讀書 澤及四海 功垂萬世 易曰 見龍在田 天下文明 其謂讀書之士乎 故天子者 原士也 原士者 生人之本也 其爵則天子也 其身則士也 故爵有高下 身非變化也 位有貴賤 士非轉徒也 故爵位加於士 非士遷而爵位也 大夫曰士大夫 尊之也 君子曰士君子 賢之也 軍卒曰士 衆之也 所以明人人而士也 執法曰士 獨之也 所以示公於天下也 故天下之公言曰士論 當世之第一流曰士流 鼓四海之義聲曰士氣 君子無罪而死曰士禍 講學論道曰士林"

체화된 전형적 '선비'의 재생, 부활을 기대하였던 박지원의 메모가 「원사(原士)」였다.

2) 이규경의 '선배진사변증설(先輩進士辨證說)'

다른 하나는 머리말에서 언급한 이규경(李圭景, 1788~?)이 지적하는 비칭(卑稱)의 '선배(先輩)' 용례이다. 『오주연문장전산고』 권30 「선배진사변증설」에서 '우리는 유생을 부를 때 선배라고 말한다'고 지적하며, 다음과 같이 고증하고 우리의 언어관습을 문제시한다.

고염무(顧炎武)의 『일지록(日知錄)』를 보면, 당대에는 거인(擧人)이 이미 급제한 자를 '선배(先輩)'라 불렀는데, 지금 『오지(吳志)』 「감역전(闞澤傳)」에는 '주리(州里)의 선배인 단양(丹陽) 당고(唐固)는 수신하고 적학(積學)하였다'고 하였으며, 『진서(晉書)』 「나헌전(羅憲傳)」에는 '선배 가운데 지금 서용해야 할 자에 대한 조문(詔問)이 있어서 나헌은 촉인(蜀人) 상기(常忌)와 두진(杜軫) 등을 추천하였다'고 하니, 선배라는 칭호는 삼국 때에 이미 있었다. 『시경』 「채미(采薇)」의 정씨전(鄭氏箋)에 '지금 고사리(薇)가 났으니, 선배는 캐러 가도 좋다'고 하였다. 이 역시 한말(漢末) 사람이 한 말이다. 이런즉 '유생(儒生)'을 '선배(先輩)'라 칭함은 역시 명실이 어긋난 것이다. 우리나라의 외읍에서는 천인에서 향족(鄕族)에 오른 자를 선배(先輩)라 말하니, 이는 선배를 비칭(卑稱)으로 한 것이다.[14]

---

14) 李圭景, 『五洲衍文長箋散稿』, 「人事篇~治道類~官職」. "我東稱儒生曰先輩 按顧炎武日知錄 唐世擧人 呼已第者 爲先輩 今考吳志闞澤傳言 州里先輩丹陽唐固 修身積學 晉書羅憲傳言 詔問先輩宜時敍用者 憲薦蜀人常忌 杜軫等 是先輩之稱 起於三國之時 鄭氏詩采薇箋曰 今薇生矣 先輩 可以行也 是亦漢末人語 然則儒生之稱先輩 亦名實乖宜者 我外邑則 以賤人陞鄕族者曰先輩 此則以先輩爲卑稱者也"

즉 그의 고증에 따르면, 한말(漢末)·삼국(三國)·당대(唐代)의 용례에서 보아, '유생(儒生)'을 '선배(先輩)'라 칭하는 우리의 언어습관은 명(名)과 실(實)이 어긋난다는 것이다. 그리고 우리나라 외읍에서는 천인에서 향족에 오른 자를 '선배'라 하니, 이는 곧 선배를 비칭하는 것이라는 지적이다.

이규경의 지적을 어떻게 이해할 수 있을까? 먼저 『용비어천가』를 비롯하여 유자·유생에 대응하는 '션빈'가 곧 한자어 '선배'라는 명확한 증거를 여기서 확인할 수 있다. 그로부터 '션븨' 등 소리의 전변이 있는 가운데, 『동국신속삼강행실도』에 이르러 사인(士人)·유사(儒士)뿐만이 아니라, 유자·유생 나아가 유학(幼學)을 '션빈'라고 한 언해에도 이 지적이 해당한다. 즉 '유생'이라는 실체에 '선배'라는 이름이 합당하지 않다는 지적이다.

둘째, 천민에서 신분 상승한 향족의 존재는 전란을 거치면서 전개되는 사회변동의 현상으로, 자의 '션븨 유(儒)'도 함께 유통되고 있었으니, 외읍에서는 자연스럽게 정착된 언어 관행에서 이들 향족을 '선배'라 부르게 되었다고 생각된다. 이를 '사(士)'의 입장에서 보면, '선배' 개념의 형해화(形骸化)라 할 수 있으니, 이를 비칭이 되었다고 지적한 것으로 생각된다.

이러한 현상은 조선 후기 향촌 사회에서 빈발했던 이른바 '향전(鄕戰)' 현상의 일면으로 볼 수도 있을 것이다. 어쨌든 고려시대 '향리(鄕吏)'에서 '사(士)'에로의 진출 현상을 상기해 보면, 조선시대 후기의 비칭 '선배(先輩)=션빈/션비'의 등장은 향촌 사회에 있어서 천인 출신 향족의 새로운 사회적 지위 획득을 말한다. 즉 이규경이 지적하는 비칭 현상은 사회적 변화를 알리는 증언이라고 봐야 할 것이다.

9. 대한제국 시기의 용례

여기서 살펴볼 용례는 이미 통감부가 설치되어 이토 히로부미(伊藤博文, 1841~1909)가 직접 내정에 관여하기 시작한지 1년여가 지난 1906년 12월 『가뎡잡지』(제1년6호)에 수록된 주시경(1876~1914)의 "션비의 싱업"이다. 훈민정음이 국문(國文)으로 공인된 1894년 이후의 국문 '션비'론이다. 이 기사에 주목하는 것은 11월8일 『皇城新聞』의 雜報 "窮儒所致"에 촉발되어 작성되었기 때문이다. 먼저, 雜報와 주시경의 글 전문을 보기로 하자.

● 窮儒所致 近日巷說을 聞ᄒᆞᆫ則 南北村窮儒들이 實業은 無ᄒᆞ고 冬節은 漸迫ᄒᆞᆷ이 飢寒을 不勝ᄒᆞ야 糊口方針을 爛商共議ᄒᆞ되 吾儕의 所爲ᄂᆞᆫ 平生 翰墨從事이다가 今不可變易인ᄃᆡ 何件事를 刱始ᄒᆞ여야 內外人에게 受侮되지 아니ᄒᆞ고 錢兩이나 得ᄒᆞ야 過冬홀고 司馬榜目은 旣已修正ᄒᆞ얏고 聖蹟圖誌도 已爲修正ᄒᆞ얏ᄉᆞᆫ則 今之所可爲之妙方은 三網[→綱]錄이 第一이라 ᄒᆞ고 各道에 通文ᄒᆞ야 收單ᄒᆞ기로 議定ᄒᆞ얏다더라

▲ 션비의 싱업 쥬시경
황성신문 일[→이]천삼빅이십팔호 잡보에 근일 항셜을 들은즉 남북촌 <u>궁ᄒᆞᆫ션비</u>들이 실업은 업고 동졀이 졈졈 갓가이 오매 긔한을 이긔지 못ᄒᆞ여 호구홀 방칙을 무한 의론ᄒᆞ되, 우리의 ᄒᆞᄂᆞᆫ 일은 평싱에 글이나 종ᄉᆞᄒᆞ다가 지금 갑자기 변홀 수 업는ᄃᆡ, 무슨 일을 셜시ᄒᆞ여야 돈량이나 엇어 우리나라 사람과 외국 사람에게 슈모되지 안이ᄒᆞ고 과동홀고. ᄉᆞ마방목은 발셔 다 슈졍ᄒᆞ얏고 셩젹도지도 지금 다 슈졍ᄒᆞ엿은즉 지금 홀 방법은 삼강록이 뎨일이라 ᄒᆞ고, 각도에 통문ᄒᆞ야 슈단ᄒᆞ기로 쟉뎡ᄒᆞ엿다더라 ᄒᆞ니
우리 나라 션비라 ᄒᆞᄂᆞᆫ 것은 평싱에 싱업이 도모지 업고 벼슬ᄒᆞ기로만

업을 삼으며, 벼슬 자리는 얼마 못되고 벼슬 ᄒ고자 ᄒ는 사람은 대단이 만흔즉 응당 벼슬 못ᄒ는 사람이 만홀 것이오. 벼슬 못ᄒ는 사람은 다 업 업는 사람이라, 션비라고 굼거나 얼어 죽기를 조하ᄒ리오. 사흘 굴머 도적질 안홀 사람 업스니, 그중에 슈단이 뎨일 적거나 힝실을 좀 도라보는 이는 학구질이나 ᄒ여 호구ᄒ되, 그 외는 ᄯᅩ 홀 스업이 업슴으로 풍슈노릇과 샹쟝이 노릇과 스쥬풀기와 졈치기와 턱일하기와 여러 가지 잡슐로 혹셰무민ᄒ여 의식지방을 삼으며, ᄯᅩ 이것으로 허다흔 션비가 살 수 업슴으로 유셰흔 곳으로 쳥쵹ᄒ여 주기와 무슨 일에 거간 주션ᄒ여 주고 슈고흔 갑을 밧아 먹으며, 이러케 홀 데가 업스면 업는 되를 잡아 싱일을 만들고 슈단을 부려 먹으며, 션현 문집을 슈졍흔다 명현록을 만든다 족보를 ᄭᅮ민다 원슈쟝을 졍흔다 션졍비를 셰운다 셔원을 셜치흔다 유향을 ᄭᅮ민다 향임을 출쳑흔다 졔향을 마련흔다고 여러 가지로 협잡ᄒ는 길을 만들어, <u>우으로는 졍령을 문란케 ᄒ여 국가의 은혜가 빅셩에게 밋지 못ᄒ게 ᄒ고, 알에로는 챵싱을 극히 못 살게 ᄒ여 국가 사랑ᄒ기는 고샤ᄒ고 원슈ᄀᄐ티 여기게 ᄒ는 것</u>이 다 이런 업 업는 션비가 중간에서 계반 악흔 일을 흔 것이니, <u>오날 이 디경에 이른 것도 다 션비의 죄라</u>. 이 디경에도 비흔 업이 이것 ᄲᅮᆫ인 고로 ᄯᅩ 삼강으로 협잡ᄒ여 과뎡을 계교흔다니, 션비의 가뎡이여 과연 지극히 악ᄒ고 지극히 싹ᄒ도다. (쉼표, 마침표, 씌어쓰기, 밑줄강조, [→ 수정]: 필자. 아래도 같음)

주시경은 먼저 잡보의 내용을 충실히 소개한 후 자신의 생각을 개진하고 있는데, 첫째 유(儒)를 '션비'라 풀이하고 있으며, 둘째 생업을 도모하지도 않고 벼슬하기만 획책하는 '션비'의 자의식 문제를 지적, 셋째 雜術로 혹세무민하지 않으면 세도가에게 청탁 부촉하여 거간 주선 값을 챙기는 '션비'의 타락상을 고발하며, 넷째 위로는 국가 및 국왕의 정령을 지켜 실행하여 국가의 은혜가 백성에게 미치도록 하여야 하며 아래로는 창생을 돌보아 국가를 사랑하도록 하여야 하는 '션비'의 사회적 지위와 책임을 언급하고, 오늘날 이 지경에 이르게 된 것은 '선비의 죄'라고 단언하고 있다는 점이다. 요컨대 '잡보'(窮儒所致: 궁한 유자가 하는 바)에 격발되어 세태를 한탄하며 토로한 주시경의 '션비'인식이 드러나 있다.

10. 선비의 황국신민화

마지막으로 일제강점기의 용례를 한글판 어용신문 『매일신보』의 두 기사를 통해서 살펴보기로 한다. 선비 및 선배가 사용되고 있다.

첫째 기사는 1941년 9월 18일자 "勤勞精神의 源泉을 차저서①"의 "勤勞는 선비의 本分: 儒家의 範을 보힌 李栗谷先生"이란 제목 아래, 明倫專門學院 敎授 安寅植氏談이다. '국민개로운동'의 일환으로서 각계 권위자의 이야기를 소개하는 이 시리즈의 목적 및 의도는 이러한 것이었다. 기사의 머릿글은 다음과 같다.

> 일하지 안는 사람은 황국신민이 아니다. 이 말에서 우리는 총후를 직히는 큰 의무로 근로봉사에 짬을 이바지하지 안으면 안될 비상지추라는 것을 깨닷지 안으면 안된다. 이번 국민총력조선연맹에서는 2천 4백만 동포를 총동원하는 국민개로운동(國民皆勞運動)을 오는 21일부터 두달 동안 전개식혀 너도나도 나라를 위하야 일하라! 놀고먹는 구습을 버리자!고 열렬히 외치고 나섯다. 이 외침에 대하야 우리는 총을 잡고 제일선에 나스는 그러한 각오로 이 개로운동에 용감히 나서야 된다. 이러한 의미에서 <u>과거 우리들의 명현선철(名賢先哲)</u>은 근로의 귀함을 어쩌케 말하엿고 <u>쏘 실천하엿는지</u>, 여기에 '근로정신의 원천을 차저서']라는 제목 아래 각방면 권위자들의 이야기를 드러 국민개로운동의 참고로 한다.

당시 조선인 청년과 어른은 '히토츠, 와레라와 코~코쿠신민나리. 츄~세이못테 쿤코쿠니 호~젠(하나, 우리는 황국신민이다. 충성으로써 君國에 보답할 것이다)'이라고 시작하는, 어린이는 '이치, 와타쿠시도모와, 다이닛폰테이코쿠노 신민데 아리마스(하나, 우리는 대일본제국의 臣民입니다)'라고 시작하는 황국신민서사(皇國臣民誓詞) 세 문장을 암송하며, 천황에게 충성을 다할 것을 맹세하였기에 '국민개로(國民皆勞)'를 황국신민인 조선인의 의무로 강조하는 것이다. 새로운 슬로건 '대동아신질서(大東亞新秩序) 건설' 및 '대동아공영(大東亞共榮)'이 등장하면서 대일본제국의 신민으로서 그 선두에 서서 타의 모범이 될 것을 조선인에게 권유하는, 그 중심에 '국민총력조선연맹'(1940년 10월 국민정신총동원조선연맹을 개편하여 발족)이 있었다. '총후(銃後)', 즉 후방에서의 '근로봉사', '국민개로'의 모범으로서 아래에서 보듯이, 김안국(1478~1543), 이이(1536~1584), 이항복(1556~1618) 등의 명현선철(名賢先哲) '선비'가 동원되었다.

식민지조선 유학계의 권위자의 담화는 "율곡선생이 손소 풀무질을 하야서 호미를 만들기도 하고 이 호미를 팔아서 농사의 미천을 삼기도 하여 이웃에 일하는 것이 귀하다는 것을 일깨워 주섯다"고 하며, "모재(慕齋)선생은 손소 감농(監農)을 하는 한편 벼이삭 하나라도 헛되히 버리지를 안코 주어서 모으셧다"고 하고, 백사(白沙)선생이 최정우(崔正宇)에게 보낸 편지의 "대체로 아직것 <u>선비</u>들은 일하지 안는 것을 자랑 삼고, 일하지 안음이 <u>선비의 선비된 소이</u>로 생각하든 것은 큰 잘못이다"는 구절을 소개하고 나서, "이러한 글을 본다 하더라도 옛<u>선비</u>들이 근로를 하는 것을 얼마나 귀하게 역이고 근로정신을 고취식혓는가를 알 수 잇습니다"라고 끝맺고 있다.

시리즈는 ② 천도교 교령 瑞原鍾麟氏談 "주경야독한 선인들/쏫기면서도 과수를 심은 해월선생(海月先生)"(9월 19일), ③ 朴仁德女史談 "황무지개척에 개가/'농민의 낙원'인 丁抹[덴마크]의 개로운동(皆勞運動)"(9월

21일), ④ 혜화전문학교 교수 權相老氏談 "근로로 자급자족/불변하는 불교의 전통적지도정신"(9월 23일), ⑤ 조선어학회 李克魯氏談 "근로가 국민도덕/배울만한 독일국민의 근로정신"(9월 24일), ⑥ 혜화전문학교 교장 渡邊信次氏談 "勤, 儉, 讓의 二宮尊德/음미할수록 맛나는 보국유훈"(9월 25일), ⑦ 조선역사연구가 李能和氏談 "이조 초의 권농윤음/일종의 개로운동(皆勞運動)을 지도한 내용"(9월 26일)으로 이어졌다.

둘째 기사는 같은 신문 1943년 9월 5일자 "성현과 그 어머니: ① 吉田松陰과 母堂瀧子女史"에 "빈한한 선비의 안해: 몸소 밧갈면서 육남매를 成育"이란 타이틀이 붙어 있는 조선화재보험회사 사장 鈴川壽雄氏談이다. 시리즈 "聖賢과 그 어머니"의 머릿글은 다음과 같다.

황국 어머니의 힘은 거룩하고도 위대하다! 무적황군장병들이 비쌀치듯 하는 포연탄우를 헤치면서 성낸 사자처럼 적진을 돌격하다가 불행히 적탄에 마저 장렬한 전사를 하는 그 순간에 웨치는 것은 천황폐하만세와 함께 어머니를 부르는 소리라고 한다. '화와이' 해전에서 세계를 경동시킨 九軍神들의 어머니의 늠득한 태도와 굿세인 자애의 힘은 1억의 가슴에 영원히 사러지지 안홀 기픈 감명을 색여 너엇다. 실로 인류역사를 창조하는 위대한 우리황국의 지도자들은 반드시 자애롭고 굿세고 현숙한 어머니들을 가젓섯다. 이에 우리는 유구 3천년의 황국역사상에서 혹은 장렬하게 혹은 혁々하게 신절(臣節)을 빗내인 위대한 국사(國士)와 성현들의 어머니들에게서 가장 아름답고 깁고 맑고 성스러운 이 모습 저 모습을 차저보기로 하자. 그리하야 지금 황공하옵신 부르심을 밧잡고 무적황국육해군이 될 씩씩한 아들들을 나라에 바칠 징병반도의 어머니들에게 전달함으로써 그들에게 한층 철저한 결의와 각오를 촉구하는 동시에 순진하고 명랑하고 용기잇는 반도 청소년들에게 충효일본(忠孝一本)의 숭고한 일본정신을 더욱 기피 체득시켜 순종보국의 지성을 발휘시킴에 커다란 도움이 되게 하고저 한다.

알다시피, 요시다 쇼인(吉田松陰, 1830~1859)의 송하촌숙(松下村塾)에게 배운 타카스기 신사쿠(高杉晉作, 1839~1867), 기도 타카요시(木戸孝允, 1833~1877), 야마가타 아리토모(山縣有朋, 1838~1922), 이토 히로부미(伊藤博文, 1841~1909)는 메이지 유신의 주역으로 활약하였고, 강연자 역시 "문하의 식사며 의복 등 잔일을 손수 내 아들의 일처럼 수고를 애끼지 안코 돌보아 주엇다. (중략) 내 아들을 훌륭히 길러내고 천하의 영웅지사들을 교육식힌 위대한 일본의 어머니의 한 사람"이라 강조하고 있다. 주목하고자 하는 것은 '侍下에서 默々히 勤勞'라는 소제목 아래의 글이다.

> 다찌쇼부인은 젊어서 스기 유리노스께(杉百合之助)―쇼-인선생의 아버지―와 결혼하엿스나 스기씨의 가별은 <u>소록(小祿)의 선배</u>엿기 때문에 극히 가난하여 다찌쇼부인도 여간 일을 만히 하지 안흐면 안 되게 되엿섯다. 당시의 <u>소록의 무사</u>는 누구나 한편으로 농사를 지엇는데 부인은 일즉부터 논밧과 들에 나가 고된 일을 햇다. 남편 유리노스께씨가 에도(江戶)로 써나고 집에 업슬 때는 자신이 말을 부려 논밧을 갈고 농사를 지엇고, 집안에 잇슬 때는 늙은 시어머니의 여섯 아들들을 보살피기에 몹시 바쁘는데 그우에 시어머니의 누이동생이 되는 아즈머니의 불구의 몸까지 불평 한마듸 업시 간호해 주엇다. (중략) 이러케 눈을 쓸 수 업시 분주한 집안일과 들의 농사일을 하는 여가를 타서는 쇼-인선생 형제에게 책을 읽히고 글씨공부를 시켜따. 아들들은 좀 자란 다음부터는 제각금 선생에게서 배우게 되엿지만 삼형제는 모두 어머니만의 훈육으로 길러낫다.

쇼인 어머니의 평소 생활상을 자세히 소개하고 있는 이 기사에서 '소록의 무사'인 쇼인의 아버지에 대해 '소록의 선배'라고 한 사실에 주목하지 않을 수 없다. '빈한한 선비의 안해'라는 제목에서 보듯이, 조선의 '선비'는 이미 대일본제국의 '무사(武士)'와 동의어가 되어 있었던 것이다. '씩씩한 아들들을 나라에 바칠 징병반도의 어머니'는 이미 '황국의 어머니'였기 때문이다.

이 시리즈는 ② 香山光郞氏談 "軍神乃木 장군의 모당(母堂) 壽子夫人"(9월 7일), ③ 岩村俊雄 경기중학교장담(京畿中學敎長談) "楠木正行과 그 모당 久子女史"(9월 8일), ④ 竹田誓藏 경성제이고등여학교장담(京城第二高等女學敎長談) "東鄕元帥와 그 모당 益子女史"(9월 9일)로 이어진다. 도고원수의 어머니는 "사쓰마번사(藩士) 호리요(堀與三左衛門)씨의 셋재쌀로 태여낫다. 명랑하고도 아름다운 얼굴에 학문과 무술도 썩 훌륭한 무사의 쌀이엿다. 갓스물이 되든 해 가튼 번(藩)의 선비 도-고(東鄕實友)―도-고-원수의 아버지―에게 시집을 갓는데"라고 하며, '번사(藩士)'를 '번의 선비'로 표기한다.

때는 이미 '내선일체(內鮮一體)'의 슬로건과 함께 조선 청년에게 징병제가 실시된 지 한 달 후였으며, 9월 9일자 『매일신보』는 8일 고이소(小磯) 조선 총독의 기자회견을 보도하며 '전승관건(戰勝關鍵)은 조선'이라는 표제를 달았고, 같은 면 옆 기사의 표제 '징병제 실시에 만전'이란 '全鮮兵事部長 初會議 벽두에 이하라(井原) 참모장 重大口演'이었다.

11. 맺음말

이 글을 마치면서 이상의 고찰을 통해서 밝혀진 사항을 정리하고, 마무리하고자 한다.

첫째, 우리말 선비의 옛말 '션빅'가 한자어 '선배(先輩)'임을 밝혔다. 훈민정음 창제를 계기로 해서 기록되기 시작한 옛말 '션빅'는 유자(儒者)·유생(儒生)·유사(儒士)를 지칭하며, '션븨'도 통용되어 소리의 전변 현상이 시대에 따라 지역에 따라 나타나고 있음도 추측할 수 있었다. 유생을 지칭하는 '션비'가 한자어 '선배'였음은 이규경에 의해 확인되었다.

둘째, 옛말 '션비'의 당초의 뜻이 '학식을 갖추어 벼슬하는 사람'임을 밝혔다. 정의 '션비 사(士)'를 처음 수록한 학습서 『유합』의 문제점을 개선 보완한 『훈몽자회』(1527)에서 '수도공학(守道攻學)'의 '션비 유(儒)'와 '학이거위(學以居位)'의 '됴ᄉ 사(士)'라는 정의가 제시되고, 또 『신증유합』(1576)의 '션븨 유(儒)'와 '션비 사(士)'를 거쳐, 한호 『천자문』(1583)의 정의 '션비 사(士)'에 이르러, '학이거위(學以居位)'의 '됴ᄉ 사(士)'라고 한 정의가 버려졌다는 사실에 주목하였다. 그 대신 '수도공학(守道攻學)'의 '션븨 유(儒)'의 본딧말인 '션비'를 '사(士)'의 뜻으로 취하였음은 '사(士)'의 학문하는 목적을 '조사(朝士)'의 벼슬살이를 초월하여 '수도공학'에 두었기 때문이라고 추정했다. 『용비어천가』의 유생(儒生)·유사(儒士)인 '션비'는 『경국대전』에 '조사(朝士)' 용례가 있듯이, 당초 '학식을 갖추어 벼슬하는 사람'을 뜻하는 말이었다.

셋째, 모범적 인격을 뜻하는 선비 개념이 사화의 역사 경험을 통하여 형성되었음을 밝혔다. 구체적 사례로는 조광조의 위훈척사론과 선현의 문묘종사 실현에 주목하여 이를 계기로 제시된 조선 유학의 정통론뿐만 아니라, 이황와 이이에 의해 구축되는 성학(聖學)이 조선 유학 특유의 성과임을 논하였다. 『조선왕조실록』의 한자어 '선배'의 이질적인 용례를 통하여 이를 추론하였고, 『훈몽자회』와 『신증유합』의 자의(字義) 설명에서 유학의 이상을 정치에서 실현하고자 하는 '조사(朝士)'가 벼슬을 버리고, 이를 초월하여 '도를 지키고 학문연구에 힘쓰는(守道攻學)' '션비'로 고양되었음을 논하였다.

넷째, 위와 같은 '션비' 개념의 형성 과정에서 드러나는 세 가지 전형을 제시하였다. 즉 도(道)와 리(理)를 실천하는 자, 비도(非道)와 비리(非理)를 바로잡고자 비판하고 저항하는 자, 도와 리를 지키고 연구하는 학자와 사표가 그것이다.

다섯째, 문헌상 '션비' 및 한자어 '선배(先輩)'는 모범적 인격을 모함/참칭하는 오만/위선을 지적, 비난/비판/비유하는 용례도 있다. 시대 상황을 고려한 독법이 필요한 이유이다. 박지원의 '천자원사론'은 정의된 '션비 사(士)'의 전형 회복을 위한 '션비 사(士)'론이며, 일제강점기의 '근로는 선비의 본분'이라는 용례나, '선비의 안해'를 사무라이의 아내와 등치, '소록의 선배'와 '소록의 무사'를 등치시키는 용례가 식민지 조선 통치를 위한 것이었음은 물론이다. 개념의 불안정성 역시 그 스치듯 지나온 역사에 기인한다. 이 때문에 지금 우리가 왜 선비를 논하는지에 대한 독법을 자문하게 된다.

본고에서는 선비를 논하기 위하여 옛말 '션비'를 추적하였다. '션비'는 『용비어천가』에서 처음 '유(儒)'와 짝한 후, '션븨'를 거쳐 지금도 '선비 유(儒)'라고 풀이한다. '사(士)'와의 만남은 그로부터 오랜 세월이 지난 후였고, 그 만남의 의미·이유·배경 등을 탐색한 것이 이 글이다. 선비를 논한다고 하면서 사(士)를 주로 논하는 경우를 흔히 본다. 한국사상사, 특히 유학사상사에서 선비론과 사론(士論)은 안이하게 등치(等置)되어서도 안 되며, 치환(置換)해서도 안 된다. 선비는 한자어 '선배'에서 새로 태어난 우리말이기 때문이다.

• 참고문헌

『高麗史節要』(국사편찬위원회, 한국사데이타베이스).
『光海君日記』(한국고전번역원, 한국고전종합DB).
『宣祖修正實錄』(한국고전번역원, 한국고전종합DB).
『宣祖實錄』(한국고전번역원, 한국고전종합DB).
『成宗實錄』(한국고전번역원, 한국고전종합DB).
金安國 諺解, 『二倫行實圖』(서울대학교 한국학연구원 규장각 소장).
金安國 諺解, 『正俗諺解』(서울대학교 한국학연구원 규장각 소장).
李圭景, 『五洲衍文長箋散稿』(한국고전번역원, 고전번역서).

李奎報, 『東國李相國集』(한국고전번역원, 한국문집총간).
朴趾源, 『燕巖集』(한국고전번역원, 한국문집총간).
曺　伸, 『續三綱行實圖』(국립중앙도서관 소장).
崔世珍, 『訓蒙字會』(국립중앙도서관 소장).
崔致遠, 『桂苑筆耕集』(한국고전번역원, 한국문집총간).

한·중·일의 선비(士) 개념

임태홍 | 성균관대학교 동아시아학술원 수석연구원

1. 머리말

'한중일의 선비(士) 개념'이라는 표현은 매우 한국적이다. 왜냐하면 사(士)를 '선비'라고 읽는 것은 우리나라뿐이기 때문이다. 일본에서는 '무사(武士, 일본어 발음은 부시)' 혹은 '사무라이'라고 읽고 중국에서는 '스'라고 발음하지만 '사대부'나 '지식인(讀書人)'을 뜻한다. 사대부는 중국 고대부터 사용된 말이며, 지식인(현대 중국어는 지식분자知識分子)은 요즘 쓰는 말이다.

중국에서, 우리나라 선비와 비슷한 단어로 '향신(鄕紳)'이 있다.[1] 근대 직전에 '사(士)'는 대개 '사신(士紳)' 즉 '향신(鄕紳)'[2]을 의미했다. 이

---

[1] 신복룡, 「한국사에서의 선비의 부침(浮沈)」, 『선비정신과 한국사회』(김석근 엮음, 아산서원, 2016), 271쪽. (신복룡, 같은 논문, 〈2014년 아산서원 발표문〉, 2014.9.26, 3쪽). 신복룡은 "지방정부의 지도자들을 향신이라고 불렀다"고 하였다.(『선비정신과 한국사회』, 273쪽).

[2] 지식인 특권계층을 지칭하는 용어로 향신이라는 단어 외에도 관신(官紳), 신금(紳衿), 진신(縉紳), 사대부(士大夫), 신사(紳士) 등 다양한 것들이 있다. 학계에서 향신은 '신사'라고 부르기도 하고,(오금성, 「명청시대 사회경제사의 성과와 과제」, 『명청사연구』 19, 2003, 17쪽. 오금성, 「명·청 왕조교체와 신사」, 『중국학보』 43, 2001, 296쪽 참조.) '사대부'라고 지칭하기도 한다.(김정호의 「17세기 중국 변동기 한족 사대부 개혁론의 의의와 한계」, 『한국정치외교사론총』 26.1, 2004. 한연정의 「마테오 리치와 교류한 한인사대부」, 『명청사연구』 14, 2001.) 하지만 여기서는 서양의 Gentleman(신사)과 혼동을 피하고 중국적인 특징을 드러내기 위해서 향신이라고 지칭한다.

러한 '향신'의 개념은 명청 시대를 거치면서 정착되었는데, 송원(宋元) 시대에는 '사(士)'적인 지배층을 보통 '사대부'로 불렀다. 향신은 그러한 송대의 '사대부' 정신을 계승한 것이다. '사대부'와 '향신' 간에는 정치사회적인 위상이나 역할에 다소 차이가 있다.[3)]

우리나라에서 '선비'는 문사(文士)개념이 강하다.[4)] 반면에 일본에서는 무사(武士)의 개념이 강하다. 여기서는 이런 향신과 선비, 무사의 기원과 성립의 의미를 살펴보고 상호 비교해보고자 한다.

지금으로부터 10년 전, 2014년 9월 26일, 필자는 아산서원이 아산정책연구원과 공동으로 주최한 학술회의 〈선비정신과 한국사회 - 미래의 리더십을 찾아서〉에서 「중국의 '향신'과 조선의 '선비': 개념의 형성 과정과 그 이상의 비교」를 발표한 적이 있다. 그때의 발표문은 『선비정신과 한국사회』(김석근 엮음, 아산서원, 2016)라는 단행본에 다른 발표자들의 논문과 함께 실렸다.

이 글은 당시 발표문 중 제2장 〈향신과 선비의 기원 및 특성〉을 일부 수정하고 일본의 사무라이 부분을 추가한 것이다.[5)] 그리고 당시 발표문에 없던 내용으로 『삼국유사』와 『삼국사기』의 선비 개념 사례 7건을 조사하여 넣었고, 『논어』 중에 나오는 선비(士) 용례를 10건을 찾아 검토하여 추가하였다.

필자 외에도 당시 발표에 참여한 학자는 모두 7명이었다. 이중에

---

3) 오금성 외, 『명청시대 사회경제사』, 이산, 2007, 343쪽.
4) 그동안 학계에서는 이미 중국의 향신과 조선시대의 양반, 일본의 무사 그리고 영국의 젠트리나 프랑스의 엘리트층을 상호 비교하는 연구가 필요하다는 지적이 제기된 바 있다.(오금성, 「일본에 있어서의 중국 명청시대 신사층 연구에 대하여」, 『동아문화』 15, 1978, 220쪽.) 그러나 그러한 개념에 대해서 종합적인 비교연구가 시도된 바는 없다.
5) 필자는 2011년에 『동양철학연구』(65집, 405~440쪽)에 「한중일 삼국의 '사(士)' 개념 비교 고찰-선비·신사·무사 개념의 형성을 중심으로-」를 발표한 적이 있다. 무사 부분은 많은 내용을 여기에서 가져왔다.

필자의 발표 내용과 관련된 발표는 가타오카 류의 「조선시대의 공공과 선비」, 권순철의 「선비 개념의 생성과 변화」(당시 발표문 제목은 「'선비' 개념의 생성-한국사상사의 일면」), 이형성의 「선비의 유형과 현실 대응 양상」, 신현승의 「유교사상적 관점에서 본 선비정신과 무사도」(당시 발표문은 「선비정신과 武士道에 관한 유교사상적 비교 고찰」), 배병삼의 「선비(士)의 정체성과 그 정치적 행동」, 그리고 신복룡의 「한국사에서의 선비의 부침」이었다. 학술회의 참여 당시 이들 학자의 발표를 듣고 필자의 발표가 많이 부족하다는 점을 통감했다. 그래서 언젠가는 한중일의 선비 개념 형성 과정 문제를 다시 정리를 해봐야겠다고 다짐했는데 이번에 그런 기회를 갖게 되었다. 여기서는 위에 제시한 여러 발표문은 다시 읽어보고 필자의 생각을 재정리하여 발표한다.

2. 삼국시대에 보이는 '선비' 개념

'선비'라는 단어는 한자어가 아닌 순수한 한국말이다. 이 단어는 언제 어디서 생겼을까? 그 기원에 대해서는 두 가지 설이 있다. 하나는 상고시대(원삼국시대 이전)에 형성되었다는 설이고, 다른 하나는 고려 말, 조선 초에 형성되었다는 설이다.

이러한 설들에 대해서는 다음에 살펴보기로 하고 우선 여기에서는 '선비'라는 개념에 대해서 살펴본다. 우리나라에서는 '선비' 개념이 먼저 생기고 그 다음에 '선비'라는 집단이 형성되었으며, 그 뒤에 그들을 지칭하는 '선비'라는 말이 생겼다. 다음은 『삼국사기』(1145)와 『삼국유사』(1281)에 보이는 선비 개념의 몇 가지 사례다. (참고로 『삼국사기』와 『삼국유사』 번역문은 모두 국사편찬위원회의 〈한국사데이터베이스〉(https://db.history.go.kr/)에서 가져온 것이며, 번역문의 괄호 안 내용은 필자가 보충한 것이다.)

사례 1 : 고구려 을파소의 말

고구려 고국천왕이 을파소(乙巴素, ?~203)를 재상에 임명한 뒤의 이야기이다. 을파소는 할아버지가 유리왕 때 대신이었으나 자신은 인정받지 못하고 시골에서 농사를 짓고 있었다. 갑자기 을파소가 재상의 신분으로 조정에 들어오니 사람들이 시기하여 미워하였다.

> 왕이 교서를 내려 말하기를, "귀천을 막론하고 국상(국가의 재상 즉 을파소-필자)을 따르지 않는 자는 멸족시키겠다."라고 하였다. 을파소가 물러나와 다른 사람에게 고하여 말하기를, "때를 만나지 못하면 숨고, 때를 만나면 벼슬하는 것은 선비의 마땅한 도리이다. 지금 임금이 나를 후의로써 대하니 어찌 다시 옛날과 같이 은둔하는 것을 생각하겠는가?"라고 하였다. 이에 지극한 정성으로 나라를 받들고 정교(政教)를 밝게 하고 상과 벌을 신중하게 하니, 인민이 편안하고 (나라의) 안과 밖이 무사하였다.[6]

'때를 만나지 못하면 숨고, 때를 만나면 벼슬하는 것은 선비의 마땅한 도리(士之常)'라고 말한 사람은 그동안 농사를 짓고 있었던 을파소다. 그는 비록 관직을 얻지 못하고 농사를 짓고 있었지만 스스로를 '사(士)'로 인식하고 있었음을 알 수 있다. 아마도 자기 할아버지가 대신의 지위에 올랐고 자신도 재상에 임명되었기 때문에 농사를 지으면서도 지식인으로서 기본적인 학식과 소양을 갖추었을 것이다. 그렇기 때문에 스스로를 선비로 자처한 것이다.

을파소가 당시 '선비'라는 말을 사용했을까? 그것은 알 수 없다. 물론 이것은 후세에 이런 이야기를 전한 전달자(김부식 등)의 문학적 표현

---

[6] 『삼국사기』 권16, 「高句麗本紀第四-故國川王」. 191년 4월. "王有敎曰 無貴賤 苟不從國相者 族之 素退而告人曰 不逢時則隱 逢時則仕 士之常也 今上待我以厚意 其可復念舊隱乎 乃以至誠奉國 明政教 愼賞罰 人民以安 內外無事"

에 불과할 수도 있다. 그래도 분명한 것은 문헌상 이렇게 선비와 유사한 개념이 고국천황 때 존재했다는 것이다.

사례 2 : 신라 물계자의 말

일연이 지은 『삼국유사』에도 선비 개념이 보인다. 물계자(勿稽子)는 신라 제10대 내해왕(奈解尼師今, A.D. 196~230)때 사람이다. 즉위 17년에 보라국(保羅國, 지금의 나주 혹은 고성 부근으로 추정)·고자국(古自國, 고성군)·사물국(史勿國, 지금의 사천시) 등 포상 8국이 힘을 합쳐 안라국을 공격했다.

안라는 신라에게 구원을 요청했는데, 신라왕은 태자 나음(㮈音)과 장군 일벌(一伐) 등을 보내 이들을 격퇴하고 항복을 받아냈다. 이때 물계자가 큰 공을 세웠다. 그러나 태자는 그를 미워하여 상을 내리지 않았다. 어떤 사람이 물계자에게 말했다.

> 이 전투의 공은 오직 당신뿐인데, 당신은 포상을 받지 못하고, 태자가 미워하는 데 자네는 이것이 원망스럽지 않은가?" 이에 물계자가 말하길, "임금이 위에 계시는데, 어찌 신하를 원망하겠는가." 하였다. 또 어떤 이는 말하길, "임금에게 아뢰는 것이 좋을 것이다." 하니, 물계자는 이렇게 말했다. "공을 얻으려고 목숨을 다투고, 몸을 드러내어 다른 사람을 가리는 것은 <u>뜻있는 선비가 할 바가 아니니, 때를 기다릴 뿐이다.</u>"[7]

참고로 이후에 전해진 물계자 이야기는 다음과 같다. 삼년이 지난 뒤에 포상 팔국 중 골포국, 칠포국, 고사포국이 신라 수도 경주의 동남

---

7) 『삼국유사』 권5, 「避隱第八-勿稽子」. "伐功爭命 揚己掩人 志士之所不爲也 勵之待時而已"

쪽 갈화성(울산)을 다시 공격했다. 이때는 내해왕이 직접 물계자 등을 부장으로 거느리고 나가서 세 나라의 군대를 패배시켰다. 이때도 물계자는 큰 공을 세웠으나 그 공을 인정받지 못했다. 결국 그는 거문고를 가지고 사체산(師彘山)으로 들어가 평생 나오지 않았다.

물계자는 미천한 신분이고 집안도 내세울게 없는 사람이었으나 스스로를 '선비'로 자칭하였다. '뜻있는 선비(志士)'라는 단어를 물계자 스스로가 말한 것인지, 후세에 전해진 다른 말을 『삼국유사』를 편찬한 일연이 그렇게 표현한 것인지는 분명하지 않다.

사례 3 : 당나라 현종의 말

『삼국사기』 권 제9 신라본기 제9 효성왕(孝成王, ?~742) 편에 다음과 같은 이야기가 나온다.

> (당나라 현종) 황제가 (신라에 가는 사신) 형숙에게 말하기를, "신라는 군자의 나라라고 일컬어지고, 자못 글을 잘 알아 중국과 비슷함이 있다. 그대는 [학문이] <u>도타운 선비(惇儒)</u>인 까닭에 증표를 주어 보내는 것이니, 마땅히 경전의 뜻을 잘 펼쳐서 그들로 하여금 중국에 유교가 성함을 알게 하라."고 하였다.[8]

『삼국사기』는 고려시대 중기(1145) 김부식 등이 편찬한 서적인데, 당시 편찬자들은 당나라 현종의 말을 인용했다. 거기에 '순유(惇儒, 독실한 유학자)'라는 말이 등장한다. 이를 현대의 번역가는 '도타운 선비'라고 번역했다. '유학자' 혹은 '학자'라고 번역할 수도 있는 단어를 이렇

---

8) 『삼국사기』,「新羅本紀第九-孝成王」."帝謂璹曰 新羅號爲君子之國 頗知書記 有類中國 以卿惇儒 故持節往 宜演經義 使知大國儒敎之盛"

게 번역한 것은 '선비'라는 단어 안에 그러한 개념이 들어 있기 때문일 것이다.

사례 4 : 신라 간진의 생각

효소왕 때 활약한 화랑 죽지(竹旨, 651~655 재임)의 이야기다. 그가 이끄는 화랑 무리 가운데 득오가 있었다. 날마다 출근을 잘 했는데 어느 날부터 보이지 않았다. 그래서 그의 어머니에게 물어본 결과 아찬의 직위에 있는 익선이 데리고 가 부산성에서 부역을 시키고 있다고 하였다. 이에 죽지는 술과 떡을 갖추어 100여 명의 화랑 무리들과 함께 익선에게 가서 득오의 휴가를 요청하였으나 거부당했다.

이때 간진(侃珍)이라는 관리가 조 30석을 거두어 성안으로 운송을 하고 있는데 "죽만랑(죽지)이 선비를 소중히 여기는 풍모를 아름답게 보고, 익선의 어리석은 고집과 융통성 없음을 비루하게 여겨, 가지고 가던 조 30석을 익선에게 주고 도움을 청하였다. 그래도 허락하지 아니하므로 …… 말 안장을 주니 그때야 허락하였다."[9]

간진의 행동을 소개하는 말 가운데 '선비를 소중히 여기는 풍모(重士風味)'라는 표현이 나오는데 여기서 '사(士)'는 '화랑'을 말한다. 화랑은 신라시대 심신 수련을 하는 무사 집단이었다. 화랑을 중하게 여기는 죽지를 간진이 칭찬한 말을 현대의 번역자는 '선비를 소중히 여기는 풍모'라고 번역하였다.

---

9) 『삼국유사』, 「紀異第二-孝昭王代竹旨郞」. "時有使吏侃珍管收推火郡 能節租三十石 輸送城中 美郞之重士風味 鄙宣暗塞不通 乃以所領三十石贈益宣助請 猶不許又以珍 節舍知騎馬鞍具貽之乃許"

사례 5 : 신라 마의 태자의 말

『삼국사기』권 제12 신라본기 제12 경순왕 935년 10월. 경순왕은 고려 태조에게 항복할 것을 고심했다. 이에 그의 아들 마의태자가 이렇게 말했다.

나라의 존망은 반드시 천명(天命)에 달려있는 것입니다. 오직 <u>충성스러운 신하, 의로운 선비</u>와 합심하여 민심을 수습하여 스스로 지키다가 힘이 다한 후에 그만두어야지, 어찌 1,000년 사직(社稷)을 하루아침에 가벼이 남에게 주는 것이 옳은 일이겠습니까?[10]

인용문 가운데 '충성스러운 신하, 의로운 선비'는 원문 '충신(忠臣), 의사(義士)'를 현대어로 번역한 것이다. 우리는 마의태자가 935년 당시 한국어(신라어)로 어떻게 말했는지는 알 수 없다. 의사(義士)를 '의로운 사'라고 말했는지 '의사'라고 말했는지 아니면 '의로운 백성'이라고 말했는지 알 수 없다. 『삼국사기』 편찬자들은 아마도 당시 전해진 한문 기록을 참고했을 수도 있고, 소략한 기록만을 보고 '충성스러운 신하, 의로운 선비(忠臣義士)'라는 구문을 새로 만들어 추가했을 수도 있다. 분명한 것은 '선비'라는 단어는 현대의 번역자가 번역해낸 단어이고, 고려시대 편찬자들은 '사(士)'라는 한자어를 사용하였다는 것이며, 마의태자가 구두로 한 말은 알 수가 없다는 것이다.

사례 6 : 고려 일연의 포산 이야기

『삼국유사』권 제5 제8에 속세를 떠나서 살았던 포산의 두 스님

---

10) 『삼국사기』권12, 「新羅本紀第十二- 敬順王」. "國之存亡 必有天命 只合與忠臣·義士 收合民心自固 力盡而後已 豈宜以一千年社稷 一旦輕以與人"

이야기가 있다. 일연도 자신이 포산에 살았던 적이 있다고 하면서 이 두 스님(관기와 도성)에 대한 이야기를 『삼국유사』에 실었는데 마지막에 다음과 같은 말을 덧붙였다.

> 이 두 스님(二師)은 오랫동안 바위에 모여 은거하고, 인간 세상과 교류하지 않았다. 모두 나뭇잎을 엮어 옷으로 하고, 추위와 더위를 넘어서서, 젖은 것을 가리고 부끄러운 것을 막을 뿐이었다. 이로 인하여 불리게 되었다. 일찍이 풍악(楓岳)에서 또한 그 이름이 있다고 들으니, 이에 옛날 <u>세상을 피한 선비</u>로 알고 있으니, 이와 같은 취미의 예가 많으나, 다만 본받아 따라하기는 어렵다.[11]

두 스님을 비유하기를 일연은 한문으로 '古之隱倫之士'라고 했는데 번역자는 '옛날 세상을 피한 선비'라고 해석하였다. 옛날에 은둔 생활을 한 '사(士)'들처럼 이들도 그렇게 했다는 것이다. 승려(師)를 '사(士)'로 표현하였음을 알 수 있다.

사례 7 : 일연의 원광 평가

『삼국유사』 권 제4에 원광에 대한 이야기가 나온다. 일연은 마지막에 다음과 같이 원광을 논평했다.

> 원광은 성품이 허정(虛靜)함을 좋아하고 말할 때 항상 미소를 머금었고 얼굴은 노한 빛이 없었다. 연랍(年臘, 나이)이 이미 많이 들어 궁에 수레를 타고 들어갔는데 <u>당시 여러 선비들 중 덕의가 속하는 바도 감히 그의 위로</u>

---

11) 『삼국유사』 권5, 「避隱第八-包山二聖」. "此二師久隱嵓叢 不交人世 皆編木葉爲衣 以度寒暑掩濕遮羞而已 因以爲號 嘗聞楓岳亦有斯名 乃知古之隱倫之士例多逸韻如此 但難爲蹈襲"

나가지 못하였다. 문장의 넉넉함은 한 나라가 쏠리는 바였다. 나이 80여세로 정관(貞觀)연간에 죽었다.[12]

당시 여러 '선비들' 가운데 원광보다 훌륭한 자가 없었다는 뜻이다. 여기서 여러 선비는 한문으로 '군언(群彦)'이라 표현했는데, '언(彦)' 자가 '선비 언'이다. '언(彦)'은 중국에서도 덕행이 높은 남자, 혹은 재능과 학식이 많은 남자를 뜻한다. 이를 '선비'라고 번역한 것이다.

이상으로 7가지 사례를 살펴보았다. '선비'라는 말의 존재는 분명하지 않지만 삼국시대 사람들의 말 가운데 '선비'개념이 들어 있었다는 것은 확실하다.

우리나라에서 '사(士)'자는 흔히 다음과 같이 풀이한다.[13] 1) 선비(학식은 있으나 벼슬하지 않은 사람을 이르던 말), 2) 관리(官吏), 벼슬아치, 3) 사내, 남자(男子), 4) 군사(軍士), 병사(兵士), 5) 일, 직무, 6) 칭호나 직업 이름에 붙이는 말, 7) 군인의 계급, 8) 벼슬 이름, 9) 벼슬하다, 10) 일삼다, 종사하다. 이러한 의미들은 시간이 흐르면서 추가된 다양한 뜻이 포함되어 있는데, 1)번 같은 경우는 한국적 특수한 사정에 의해서 형성된 의미이다. 2, 8, 9에 해당하는 관리, 벼슬에 해당하는 의미가 중국 고대 '사(士)'의 이미지에 가깝다.

현재 우리가 알고 있는 '선비'는 '학식은 있으나 벼슬하지 않은 사람'[14] 혹은 학문을 닦는 사람, 마음이 어질고 순한 사람, 혹은 학식이 있고 행동과 예절이 바르며 의리와 원칙을 지키고 관직과 재물을 탐내

---

12) 『삼국유사』 권4, 「義解第五」. "光性好虛靜言常含笑形無慍色 年臘旣邁乘輿入內 當時群彦德義攸屬無敢出其右者 文藻之贍一隅所傾 年八十餘卒於貞觀間 浮圖在三岐山金谷寺"
13) 다음한자사전, http://handic.daum.net, 2011.2.6.
14) 김민수 편, 『우리말 어원사전』, 태학사, 1997.

지 않는 고결한 인품을 지닌 사람 등을 의미한다.[15]

그러나 위에 소개한 『삼국사기』와 『삼국유사』의 사례를 보면 '선비'의 뜻이 일면 비슷한 것 같지만 다르기도 하다. 편찬자들은 관리(사례 1), 군인(사례 2), 유학자(사례 3), 화랑(사례 4), 승려들(사례 6, 7)을 사(士)로 소개하거나 비유했는데 그것을 현대의 번역자는 모두 '선비'로 번역하였다.

한자 문화가 우리나라에 유입되면서 '사' 혹은 '사인(士人)'으로 불렸던 사람들은 고구려, 백제, 신라 시대에 한문 지식을 바탕으로 문인이나 관리, 외교관 등으로 활동하였다. 그들 중에는 문인에만 한정된 것이 아니라 무술을 익힌 무인들도 포함되어 있었다.[16] 사례 2의 물계자가 그런 경우이다. 사례 4의 화랑도 무사 집단이다. 그런데 당시 '사'들이 조선시대의 '선비'와 다른 점은 그들 사이에 어떤 공통된 집단적 정체성이 보이지 않는다는 점이다. 화랑과 승려 사이, 혹은 유학자와 군인 사이에 공통된 사상이나 정체성이 없었다.

여기에서 '선비'라는 말의 상고시대 기원설을 검토해 보기로 한다. 금장태는 〈한국민족문화대백과사전〉의 '선비' 항목에서 "선비는 한자어의 사(士)와 같은 뜻을 갖는다. 어원적으로 보면 우리말에서 선비는 '어질고 지식이 있는 사람'을 뜻하는 '선비'라는 말에서 왔다고 했다. '선비'의 '선'은 몽골어의 '어질다'는 말인 'sait'의 변형인 'sain'과 연관되고, '비'는 몽골어 및 만주어에서 '지식이 있는 사람'을 뜻하는 '박시'의 변형인 '보이'에서 온 말이라고 분석되기도 한다."[17]라고 하였다. 이

---

15) 이희승, 『국어대사전』, 민중서림, 2008; 다음국어사전, 「선비」, http://krdic.daum.net/, 2011.
16) 이장희, 『조선시대 선비의 연구』, 박영사, 1989, 54~59쪽 참조.
17) https://encykorea.aks.ac.kr/Article/E0028737, 2024년 10월 14일 참조. 이는 금장태 자신의 설은 아니고 다른 연구자의 주장을 소개한 것이다.

에 대해서 그는 더 깊은 소개는 하지 않았다.

아산서원 발표에 참가한 이형성도 이를 인정하고 '선비'의 어원은 '선비'가 분명하며, "상고로부터 '선비'의 의미가 전승되다가, 한글 창제 이후 '션비'로 썼을 것이다. 그렇다면 '선비'의 어원이 **션**비라는 것은 분명한 사실이다."[18]라고 하였다.

권순철도 삼국시대 소도(蘇塗) 교도 집단을 '선배'라 부르고 선배를 이두문자로 선인('仙人' 혹은 '先人')으로 기록했다는 신채호의 주장을 『조선상고사』를 근거로 소개했다. 하지만 그는 동의를 표하지는 않았다. 발표에 같이 참여한 신현승도 선비의 어원에 대해 "한국 근대기의 역사학자 신채호는 '선(仙)의 무리'(仙人·先輩)라고 보아 소도(삼한시대에 제의를 지내던 곳)를 지키는 무사 집단으로 해석"했다고 소개하였으나 분명한 동의를 표하지는 않았다.[19]

'선비'의 상고시대 기원설은 명확한 문헌적 근거가 없기 때문에 추정의 수준에 머물러 있다. 앞의 사례에서 보았듯이 고려시대에 편찬한 『삼국사기』와 『삼국유사』에는 '선비'의 개념이 적지 않게 등장한다. 하지만 이 두 책은 모두 한문으로 집필되었기 때문에 '선비'라는 한국말은 찾아볼 수 없다. 다만 그에 상응하는 한자어 '사(士)', '언(彦)', '유(儒)' 등이 보인다. 선비라는 말을 이러한 한자어로 표현했을 가능성도 생각해볼 수 있다.

이형성의 발표에 따르면 선비에 해당하는 이들 한자어는 의미하는 바가 서로 약간 다르다. 그는 이들 한자어의 파생어를 조사하여 다음과

---

18) 이형성, 「선비의 유형과 현실 대응양상」, 『선비정신과 한국사회』, 74쪽.(〈2014년 아산서원 발표문〉, 2014.9.26. 3쪽.)
19) 신현승, 「유교사상적 관점에서 본 선비정신과 무사도」, 『선비정신과 한국사회』, 174쪽 (〈2014년 아산서원 발표문〉, 2014.9.26.) 신현승이 이용한 자료는 금장태, 『한국의 선비와 선비정신』, 서울대학교출판부, 2001, 3~4쪽이다.

같은 결론을 내렸다.

> '사'는 학문을 익히고 그것을 지향하는 면에서, '유'는 백성을 교도하면서 그것을 드러내는 '행의'의 면에서, '언'은 재덕과 행의를 예찬하는 면에서 어휘가 파생한 측면이 엿보인다. 그러한 파생 어휘의 수는 '사'가 가장 많다. 이는 사농공상이라는 엄격한 신분이었던 '사'가 시대의 변천에 따라 학문을 익히고 벼슬에 나아가 여러 역할을 수행하였기 때문일 것이다.[20]

사(士)는 학문을 지향하고 익힌다는 의미로 많이 사용되고, 유(儒)는 백성을 교도하는 의미로, 언(彦)은 재덕과 행동거지를 칭찬하는 의미로 많이 사용된다는 것이다. 이는 중국과 우리나라 자료를 모두 조사한 결과이다. '사'가 가장 많은 파생어를 가지고 있다는 것은 그만큼 중요하다는 것이고 선비는 한자어 사(士)와 가장 밀접하게 관련되어 있다는 뜻이다. '선비 유(儒)', '선비 언(彦)'은 한문 공부나 유학을 전공하는 사람들에게도 익숙하지 않는 말이다. 우리가 여기에서 '사(士)'에 한정하여 그 의미를 추적하는 것도 이 때문이다.

그런데 궁금한 것은 '선비'의 어원이 되는 말이 상고시대부터 우리나라에 있었고 그러한 말로 불리는 지식인의 전통이 있었다고 한다면, 그리고 고대의 한반도 지식인들에게 그것이 큰 영향을 미치고 있었다면, 고려시대 지식인들은 왜 '선비' 어원의 말을 이두식으로 두 글자나 세 글자, 혹은 중국어로 풀어서 표현하지 않았을까? 그렇게 하지 않았다는 것은 '선비'의 어원이 되는 말이 없었거나 '선비'를 둘러싼 고유의 문화가 처음부터 없었기 때문이 아닌가?

또 한 가지 궁금한 것은 '선비'라는 말, 혹은 그 어원이 되는 말이

---

20) 이형성, 앞의 글, 78~79쪽.(〈2014년 아산서원 발표문〉, 2014.9.26. 5쪽.)

상고시대부터 존재했다면 우리나라 고유의 '선비'라는 개념이 어떻게 공자의 『논어』에 나오는 '사(士)' 개념과 흡사하게, 유사성을 가지게 되었을까 하는 것이다. 춘추시대 말엽에 활동했던 공자가 우리나라 상고시대의 선비개념을 수용해서 그러한 『논어』에 보이는 '사' 관련 발언들을 했을까? 그럴 가능성도 없지 않지만, 자료만을 근거로 본다면 '『논어』의 '사' 개념은 공자와 그 제자들의 독창적인 것이다.'라고 주장해도 틀리다고 할 수 없다. 공자의 개념은 『논어』라고 하는 문헌자료가 분명히 존재한 반면에 우리나라 상고시대의 '선비' 개념 자료는 전무하기 때문이다.

또 한 가지 몽골과 만주 지역에 고대부터 내려오는 '선비' 문화가 있었는가 하는 점이다. '선비'란 결국 지식인이기 때문에 그 사회에 어떤 깊고 넓은 지식을 기반으로 존재한다. 그러나 『논어』에서 볼 수 있는 그런 지식 세계를 몽골과 만주 지역에는 찾아볼 수 없다. 고조선 시대에 존재했을 수도 있지만 역시 증거 자료가 없다.

혹시 또 고대 북방에서 샤먼의 지식을 토대로 '무당'이라고 하는 지식인이 존재했고 옛날 사람들은 그들을 '선비'라고 불렀을 가능성도 생각해볼 수 있다. 그렇다면 우리나라 상고의 '선비'라는 말은 '샤먼'이나 '무당'의 또 다른 칭호인가? 그렇지 않을 것 같다. 우리말의 '선비' 개념에는 샤머니즘이 들어 있지 않다. 오히려 『논어』의 영향을 받아서 '선비'들은 합리주의를 지향하고 신비스러운 이야기나 현상에 대한 논의를 꺼린다.[21] 그러므로 '선비' 어원의 상고시대 기원설은 아무래도 동의하기 어렵다.

우리나라 고대의 지식인 문화는 그들이 읽었을 것이 틀림없는 『논어』에 생생히 기록되어 전해지고 있다. 그래서 선비(士)의 개념이 『논

---

21) '유'는 무당이나 박수의 허망한 말을 삼가야 한다고 한 이규보의 말에서도 확인할 수 있다.(『東國李相國全集』 권24, 「桂陽草亭記」, 이형성, 앞의 글, 7쪽 재인용).

어』 덕분에 형성되었다고 보지 않을 수 없다.

3. 중국 춘추전국 시대의 '사인(士人)'

공자가 활동하던 춘추전국시대(B.C. 770~221)에 각국의 관료층에는 제후(公)·경(卿)·대부(大夫)·사(士)가 있었다. 사는 대부보다 직급이 낮은 관리였다. 일부 기록(『國語』「齊語」)에는 '사농공상(士農工商)'을 사민(四民)으로 칭하여 '사'를 백성(民) 가운데 일부로 정의하기도 하였다. 이렇게 된 것은 당시 직급이 낮은 하위 관리는 일반 백성 가운데 발탁하여 임명하거나 임시직으로 고용하는 경우도 있어서 백성과의 구분이 애매한 경우가 적지 않았기 때문이다. 말하자면 사는 요즘의 급사나 인턴, 혹은 아르바이트나 임시직 노동자와 같은 사람들이었다.

그렇기 때문에 나중에는 '사민(士民)'이라는 말도 사용되었는데 일반 백성을 가리키는 의미였다.[22] 예를 들면 『순자』에 '국가는 사민(士民)의 거처이다. 하천이나 연못이 마르면 용과 물고기가 떠나고, 산림이 메마르면 조수가 떠나며, 국가가 정치에 실패하면 사민(士民)이 떠난다.'[23]라는 문장에서 그 용례를 살펴볼 수 있다. 이는 지식이 일반인에게 널리 유포됨에 따라 지식인을 뜻하던 '사'의 의미가 약해진 것이다. 『순자』보다 약 200년 정도 빠른 『논어』에 나오는 '사'는 『순자』의 그것보다는 좀 더 높은 계층, 즉 특수한 사람들로 구별될 수 있는 사람들이었다. 일반 백성 중에 글을 알고 고급 지식을 가지고 있는, 장차

---

[22] 溝口雄三 등 편, 김석근 등 역, 「사대부」, 『중국사상문화사전』, 민족문화문고, 2003, 420쪽.
[23] 『순자』, 「致士」. 윤무학 저, 『순자-통일제국을 위한 비판철학자』, 성균관대출판부, 2005, 335쪽.

관리가 될 수 있는 사람들의 의미가 강했다. 공자가 『논어』에서 제자들에게 설명한 사는 이런 배경에서 정의된 것이다. 당시의 '사'는 현대 우리말 표현으로는 '지식인'이라는 단어가 가장 어울린다.

공자 제자들이 정리하여 남긴 『논어』에는 '사(士)'에 대한 다양한 정의가 담겨 있다. 그 용례를 살펴보면 다음과 같다. 여기에서는 '선비'와 구분하기 위해서 '사'를 '사인(士人)'으로 번역한다.

용례 1 : 도에 뜻을 둔 사인
공자가 말했다. "사인이 도에 뜻을 두면서도, 나쁜 옷과 나쁜 음식을 부끄러워한다면 함께 (진리를) 논의할 상대가 못 된다."[24]

용례 2 : 군자다운 사인
공자가 자하에게 말했다. "너는 군자다운 사인이 되어야지, 소인 같은 사인이 되어서는 안 된다."[25]

용례 3 : 인(仁)을 임무로 삼는 사인
증자가 말했다. "사인은 뜻이 크고 의지가 강해야 한다. 책임은 무겁고 갈 길은 멀기 때문이다. 인(仁)을 자신의 임무로 삼으니 또한 책임이 무겁지 않은가?[26]

용례 4 : 사신으로 가더라도 임금을 욕되게 하지 않는 사인
자공이 물었다. "어떤 사람을 사인라고 할 수 있습니까?" 공자가 말

---

24) 『논어』, 「里仁」. "子曰 士志於道 而恥惡衣惡食者 未足與議也"
25) 『논어』, 「雍也」. "子謂子夏曰 女爲君子儒 無爲小人儒"
26) 『논어』, 「泰伯」. "曾子曰 士不可以不弘毅 任重而道遠 仁以爲己任 不亦重乎 死而後已 不亦遠乎"

했다. "자신의 행동에 부끄러워할 줄 알고, 사방에 사신으로 가서도 임금의 명령을 욕되게 하지 않는다면 사인라고 할 수 있다."[27]

용례 5 : 잘 화합하는 사인

자로가 물었다. "어떻게 하면 사인라고 할 수 있습니까?" 공자가 말했다. "서로 진심으로 격려하며 노력하고, 잘 화합하며 즐겁게 지내면 사인라고 할 수 있다."[28]

용례 6 : 안락함을 추구하지 않는 사인

공자가 말했다. "사인으로서 안락하게 살려는 생각을 품고 있다면, 사인이 되기에 부족하다."[29]

용례 7 : 목숨을 바쳐 인을 이루는 사인

공자가 말했다. "뜻 있는 사인과 인(仁)한 사람은 살기 위해 인을 해치지 않으며, 자신의 목숨을 바쳐서 인을 이룬다."[30]

용례 8 : 어진 사람들과 사귀는 사인

자공이 인을 행하는 방법에 대하여 묻자, 공자가 말했다. "기술자는 일을 잘하려고 할 때 반드시 먼저 자신의 연장을 잘 손질한다. 마찬가지로 어떤 나라에 살든지, 그 나라의 대부들 중 현명한 사람을 섬기고, 그 나라의 사인들 중 인한 사람과 벗해야 한다."[31]

---

27) 『논어』,「子路」. "子貢問曰 何如斯可謂之士矣 子曰 行己有恥 使於四方 不辱君命 可謂士矣"
28) 『논어』,「子路」. "子路問曰 何如斯可謂之士矣 子曰 切切偲偲 怡怡如也 可謂士矣 朋友切切偲偲 兄弟怡怡"
29) 『논어』,「憲問」. "子曰 士而懷居 不足以爲士矣"
30) 『논어』,「衛靈公」. "子曰 志士仁人 無求生以害仁 有殺身以成仁"

용례 9 : 주나라의 여덟 사인

주나라에 여덟 사인이 있었는데, 백달·백괄·중돌·중홀·숙야·숙하·계수·계와가 그들이다.[32]

용례 10 : 사인의 기본 자격

자장이 말했다. "사인이 위태로운 일을 보면 목숨을 바치고, 이득이 될 일을 보면 의로운 일인가를 생각하며, 제사를 지낼 때는 경건함을 생각하고, 상을 당해서는 슬픔을 생각한다면, 그는 사인으로서의 기본적인 자격을 갖춘 것이다."[33]

이러한 『논어』의 용례를 정리해보면, 사인은 공자 시대에 생겨난 개념이 아니라 그 이전 주나라 시대에 이미 여덟 명의 모범이 되는 사인이 있었다는 것을 알 수 있다.(용례 9) 사인의 전통이 아주 오래되었음을 알 수 있다. 공자는 이들 사인을 모범으로 삼아 사인에 대한 여러 가지 정의를 내렸다. 그가 정의한 사인의 기본 성격은 단지 관리에 한정되지 않고 인격적인 도덕을 다양하게 갖춘 매우 이상적인 인간을 의미한다는 것을 알 수 있다.

말하자면 사인은 도에 뜻을 두고, 군자다워야 하며, 인을 임무로 삼으며, 안락함을 추구하지 않으며, 사람들과 잘 화합하고, 어진 사람들과 사귀며, 위태로운 일을 보면 목숨을 바치고, 이득이 될 일을 보면 의로운 일인가를 생각하며, 제사를 지낼 때는 경건함을 생각하고, 상을 당해서는 슬픔을 생각하는 사람이다.

---

31) 『논어』, 「衛靈公」. " 子貢問爲仁 子曰 工欲善其事 必先利其器 居是邦也 事其大夫之賢者 友其士之仁者"
32) 『논어』, 「微子」. "周有八士 伯達伯适仲突仲忽叔夜叔夏季隨季騧"
33) 『논어』, 「子張」. "子張曰 士見危致命 見得思義 祭思敬 喪思哀 其可已矣"

아울러 공자가 말한 사인에는 조선시대의 선비와 달리 무사적인 성격도 포함되었다. '사(士)'라는 글자 자체가 중국 고대에는 지식인이라는 의미보다는 군인이나 무사를 뜻했다. 배병삼은 "사(士)라는 글자는 도끼의 상형이었다. 이것은 도구를 들고 작업하는 '남자, 사나이'를 가리켰다."[34]라고 하면서 사가 오늘날의 부사관에 정확히 들어맞으며, 하사, 중사 등의 명칭이 사의 본래 의미를 그대로 담고 있다고 하였다. 사가 처음에 출발했을 때는 무사적 이미지가 강했다는 것이다.

갑골문이나 금문에서 '사(士)' 자는 '왕(王)' 자와 같은 자형이 사용되었다. 그 형태는 단정히 앉아있는 사람 모습이나 도끼의 이미지에서 본뜬 것이다. 이는 사회에서 지위에 있는 사람이나 지도적인 위치에 있는 사람을 뜻한다.[35] 무사의 이미지가 지위를 가진 사람으로 확장된 것이다.

나중에 사는 "관료조직의 말단, 즉 명령을 집행하는 하급관료로 전환해갔다. 하급관료로서 '사'가 수행하던 직종 가운데는 옥리(獄吏)·집달리(執達吏) 같은 법 집행자가 대표적이다. 그리고 공문서 기록자[史], 문서수발과 기타 잡무를 수행하는 행정서기[有司] 등도 '사' 계급 속에 포함된다."[36]

이렇게 여러 가지 의미를 담고 있던 사인 개념은 공자 생존 시대에 이르러 하층의 관리나 지식인 혹은 일반 민중을 가리키게 되었는데, 공자 제자들이 다양한 직업과 다양한 재능을 지닌 사람들로 구성된 것은 바로 이 때문이었다.

여기에 나오지 않으나 공자 제자 중에 안연(顔淵)은 학문을 좋아했

---

34) 배병삼, 「선비의 정체성과 그 정치적 행동」, 『선비정신과 한국사회』, 247쪽. (「선비(士)의 정체성과 행동 : 출사와 진퇴」, 〈2014년 아산서원 발표문〉, 2014.9.26., 1쪽.)
35) 溝口雄三 등 편, 앞의 책, 419쪽.
36) 배병삼, 앞의 글, 247쪽.(「선비(士)의 정체성과 행동 : 출사와 진퇴」, 1쪽.)

으며, 증점(曾點)은 시를 좋아했다. 그리고 '염유(冉有)는 세무·재정 담당관을, 자로는 국방·안보 담당관을, 공서화(公西華)는 의전·집례 담당관을, 자하(子夏)는 문서 담당관을, 그리고 자장(子張)은 제후나 대부를 가까이 보필하는 비서관을 지망'[37]하였다. 또 자로는 용맹을 좋아하여 삼군(三軍)을 진두지휘할 수 있었고, 자공(子貢)은 화식(貨殖)에 능하여 재물을 잘 축적하였다.[38] 자로는 무사 기질이 있었고, 자공은 사업가 기질이 있었던 것이다. 자장은 나중에 제자들을 모아 예를 가르치는 선생이 되었다. 이렇듯 공자 제자들은 다양한 자질과 목표를 가진 학생들이었는데 그들은 사인이 먹고사는 데 필수적인 전문적인 기술과 직무 수행 능력을 획득하는 한편, 공자에게서 사인의 덕목과 도덕적인 자질을 배웠다. 단순히 관리나 직업인에게 필요한 전문적인 기술이나 능력만이 아니라 도덕성을 갖춘 인격적인 존재를 공자는 제자들에게 가르치고자 한 것이다.

공자와 그의 제자들은 자기들을 사인이라고 자각했다. 또 그들은 사인이 관직이나 신분 계급을 넘어서 인격적인 덕성을 갖춘 존재라는 것을 분명히 인식했다. 아울러 그들은 도(道)를 실행하기 위한 수단으로 관리가 되기를 희망했으며, 유교 이념의 실현을 목표로 삼기도 했다.[39] 이러한 점은 조선시대 선비와 유사하다. 다만 조선시대 선비는 공자시대의 유교가 아니라 송나라의 성리학을 중시한 점이 다르다.

한편, 배병삼은 아산서원 발표에서 공자 시대의 사인(士)이 조선시대 선비의 원형이자 지향점이라 강조하고 다음과 같이 선비의 원형을 설명했다.

---

37) 배병삼, 위의 글, 248쪽.(「선비(士)의 정체성과 행동 : 출사와 진퇴」, 1~2쪽.)
38) 이형성, 앞의 글, 73쪽.(〈2014년 아산서원 발표문〉, 2014.9.26. 1쪽.)
39) 금장태, 「선비」, 〈한국민족문화대백과사전〉, https://encykorea.aks.ac.kr/.

공자는 '사'를 하나의 사회 계급적 존재로서가 아니라 혼란을 극복하여 새로운 문명을 창조할 선도자로 형상화한 것이었다. 이들은 자각적이고, 자율적이며, 능동적인 주체적 인간의 상징으로 부각된다. 이것이 곧 조선시대 지식인이 지향했던 '선비'의 원형이다.[40]

공자가 제시한 이상적인 사인의 모습이 선비의 원형이라는 것에 대해서는 이견이 없다. 하지만 달리 생각해 보면 공자가 말한 사인(士)과 선비는 유교의 가르침을 중시한다는 점에서 같지만, 여러 가지 점에서 본질적으로 다르다. 다른 점이 있었기 때문에 조선 사회는 '사'를 그대로 옮기지 않고 '선비'라는 말을 만들어 표현하였다고 할 수 있다.

배병삼은 "①공자가 지향한 선비란 하급군인이나 하급관료에 요구되는 전문적 지식, 즉 '문사'의 자질을 넘어서서 ②도덕성을 겸비한 완전한 인격체, 즉 '달사'를 지향하는 것임을 재확인할 수 있다. 이로부터 ③사(士)는 사회계급의 성격을 넘어서 '선비정신'이라고 할 때 함축하는 보편적이고 인격적인 의미를 갖게 되는데, ④이 이후는 '선비'라는 말이 더 합당한 것이 된다."[41]라고 하였는데, 몇 가지 분명히 해야할 점이 있다.

첫째, ①의 '공자가 지향한 선비'라는 말은 엄밀히 말하면 공자가 지향한 사(士), 즉 이상적인 사인이라고 해야 한다. '사(士)'가 우리말로 '선비 사'이기 때문에 틀리다고 할 수는 없지만 공자와 그 제자들은 '선비'를 지향하지 않았다.

둘째, ②'도덕성을 겸비한 완전한 인격체'란 문자 그대로 개인적인 '도덕성'에 한정된다. 사회를 향한 도덕성, 즉 정치적 도덕성을 공자는

---

40) 배병삼, 앞의 글, 249쪽.(「선비(士)의 정체성과 행동 : 출사와 진퇴」, 2쪽.)
41) 배병삼, 「선비(士)의 정체성과 행동 : 출사와 진퇴」, 4쪽. 이 문장은 정식 출판된 「선비의 정체성과 그 정치적 행동」(『선비정신과 한국사회』, 2016)에는 삭제되었다.

요구하지 않았다. 여기서 정치적 도덕성이란 이 세계 전체를 태극과 음양이기로 설명하고 그것을 인간의 도덕성과 결부시킨 다음에 국왕을 그런 세계관 내부로 끌어들여 강력히 통제하는 성리학적 도덕성을 말한다. 중국에서는 수나라 이후, 우리나라에서는 고려시대 이후에 등장한 과거제도는 지식인들의 수를 증가시키고 성리학적 도덕성을 실천하기 위한 제도적 장치로 기능했다.

셋째, ③번의 '사(士)는 사회계급의 성격을 넘어서 '선비정신'이라고 할 때' 이 말은 사회계급의 성격을 가지고 있던 사인은 선비와 다르다는 것을 전제로 한다. 즉 사인의 정신은 '선비정신'과 다르다는 것을 의미한다.

넷째, ④번의 '이 이후는 '선비'라는 말이 더 합당한 것이 된다.'고 지적한 것은 배병삼도 사인과 선비가 다르다는 것을 말한 것이다. 다만 그는 그 양자 사이의 구체적인 차이점에 대해서는 더 이상 설명하지 않았다.

『논어』와 『맹자』에서 말하는 사인(士)은 인의(仁義)의 도를 추구하며, 평생 그것을 자신의 임무로 생각한다. 또 나태하게 지내지 않고 나라가 위급하면 목숨을 바치며, 아무리 가난해도 항심(恒心)을 잃지 않는다. 예의, 염치가 있고 매사에 성심성의를 다한다.[42] 형제간에 우애가 있으며 부모에게 효도를 다하는 것도 사인의 자세다.

그런데 조선의 '선비'는 공자의 가르침 위에 성리학의 세례를 받았다. 성리학자들은 불교를 배격하며 승려들과 차별되는 정체성을 추구한다. 공자의 제자들 중에는 무인도 있고 사업가도 있고, 농사에 관심이 있는 사람 등 다양한 재능을 가진 사람들이 잡다하게 모여 있었지만

---

[42] 최석기, 「조선의 선비와 그들의 공부」, 『남명학』 14, 2009, 208~210쪽.

그들 사이의 연대감이나 관계성은 매우 미약했고 통합된 정체성은 거의 없었다. 그러나 '선비'들은 성리학적인 세계관과 가치관 그리고 정치 신념을 가지고 연대하였다. 그들은 공동으로 불교를 비판하고 국왕이 펼치는 현실 정치에 깊숙이 개입하였으며 정치권력의 한 축을 담당하고자 하였다. 그리고 과거제도를 발판으로 국가 정치의 주체세력이 되었다. 이는 역시 공자시대 사인들과 '선비'가 크게 다른 점이다.

4. 중국 수·당·송 시대의 사대부

'사대부'라는 용어는 원래 한나라 때 유학자들이 관료화되면서 형성된 것이다. 스스로 주나라 천자에 직속된 '대부'나 '사'로 자임하면서 사용하기 시작하였는데 특정 사회계층, 즉 '정치적·사회적·문화적인 지배계층'을 나타내는 용어였다.[43] 그러던 것이 나중에는 민간사회의 일반 독서인, 즉 글을 읽는 사람, 지식인까지 사대부로 불리게 되었다.

한나라 때는 지식을 가진 사람들이 관료로서 활약을 했다. 한 문제는 동중서의 건의를 받아들여 향거리선제를 실시하였는데 각 지방에서 추천하는 인재를 발탁하여 관리에 임명했다. 이때 지역사회에서는 추천자를 고를 때, 그 사람에 대한 여론과 인품을 보고, 동시에 유교적 교양을 중시하였다. 이 때의 유교적 교양이란 공자의 유학과 경학을 말한다. 사회가 혼란에 빠진 후한 말기로 접어들면서 민간에서 이러한 지식을 획득한 사람들이 차츰 늘어났다.

위진남북조 시대에도 지식인들은 자신들이 가지고 있던 지식과 사

---

43) 何國正·劉蜀子,「東漢士大夫階層的形成」,『民族文化研究』, 2010年 5期, 150쪽; 고지마 쓰요시, 신현승 역,『사대부의 시대』, 동아시아, 1999, 29쪽.

회적인 명망을 활용하여 정권의 일부를 담당했다. 이후 관리의 등용이 가문중심으로 바뀌자 그들은 고위 관직을 차지하고 세습화함으로써 귀족 사회의 한 주류가 되었다.[44] '사'라고 불리는 지식인 관리가 늘어나고 이들이 세습화, 귀족화를 지향하면서 '사인'들의 가족집단, 즉 사족(士族)이 형성된 것이다.

이어서 수당 시대에는 관리 등용제도가 바뀌고 과거제도가 도입되었다. 과거제도는 수나라 때 처음 시행되었는데 사족 지식인들을 등용하기 위해서 실시된 제도였다. 하지만 전체적으로는 여전히 문벌 귀족이 정권을 담당하고 많은 관료들이 그러한 귀족집안에서 나왔다. 지식인들도 귀족 집안을 배경으로 한 경우에 출세를 보장받았다.[45]

당나라가 멸망하고 송나라가 건국되면서 지식인들을 둘러싼 환경이 달라졌다. 과거제도가 민간 지식인들이 관료로 출세하는데 매우 중요해졌다. 특히 송나라 태조 조광윤은 문치주의 정책을 추진하고 과거제도를 더욱 보완하여 전국적으로 시행하였다. 지방 군대의 지휘자였던 절도사도 차츰 문인으로 바뀌어갔다. 과거를 통한 관리 선발이 보편화되고, 이로써 사대부들은 더욱더 큰 힘을 갖게 되었다. 그 숫자가 이전의 사대부들보다는 훨씬 많아졌기 때문이다.

이러한 문치주의의 여러 가지 제도 덕분에 관리의 선발은 가문보다는 개인의 재능에 더 의존하게 되었다. 관료 사회는 더 많은 새 인물들로 채워지고, 민간에서도 새로운 지식인 집단이 형성되었다. 이들 지식인 집단은 '사대부(士大夫)', 혹은 '독서인'으로 불렸는데, 정치적으로는 관료, 경제적으로는 지주 혹은 상업자본가이기도 했다.[46] 이러한 사대부의 개념은 우리나라에도 그대로 전해졌다.

---

44) 溝口雄三 등 편, 앞의 책, 423~424쪽.
45) 고지마 쓰요시, 앞의 책, 29쪽.
46) 溝口雄三 등 편, 앞의 책, 426쪽.

고려 말, 조선시대 초기에 문무 양반을 뜻하는 '사대부'라는 말이 있었다. 태조 1년(1392) 대사헌 남재 등이 임금 이성계에게 올린 상소문에 이런 구절이 있다.

> 옛날에는 시집을 간 여자는 친정 부모가 죽었을 경우 근친(覲親, 친정에 인사하러 감)하는 의리가 없었는데, 그 근엄함이 이러했습니다. 고려 말엽에 풍속이 타락한 나머지 ①사대부의 처가 권세가의 집을 찾아다니면서도 태연히 여기고 부끄러운 줄을 몰라, 식자들이 수치스럽게 생각했습니다. 원컨대, 지금부터 ②문무 양반의 부녀자들은 부모·친형제·친자매·친백부·친숙부·친외숙·친이모를 제외하고는 왕래를 허락하지 않도록 하여, 풍속을 바로잡으소서.[47]

인용문에서 ①사대부의 처는 ②문무양반의 부녀자와 같은 의미다. 그러므로 사대부는 문무양반을 뜻한다. 고려 말엽, 조선시대 초기에 문무 양반은 사대부라고 불렸음을 알 수 있다.

사대부는 또 조선시대에 법률로도 정의되어 있었다. 『세종실록』(세종 13년 5월)에 4품 이상은 대부, 5품 이하는 사(士)라고 하였는데, 여기서 사대부는 문무관료 전체를 가리키는 용어였다.[48] 이러한 사대부 개념은 중국의 사대부 개념과 거의 같았다고 할 수 있다.

사대부는 엄밀하게 따지면 '선비'라는 개념과 약간 다르다. 선비에

---

47) 〈조선왕조실록〉(https://sillok.history.go.kr/), 태조실록 태조 1년 9월 21일. "古者, 女子已嫁者, 父母歿則無歸寧之義, 其謹嚴如此。前朝之季, 風俗頹敗, 士大夫之妻, 趨謁權門, 恬不爲愧, 識者恥之。願自今文武兩班之婦女, 除父母親兄弟姊妹·親伯叔舅姨外, 不許相往, 以正風俗。"
48) 박성순, 『선비의 배반』, 고즈윈, 2004, 19쪽(가타오카 류, 「조선 시대의 공공과 선비」, 〈2014년 아산서원 발표문〉, 2014.9.26, 5쪽;『선비정신과 한국사회』, 153~154쪽 재인용.)

는 무인의 개념이 거의 들어있지 않다. 글을 읽는 문인이 선비이며 성리학의 이상을 추구하는 사람이 선비다. 글도 읽지 않고, 성리학과는 관계가 없는 무인들은 선비가 아니다. 중국 수·당·송 시대의 사대부는 관료적인 성격이 강했고, 문인·무인의 구별이 불분명했다.[49)]

북송시대 때부터 커다란 세력을 형성한 사대부 계층은 대개 경제적으로 지주층이 많았고 상업자본가와 관련을 맺은 경우가 많았다. 물론 모든 사대부가 다 부유한 집안에서 나온 것은 아니었다.[50)] 범중엄의 경우를 보더라도 어려서 부친을 여의고 어머니는 다른 집안으로 시집을 가 매우 궁핍한 유년기를 보냈는데, 그는 26살에 과거 시험에 합격하여 관직에 올랐다.[51)]

사대부에게는 기본적으로 객관적으로 실력을 검증하는 과거시험이 중요했다. 그들은 국가를 통치하는 데 필요한 지식을 유학 서적을 통해서 흡수하였으며, 외세에 대항하여 스스로 관료로서 군주를 보좌한다는 자기 인식과 상호간의 동료의식이 강했다.[52)]

다만 이들은 사상적인 측면에서, 정치권력과는 다른 권위, 즉 '도통(道統)'을 추구하는 경향이 강했다. 사회적인 책임감도 매우 강했는데 이런 경향은 남북조시대나, 수당의 유학자들에게서는 드러나지 않았던 것이었다.[53)] 또 그들은 정치권력에 소속된 관리가 되지 않고서도 사회·정치적인 역할을 수행하고자 하였다. 예를 들면 그들은 우주와

---

49) 고지마 쓰요시, 앞의 책, 32쪽. 범중언에게 충고한 장재의 말 참고.
50) 고지마 쓰요시, 위의 책, 30쪽, 35쪽. 양종국, 『송대 사대부 연구』, 삼지원, 1996, 86쪽.
51) 종청한, 임태홍 역, 「범중엄」, 『50인으로 읽는 중국사상』, 무수수, 2007, 271~273쪽.
52) 양종국, 앞의 책, 336쪽; 고지마 쓰요시, 앞의 책, 31~32쪽.
53) 여영시, 정인재 역, 『중국 근세종교윤리사상과 상인정신』, 대한교과서주식회사, 1993, 123~124쪽. 사대부들의 사회적 책임감은 북송시대 지식인들의 두드러진 특징이었다. 이는 당말 오대의 혼란한 시기를 거치고 요·금과의 정치적 갈등에 기인한 것으로 보인다.

인간세상을 지배하는 천리(天理)를 제시하고 군주도 그러한 천리에 따라 행동할 것을 요구함으로써[54] 정치에 개입했다.

이러한 사대부의 특성은 조선의 선비와도 매우 유사하다. 선비 역시 과거 시험을 중시했고, 국가통치에 필요한 지식을 유학 서적을 통해서 수용했으며, 관료로서 군주를 보좌한다는 인식이 뚜렷했고, 선비 상호간의 동료의식도 강했다.

〈아산서원 학술회의〉에서 신현승은 선비의 중국 측 대응개념으로 사대부를 들었다. 그가 이해하는 사대부 개념은 이렇다.

> (이 발표는) 조선의 선비정신과 일본의 무사도를 유교사상적 입장에서 비교 검토하는 데 있다. 물론 이와 같은 논의의 전제에는 중국 본토에서 유래한 전통적 유교의 문사(文士) 관념 및 신유교(Neo-Confucianism)의 사대부상(像)이 자리하고 있다. 그리고 이 논고는 조선 선비의 사도(士道, 선비정신)와 일본 사무라이의 무사도(武士道, 사무라이 정신)를 동아시아 '유학(儒學) 유전학적 돌연변이'로 이해하고 비교·분석의 방법을 채택하기로 한다.[55]

조선의 선비와 일본의 사무라이는 유전적 돌연변이라고 할 수 있는데 이 두 개념은 중국의 전통적 유교의 문사관념과 신유교의 사대부로부터 파생되었다고 본 것이다. 이때 그는 공자시대의 문사(文士), 즉 사인과 송나라 시대의 사대부를 이원적으로 나누었다. 말하자면 고대의 사인과 사대부는 다르다는 것이다. 그것은 사대부가 신유교의 영향을

---

54) 심의용, 「북송 시대 사대부들의 변화와 정이천 철학의 특성」, 『동서철학연구』 36, 2005.6, 289쪽 참조.
55) 신현승, 「선비정신과 武士道에 관한 유교사상적 비교 고찰」, 〈2014년 아산서원 발표문〉, 2014.9.26, 2쪽.(『선비정신과 한국사회』, 173쪽.)

받았기 때문이다.

그리고 신현승은 일본 사무라이의 무사상의 배후로 중국 전통 사대부를 들었다.

> 이것은 무사를 '사(士)'라고 표현하는 바에서 분명해지듯이 그(야마가 소코-필자)의 무사상(武士像)의 배후에 있는 것은 중국 전통 사대부의 전형적 모습이었다는 것을 가리키고 있다. 하지만 그것은 형이상학으로 흐르는 중국 송대 이후의 주자학적 사대부상(像)이 아니라, 선진시대의 공맹시대로 거슬러 올라간 성인의 전형적 모습이자 사대부상이었다. 따라서 거기에서는 무사에 대하여 문무양도(文武兩道)의 덕을 수양해야 할 필요성이 요구되었다.[56]

일본 무사에게는 문무 양쪽이 모두 요구되었는데 중국의 고대 사대부, 즉 사인에게서 그러한 모습의 전형을 찾을 수 있다는 것이다. 그렇다면 이 대목은 송대 이후 주자적 사대부상에는 무사적인 측면은 찾아보기 힘들다는 뜻으로 읽을 수 있다. 즉 조선의 선비와 일본 사무라이는 중국 사대부의 유전적 변형이지만 조선의 경우는 송대 이후 주자학적 사대부의 맥을 이었고, 일본의 사무라이는 중국 고대 사대부의 맥을 이었다는 것이다.

그리고 신현승은 송나라 시대에 성리학 시조인 주희가 주창한 '수기치인(修己治人, 자기를 수양하고 남을 다스린다.)'의 정신을 주목하고, 이 정신이 주자학 성립 이후에 전근대 동아시아 사대부들의 삶의 지침이 되었다고 강조했다.[57] 이것이 공자 시대의 사인과 송대의 사대부가 차

---

56) 신현승, 위의 글, 11쪽.(『선비정신과 한국사회』, 191~192쪽.)
57) 신현승, 위의 글, 3쪽.(『선비정신과 한국사회』, 176쪽.)

별되는 점이라고 보았다.

이어서 신현승은 고지마 쓰요시의 연구를 근거로 성리학의 특별한 점에 대해서 다음과 같이 지적했다.

> 자기 자신을 성인에 근접하는 인격자로 확립시킨 뒤에, 위정자로서 민중의 위에 선다고 하는 것이다. 이 '수기치인(修己治人)'은 두말할 것도 없이 『대학』 팔조목의 이념이기도 하였다. 격물(格物)·치지(致知)·성의(誠意)·정심(正心)이라는 앞 4조목이 개인적 수양 단계인 수기(修己)의 과정이라면 수신(修身, 개인적 수양의 완성)·제가(齊家)·치국(治國)·평천하(平天下)의 뒤 4조목은 사회적 활동 단계인 치인(治人)의 과정이라 할 수 있다.[58]

또 그는 '사(士, 사인으로 표기-필자)'의 개념이 중국 춘추전국시대의 공자와 맹자를 중심으로 한 유교사상과 밀접한 관련을 가지고 있는데, 그것이 중국에서는 송대 이후에 자각적인 사인 집단이 본격적으로 출현했으며, 조선시대에는 선비의 자격으로서 학문적 식견과 도덕적 행실이 강조되면서 '문사(文士)'의 의미가 집중적 부각되었으며, 일본은 반대로 무사의 의미가 부각되었다고 보았다. 이렇게 조선과 일본이 각기 다르게 사인을 해석한 것은 원래 사인이 문사와 무사를 모두 가리키는 것이었기 때문이라고 했다.[59]

그렇다면 송·원 시대 이후 중국에 등장하는 향신은 사대부와 어떤 차별적인 성격을 가지고 있을까? 〈아산서원 학술회의〉에서 같이 발표한 신복룡의 다음 문장이 그에 대한 대답이라고 할 수 있다.

---

58) 고지마 쓰요시, 앞의 책, 40쪽.(『선비정신과 한국사회』, 176쪽.)
59) 신현승, 앞의 글, 2쪽, 17쪽.(『선비정신과 한국사회』, 174~175쪽.)

중국 사회에서 지식인이라 함은 적어도 진사 정도의 지식수준을 요구했다. 그들은 왜 향신으로서의 진사를 중요하게 여겼을까? 그것은 중국의 중앙집권적 군주정에 하나의 약점이 있기 때문이었다. 정권을 잡은 군주는 혼자서 전국을 장악할 수 없었다. 그는 마음 내키지 않았지만 통치 과정에서 지식인들의 도움이 필요하여 그들을 관료로 임용할 수밖에 없었다. 따라서 중국의 전통 사회에서는 중앙정부와 지방정부에서 나누어 업무를 처리하는데, 지방정부의 지도자들을 가리켜 향신이라 불렀다. 향신들은 하의상달의 기제(機制)였다. 그들은 통치권의 안팎에 있는 동료와 친지를 통하여 비공식적인 영향력을 행사했다.[60]

신복룡 교수의 이러한 발표는 주로 페이 샤오퉁의 연구에 근거한 것이다.[61] 먼저 향신에게 중국사회가 요구한 것은 진사(進士) 정도, 즉 과거에 합격할 만한 수준의 지식이었다. 은퇴 관리나 지방의 유지 혹은 토호세력도 그러한 향신에 포함될 수 있었다.[62] 그리고 국왕 혼자서는 전국을 통치할 수 없기 때문에 지방에서 통치를 도와줄 지식인들이 필요했다. 즉 지방정부의 지도자들 그 사람들이 향신이었다고 한다. 향신은 즉 지역성이 강한 지식인을 뜻한다.

향신이 이렇게 지역성이 강해진 것은 송나라 시대 이후 중국내 정치지형의 격변으로 인한 것으로 추정된다. 북쪽에서 쳐들어온 이민족 정권인 원나라와 청나라는 중앙 정치권에서 한족 지식인을 최대한 배제했다. 이 때문에 사대부들이 지방에 거주하면서 활동을 할 수밖에 없는 환경이 되었다.

---

60) 신복룡, 앞의 글, 2014, 4쪽.(『선비정신과 한국사회』, 272~273쪽.)
61) siao-tung Fei, Chinese Gentry(Chicago : The University of Chicago Press, 1953), p.24, pp.83~84.
62) 신복룡, 앞의 글, 5쪽, 31쪽.(『선비정신과 한국사회』, 274쪽, 317쪽.)

이것이 송나라 사대부와 명·청 시대 향신의 차별적인 부분이다. 그 외에 유교 고전에 대한 폭넓은 이해, 성리학의 영향을 받은 점, 그리고 천하의 통치에 대해 깊은 책임감을 느끼는 점 등은 동일하다. 물론 향신은 명나라 시대에는 양명학이 득세하고, 청나라 때는 만주족이 침입하고 고증학이 유행하였기 때문에, 그로부터 영향을 받았다. 이 역시 송나라 사대부와 다른 점이다.

이상으로 정리해 보자면 중국의 사대부 문화에서 조선과 일본의 사인 문화가 파생되었고, 일본의 사무라이는 중국 고대의 사대부 모습이 강하게 나타나고 조선 선비는 중국 송대 이후의 사대부 모습이 강하다. 즉 중국 사대부 문화와 조선, 일본의 사인 문화는 영향 관계에 있다. 명청 시대의 향신은 중국 사대부 문화가 진화한 것인데 조선과 일본의 사인문화와는 서로 독립적이다. 영향 관계가 없거나 있었다고 하더라도 아주 미약하다. 조선의 선비와 일본이 사무라이의 상호 관계도 이와 같다.

5. 조선시대에 등장한 '선비'

1) 선배와 선비

'선비'라는 한국어의 또 다른 기원설을 살펴보면, 그것이 고려시대에 '선배(先輩)'라는 한자어에서 시작되었다는 것이다. 김동욱과 이동환 등이 고려시대 김황원(金黃元)의 열전에 등장하는 '선배'라는 말에 근거하여 그러한 주장을 했다.[63]

---

63) 김동욱, 「화랑도와 신사도와 선비도」, 『신라문화제 학술발표회논문집』 10, 1989, 17쪽.
이동환, 「선비 정신의 개념과 전개」, 『대동문화연구』 38, 2001, 6~7쪽.

'선배(先輩)'는 『한어대사전』에 따르면 1) 앞에 배열된 것, 2) 앞선 세대에 대한 존칭, 3) 당나라 때 진사에 합격한 동기들끼리 서로 공경하여 부르던 말, 4) 문인에 대한 경칭을 뜻한다. 그러니까 '선배'는 앞선 세대라는 뜻과 함께 문인에 대한 경칭이 포함되어 있는데,[64] 여기에서 선비라는 말이 파생되었다는 것이다.

『고려사』(「열전」) 김황원(金黃元, 1045~1117)전을 살펴보면 다음과 같다.

> 숙종(肅宗)이 연영전(延英殿)을 열고 불러다가 서적을 관장하게 하며, 매번 책을 볼 때마다 의심되는 바가 있으면 즉시 항상 그에게 질문하였으며, 선배(先輩)라고 하고 이름을 부르지 않았다.[65]

고려 숙종이 이렇게 김황원을 '선배'라고 칭한 것은 문인에 대한 존경을 표하기 위한 것이었다. 김황원은 『고려사』 열전에 따르면, 젊어서 과거에 급제하여 고문(古文)을 힘써 익혀서 문장이 해동제일(海東第一)이라고 불렸던 인물이다. 한림원에 있을 때 문장으로 이름이 높았으며, 요나라 사신이 왔을 때는 김황원이 지은 시에 감탄하여 그 시 전편을 구해서 베껴갔다고도 전한다. 그는 당시 유행하던 문장 스타일을 따르지 않고 독자적인 스타일을 구사했는데 당시 재상 이자위(李子威)가 이를 싫어해서 그를 쫓아내기도 했다.

고려 숙종의 재위 시기가 1095년에서 1105년이므로 이 당시부터

---

64) 바이두 사전(https://baike.baidu.com/)을 검색해 봐도 선배는 '앞선 세대 사람에 대한 존칭이며, 당나라 시대에 과거에 합격한 사람들이 서로 준중하여 선배라고 칭했으며, 문인에 대한 경칭이기도 하다.'라고 같은 내용이 나온다.
65) 『고려사』 권97 列傳 권 제10 諸臣 : 肅宗開延英殿, 召掌書籍, 每觀書有所疑, 則輒質之, 呼爲先輩而不名. 『고려사 절요』 권8 김황원의 1117년 8월 사망 기사에도 같은 내용이 나온다.

'선배'라는 말이 존경하는 문인을 부르는 용어로 사용되었다고 추측해 볼 수 있다. 그런데 〈아산서원 학술회의〉에서 권순철은 '선배'라는 한자어는 이미 신라시대 최치원의 『계원필경(桂苑筆耕)』에도 나온다고 하였다. 최치원이 과거에 합격한 주번(周繁)이라는 사람에게 보내는 글(謝周繁秀才以小山集見示書)에서 '선배(先輩)'라는 존경어를 사용했다고 한다. 그리고 당나라 때부터 이미 중국에서 '선배'가 경어로 통용되고 있었다고 주장했다.[66]

아울러 그는 『한어사전』을 근거로 연령·학식·지위 등이 자기보다 위인 사람을 선배라고 부르는 일은 『시경』에도 나올 정도로 오래되었으나, 진사(進士, 과거에 합격한 사람; 필자)가 서로를 존경하여 상대방을 '선배'라고 부른 것은 과거제도가 실시되었던 수·당 시대부터 시작되었다고 하였다.[67]

『계원필경』 편찬 시기는 879년이고 최치원이 귀국한 시기는 885년이니 이 사이에 최치원은 당나라에 있으면서 '선배'가 들어간 글을 썼을 것이다. 이는 고려시대 김황원의 사례보다 200년 정도 앞선다. 권순철의 이러한 연구는 우리나라에서 '선배'의 사용 역사가 훨씬 더 오래되었고 훨씬 더 광범위했다는 것을 의미한다. 궁중에서 왕들만 이런 말을 사용한 것이 아니라 지식인 상호간에 널리 사용했음을 알 수 있다.

권순철은 선배의 또 다른 사용례로 이규보(1168~1241)의 『동국이상국전집(東國李相國全集)』(1241)의 「칠현설(七賢說)」을 제시했다.[68] 이것은 김황원의 사례보다 100년 정도 늦게 '선배'라는 존칭어를 사용한 사례이다.

---

[66] 권순철, 「'선비' 개념의 생성-한국사상사의 일면」, 〈2014년 아산서원 발표문〉, 2014.9.26. 8쪽.(「'선비'개념의 형성과 변화」, 『선비정신과 한국사회』, 38쪽.)
[67] 권순철, 위의 글, 8쪽.(『선비정신과 한국사회』, 38쪽.)
[68] 권순철, 위의 글, 9쪽.(『선비정신과 한국사회』, 39쪽.)

권순철은 이 외에도 한글학회 편 『우리말 큰사전』(1997 7판/1992 초판)을 근거로 평안도, 함경도, 황해도 3도에서 선비라는 말 대신 '선배'라는 말을 사용했다고 하였다.[69] 사전에서는 이 '선배'를 북녘 3도의 사투리라고 하였는데 이는 고려시대 수도, 즉 개경을 중심으로 고전한어 '先輩(선비)'가 토착화되었기 때문이라고 보았다. 아울러 그는 다음과 같이 '선비'라는 단어의 출현을 설명했다.

> 조선 건국 후, 한양을 중심으로 한 지배세력이 재편되어 가는 과정에서 전화(轉化)한 '션븨'(발음은 선비-필자주)가 새 왕경(王京)을 중심으로 통용되기 시작하였던 것으로 봐야 할 것 같다. 즉, '선배'가 '선비'의 사투리라 한 한글학회 사전설명은 북녘 3도에 토착화된 '선배'를 한양(漢陽)을 중심으로 통용되어 일상화된 말 '선비'에서 봤을 때, 사투리로 해석한 것이리라. 추측컨대, '션븨'는 한양 이남 지역에서 이미 전화(轉化)된 것으로 보는 것이 무난하지 않을까?[70]

이러한 권순철의 주장을 정리하자면, '선배'라는 용어는 신라 말엽부터 사용되기 시작해서 고려시대에 널리 사용되어 민간에까지 퍼졌다. 그는 이런 현상을 '토착화'라고 표현했다. 그런데 당시 수도였던 개경 부근의 지역에서는 오랫동안 선배(선비)라는 발음을 그대로 사용했는데 정권이 바뀌고 한양으로 수도가 이전된 뒤에 한양 이남 지역에서 '선배'가 '선비(션븨)'라는 발음으로 변화되기 시작했다는 것이다. 그렇다면 '선비'라는 말은 조선시대에 새로 바뀐 정치적 상황에서 등장한 말이라고 볼 수 있다는 것이다. 수도가 개경에서 한양으로 옮겨진 역사

---

69) 권순철, 위의 글, 3~6쪽.(『선비정신과 한국사회』, 24쪽, 31쪽, 41쪽.)
70) 권순철, 위의 글, 9쪽.(『선비정신과 한국사회』, 41쪽.)

적 상황, 그리고 불교를 숭상했던 고려왕조에서 유교, 특히 성리학을 국가 통치 이념으로 삼는 조선 왕조의 등장이 '선비'라는 단어의 출현 배경이었음을 암시한다.

권순철이 제시한 최치원의 사례에서 보듯이 '선배'라는 단어는 중국에서부터 과거시험과 밀접한 관련이 있었다. 고려 광종 9년(958)에 우리나라에 과거제도가 처음 실시되었다. 그러므로 그 이후로 '선배'라는 말이 널리 사용되기 시작하다가 무신정권(1170~1270) 성립 이후에 숫자가 늘어난 신흥 사대부들 사이에 더욱 일상적으로 사용되었을 것이다. 당시 무신들이 집권할 때에는 중앙의 귀족적 관료사회가 크게 흔들리고 신진 관료의 등용이 크게 진전되었으며 향촌사회는 신진관료의 배출처로서 성숙하게 되었다.[71]

당시 과거시험은 제술과(製述科)·명경과(明經科)·잡과(雜科)가 있었다. 이중 제술과는 문학과 정책을 물어보고, 명경과는 유교 경전에 대한 지식을 물었다. 유교 경전을 공부한 신흥 사대부들은 이전의 문벌귀족과는 달리 행정실무를 바탕으로 관료로 활약했다.[72] 고대 시대에 주자학 전래는 충렬왕 15년, 1289년에 안향에 의해서 이루어졌다. 김황원이 사망하고 172년 후의 일이다. 그래서 고려의 사대부들은 차츰차츰 주자학적인 지식을 몸에 지닌 유학자들로 변모하기 시작했다. 사상적으로, 완전히 주자학 일변도였던 조선시대로 넘어가는 단계라고 할 수 있다.

이에 대해서 이형성은 당시 고려말 유학자들의 상황에 대해서 이렇게 소개하였다.[73]

---

71) 권순철, 위의 글, 10쪽 참고.(『선비정신과 한국사회』, 45쪽.)
72) 이장희, 앞의 책, 67쪽 참조.
73) 이형성, 「선비의 유형과 현실대응 양상」, 『선비정신과 한국사회』, 85~86쪽.

고려 후기 정주학이 수용된 후 재야의 독서인이었던 '선비'인 '사(士)'가 중앙 진출하면서 신흥 사대부 계층이 형성하였다. 이들이 중앙 정계에 진출하기 전 '정주학'을 학문의 근간으로 삼았다. 당시 선비의 역할은 천지의 사이에 태어나 빼어난 기운을 모아 문장으로 발현시키는데, 천자의 조정에서 드날리고 제후의 나라에서 벼슬하는 것이었다. 고려 후기의 선비는 시나 문장에 능할 것을 가지고 관료로 나가 경세제민(經世濟民)에 큰 도움을 주는 역할자였다. 즉 시문을 통해 국정과 외교에 참여하는 관료 지향자였다.[74]

이러한 상황은 주자학이 전래된 뒤 고려말 약 100여년 간의 사정이다. 이후 고려는 이 사대부들 중 급진 개혁파와 이성계의 연합세력에 의해서 멸망하고 만다. 그러므로 선배와 선비를 구분해서 정리해보자면 주자학 전래 이전까지 사용되었던 '선배'라는 말은 한문과 문학을 잘 아는 사람들을 존칭하는 용어였으며, 반면에 '선비'라는 말은 주자학이 전래된 뒤에 등장하였기 때문에 주자학적인 소양과 지식을 갖춘 사람들에 대한 존칭어였다고 할 수 있다.

2) 선비라는 말이 등장하는 과정

다음은 우리 글자 한글이 새롭게 창제된 환경에서 '선배'가 어떻게 '선비'로 바뀌게 되었는가를 고찰한 내용이다. 여기에서 '선배'가 '선비'로 바뀌었다는 것은 엄격하게 말하면 선배라는 단어에서 선비라는 말이 파생되었다는 것을 의미한다. 선배는 그대로 남아 윗사람을 뜻하는 단어로 사용된다. 이형성은 조선 초기 '선비'의 한글 표기와 관련하여 다음과 같은 내용을 발표했다.

---

74) 이형성, 위의 글.

조선전기 중국에서 새로운 학문이 수용되고 한글이 창제되어 여러 책이 언해되었는데, 『용비어천가』에는 유생(儒生)·유사(儒士)·유(儒)를 '션비'로 표기하였고, 『내훈(內訓)』에도 '유(儒)'를 '션비'로 언해하였다. 이 두 책은 '사(士)'를 언해하지 않고 그대로 두었는데『두시언해』도 마찬가지였다. 그런데 『동국삼강행실열녀도』는 …… '사(士)'를 '션비'로 언해하였다.[75]

『용비어천가』는 1445년에 편찬되었고, 『내훈』은 1475년, 『두시언해』는 1481년에 초간되었다. 『동국삼강행실열녀도』는 이보다 더 늦은 시기에 발간된 것으로 추정되나 연대는 미상이다. 그런데 이들 앞의 책 2권에서는 '유(儒)'를 '션비(발음은 선배)'로 번역 표기하였고 '사'는 번역하지 않았다. 『두시언해』도 사를 번역하지 않았다. 맨 나중의 『동국삼강행실열녀도』만 사를 '선배(션비)로 번역 표기했다.

1527년 발간된 최세진(崔世珍, 1468~1542)이 『훈몽자회(訓蒙字會)』에서는 '유(儒)'가 '션비'로, 그리고 사(士)는 '됴숫'으로 표기되었다.[76] '됴숫'은 '됴스'의 오기로, 조정의 관리를 뜻하는 조사(朝士)의 한글 번역어이다. 이때는 '사'가 조정에서 근무하는 관리를 지칭하는 뜻도 강했다고 할 수 있다. 그러나 한글 '선비'와는 다소 거리가 있다.

이후 1574년(선조 7)에 경서를 언해할 때, '사(士)'와 '유(儒)' 글자가 있는 『논어언해』에서는 모두 뜻풀이하지 않고 한자를 그대로 사용하였다. 그후 언해된 『소학』이나 『주역언해』·『시경언해』·『서경언해』도 마찬가지였다. 이이(李珥, 1536~1584)가 경전을 언해할 때(『四書栗谷先生諺解』)에도 역시 '사'와 '유' 글자를 그대로 사용했다.[77]

---

75) 이형성, 위의 글, 7쪽.(『선비정신과 한국사회』, 83쪽.) 이런 내용은 이장희, 앞의 책, 7~8쪽에 근거한 것이다.
76) 이형성, 위의 글, 8쪽.(『선비정신과 한국사회』, 84쪽.)
77) 이형성, 위의 글, 8쪽.(『선비정신과 한국사회』, 84쪽.)

하지만 16세기 후반기를 거치면서 한자어 '사(士)'는 '선비 사'로 읽는 것이 보편화되었다. 예를 들면 『석봉천자문』 초간본(1583)과 『유합(類合)』에서 '사(士)'는 '션비 사'로 읽었다. '선배'라는 개념에서 시작한 말이 유학자를 가리키다 좀 더 넓은 의미의 '사' 전체를 가리키는 단어로 사용되고 또 그것을 '선비'로 읽게 된 것이다.

권순철은 이러한 상황에 대해서 다음과 같이 정리하였다.

> 훈민정음 제정 당시 '儒'에 주로 '션비'가 대응되었고,(1445년 발간된 『용비어천가』의 유儒 번역어 션비를 말함. 션비는 발음이 선배임—필자. 이하 같음.) '士'는 한자대로 쓰였다. 그 80여 년 후(1527년의 『훈몽자회』의 용례를 말함) '션븨 儒'로 정해지면서,(션븨는 현대 발음으로 선븨임.) '儒'에 대해서는 '션비'도 '션븨'도 함께 통용되게 되고, 다른 한편, '士'는 처음(1527년 발간된 『훈몽자회』에서) '됴ᄉ'라고 그 풀이가 정해진다. 그로부터 50여 년 후,(1576년의 『신증류합에서』) 뜻이 변하여 '션비 士'로 정착된다. '儒'의 뜻이 '士'에 포섭되면서 '士'의 뜻이 확대 심화된 것이다.[78]

이러한 변화, 즉 1527년경에 유(儒)를 '선비(션븨)'로 읽기 시작하고, 1576년에 사(士)를 '선배(션비)'로 읽기 시작한 변화에 대해서 권순철은 다음과 같이 설명한다.

> (이러한) 변화는 이미 '士'의 사회적 역할이 변하였기 때문이며, 그에 따른 자의식의 변화를 반영한 것으로 보아야 할 것이다. 즉, [학식으로써 지위에 있는] '조사(朝士, 조정의 사인)'에서 [도를 지키며 학문에 힘쓰는] '션비/션븨'로 '士' 자신의 자의식의 변화가 있었던 것이다. 여기서 학자로서 관

---

78) 권순철, 앞의 글, 8쪽.(『선비정신과 한국사회』, 36~37쪽.)

(官)의 지위를 넘어서 도(道)를 지키는 사표(師表)로서의 역사의식을 체화(體化)하고 있는 '션븨/선비', '사(士)'를 본다.[79]

1500년대 중반, 즉 16세기 중반에 사인들 둘러싼 커다란 자의식의 변화, 역사의식의 변화가 있었기 때문에 '선비'라는 말이 탄생하고, 사(士)를 '선비'라고 번역하게 되었다는 것이다. 권순철은 선비라고 하는 사인들의 자의식을 세 가지 들었는데 그것은 ①이상실현을 위한 자기희생적 실천, ②불의 부정에 대한 비판과 저항, ③인격완성을 위한 성실한 노력과 '성학(聖學, 제왕학 혹은 성인이 되기 위한 학문 – 필자)'의 전수이다.

권순철이 제시한 이러한 자의식의 변화는 근본적으로 조선왕조가 성리학을 국가 통치의 이념으로 삼고 중앙집권적인 관료제를 운영하였기 때문에 생긴 결과라고 할 수 있다. 특히 관리들과 지식인들 사이에 널리 퍼진 성리학적 세계관이 낳은 결과로 볼 수 있다. 〈아산서원〉 발표회에 참여한 신현승 역시 "조선에서 본격적인 선비의 탄생과 선비정신의 기원은 유학의 새로운 변이체인 신유학(新儒學, 여기에서는 주로 성리학을 지칭–발표자)이라는 새로운 학술사조에 유래한다."[80]고 지적하였다.

그런데 여기서 한 가지 궁금한 점은 어떻게 '선배'라는 말이 어떻게 '선비'라는 발음으로 변화될 수 있었는가 하는 점이다. 예를 들면 선바·선버·선보·선부 등 많은 가능성이 있었음에도 선비로 정착된 이유는 무엇일까?

중국학자 소열녕(蕭悅寧)은 2015년에 발표한 논문에서 한국어 '선비'라는 단어는 '시앤뻬이(先輩, sienpei, xian bei)'라는 근대 중국어 발음

---

79) 권순철, 앞의 글, 8쪽.(『선비정신과 한국사회』, 37쪽.)
80) 신현승, 앞의 글, 2쪽.(『선비정신과 한국사회』, 174쪽.)

의 영향을 받아 형성되었다고 주장한 바 있다. 반면에 선배는 한국의 한자음에서 영향을 받은 것이라고 했다.[81] 한국 한자음이란 중국 고대의 발음에서 영향을 받았으니 선배는 중국 고대음, 선비는 중국 근대음의 영향이며, 선배와 선비는 발음상 직접적인 관련이 없다는 것이다.

이런 가능성도 배제할 수 없으나, 한국어 안에는 '이'라는 말이 가지는 특별한 기능이 있다. '이'는 사람을 가리키는 말로 자주 쓰인다. 예를 들면 사나이, 미장이, 계집아이, 바람둥이, 말괄량이, 거렁뱅이, 장돌뱅이, 미련퉁이, 돌팔이, 돌림쟁이, 뚜쟁이, 무지랭이, 벗쟁이, 발김쟁이, 욕쟁이, 콧수염쟁이, 애받이, 코맹맹이, 보물덩이, 허풍선이, 환쟁이, 중매쟁이, 팔삭둥이, 피붙이, 살붙이, 새룽이, 그이, 이이, 저이 등이 그것이다. 그러므로 선비는 '선배+이'가 축약되어 생성된 순수 한국어일 가능성도 배제할 수 없다.

3) 선비들의 집단 정체성 형성

그러면 1400년대와 1500년대, 즉 15세기와 16세기 사이에 우리 사회에서는 구체적으로 무슨 일이 일어난 것일까? 먼저 최봉영은 1400년대 초의 상황에 대해 다음과 같이 말한다.

> 선초부터 학교제도와 과거제도를 중심으로 무사집단을 능가할 수 있는 방대한 유생집단이 형성되기 시작하였고, 리학의 심화와 함께 문사의 주도로 유교적 사회질서가 확립되면서 문사의 사회적 지위가 무사를 압도하게 되었다. 이로 인해 문무의 양반 중에서 문반을 숭상하고 무반을 천시하는 숭문천무(崇文賤武)의 풍조가 발생하게 되었고, 그 결과 문사인 선비가 사를 대표하고, 선비집단인 유림이 사의 집단인 사림을 대표하게 되었다.[82]

---

81) 蕭悅寧, 「近代漢音借詞"선비"考」, 『중국언어연구』 61, 2015.12, 245~246쪽.

조선 건국 이후에 문사집단이 무사집단을 압도하기 시작했다는 것이다. 이것은 성리학을 정치이념으로 삼은 새로운 왕조가 등장하여 학교제도와 과거제도를 완비한 결과였다. 그리고 100여 년이 지난 뒤, 부쩍 세력을 키운 사인들 사이에서 15세기 말엽에 다음과 같은 일이 일어났다.

1498년 연산군 4년에 김종직(金宗直, 1431~1492) 일파가 실록의 사초 문제로 숙청당한 사건이 발생했다. 당시 김종직은 이미 사망한 상태였으나 그의 무덤이 파헤쳐지고 부관참시되었다. 이 사건은 '무오년에 일어난 선비들의 재앙'이란 뜻에서 '무오사화'라고 불린다.[83] 김종직·김일손·김굉필 등 사화 피해자들은 중종반정(1506) 이후에 신원이 이루어졌다.

김종직과 그 제자들이 중심이 된 사림파는 정몽주와 길재의 도학사상을 이어받아 절의와 명분을 중시하였는데 조정에서는 그들을 '경상도 선배당(先輩黨)'이라고 비난하기도 하였다.[84] 당시 상황을 소개하는 문장에 『성종실록』에 보인다.

> 김종직은 경상도 사람이며, 박문(博文)하고, 문장을 잘 지으며 가르치기를 즐겼는데, 전후에 그에게서 수업을 받은 자 중에 과거에 급제한 사람이 많았다. 그러므로 경상도의 선비로서 조정(朝廷)에서 벼슬사는 자들이 종장(宗匠)으로 추존(推尊)하여, 스승은 제 제자를 칭찬하고, 제자는 제 스승을

---

82) 최봉영, 「한국사와 선비의 전통」, 『남명학』 14, 2009, 169쪽.
83) 권순철은 선비들의 자의식과 관련하여 중요한 사건으로 사화를 들고 소개했다.(권순철의 발표문 12쪽. 『선비정신과 한국사회』, 37쪽, 49~50쪽.) 그리고 새로운 '선비'의 이미지, 즉 선비상은 '사화희생자의 명예회복 논의와 문묘종사 논의 과정에서 구체화되어 간다'고 지적하고 '선배'가 사화를 겪으면서 사(士)를 뜻하는 우리말로 다시 태어났다고 보았다.(13쪽, 『선비정신과 한국사회』, 50쪽.)
84) 최석기, 앞의 글, 2009, 212쪽.

칭찬하는 것이 사실보다 지나쳤는데, 조정안의 신진(新進)의 무리도 그 그른 것을 깨닫지 못하고, 따라서 붙좇는 자가 많았다. 그 때 사람들은 이것을 비판하여 '경상도 선배당(慶尙先輩黨)'라고 하였다.[85]

여기에 보이는 '선배당'은 '선배들의 무리', 즉 '선비들의 무리'라는 뜻이다. 이러한 말이 등장했다는 것은 '선배'라는 단어가 상대방을 존중하는 호칭에 머무르지 않고 어떤 집단을 가리키는 단어로 진화되고 있었음을 말한다. '선비'라는 집단 정체성이 형성되고 있었기 때문에 이러한 이름이 생긴 것이다.

이 '선배당'이 어쩌면 오늘날 우리가 사용하는 '선비'의 최초 개념일지도 모른다. 그 전에 사용된 '선배'라는 말은 한 개인을 지칭하는, 2인칭의 의미가 강했다. 서로 '선배'라고 존중하는 사람들, 그들이 '선배들의 무리'이며 '선배당'이므로 이는 바로 '선비'를 집단적으로 표현하는 명칭인 것이다. 3인칭의 호칭이다. 이러한 집단으로서의 '선비'개념의 등장은 '선배'라는 말이 단순히 손윗사람을 가리키는 단어인 '선배'와 존경스러운 문인을 지칭하는 단어인 '선비'가 분화되기 시작했다는 것을 의미하기도 한다. 『성종실록』의 이러한 사론(史論)은 1484년의 기록이다.

1504년(연산군 10)에 국왕 연산군의 친어머니 폐비 윤씨와 관련되어 또 많은 선비들이 숙청되었다. 이것은 갑자사화라고 불린다. 또 1519년 중종 14년에는 기묘사화가 일어났다. 연산군 축출 후에 진보적인 사림파가 실권을 장악하자 위기감을 느낀 중종이 일으킨 사화였다. 이때 조광조·김식·기준 등이 극형을 당하고 많은 선비, 관리들이 귀양을 갔다. 이중에서 조광조(趙光祖, 1482~1519)는 김종직에 의해 사림파가 형성

---

85) 『조선왕조실록』, 성종 15년 갑진(1484, 성화 20), 8월 6일(경신), 한국고전종합DB.

된 이후 사림파의 최고 선비로 평가되는 인물인 만큼 그의 죽음은 사림파에게 큰 충격을 주었다.[86]

뒤이어 1545년, 명종이 즉위한 해에는 윤임(대윤)과 윤원형(소윤)이 충돌하여 대윤 일파가 모조리 숙청된 사화가 발생했다. 을사사화이다.

이러한 여러 차례의 사화를 통해서 조정의 문인 관리들과 재야의 선비들이 대거 피해를 보기도 했지만 결국 선비 세력의 힘이 확대되고 그 존재감이 크게 부각되는 결과를 낳았다. 사림파의 시대가 도래한 것이다. 이런 격동기를 통해서 '선비'라는 집단의 존재감이 커졌고, 그 집단을 지칭하는 단어로 '선비'가 사용되기 시작한 것이다. 즉 이동환도 지적한 것처럼, '16세기 사림파의 정치적 투쟁과 승리 과정'[87]이 선비라는 단어의 출현에 영향을 미친 것이다.

4) 선비 개념의 보편화

조선시대 사인들은 특히 훈구파와의 대립과 충돌을 통해서 '선비'로서의 정체성을 확립해나가게 되었는데, 이들 사림파 선비들은 도덕을 실천함으로써 정치권력에 저항하고 사회의 잘못된 풍조와 국왕의 불합리한 정치를 바꾸고자 노력하였다. 이러한 적극적인 정치 참여 의지는 이전에 오로지 도덕군자만을 지향했던, 공자시대 사인들과는 분명히 차별된 선비의 모습이었다.[88]

---

86) 이형성, 앞의 글, 11~12쪽.(『선비정신과 한국사회』, 89~91쪽.)
87) 이동환, 앞의 글, 8~9쪽.
88) 최석기, 앞의 글, 211쪽 참조. 최석기는 선비의 독특한 정체성에 대해서 중국과 비교하여 다음과 같이 지적한 바 있다. "조선시대 사들은 그 누구를 막론하고 사화와 당쟁을 피해갈 수 없었다. 이런 특수성 때문에 조선의 사士는 자신의 정체성을 더 분명히 하고, 자신의 존재방식인 출처의 문제를 더 선명하게 드러낼 수밖에 없었다. 이런 시대적 배경 속에서 '선비'라는 용어가 널리 쓰이기 시작한 것은 조선이라는 사회에서 이들의 존재를 일반적 지식인과 변별한 것이다. 그래서 그런 특정한 지식인을 '선비'라고 지칭하게 된 것이다."

이형성은 이러한 '선비'의 지향점에 대해서 다음과 같이 지적했다.

> 여말선초 정주성리학이 수용된 이래, 선비는 나라의 으뜸이 되는 기운이었다. 특히 유학자로 상징되는 선비는 유학 이념에 철저하면서도 당시 학문인 성리학에 의거하여 자신의 소임의식을 다하면서 공론을 이끌었다.[89]

조선시대 내내 '선비'는 이렇게 성리학의 영향을 지속적으로 받으면서 오늘날의 한국어 안에서의 선비개념으로 정착하였다. 일반적으로 '선비'는 벼슬에 나가지 않는 사람을 지칭하였으나, 벼슬을 하는 사람도 선비로 부른 경우가 있었다. 17세기 이후에는 학문과 도학의 실천에 전념하는 사람만 진정한 선비로 공경하였다.[90]

이후 선비는 더욱더 보편화되어 관직과 상관없이 학문을 하는 사람은 누구나 '선비'로 불렸다. 『일성록』의 1777년 기록을 보면 정조는 다음과 같은 하교를 내렸다.

> 조정에 나와 있는 선비(士)라 해서 모두 다 어진 것만은 아니며, 초야에 묻혀 사는 사람이라 해서 모두 다 어리석은 것만은 아니다. 부암(傅巖)의 들에서 성을 쌓던 부열(傅說)이나 황계(潢溪)에서 낚시하던 여상(呂尙)과 같은 현인(賢人)을 만나는 것은 참으로 쉽게 논할 수 있는 것은 아니나, 공자(孔子)는 '열 가구가 사는 작은 마을에도 반드시 충성스럽고 신의 있는 선비가 있다.' 하였다. 우리나라가 지역이 비록 치우쳐 있고 작지만 천리의 국토를 가진 나라로 이미 열 가구가 사는 작은 마을에 비할 것이 아니니, 또한 어찌 산림에서 독서하면서 궤 안에 간직한 옥처럼 제값을 기다리는

---

[89] 이형성, 앞의 글, 21쪽.
[90] 오석원, 「한국의 선비정신과 출처의리」, 『한국도학파의 의리사상』, 유교문화연구소, 2005, 235~240쪽.

선비(士)가 없겠는가.[91]

독서를 하는 사람을 선비로 부른 것이다. 이러한 경향은 조선 후기에 벼슬을 얻지 못한 선비들이 대거 늘어나면서 더욱 보편화되었다.[92] 예를 들면 서당 훈장의 아들로 태어난 동학 창시자 최제우도 바로 그러한 '선비'였다.

다산 정약용(丁若鏞, 1762~1836)은 과거시험을 출제하면서 다음과 같은 문제(「策問」)를 낸 적이 있다.

> 선비(士)의 기상과 풍습이 여지없이 이처럼 타락된 것은, 지방을 지키는 벼슬아치(官)가 앉아서 봉급만 축낼 뿐, 잘 이끌어주지 못한 소치이다. 스스로 반성하고 스스로 부끄러워해야지, 누구를 원망하겠는가. 지금 온 고을 선비(儒士)로 하여금 집집마다 예의(禮義)에 맞는 행실을 익히고, 사람마다 경사(經史)의 깊은 뜻을 통하며, 옛 풍속을 크게 진작하여 함께 대도(大道)에 돌아가고, 한편으로 사장(詞章)의 재주를 통하여 점차 벼슬길로 나아가, 궁벽하고 미개한 고을을 문명한 지역으로 변화시키도록 하려면, 그 방법이 어디에 있겠는가. 아, 우리 여러 선비(生)는 각자 마음껏 기술하라.[93]

이러한 문장에서 알 수 있는 것은 '선비'에 해당되는 한자어가 사(士), 유사(儒士), 생(生)으로 다양하다는 것이며, 관리에 들어간 선비는 '관(官)'자로 표기한다는 것이다. 선비란 장차 벼슬길로 나가려고 과거를 준비하는 사람이며 유학을 배운 사람이라는 것이 전제되어 있다.

---

91) 『일성록』, 정조 1년(1777, 건륭), 1월 10일(정축), 한국고전종합DB(http://db.itkc.or.kr/).
92) 최봉영, 「한국사와 선비의 전통」, 169쪽 참조.
93) 정약용, 「책문·다산시문집」, 『여유당전서』(한국고전종합DB).

조선시대 말엽에 양반 수는 전인구의 60%~70%를 차지하였고, 몰락양반으로 이름뿐인 선비도 매우 많았다. 무수히 많으면서 특권이 많지 않았던 조선의 '선비'는 역시 관료적인 인식보다는 단지 초야에서 도덕적인 수양에 전념하면서 주자의 학문을 한다는 이미지가 강했다.

이러한 선비들은 대개, 부국강병과 관련된 군사적인 재능이나 기술은 천시하고 인문학적 교양만을 중시하였다. 앞서 소개한 사림과 선비들은 특히 그런 경향이 강했다. 그들은 관리도 사인들 가운데서만 충당할 것을 요구하고 불교, 도교, 민간신앙 등을 배격하고 기층문화를 천시하였다. 주자학 이외의 사상은 모두 이단시해버리는 폐단도 있었다.[94]

다만 시대가 더 흘러 서양의 문물이 들어오기 시작하면서 '선비'는 반드시 유학적인 지식만을 고집하지 않았다. 예를 들면 서구 문명에 누구보다 관심이 많았던 최한기(崔漢綺, 1803~1879)는 선비의 할 일에 대해서 "대저 선비(士)는 고상한 뜻을 품어야 한다. 몸은 비록 선박이나 마차에 의지할 수밖에 없는 한계가 있으나, 천하에 들리는 것을 널리 모아 자신의 것으로 삼고, 천하에 보이는 것을 널리 모아 자신의 것 삼는다."[95]라고 하여, 개명된 선비의 자세를 촉구하기도 하였다.

그러나 그 역시 "성현의 서적을 배워서 스승으로 삼고, 바다와 육지의 산물을 따져서 유무(有無)를 알고, 편리한 기구(器具)를 찾아 일상생활에 사용한다. 또 선(善)을 밝히며 실(實)을 세워 거짓과 허위, 허영을 제거하고, 기이하고 수려한 곳을 탐방함으로써, 경험을 풍부하게하고 열린 생각을 갖도록 한다."[96]라고 하여, 성리학의 가르침에 따른 성현의 도덕을 중시하고 도덕적 실천을 촉구하였다.

---

94) 한영우, 『조선시대 신분사연구』, 집문당, 1997, 29쪽.
95) 최한기, 「추측록 제5권 推己測人」, 『기측체의(氣測體義)』(한국고전종합DB).
96) 최한기, 위의 글.

6. 중국 명청시대의 '향신'

향신(鄕紳)이란 신사(紳士)·사신(士紳) 등으로 불리기도 하는데, 명청시대에 향촌에 살던 과거 합격자나 퇴직 관리를 지칭한다. 이들은 향촌의 실질적 지배자로서 지역 사회에서 일정 정도의 사회적·문화적 지위를 가지고 있었다. 이들이 등장하게 된 원인은 북송시대까지 올라간다.

북송시대 사대부들은 중앙의 관리가 되기 위해서 지방에서 많은 시간을 가지고 준비를 했다. 이 때문에 당시 사대부들은 기본적으로 재지적(在地的)인 성격이 강했다. 그런데 마침 송나라가 북쪽 금나라의 압박을 피해 남쪽으로 이전하자, 강남지역에 많은 학교가 들어서고 지식인들도 늘어났다. 또 강남의 토지소유자들이 과거를 통해서 정치적 권력을 확보하고자 노력함으로써 이 지역에 사대부 문화가 광범위하게 퍼졌다.

남송이 멸망한 뒤에 새로 등장한 원나라(1271~1368) 시기에, 그동안 통치자 계층을 형성하고 있던 사대부들의 지위가 최하층으로 떨어지고 그들은 중앙 정계와 멀어졌다. 원나라는 자국인 제일주의를 내세우고 몽골인, 색목인, 화북 지역 한인, 그리고 남송인 순으로 구성된 신분제도를 실시했다. 이 때문에 남송지역의 지식인들은 관료로 진출할 수 없었다. 그래서 그들은 생계유지를 위해서 지방에서의 활동을 강화하고, 중앙에서 잃어버린 권위와 권력을 지방에서 획득하고자 모색하였다. 이러한 과정에서 정치적, 경제적 특권을 향유하는 사회 특권계층으로, 지방색이 강한 명청시대의 신사층, 즉 향신층이 형성된 것이다.[97]

명청 시대에 향신들은 사법적으로, 경제적으로 일반 서민들과는 다른 특권을 향유하였다. 명대의 경우, 향신층 가운데 가장 낮은 생원(生

---

[97] 溝口雄三 등 편, 앞의 책, 427~430쪽.

員)의 경우, 9품관에 준하는 특권을 부여받았다.[98]

당시 향신은 과거시험에 합격한 사인(士人) 뿐만 아니라, 추천으로 관리가 된 사람도 포함되었으며 그들의 가족, 그리고 관직에서 은퇴한 전직 관료도 포함되었다. 그 외에 부유한 집안 출신이나 토지를 많이 소유한 호족들, 그리고 과거를 준비하는 지식인들도 포함되었다. 명나라 중반 이후에 과거시험은 더욱 치열해져서 과거에 합격하더라도 관직을 갖지 못하는 경우가 많았다. 결국 관직에 나가지 못한 지식인들은 향촌에 거주하면서 스스로 생계를 유지해 나가야했다. 이들은 국가가 주는 특권을 누리는 외에도 스스로 실현 가능한 이익을 추구하고 때에 따라서는 집단행동을 통해서 자신들의 권익을 쟁취해나갔다. 일부 지식인들은 관직에 취임하는 것 보다는 요역의 면제를 받거나 '향신층'에 합류하여 자신과 가족을 보호받을 수 있는 장치로서 자신의 지위를 이용하는 경우도 많았다.[99]

그들은 또 서원을 중심으로 중앙과 지방의 각종 현안 문제를 서로 토의하고 필요한 행동을 추진해 나가는 등 향촌의 여론을 주도하고 중앙 정부와 지역 사회를 연결하는 세력이 되었다. 지방 사회의 건설에 참여한다든지, 사법적으로 지방민들의 분규를 중재하기도 하고, 문화적으로 전통문화를 보존하는 역할을 하며, 유사시에는 지방의 사설 군대(團練, 단련)를 조직하여 지방의 치안유지에 나서기도 하였다. 전쟁과 반란, 재난 등으로 사회가 극심하게 혼란스러운 상황에서 향신층은 국가 권력의 용인 아래 향촌 사회의 다양한 세력을 통합하고 결집시키는 중요한 핵심 세력으로 성장하였다.[100]

---

98) 寺田隆信, 『明代鄕紳の硏究』, 京都大出版會, 2009, 7~8쪽; 오금성, 「1607년의 남창교안과 신사」, 『동양사학연구』 80, 2002, 79쪽; 「명조전기의 생원정책에 대하여」, 『역사교육』 10, 1967, 514쪽.
99) 오금성, 위의 글, 2002, 79쪽 참조.

예를 들면 명나라 말기나 청나라 초기에 각지에서 농민반란, 그리고 외적의 침입 등으로 매우 무질서한 상태가 되었을 때 향신들은 지주들과 함께 무장을 하고 자체 방위활동에 나섰다. 재해가 발생했을 때는 교량이나 도로를 수리하기도 하고 향촌간의 분쟁을 조정하기도 하였다. 무정부적인 상황에서 처음에는 자신의 가족과 생명, 재산의 보호가 목적이었지만, 중앙 정부와 지방의 관리들도 그들의 행동을 용납하고 또 필요로 하였기 때문에 정당한 활동으로 인정을 받았다. 나아가 관리들과 협력하여 사회질서 유지에 중요한 역할을 하였다.[101] 청조는 공공연하게 향신의 사회지배력을 인정하고 의존하였기 때문에 나중에는 공권력과 향신층의 사적인 권력의 경계가 모호해졌다. 청말로 가면서 이러한 현상을 갈수록 심해졌다.[102] 이러한 활동을 통해서 향신들은 향촌지배를 더욱 강화해 나간 것이다.

향신들은 시대가 변하면서 그 변화를 적극적으로 수용하고 리드하고자 하였다 상인의 영향력이 증가하고 사회 일반의 상인에 대한 인식이 변하자, 그들은 적극적으로 상업 활동을 전개하기도 하였는데 청말에 등장한 신상(紳商)은 바로 그러한 결과였다. 원래 '사농공상'이라고 하는 전통적인 인식으로 지식인들이 상업에 나서는 것은 수치스러운 일이었다. 하지만 당시 향신들은 자신의 권력을 이용하여 부를 축적하고 적극적으로 상업 활동을 전개하였다.[103]

---

[100] 오금성, 위의 글, 2002, 85쪽; 위의 글, 2001, 317쪽; 미조구치 유조, 동국대동양사연구실 역, 『중국의 예치시스템』, 청계, 2001, 272쪽.
[101] 정병철, 「명말 청초 화북에서의 자위활동과 신사」, 『동양사학연구』 43, 1993, 93, 103, 132쪽. 오금성, 위의 글, 2001, 303쪽.
[102] 오금성, 위의 글, 2001, 307쪽 참조.
[103] 송경애, 「명청시기 사와 상의 신분이동 양상 고찰」, 『중국학연구』 45집, 2008, 663쪽. 미조구치 유조, 동국대동양사연구실 역, 『중국의 예치시스템』, 273쪽. 오금성, 위의 글, 2001, 316쪽.

청나라 말기에 청 조정은 내외의 압력에 밀려 정치 개혁을 시도하였다. 소위 신정(新政)을 추진하였는데 향신들은 이러한 기회를 활용하여 자신들의 권익을 주장하고 확보해 나갔다. 청나라 조정에서도 그들을 이용하고 적극적인 협력을 기대하였는데, 향신들은 그런 기회를 역으로 이용하여 민간단체를 설립하여 합법화해주도록 요구하였으며 신식학당을 설립하고 자의국(諮議局)·자정원(資政院) 등 설립이나 교육개혁에서도 자신들이 유리하도록 하였다.[104]

청나라 정부의 개혁에 반기를 들고 변법운동에 나선 강유위나 양계초 역시 지방의 향신 출신이었다. 만주족 청조를 상대로 반란을 일으켰던 홍수전을 비롯한 태평천국의 주요 지도자들, 그리고 청나라 조정을 무너뜨리고 새로운 정부를 세우기 위해 싸웠던 손문 등 혁명세력도 많은 경우 향신층에서 배출된 청년들이었다.

향신은 '관료' 또는 '관료에 가까운 존재'였다고 할 수 있다. 앞서 지적하였지만 명대 전기에 향신층에서 가장 하위에 위치한 '생원'들도 현직 관리에 준하는 대우와 보장을 받았다. 그들은 노역을 면제 받기도 하고, 자기들만의 복식제도까지 있었다. 향신의 '신(紳)'자는 큰 띠, 예복에 갖추어 매는 큰 띠, 또는 '띠를 묶다'는 의미를 가지고 있다. 이 글자 자체가 관리의 예복을 연상시키는 글자다. 조정에서는 향신들에게 과거시험을 통해 정식 관료가 될 수 있는 기회를 제공하고 또 '지배층'의 일원으로 적극 보호해주었다.[105] 이러한 대우는 명대 후기, 청대를 지나면서 다소 완화되지만 향신층에 대한 대우나 위상은 평민과 비교할 수 없을 정도로 높았다.[106] 이러한 생원들의 수는 청말에 전체

---

[104] 오금성, 위의 글, 2001, 315쪽. 김형종, 「청말 강소성의 교육개혁과 신사층」, 『동양사학연구』 60, 1997, 98쪽.
[105] 오금성, 앞의 글, 1967, 525쪽.
[106] 오금성 외, 『명청시대 사회경제사』, 이산, 2007, 351쪽.

인구의 약 0.24%에 불과했으며, 그 전의 명나라 말엽에는 0.33% 정도로 1%를 넘지 않았다.[107]

'선비'와 비교해 보면 향신은 지방에서 준 공무원의 위상을 가지고 있었으며, 선비보다는 더 많은 권력과 권위를 가지고 있었다고 할 수 있다. 또 그들은 반드시 성리학에만 얽매이지 않았다. 명대에는 양명학의 영향을 받았으며 청대에는 고증학에 기울었다. 성리학에만 매달린 선비보다는 학술적으로 좀 더 개방적이었는데, 이 때문에 사상적으로 향신들 사이의 유대감이나 결속력이 선비에는 미치지 못했다고 할 수 있다.

7. 일본 에도시대의 '사무라이'

사(士)의 기원이 처음에 무사였다는 것은 이미 앞서 설명한 바 있다. 어느 사회나 싸움을 잘하는 '무사'는 역사의 시작부터 존재한다. 무력을 사용하는 사람이 없었다면 국가 자체도 없었을 것이며, 커다란 조직을 가진 사회도 출현하지 않았을 것이다. 일본도 그 점은 마찬가지다. 다만 일본의 무사인 사무라이는 독특한 역사적 기원과 특징을 가지고 있다.

사무라이들이 등장하기 직전, 헤이안 시대 중엽(10세기 전후)에는 '쓰와모노(兵, 병사)'라고 불리는 존재가 있었다. 헤이안 시대 중엽의 기록(『將門記』)에 따르면 그들은 일생동안 무술만을 업으로 삼으면서 학업은 멀리하는 무리였다. 또 11세기 중엽의 기록(『新猿樂記』)에는 무술이 능한 '병사'가 농민, 무녀, 기술자, 씨름꾼, 상인 등과 함께 기능인의

---

[107] 오금성, 『中國近世社會經濟史硏究: 明代紳士層의 형성과 사회경제적 역할』, 일조각, 1986, 41쪽.

한 분야로 분류되었다. 또 말엽(12세기초)에 편찬된 『곤쟈쿠 모노가타리슈(今昔物語集)』(「平將門發謀反被誅語」)에는 전투를 업으로 삼는 존재들이 동국(東國) 지방에 존재하는 것으로 기록되어 있다.[108]

이러한 '병사'적인 존재들은 그것을 가문의 업으로 삼는 특정 가문의 출신자들이었다. 병사의 가문이 아니어도 병사로서 활동할 수 있었지만, 그러한 경우는 극히 예외였고 사회적으로 비웃음을 받았다. 병사를 업으로 삼는 집안이 전통적으로 존재하였던 것이다.[109] 어떤 집안이 하나의 기능을 독점하고 사회적으로 인정을 받는 것은 일본 고대의 독특한 사회적 관습이었다. 이러한 관습은 아마도 일본의 초기 사회가 이민 사회였기 때문에, 한반도에서 대거 이주해간 이민 집단이 각자의 기술과 기능을 자기 가문의 것으로 보호하면서 생긴 전통으로 보인다.

나중에 '무사'의 시조로 불리는 사람들은 바로 이러한 집단에서 나왔다. 일부는 지방에서 치안 유지를 맡기도 하고, 또 일부는 중앙 귀족에 등용되어 대대로 '사무라이'로서 활약하였다.[110]

'무사(武士)'는 일본어로 '부시(ぶし)', '사무라이(さむらい)' 등으로 발음된다. 다만 '무사(武士)'와 '사무라이(侍)'는 엄밀하게 따지면 그 의미가 다르다. 무사는 '무력을 사용한다'는 뜻이 강하고 사무라이는 '모신다', '경호한다'는 뜻이 강하다. 일본어 명사 '사무라이(侍, さむらひ)'는 동사인 '사무라우(侍ふ, さむらふ)'가 명사화된 말로, 높은 지위를 가진 인물을 가까이서 모시는 사람을 지칭한 것이다.

그런데 '사무라이' 중에는 무술 외에도 다양한 기술과 특기를 사용하여 윗사람을 보좌하는 사람들이 있었다. 그래서 나중에는 무인들만을 대상으로 사무라이라는 말이 사용되었다. 특히 지방의 무인들(郡司層)

---

108) 남기학, 「일본중세사회의 무사에 대한 인식」, 『일본역사연구』 20, 2004, 42~43쪽.
109) 남기학, 위의 글, 43~44쪽.
110) 남기학, 위의 글, 45쪽.

이 중앙귀족의 '사무라이'가 되어 경호원으로 활약하는 자들이 많았기 때문에 자연히 '사무라이'는 '무사'를 지칭하는 말로 쓰이게 되었다. 이들 사무라이는 각 지방의 행정관청(國衙)에 무사로서 등록되었는데 헤이안 중기 이후에 등장한 이들이 '사무라이'의 한 기원을 이룬다.[111]

사무라이의 기원에는 또 다른 설도 있다. 그것은 헤이안(平安) 시대 말기 장원제(莊園制)와 밀접한 관련이 있다. 지방호족, 혹은 관리나 유력 농민이 도적 떼 혹은 부랑인 등 외부의 폭행으로 부터 자신들이 만든 장원을 지키기 위해서 스스로 무장한 것에서 시작되었다는 설이다.[112] 헤이안 시대 말기(10세기경)로 접어들면 중앙의 통제가 허술해지면서 농촌지역에서 호족들 상호간에 세력다툼이 격화되고 치안유지가 어려워졌다. 이 때문에 많은 사람들이 스스로 무장하여 자신들의 토지와 가족, 소속 농민을 보호하였는데, 특히 장악력이 떨어진 동쪽 지역에서 무사들 수는 급증하였다.[113] 무장한 그 사람들을 '사무라이'라고도 부른 것은 장원 영주가 그들을 중앙으로 불러서 호위를 맡기고 숙직을 시킨데서 나온 칭호이다.[114]

위에서 사무라이의 두 가지 기원설을 소개했는데, 어느 설이나 공통점이 있다. 사무라이들은 일본의 동쪽(東國) 지역에서 등장했으며, 그들은 어느 경우나 윗사람을 보좌하는 '사무라이'의 성격을 갖는다. 이러한 사무라이의 존재는 헤이안 시대까지 올라갈 수 있는데, 다만 당시의 사무라이는 단지 무술을 익힌 개개인의 사람을 지칭하는 뜻이 강했다.

---

111) 金子哲,「中世後期民衆のサムライ觀-戰國期の多樣な侍と王權の姿」,『동북아문화연구』 5, 2003, 112~114쪽. 구태훈,『일본 무사도』, 태학사, 2005, 22~25쪽 참조.
112) 구태훈,『일본역사 탐구』, 태학사, 2002, 106~107쪽.
113) 구태훈,『일본 고대·중세사』, 재팬리서치 21, 2008, 184쪽.
114) 윤영기,「무사발생에 관한 일고찰」,『인문과학논총』 창간호, 1998.12, 60, 62쪽.

이들은 나중에 집단적인 세력을 형성하고 집단화했으며 자신들의 정체성을 모색했다. 각지에 웅거하면서 서쪽의 귀족 세력을 누르고 가마쿠라에 막부를 세웠다. 이후 무사계층이 권력을 장악한 무인 시대가 무로마치, 전국시대, 에도시대로 이어지게 된다.

이들 사회의 특징은 주군과 종자(從者), 즉 무사들의 수장과 그 아래의 무사들이 상하 주종관계를 이룬다는 사실이다.[115] 이렇게 시간이 흐르면서 농촌에 토착해 있던 무사는 병농(兵農)이 분리되어 전투 전문의 무사로 탈바꿈하였다. 다만 이러한 과정을 겪으면서도 무사는 여전히 사무라이의 성격을 갖는데, 무사의 최고 권력자는 그가 아무리 큰 권력을 가지고 있다고 해도 명분상으로는 천황을 보좌하는 '사무라이'에 지나지 않는다.

사무라이가 일본사회에서 중요한 사회적 계층으로 인식되기 시작한 것은 에도에 막부가 성립되고 주자학이 전래된 때부터라고 할 수 있다. 에도시대의 유학자였던 아메노모리 호슈(雨森芳州)는 사무라이에 대해서 다음과 같이 설명했다.

> 사(士)란 봉공인(奉公人, 주인을 섬기는 사람, 하인)을 말하는 것이다. …… 중국(唐)에서는 학문하는 사람을 봉공인이라 하고, 일본에서는 활·화살을 지닌 사람을 봉공인이라고 한다. 무(武)를 숭상하고 문(文)을 숭상하는 차이는 있지만, 농공상(農工商) 및 그 밖의 잡다한 부류의 호적을 갖지 않은 자로서 세상에 나가 관리가 되면 누구든 사(士)라고 할 수 있다.[116]

여기에서 호슈가 말하는 사(士)는 중국의 사인이나 일본의 사무라이

---

115) 구태훈, 『일본무사도』, 태학사, 2005, 38~41쪽 참조.
116) 塚本哲三編, 『名家隨筆集』(下),「たはれぐさ」, 有朋堂, 1926, 64쪽; 와타나베 히로시 저, 박홍규 역, 『주자학과 근세일본사회』, 예문서원, 2007, 81쪽 재인용.

를 뜻한다. 이들은 '봉공인(奉公人)', 누군가를 위해서 일하는 사람인데, 중국에서는 학문을 하는 사람이고 일본에서는 활이나 화살 등 무기를 지닌 사람이다. 이러한 사인은 기본적으로 농공상이나 그 밖의 잡다한 부류의 호적을 갖지 않은 사람인데, 이런 사람이 관리가 될 경우, 사인이라고 하였다.

호슈의 인식을 따라가 보면 사(士)에는 문사와 무사가 있는데, 중국에서는 문사, 일본에서는 무사를 뜻한다. 말하자면 일본 사무라이는 중국의 사인에 해당되는 사람들이다. 사무라이에 대한 평가가 단순히 창·칼만을 쓰는 무사가 아니라 중국의 사대부 계층에 대응되는 존재로 인정을 받게된 것이다.

'무사(武士 부시)'라는 호칭도 에도시대에 들어와 정착되었다는 주장이 있다. 그 전에는 모노노후(もののふ, 무인) 혹은 쓰와모노(つわもの, 병사) 등으로 불렸다. 무사보다는 격이 낮은 의미, 즉 싸움꾼, 혹은 사병 등의 의미가 강하다. 무사도(武士道)라는 말도 에도시대가 시작되면서 사용되었다고 추정된다.[117] 이러한 사실과 앞에 제시한 호슈의 사인 관련 발언을 함께 생각해보면 일본에서 무사 개념의 확립 배경에는 주자학 전래의 영향이 있음을 알 수 있다.

전국시대라고 하는 동란기를 보낸 사무라이들은 도쿠가와 막부가 에도에 자리를 잡으면서 전투사로서의 자기 정체성을 상실하게 되었다. 평화의 시대가 되었기 때문이다. 막부는 유학자 하야시 라잔(林羅山)을 막부의 고급관료로 초빙해 유학을 바탕으로 한 통치체제를 구축해나갔다. 무사들은 이러한 변화에서 자기 정체성을 고민하고, 위상을 확보하여 신속히 적응해나갔다.

가마쿠라 시대부터 무로마치, 전국시대에 걸쳐 사무라이들이 용감

---

117) 구태훈, 앞의 책, 2005, 160쪽; 신현승, 앞의 글, 10쪽에서 재인용.

무쌍한 기상에서 뛰어나다고 한다면, 에도시대의 사무라이들은 실천할 수 있는, 즉 전투를 할 수 있는 기회가 거의 없었다. 평화시대가 되었기 때문이다. 이 때문에 사무라이들은 스스로 자기들의 존재의미를 고민하고 정체성을 찾게 되었는데, 당시 수입된 주자학에서 그 힌트를 찾았다.[118] 스스로를 주자학적인 덕목과 이론으로 무장하고, 그리고 나중에는 양명학의 이론을 빌려 '사농공상(士農工商)'이라고 하는 신분계층의 맨 위에 자신들을 위치시켰다.

신현승은 일본 사무라이의 이러한 점에 대해서 이렇게 강조했다.

> 조선의 경우 선비들의 사도(士道)의 중핵은 유교였으며, 일본의 경우 무사도 또한 그 형성과정에서 가장 큰 중핵은 유교라는 유전자(DNA)가 존재했기 때문이라는 것은 확실하다. 유교는 선비정신의 근거이자 그 자체였으며, 무사도도 선비정신만큼은 아니지만, 유교라는 것이 없었다면 존재할 수 없는 정신세계였다.[119]

신현승이 말한 유교는 바로 성리학과 양명학이라고 할 수 있다. 말하자면 사무라이들이 일본 천황을 받들고 커다랗게 정치 세력화한 뒤에, 즉 에도시대 초기에 일본에 주자학과 양명학이 전해지고, 그들은 주자학과 양명학의 세계관과 가치관을 수용하여 자신들의 존재의미를 거기에서 찾으며, 지식과 덕성을 갖춘 사무라이 개념을 창출해낸 것이다.

1719년에 제술관(製述官) 신분으로 통신사에 참여하여 일본을 방문하였던 신유한(申維翰, 1681~?)은 일본 사회의 신분에 대해서 이렇게 소개하였다.

---

[118] 윤영기, 「에도시대의 사도와 무사도에 관한 일고찰」, 『인문과학논총』 3, 2001, 118쪽 참조.
[119] 신현승, 앞의 글, 7쪽.(『선비정신과 한국사회』, 184쪽.)

나라에 사민(四民)이 있는데, 병(兵, 무사)·농(農)·공(工)·상(商)이다. 선비(士)는 그중에 속하지 않는다. 무사는 입고 먹는 것이 제일 편하고, 장사꾼은 비록 부(富)하나 세법(稅法)이 너무 중하고, 공(工)은 기술은 좋으나 값이 헐하고, 농민이 제일 괴로우나 1년에 세를 바치는 외에는 다른 부담이 없다. 대개 사민(四民) 외에 따로 유학자와 승려와 의사가 있다. 그러나 의사는 사람을 살리는 공이 있기 때문에 가장 높고, 승려는 다음이고, 유학자는 가장 낮다.[120]

사농공상(士農工商)의 4민을 병농공상(兵農工商)으로 설명하고 있는 것을 보면, 일본의 '무사'를 '사(士, 선비)'로 보지 않았다는 것이다. 4민 외에 별도로 유학자, 승려, 의사를 소개한 것도 흥미롭다.

신유한이 일본을 방문했던 것은 제8대 쇼군 도쿠가와 요시무네(德川吉宗, 1684~1751)가 쇼군직에 취임하는 것을 축하하기 위한 것이었다. 당시 일본 학계에서는 그동안 조선 통신사와 불화를 빚었던 아라이 하쿠세키(新井白石, 1657~1725)가 은퇴하고 재야에 물러나 학당을 운영하고 있던 오규 소라이(荻生徂徠, 1666~1728)가 다시 복권을 준비하고 있었다. 소라이는 그 전해인 1717년에 『학칙(學則)』·『변도(辨道)』·『변명(辨名)』 등 대표작을 완성하고 1718년에는 『논어징』을 완성하여 그의 학당을 중심으로 고문사학이 널리 퍼져나가던 시기였다. 이 때에는 이미 많은 유학자들이 상당한 세력을 형성하고 있었다. 그러나 엄격한 신분제 사회에서 사무라이들의 위상을 넘볼 수는 없었다. 많은 유학자들이 대개는 사무라이 출신이었다. 위의 아라이 하쿠세키도 사무라이 집안 출신이다.

---

120) 신유한, 『해유록(海游錄)』, 한국고전종합DB(http://db.itkc.or.kr/) 참조; 신유한 저, 김찬순 역, 『해유록, 조선 선비 일본을 만나다』, 보리, 2006, 328쪽 참조.

앞서 소개한 신유한의 '병농공상'은 일본의 사무라이들이 자신들의 위상을 어떻게 확보했는지를 보여준다. 유학에서 말하는 '사농공상'의 신분체계 가운데 사무라이들은 문사를 대신해 자기들이 사(士)의 자리를 차지하였다. '병(兵)'인 무사가 '사'의 자리를 차지하고 스스로 '사'로서 자처한 것이다.

신유한이 주목한 일본 유학자들은 승려 다음으로 낮은 계층의 사람들로 사농공상의 서열에서 벗어나 있었다. 말하자면 조선의 '선비'와 같은 문사(文士)가 좀 더 큰 세력을 형성하지 못하고 '무사'들에게 그 자리를 빼앗긴 셈이다. 사정이 이렇게 된 것은 역시, 헤이안 시대 말엽부터 일본사회의 중요세력으로 등장한 사무라이들 세력이 만만하지 않았기 때문이다.

이것은 다른 말로 한다면, 사무라이들이 새로운 시대를 맞이하여 변신에 성공하였다는 것을 의미한다. 유학을 바탕으로 한 새로운 시대조류에 발 빠르게 대처하여 자신의 정체성을 재확립한 것이다. 이는 고려에서 무신정권을 세웠다가 100년 만에 몰락한 무신들과 비교된다.

일본 사무라이들의 변신 작업은 주로 유학을 접한 사무라이들에 의해서 시도되었다. 예를 들면 야마가 소코(山鹿素行, 1622~1685)는 주자학적인 입장에서, 나카에 토쥬(中江藤樹, 1608~1648)와 구마자와 반잔(熊澤蕃山, 1619~1691)은 양명학적인 입장에서 시도하였다.[121]

예를 들면 '무사의 존재근거를 새롭게 유교 도덕에서 추구하고, 거기로부터 무사가 마땅히 존재해야 할 양식을 사도(士道)로 제창한'[122] 야마가 소코는 사무라이가 생산에는 종사하지 않지만, 인류의 도를 실현하는 데 기여할 수 있다고 보았다. 또 그는 사농공상(士農工商)으로

---

[121] 윤영기, 앞의 글, 120쪽; 유영규, 「武士道의 사상적 배경과 전개과정에 대한 고찰」, 『일본문화연구』 21, 2007, 123쪽 참조.

[122] 立花均, 『山鹿素行の思想』, ぺりかん社, 2007, 55쪽. 신현승 발표문 11쪽 재인용.

분리된 사회계급을 전제로 하여 도덕적 우위에 있는 사무라이의 적극적 역할을 강조했다. 특히 그는 '농공상(農工商)'의 삼민이 모두 자기 일에 바빠서 도덕을 전문적으로 탐구할 여유가 없으므로, 일로부터 자유로운 사무라이가 그들을 대신해 실천적 도덕을 추구하고 사회에 올바른 도가 행해지도록 전념해야 한다고 주장했다.[123]

무사도의 구축에 있어서 이러한 야마가 소코의 역할은 특히 중요했다. 사무라이는 스스로 해야 할 직분을 알아야 하는데 그것은 인륜을 바르게 하는 것이라고 하였다. 아울러 그는 다른 유학자들과 달리 무(武)의 가치를 문(文)의 가치보다 우선하는 것으로 보고 무사에 있어서 무의 의미를 강조하고 숭상하였으며 문을 비하하기도 하였다.[124] 나카에 도쥬와 같은 경우는 효가 충보다 더 중요하며, 유학의 도 즉 군자의 도를 중시하였다.[125]

에도시대가 중반으로 접어들면서 등장한 이시다 바이간(石田梅岩, 1685~1744)의 글을 보면 '무사'가 사농공상의 가장 상층부에서 사회의 지도적 계층으로 자리를 잡았음을 보여준다. 그는 『도비문답(都鄙問答)』에서 '무사의 도를 묻는 단락'을 '상인의 도를 묻는 단락'보다 앞에 두고 그것은 신하의 입장에서 주군을 모시는 일이며 충성을 다해야 한다고 하면서 "세상 사람들은 잘 모르고 무술만을 가지고 사(士)의 도(道)라고 하는데 진실한 뜻이 없으면 사무라이가 될 수 없다"[126]고 하였다. 이것을 보면 사(士)가 이미 '사무라이'로 해석되고 있으며 중세적인 무술만을 가지고는 사무라이가 될 수 없다고 하니, 이미 '무사'의 정의

---

123) 立花均, 위의 책, 55쪽. 신현승 발표문 12쪽 재인용.
124) 구태훈, 「야마가 소코의 사도론」, 『성대 사림』 9, 1993, 119, 120, 140쪽.
125) 윤영기, 앞의 글, 123쪽.
126) 石田梅岩, 「都鄙問答」, 『近世思想家文集』, 日本古典文學大系 97, 岩波書店, 1966, 390쪽.

가 바뀌었음을 알 수 있다.

이상의 논의를 살펴보면, 일본의 무사, 즉 사무라이 역시 유학의 영향을 받아 그 정체성이 형성되었음을 알 수 있다. 특히 에도시대에 수용된 성리학과 양명학의 영향을 크게 받았다. 다만 일본 에도시대에는 성리학을 바탕으로 한 과거시험 제도가 없었으며, 정통 성리학 외에 양명학과 일본화된 신유학이라고 할 수 있는 소라이학의 영향으로 성리학적 세계관이 사무라이 계층에 조선만큼 깊이 침투하지는 못했다. 따라서 사무라이들은 조선의 선비들이 가지고 있었던 강력한 현실 정치 참여 의식이 그렇게 강하지 않았으며 천황이나 쇼군이 가지고 있었던 권위를 크게 통제할 수 있는 세계관도 확보하지 못했다. 이러한 경향은 국왕이 지배하는 통치기구의 최하층에 존재하면서 개인적인 도덕과 인격을 강조하였던 고대 중국의 사인들과 유사하다고 할 수 있다.

8. 맺음말

이상으로 한중일 삼국에서 '사(士)', 즉 향신, 선비, 사무라이의 개념이 언제부터 시작되었는지, 그 개념은 무엇인지, 그 정체성은 어떻게 형성되었는지 살펴보았다.

'사(士)'는 오늘날 말로 지식인을 뜻한다. 이러한 개념의 시작은 중국의 경우는 이미 고대부터 시작되었고, 조선의 경우는 삼국시대 전후에 그런 개념이 있었으나 '선비'라는 말은 조선시대에 등장한 것으로 보았다. 일본의 경우는 사무라이의 등장은 헤이안 시대 말엽에 시작되었으나 성리학이 일본에 전해진 에도시대에 그 정체성이 정의되었다는 것을 검토했다.

개념의 완성 시기를 기준으로 본다면, 중국의 향신은 명청시대, 조선의 선비는 조선시대, 그리고 일본의 사무라이는 에도시대를 거치면서 비로소 각국에서 사인 개념의 완성을 보았다.

　이러한 사인 개념의 기원과 관련하여 주목되는 것은 어느 경우나 그 기원이 매우 불분명하며 그것이 지칭하는 대상이 처음 발생할 때에는 세력적으로 매우 미약했다는 점이다. 그리고 그것은 어떤 집단 보다는 한 개인을 지칭하는 뜻이 강했다. 예를 들어 향신은 사대부 개인을 뜻하는 사인에서 출발했으며, 선비는 존경하는 '선배' 개념이 강했다. 일본 사무라이의 경우는 윗사람을 모시는 무사를 지칭하는 데서 출발했다.

　이러한 사인 개념의 출발은 특히 공자 제자들이 편찬한 『논어』의 영향을 많이 받은 것으로 보인다. 선비도 그렇고 일본 사무라이도 그렇고 중국의 향신도 그렇다. 공자의 사상을 전하는 이 책은 오랫동안 동아시아에서는 한문 표현의 교과서로 사용되었기 때문에 각 사회의 지식인층에 강한 영향을 미쳤다. 그런 영향 하에서 자기 문화를 서술한 지식인들은 『논어』에 표현된 사(士) 개념을 강하게 의식하지 않을 수 없었다.

　그러던 것이 북송 이후에 등장한 성리학의 영향을 받아, 즉 유교가 정치적인 이데올로기로 작용하면서 각 사회의 지식인 사회는 변모하였다. 성리학의 세계관을 받아들여 개개인으로 존재하던 사인들이 사회적·정치적인 책임을 강하게 느끼게 된 것이다. '사'는 집단화되고 동질화되고 공통적인 자기 정체성을 가지게 되었다. 그리고 미화되면서 오늘날 우리가 알고 있는 향신, 선비, 그리고 사무라이 개념이 완성된 것이다.

• **참고문헌**

『논어』, 『고려사』, 『고려사절요』, 『三峯集』, 『일성록』, 『여유당전서』.
『기측체의(氣測體義)』, 『해유록(海游錄)』.
『삼국사기』〈한국사데이터베이스(https://db.history.go.kr)〉
『삼국유사』〈한국사데이터베이스(https://db.history.go.kr)〉
〈조선왕조실록〉(https://sillok.history.go.kr/)

가타오카 류, 「조선 시대의 공공과 선비」, 『선비정신과 한국사회』, 아산서원, 2016.
    (〈2014년 아산서원 발표문〉, 2014.9.26.)
고지마 쓰요시, 신현승 역, 『사대부의 시대』, 동아시아, 2004.
溝口雄三 등 편, 김석근 등 역, 「사대부」, 『중국사상문화사전』, 민족문화문고, 2003.
구태훈, 「야마가 소코의 사도론」, 『성대 사림』 9, 1993.
구태훈, 『일본 고대·중세사』, 재팬리서치21, 2008.
구태훈, 『일본 무사도―무사계급의 성장과정과 그 정신세계』, 태학사, 2005.
구태훈, 『일본역사 탐구』, 태학사, 2002.
권순철「선비 개념의 생성과 변화」, 『선비정신과 한국사회』, 아산서원, 2016. (「'선
    비' 개념의 생성-한국사상사의 일면」, 〈2014년 아산서원 발표문〉, 2014.9.26.)
금장태, 「선비」, 〈한국민족문화대백과사전〉, https://encykorea.aks.ac.kr/.
김동욱, 「화랑도와 신사도와 선비도」, 『신라문화제 학술발표회논문집』 10, 1989.
김민수 편, 『우리말 어원사전』, 태학사, 1997.
김석근 엮음, 『선비정신과 한국사회』, 아산서원, 2016.
金子哲, 「中世後期民衆のサムライ觀-戰國期の多樣な侍と王權の姿」, 『동북아문화
    연구』 5, 2003.
김정호, 「17세기 중국 변동기 한족 사대부 개혁론의 의의와 한계」, 『한국정치외교사
    론총』 26.1, 2004.
김형종, 「청말 강소성의 교육개혁과 신사층」, 『동양사학연구』 60, 1997.
남기학, 「일본중세사회의 무사에 대한 인식」, 『일본역사연구』 20, 2004.
미조구치 유조, 동국대동양사연구실역, 『중국의 예치시스템』, 청계, 2001.
박성순, 『선비의 배반』, 고즈윈, 2004.
배병삼, 「선비(士)의 정체성과 그 정치적 행동」, 『선비정신과 한국사회』, 아산서원,
    2016.(「선비(士)의 정체성과 행동 : 출사와 진퇴」, 〈2014년 아산서원 발표문〉,
    2014.9.26.)
寺田隆信, 『明代鄕紳の硏究』, 京都大出版會, 2009.
石田梅岩, 「都鄙問答」, 『近世思想家文集』, 日本古典文學大系97, 岩波書店, 1966.

소열녕(蕭悅寧), 「近代漢音借詞"선비"考」, 『중국언어연구』 61, 2015.12.
송경애, 「명청시기 사와 상의 신분이동 양상 고찰」, 『중국학연구』 45집, 2008.
신복룡, 「한국사에서의 선비의 부침(浮沈)」, 『선비정신과 한국사회』, 2016.(〈2014년 아산서원 발표문〉, 2014.9.26.)
신유한 저, 김찬순 역, 『해유록, 조선 선비 일본을 만나다』, 보리, 2006.
신현승, 「유교사상적 관점에서 본 선비정신과 무사도」, 『선비정신과 한국사회』, 아산서원, 2016.(「선비정신과 武士道에 관한 유교사상적 비교 고찰」, 〈2014년 아산서원 발표문〉, 2014.9.26.)
심의용, 「북송 시대 사대부들의 변화와 정이천 철학의 특성」, 『동서철학연구』 36, 2005.6.
아산서원, 「2014년 아산서원 발표문: 선비정신과 한국사회-미래의 리더십을 찾아서」, 2014.9.26.
양종국, 『송대 사대부 연구』, 삼지원, 1996.
여영시, 정인재역, 『중국근세종교윤리사상과 상인정신』, 대한교과서주식회사, 1993.
오금성 외, 『명청시대 사회경제사』, 이산, 2007.
오금성, 「1607년의 남창교안과 신사」, 『東洋史學研究』 80, 2002.
오금성, 「명·3청 왕조교체와 신사」, 『중국학보』 43, 2001.
오금성, 「명조전기의 생원정책에 대하여」, 『역사교육』 10, 1967.
오금성, 「명청시대 사회경제사의 성과와 과제」, 『명청사연구』 19, 2003.
오금성, 「일본에 있어서의 중국 명청시대 신사층연구에 대하여」, 『동아문화』 15, 1978.
오금성, 『中國近世社會經濟史研究: 明代紳士層의 형성과 사회경제적 역할』, 일조각, 1986.
오석원, 「한국의 선비정신과 출처의리」, 『한국도학파의 의리사상』, 유교문화연구소, 2005.
와타나베 히로시 저, 박홍규 역, 『주자학과 근세일본사회』, 예문서원, 2007.
유영규, 「'武士道'의 사상적 배경과 전개과정에 대한 고찰」, 『일본문화연구』 21, 2007.
윤무학 저, 『순자-통일제국을 위한 비판철학자』, 성균관대출판부, 2005.
윤영기, 「무사발생에 관한 일고찰」, 『인문과학논총』 창간호, 1998.12.
윤영기, 「에도시대의 사도와 무사도에 관한 일고찰」, 『인문과학논총』 3, 2001.
이동환, 「선비 정신의 개념과 전개」, 『대동문화연구』 38, 2001.
이장희, 『조선시대 선비의 연구』, 박영사, 1989.
이형성, 「선비의 유형과 현실 대응양상」, 『선비정신과 한국사회』, 아산서원, 2016.(〈2014

년 아산서원 발표문〉, 2014.9.26.)
이희승, 『국어대사전』, 민중서림, 2008.
임태홍, 「한중일 삼국의 '사(士)' 개념 비교 고찰-선비·신사·무사 개념의 형성을 중심으로-」, 『동양철학연구』 65집, 2011.
정병철, 「명말 청초 화북에서의 자위활동과 신사」, 『동양사학연구』 43, 1993.
종청한, 임태홍 역, 「범중엄」, 『50인으로 읽는 중국사상』, 무수수, 2007.
塚本哲三編, 『名家隨筆集』(下), 「たはれぐさ」, 有朋堂, 1926.
최봉영, 「한국사와 선비의 전통」, 『남명학』 14, 2009.
何國正·劉蜀子, 「東漢士大夫階層的形成」, 『民族文化研究』, 2010年 5期.
한연정, 「마테오 리치와 교류한 한인사대부」, 『명청사연구』 14, 2001.
한영우, 『조선시대 신분사연구』, 집문당, 1997.

천명(天命)의 인간학과 오늘의 삶

김기현 | 전북대학교 명예교수

1. 선비의 상기

　오늘날 우리나라 사람들의 유교 인식은 여전히 부정적이다. 전통문화의 중요성을 말하는 사람들도 기껏 고궁이나 서원, 한옥과 같은 외형만 주목할 뿐, 정작 역사적으로 우리 자신의 삶과 사회, 그리고 문화를 떠받쳐온 유교의 정신에 대해서는 무관심하다. 그들은 유교 하면 기껏 입신출세의 학문이거나 또는 봉건사회의 이데올로기쯤으로 치부해버린다.
　이는 기본적으로 유교에 대한 무지에서 비롯되지만, 다른 한편 서양문명과의 대비 속에서 느낀 열등감의 반사적 자기부정이기도 할 것이다. 서양과 일본의 제국주의적 침략에 속수무책으로 당한 조선의 사상기조가 유교였던 만큼, 유교는 부국강병의 근대화와 선진화를 가로막은, 따라서 제거되어야 할 걸림돌처럼 여겨지는 것이다. 하지만 어떤 사람이 집안에 침입한 강도들의 폭력에 꼼짝없이 당했다면, 우리는 그의 무기력과 무방비만 비난할 것인가? 당시 유교 정치인들의 파벌적인 태도와 빈곤한 현실인식을 비호하려는 것이 아니다. 이를 두고서 유교 자체를 비난하고 부정하려는 사람들의 잘못된 사고방식을 지적하려는 것이다. 그것은 마치 오늘날 종교의 쇠퇴현상을 두고 해당 종교 자체를 비난하는 것이나 마찬가지다. 성직자들과 신도들의 비행과 탈선이 문제의 근원인데 말이다.

생각해보면 어느 사회와 시대를 막론하고 아무리 훌륭한 종교와 고상한 이념이라도 그것이 지배적 힘을 갖게 되면 이에 기생하여 자신의 이익을 챙기려는 사람들이 생기는 법이다. 조선사회의 유교도 마찬가지였다. 여러 차례의 사화에서 알 수 있는 것처럼 '군자유'(君子儒)의 정신은 타격을 입어 산림으로 밀려나고, 지배질서에 편승하여 이권만 챙기려는 '소인유'(小人儒)들이 득세하였다. 나라의 멸망은 이에서 비롯되었다. 그러므로 이제 우리는 유교를 올바르게 평가하고 또 그 역사적 자원을 오늘날의 삶에 활용하기 위해 '군자유'가 어떠한 철학과 삶의 정신을 갖고 있었는지 깊이 논구할 필요가 있다. 이하에서 고찰하려는 '선비'는 '군자유'의 한국적 명칭이다.

다행히 요즈음 우리 사회의 일각에서는 막연하게나마 선비정신을 그리워하는 사람들이 늘어나고 있다. 그들은 선비를 역사의 화석으로 여기지 않고 오늘날에도 어떤 역할을 할 수 있을 것으로 기대한다. 아마도 그들은 시류에 타협하지 않고 권력자들을 준엄하게 꾸짖었던 조선의 올곧은 선비들을 떠올리는 것 같다. 이는 불의와 부정이 난무하는 우리 사회의 혼란상에 대한 반성적 산물이 아닐까 싶다. 사회의 혼란을 지적하고 비판하기는커녕 이를 묵인하고 오히려 조장하는 각계의 지도층 인사들에 대한 실망과 혐오가 역사 속 선비를 그리움 속에서 소환한 것이다. 현실을 가차 없이 비판하고 자신들에게 올바른 삶의 방향을 제시해줄 이 시대의 선비들이 나타나기를 바라면서 말이다.

그런데 사람들의 마음속을 더 깊이 들여다보면 거기에는 어떤 심리 기제가 작동되고 있는 것처럼 보인다. 사람들은 광복 이후 그동안 이른바 '근대화'의 물결 속에서 서양의 문물은 물론, 세계관과 인간관, 삶의 정신(가치) 등 모든 것을 선망하면서 모방하려 하였다. 사람들에게 '근대화'는 바로 '서양화'를 뜻하는 말이었다. 당연히 이는 우리 고유의 전통을 백안시하고 부정하게 된다. 하지만 십몇 년 동안 학교를 다니면서 우리의 전통사상이나 이의 근간인 유교에 관해 단 한 학기라도 배우고, 또 『논어』라도 한번 읽어본 사람이 몇 명이나 될까? 그런데도 유교를 비판하는 것이 가당한 일일까? 『오래된 미래』의 저자 헬레나 노르베리 호지는 우리나라에 두 차례 방문했는데 어떤 인터뷰에서 그 소감을 다음과 같이 덧붙였다. "세계에서 한국인들만큼 자기 나라의 문화 전통에 대해 자부심을 갖지 못한 국민을 거의 본 일이 없습니다."

하지만 서양의 문물과 정신을 우리의 역사적, 문화적, 사회적 토양에 그대로 이식하는 것은 불가능한 일이었다. 아닌 말로 얼굴을 성형 수술 한다고 해서 콧대 높은 백인이 될 수 있는가? 그것은 당연히 우리 사회와 사람들의 삶에 수많은 문제를 야기하였고, 지금까지도 그러하다. 예컨대 공동체의 윤리정신이 지배적이었던 우리 전통의 유교사회에서 서양의 개인주의는 개인간, 가족간, 계층간 갈등과 혼란을 부추기면서 인간관계의 파편화와 삶의 외로움, 사회적 공동선의 상실을 초래하였다. 결국 사람들은 이러한 곤경 속에서 자신의 역사적 자아를 되돌아보게 되었다. 고 김수영(1921~1968)의 싯귀를 빌려 말하면, "까치도 까마귀도 응접을 못하는 시커먼 가지를 가진/ 나도 감히 상상을 못하는 거대한 뿌리"(「거대한 뿌리」)의 역사와 문화에 눈을 뜨기 시작하였다.

더 나아가 사람들의 무의식은 이러한 역사적 성찰을 넘어서 있는 것 같다. 인간은 근본적으로 자신의 존재됨에 대한 질문을 던지는 유일한 존재이다. 나는 누구인가? 조상과 역사를 넘어 초역사적으로 인간의 존재근원은 무엇인가? 세계만물은 어떻게 지어졌는가? 이러한 형이상학적 물음을 사람들은 그동안 '근대화'의 추세에 함몰되어 살아가느라 외면해왔다. 하지만 "확실히 형이상학은 인간 이성에게는 억제할 수 없는 유혹, 끊임없이 되살아나는 유혹이다."(칸트)[1] 그리하여 이제 정신이 조금씩 들면서 사람들은 자신을 되돌아보면서 진지하게 질문을 던지기 시작하였다. 정말 나는 누구인가? 이처럼 절실한 실존적 물음에 답을 찾지 못한다면 사람들은 안심입명(安心立命)하지 못하고 평생 삶의 방황을 면치 못할 것이다.

이러한 형이상학적 충동과 실존적 불안이 사람들의 집단무의식 속에서 초개인적인 힘으로 선비를 불러일으킨 것이다. 요즈음 사서삼경을 위시한 고전강독이 일반시민들의 호응을 얻고 있는 까닭이 여기에 있을 것이다. 그들의 배움은 단순히 여가시간에 지적 유희를 얻기 위한 노력에 불과하지 않을 것이다. 아마도 그것은 그들의 무의식 깊숙이 드리워져 있는 역사적 유전자가 깨어나 선비를 상기하면서, 가치 부재의 이 시대에 활용할 삶의 지혜를 선비에게서 찾으려는 실존적 열망의 산물이 아닐까 생각된다. 삶의 불안과 허무를 야기하는 세속적 자아의 허상을 넘어 참자아의 정신을, 그리고 참삶의 의미를 선비에게서 배워 얻고자 하는 것이다.

물론 선비사상, 즉 유교는 과거에 형성된 것이므로 그 자체로 한계와 약점이 있으며, 그리고 이 시대에 적합하지 않은 내용도 있다. 하지만 인류의 모든 사상은 예외 없이 각 시대의 역사적 토양 위에서 출현하는 만큼, 과거의 것들은 지금의 정치적, 경제적, 문화적인 관점에서 살피면 모두 다소의 한계와 부적합한 내용을 갖는다. 그럼에도 불구하고, 2천여 년 전에 생겨난 불교와 기독교가 그러한 것처럼, 위대한 사상과 철학들은 시대마다 달리 해석되고 응용되면서 사람들에게 많은 가르침을 준다. 이는 그것들이 시대적인 조건을 뛰어넘어 인류가 공감할 수 있는, 인간과 세계에 대한 깊은 통찰과 지혜를 담고 있기 때문이다. 유교 역시 이러한 관점에서 접근해볼 필요가 있다. 과연 시대를 넘어선 현재성과 보편적인

---

1) 앙드레 베르제·드니 위스망 공저, 남기영 옮김, 『지식과 이성』, 삼협종합판부, 1999, 406쪽.

진리를 유교가 담지하고 있는가 하는 것이다. 이에 관해서는 다각도의 논의가 필요하겠지만, 아래에서는 이를 퇴계(退溪) 이황(李滉, 1501~1570)의 천명사상과 인간학에서 검토해보려 한다.

2. 종교적 각성

선비의 학문은 기본적으로 인간학이다. 선비는 "나는 누구인가, 인간이란 어떤 존재인가, 인간의 우주적 좌표는 무엇이며, 어떻게 하면 참삶을 영위할 수 있는가?" 하는 등의 질문 속에서 평생 구도의 삶을 살았다. 그는 현실에 안주하고 붙박여 부귀공명이나 추구하는 세속적 자아의 허상을 일찍부터 자각하면서 참자아(본래적 자아)를 발견하고 실현하는 것을 학문의 궁극목표로 삼았다. 퇴계는 한 지인에게 말한다. "벼슬이란 바람 따라 지나가는 허공중의 한 조각 구름과도 같은 것으로써 애당초 내 것이 아닌데, 그대는 그것을 자신의 소유라고 여깁니까?"[2] 또 다음과 같이 읊는다. "부귀는 공중에 뜬 연기나 다름없고/ 명예 역시 날파리와 같은 거라네."[3]

선비의 학문정신은 그의 '위기지학'(爲己之學)에서 잘 드러난다. '위기지학'이란, 재물과 권력과 높은 지위 등 남들에게 과시하고 행세할 수 있는 힘의 획득을 추구하는 '위인지학'(爲人之學)과 달리, 시선을 안으로 돌려 자신의 존재 내부에서 사람됨의 본질을 찾아 실현하려는 학문을 뜻한다. 퇴계는 이를 "깊은 산 숲속에서 종일토록 맑은 향기를 뿜으면서도 제 스스로 그 향기를 알지 못하는" 한 떨기 난초의 꽃피움

---

2) 『退溪全書 一』(성대 대동문화연구원 영인본), 「與李大成」, 390쪽.
3) 위의 책, 「秋懷十一首讀王梅溪和韓詩有感仍用其韻」, 91쪽.

으로 아름답게 비유한다.[4] 난초는 남들의 이목을 염두에 두지 않고 오직 자신의 존재를 오롯이 개현하는 데에만 집중한다. 학문도 마찬가지다. 학문이란 참자아의 '꽃'과 '향기'를 피우기 위한 수행의 노력이어야 하지, 남들에게 과시하는 부귀공명에 목표를 두어서는 안 된다. 물론 그렇다고 해서 그가 세상을 외면한 채 자기 안에 갇혀 자기도취에 빠졌던 것은 아니다. 그는 "참자아의 완성과 타자의 성취"[成己成物:『중용』]의 이념을 확고하게 갖고 있었다. 다만 '타자의 성취'는 '참자아의 완성'을 통해서만 가능한 일이겠기에 '위기지학'에 전념했을 뿐이다. 마치 꽃이 꿀을 가득 품어야만 벌 나비를 모아 먹여 살릴 수 있는 것처럼 말이다. 선비가 제가(齊家)·치국(治國)·평천하(平天下)에 앞서 수신(修身)·정심(正心)·성의(誠意)·격물치지(格物致知: 사리의 탐구와 앎의 성취)의 공부를 강조했던 이유가 여기에 있다.

사람들은 이와 관련하여 의문을 가질지도 모른다. '치국·평천하'야말로 선비의 간판 이념인데, '위기지학'의 정신에는 '치국평천하'의 이념이 부재하지 않는가? 그러나 그의 정치적 이념도 궁극적으로는 사회의 도덕화와 인간화를 목표로 하는 것이었다. 그에게 정치는 인간학의 조직적, 제도적 실천과 응용의 현장일 뿐이었다. 이른바 '덕치'(德治)가 이의 함축적인 말이다. 그러므로 그의 학문의 근본은 역시 인간학이었으며, 치국·평천하의 이념은 현실 상황이 여의치 않을 경우 포기될 수도 있는 것이었다. 우리는 이의 원형적인 모습을 맹자의 글에서 본다.

> 군자에게는 세 가지 즐거움이 있다. 세상을 다스리는 일은 거기에 포함되지 않는다. 부모가 다 살아 계시고 형제가 무고한 것이 첫 번째 즐거움이요, 우러러 하늘에 부끄럽지 않고 아래로 사람들에게 부끄럽지 않은 것이 두

---

4) 『退溪全書 四』, 「言行錄」, 32쪽.

번째 즐거움이며, 천하의 뛰어난 인재들을 가르치는 것이 세 번째 즐거움이다. 군자에게는 이와 같은 세 가지 즐거움이 있다. 세상을 다스리는 일은 거기에 포함되지 않는다.(『맹자』)

넓은 영토와 많은 백성을 군자가 바라기는 하지만, 그것들은 그의 즐거움거리가 아니다. (중략) 군자가 본분으로 여겨 실현하고자 하는 것은 사랑(仁)과 의로움(義)과 예의(禮)와 진리(智)로써, 그는 그것들을 마음 깊이 뿌리내린다. 그리하여 그러한 덕성이 그의 얼굴에 맑게 드러나고 등에도 넘쳐나며 일거일동에 펼쳐진다.(위와 같음)

이는 '왕도'(王道)의 정치이념을 넘어 선비가 궁극적으로 추구했을 삶의 세계를 짐작하게 해준다. 그는, 외적인 조건에 의존할 수밖에 없으며 때로는 목숨까지 걸어야 하는 정치현장을 벗어나, 자신의 의지대로 행할 수 있는 '위기지학'에 전념하였다. 참자아를 찾아 실현할 수 있는 최선의 길이 여기에 있었다. 역시 퇴계의 말을 들어보자. 제자에게 보낸 편지다. "외람된 말을 한 마디 드립니다. 세상에 나가면 꼭 살펴야 할 일이 있습니다. '정도(正道)를 지키면 자신을 가로막는 것이 많고, 이와 반대로 남들이 하는 대로 따라가면 제 몸을 버리게 된다.'는 사실입니다. 이것이 제일 어려운 일입니다."[5] 조선시대에 많은 선비들이 정치현실에 낙담하고는 은둔의 삶 속에서 '위기지학'에 전념했던 것도 이 때문이었다.

선비의 학문은 기본적으로 인간 및 세계 만물의 존재근원과 생성원리에 대한 철학적 탐구를 하나의 축으로 갖고 있다. "참자아의 완성과 타자의 성취"는 이를 통해서만 가능함을 알고 있었기 때문이다. 그 고

---

[5] 『退溪全書 一』,「答黃仲擧」, 490쪽.

전적인 명제를 우리는 『주역』에서 읽을 수 있다. "형이상(形而上)의 실재를 도(道)라 이르고, 형이하(形而下)의 현상을 기(器)라 이른다."[形而上者謂之道 形而下者謂之器] 훗날 성리학자들이 이기론의 제일 명제처럼 여겼던 "이일분수"(理一分殊: 섭리는 하나지만 그것의 구현방식은 다양하다.)의 이론도 마찬가지다.

하지만 철학적 이성은 어떤 한계를 갖는다. 철학사상은 이러저러한 추상개념과 암호언어들로 세계 만물을 분해 조립하여 추론해 낸 산물이기 때문에 '현실의 빈곤화'를 면할 수 없다. 무릇 "추상은 언제나 현실의 빈곤화이다."(E. Cassier) 이른바 도니 리니 태극이니 이일분수니, '이데아'니 '부동(不動)의 동자(動者)'니 하는 것들은 개념적으로 아무리 정교하다 하더라도 현실감각에 와닿지 않는다. 그것들은 세계 만물을 지극한 추상개념으로 박제화하고 형해화하여 생동감을 얻지 못한다. 이를테면 "만물은 리(理)와 기(氣)의 합(合)"이라는 명제가 삶과 죽음에 관한 실존적 불안과 공포를 어떻게 해소시켜 줄 수 있을까? 그것은 암호 언어의 나열일 뿐이며, 동굴의 벽에 드리운 바깥 사물의 그림자에 지나지 않는다. 설사 형이상학적 명제들이 삶과 죽음의 부조리를 이론적으로 아무리 정연하게 풀어낸다고 하더라도 그것들은 죽음에 당면한 실존의 불안과 공포를 해소시켜 주지 못한다. 그것은 마치 산야를 등고선과 몇몇 부호로 그려놓은 지도와도 같다. 우리는 거기에서 산천초목의 다양한 색깔을 보거나 냄새를 맡거나 쾌적한 기분을 느낄 수 없다. 그러므로 "메마르고 무미건조한 사색은 진리의 옷에 잡힌 주름을 펼 수는 있지만, 진리의 사랑스러운 얼굴을 발견할 수는 없다."(플라톤주의자 존 스미스)

그렇다고 해서 철학적 개념과 이론들이 무용한 것은 물론 아니다. 그것들은 우주 만물의 본질을 들여다보기 위한 입문으로서 중요한 의의를 갖는다. 지도가 여행자와 탐험가들에게 유용한 도구인 것처럼 말이다. 문제는 철학을 하는 사람의 태도에 달려 있다. 지도만 뜯어보듯이 추상적인 암호 언어들의 분해조립에만 열중하느냐, 아니면 그 실제의 현장을 온몸으로 느끼느냐 하는 것이다. 전자는 논리정연하고 체계적인 지식의 세계를 관념하게 해줄 뿐이지만, 후자는 이론을 넘어 세계의 오묘하고 심원한 본질을 직관하고 체험하게 해준다.

선비의 인간학은 철학을 넘어 종교적인 지평까지 열어나갔다. 그는 이기론(理氣論)·태극음양론(太極陰陽論)·심성론(心性論) 등의 철학 이론을 전개했지만, 그것으로 만족하지 않았다. 그는 이성만으로는 자신이 평생의 과제로 여겼던 물아일체와 천인합일의 우주적 대아에 결코 이를 수 없음을 자각하였다. 결국 그는 이성의 막다른 골목에서 마치 백척간두진일보(百尺竿頭進一步)하듯, 이성을 초월하는 종교적 각성의 세계로 나아갔다. 그것은 삶과 죽음의 부조리까지 해결하여 안심입명할 수 있는 강력한 힘을 갖는 것이었다. 이 점은 퇴계의 상제 신앙이나 하늘 섬김[事天]의 정신에서 분명하게 간취된다.[6] 선비의 종교세계가 여기에서 열린다.

유교의 종교성 여부에 관해서는 논의의 여지가 있으므로 간단히 짚고 넘어갈 필요가 있겠다. 많은 사람들은 유교가 불교나 기독교처럼 절대자에 대한 일상적 배례의 의식과 공간을 갖고 있지 않으므로 종교가 아니라고 여긴다. 하지만 의례와 예배의 공간이 종교의 핵심 요소는 아니다. 세계적인 신학자 폴 틸리히(Paul Tillich)의 말처럼 종교는 우리 내면의 직접적이고 근원적인 깨달음을 불러일으키는 '궁극적 실재에 대한 관심'일 것이고 보면, 유교에는 그러한 요소가 매우 깊이 내재되어 있다. 게다가 선비 역시 상제와 하늘에 대한 신앙을 깊게 갖고 있었

---

[6] 이에 관한 자세한 고찰은 김기현, 『퇴계의 진리정신과 영성세계』(철학과 현실사, 2023), 208~231쪽 참조.

다. 먼저 아래의 글을 읽어보자.

> 하늘[天]을 총괄적으로 말하면 도(道)라 한다. 그것을 형체의 관점에서는 천(天)이라 하고, 성정(性情)의 관점에서는 건(乾)이라 하고, 주재의 관점에서는 상제(上帝)라 하고, 작용의 관점에서는 귀신(鬼神)이라 하고, 묘용(妙用)의 관점에서는 신(神)이라 한다. 모두 천지의 조화이지만, 가리키는 바에 따라 말을 달리 한 것일 뿐이다.[7]

사람들은 어떤 초월적인 힘이나 삶의 신비 앞에서, 일상 세계를 초월하는 심리적 경험 속에서 무릎 꿇고 외경하는 마음을 자연스럽게 갖는다. 예를 들면 하늘을 찌를 듯한 히말라야의 장엄한 모습 앞에서 사람들은 경건히 합장한다. 또 삶과 죽음의 부조리를 궁극적으로 해결할 어떤 초월자를 상념하면서 그와 하나가 되고자 하는 근원적인 열망을 갖는다. 광막한 세상에 내던져진 실존의 외로움에서 벗어나기 위해서다. 종교가 여기에서 강력한 효과를 발휘한다. 인류의 삶과 역사는 이러한 '자연종교'의 다양한 변주라 할 만하다. 원시 신앙에서부터 오늘날 주류의 제도종교들에 이르기까지 말이다.

선비는 '하늘(과 땅)'에서 '만물의 궁극적 실재'를 상념하고 또 직관적 체험을 하였다. 선비에게 하늘은 단순한 물리적 공간에 불과한 것이 아니었다. 그것은 만물 생성의 모태요 존재의 요람이며 삶의 영원한 모델이었다. 『중용』은 말한다. "지금 하늘은 작은 빛들이 모여 이루어진 것이지만, 그 지극함으로 말할 것 같으면 해와 달과 별들이 걸려 있고 만물이 그 아래에 덮여 있다." "오호라. 하늘의 명이 만물의 생성

---

[7] 『退溪全書 二』, 「答喬姪問目」, 309쪽. 이는 퇴계가 중국의 성리학자 정이(程頤: 1033~1100)의 글을 인용한 것이다.

에 끊임없이 작용하는구나!" 『주역』 또한 말한다. "천지는 만물을 생육하는 큰 사업을 행하며, 그것을 일시로 끝내는 것이 아니라 부단히 날로 새롭게 펼쳐내는 위대한 역량을 갖고 있다."

이처럼 하늘의 역량에 대한 신비감을 미개한 원시적 경험으로 치부해서는 안 된다. 그것은 오늘날 자연과학과 합리적 사고의 발달로 인해 크게 약화되었지만, 그러한 원시 감정은 여전히 우리들의 내면 깊이 무의식으로 잠복해 있다가 때때로 발로되곤 한다. 사람들은 흔히 말한다. "하늘이 무섭지 않느냐?", "민심이 곧 천심이다." "하늘이 도왔다." "지성이면 감천이다." 우리가 봄날 초목에서 돋아나는 새싹 앞에서 지르는 탄성도 사실 하늘(과 땅)의 신비로운 생성역량에 대한 감동에 다름 아니다. 이렇게 생각하면 우리 모두 내면 깊숙이 하늘신앙을 여전히 갖고 있는 셈이다. 선비는 그러한 하늘에 대한 깊은 종교적 성찰과 각성을 하고 또 강조했다는 점에서 우리와 다를 뿐이다.[8]

그런데 선비는 왜 하늘을 도(道)·상제(上帝)·신(神) 등 여러 용어로 대신하기도 했을까? 이는 사고의 불철저성에 기인한 것이 아니라, 언어로는 형용이 불가능한 궁극적 실재를 여러모로 살핀 결과였다. 원래 언어는 사물의 일면만을 지시하도록 제한되어 있다. 사물의 본성을 드러내는 것은 언어의 기능이 아니다. 예컨대 아무리 정교한 언어로 묘사해도 인간의 본질은 여전히 오리무중에 놓여 있다. 하물며 절대적이고 무한하며, 원인도 없고, 특질도 없고, 시공간적 차원도 넘어선, 그러면서도

---

[8] 참고로 아인슈타인의 말을 들어보자. "(자연과 세계에서) 최고의 지혜와 가장 빛나는 아름다움으로 우리 앞에 모습을 드러내지만 우리의 둔한 능력으로는 오직 그것의 가장 원시적인 형태만 이해할 수 있는 불가해한 것이 존재한다는 사실을 아는 것 — 이런 앎, 이런 느낌이야말로 모든 참된 종교성의 핵심이다. 나는 오직 이런 의미에서만 나 자신이 독실하게 종교적인 사람이라고 주장한다." 카렌 암스트롱, 배국원·유지황 옮김, 『신의 역사』, 교양인, 2023, 582~583쪽. 사실 선비에게 하늘(과 땅)은 "자연과 세계에서 최고의 지혜와 가장 빛나는 아름다움"을 갖고 있는 실재로 여겨졌다.

세상 만물의 원인과 특질과 시공간적 차원을 창조하는 궁극적 실재(신)를 인간의 유한한 지성이 온전히 이해하여 상대적인 언어로 남김없이 밝혀낸다는 것은 애당초 불가능한 일이다. 이처럼 언어가 갖고 있는 태생적 한계를 퇴계는 다음과 같이 말한다. "천지변화의 신비와 음양성쇠의 미묘함을 언어로 형용하기란 원래 불가능한 일입니다."[9)]

바로 이 지점에서 종교적 상상력이 발동된다. 원래 초월자인 신은 인간만이 갖고 있는 상상력의 산물이다. 도스토에프스키는 말한다. "인간은 죽지 않기 위해 신을 상상해 내었다." 이는 그러한 상상력을 폄하하려는 이야기가 아니다. 과학과 예술은 말할 것도 없고, 종교에서도 상상력은 매우 중요한 의의를 갖는다. 모든 상상은 인간 실존의 염원을 담고 있다. 거기에는 사람들의 갖가지 소망이 고스란히 담겨 있다.[10)] 예컨대 신의 상상은 인간과 세계 만유의 근원과, 존재와 무의 부조리에 대해 해답을 얻고자 하는 절박한 염원의, 또는 형이상학적 충동의 산물이다. 사람들은 상상을 통해 신의 상징을 이해하고 그로부터 영감을 얻어 안심입명의 삶을 산다. 독실한 신앙인들의 평화로운 얼굴이 그 모습을 실제로 보여준다.

당연히 그것은 이성적 추론을 넘어, 또는 세속적인 이미지들을 조합한 것 이상으로 펼쳐지는 종교적인 상상력이다. 과거에 예수를 비롯한 예언자들의 신비한 통찰이 바로 그러한 것이었다. 물론 그 통찰의

---

9) 『退溪全書 一』, 「答李剛而問目」, 524쪽.
10) "상상은 근본적이고 독립적인 심적 과정으로서, 그 자체의 경험에 대응하는 그 자체의 진리가치를 갖는다. 즉 그것은 적대적인 인간 현실의 정복인 것이다. 상상은 개인과 전체, 욕망과 그것의 실현 그리고 행복과 이성을 화해시키려는 꿈을 지니고 있다." H. 마르쿠제, 최현·이근영 옮김, 『미학과 문화』, 범우사, 1989, 80쪽. 이는 예술을 두고 한 말이지만, 신의 상상 역시 그러한 '꿈'을 품고 있다. 예컨대 사람들은 존재와 무의 부조리나 온갖 불행과 죽음이라는 '적대적인 인간 현실'을 신의 상상을 통해 '정복'하려 한다.

저변에는 세계와 인간에 대한 깊은 이해가 깔려 있다. 역사상 잠시 나타났다 사라졌던 신흥종교들의 예에서 확인할 수 있는 것처럼 세계와 인간에 대한 통찰이 깊지 못하거나 또는 그릇되면, 이를 토대로 상상(창조)된 신은 사람들의 깊은 감동과 추종을 얻어내지 못할 것이다. 어린아이가 상상해낸 신을 누가 믿겠는가.

세계만물의 궁극적 실재를 여러 개념으로 언명한 선비의 경우도 마찬가지다. 이를테면 하늘은 만물을 궁륭처럼 덮고서 저들의 생장쇠멸의 이치와 삶의 길을 갖가지로 펼쳐 보여주고 있다는 상상 속에서 '도'를, 거기에는 이성으로 헤아릴 수 없는 신묘불측한 힘이 지배한다는 느낌 속에서 '신'을, 하늘 위에는 만물의 생성을 주재하는 절대자가 존재하는 것 같다는 경외심 속에서 '(상)제'를 언표한 것이다. 그 모두 '천지의 조화'를 여러 각도에서 상상한 결과이다. 선비의 하늘은 이 모두에 대한 총체적이고 포괄적인 의미를 담고 있다. 그러므로 거기에는 윤리적일뿐만 아니라 종교적인 요소까지 내포되어 있다.

선비의 천명(天命: 하늘의 소명) 관념이 이 점을 분명히 예증한다. 공자는 "나이 오십에 천명을 알았다.[五十而知天命:『논어』]"고 술회하였다. 이 '알았다'는 표현은 이성적 판단과 논증을 통해 얻어낸 객관적인 앎을 뜻하지 않을 것이다. 그러한 앎이라면 평범한 철학자도 형이상학적 사유 속에서 얻어낼 수 있다. 이는 어쩌면 "나이 사십에는 사리에 미혹되지 않았다.[四十而不惑: 위와 같음]"는 수준이다. '성인'인 공자의 저 앎은 이와는 달리, 추론을 넘어 직관적인 깨달음을 뜻할 것이다. 말하자면 우주적인 눈높이에서 세계 만물을 총체적이고 전일적으로 통찰하는 '직관적인 전체지'이다.[11]

---

11) '知天命'과 유사한 공자의 말투를 우리는 다른 자리에서도 발견한다. "아침에 도를 들으면 저녁에 죽어도 괜찮으리라."[朝聞道 夕死 可矣:『논어』]는 말이 그것이다. 이 '들음'은 단순히 귀로 들음을 뜻하지 않는다. 그것은 죽음의 두려움까지도 초월하게

공자의 지적인 편력상 획기적인 전환점을 우리는 여기에서 읽을 수 있다. 아마도 공자는 50세 이전까지 역사적인 시공간 속에서 삶의 목표를 설계하고 방향을 설정했을 것이다. 수신제가 치국평천하의 이념이 바로 그러한 것이다. 그런데 그는 나이 오십이 되어 천명의 깨달음과 함께 그러한 세간적 사고방식을 뛰어넘어 인간의 존재근원과 삶의 가치를 완전히 새롭게 성찰하였다. 인간과 삶의 좌표를 우주적 관점에서 다시 설정한 것이다. 말하자면 그는 치국평천하의 세계내적 이념을 초월하여, 아니 그러한 이념까지도 아우르고 넘어서 천명의식으로 세상에 나섰다. 당연히 거기에는 하늘을 인간과 만물의 궁극적 근원으로 여기면서 하늘의 소명을 실현하겠다는 다짐이 뒤따른다. 그야말로 세속적 사고로부터 종교적 사고로의 획기적인 전환이다.[12]

이는 공자가 치국평천하의 이념을 접었음을 뜻하지 않는다. 천명의식은 저 이념을 더욱 확고히 하면서도, 한편으로 이념의 실패로 인한 좌절로부터 그를 구원해 주는 힘으로 작용하였다. 사회정치적 이념의 성패를 하늘의 뜻으로 받아들이는 초연한 마음을 갖고 있었기 때문이다. 그는 말한다. "군자는 천명을 경외한다.[君子畏天命:『논어』]" "천명

해주는 영원한 자연의 섭리[도]에 대한 '직관적 전체지'를 뜻할 것이다. 퇴계는 한 제자로부터 "조문도(朝聞道)"의 뜻에 대한 질문을 받고는, "그것은 앎과 실천의 공부를 겸하고 하늘과 인간의 이치를 꿰뚫어서 말한 것"이라고 대답하고 있다.『退溪先生文集 五』,「答金而精」, 학민문화사 영인본, 304쪽.

12) 참고로 아래의 글을 읽어보자. "한 사람이 자기 자신의 길을 선택하고 그럼으로써 안개 속에서 솟아나오듯 무리와의 무의식적 동일성으로부터 솟아 나오도록 자극하는 것은 무엇인가? (중략) 그것은 소명(召命)이라고 부르는 것, 운명적으로 무리와 그 습관적 길들로부터 해방되도록 밀고 가는 비합리적인 요인이다. 참된 인격은 언제나 소명에 있으며, 신을 신뢰하듯이 언제나 그것에 신뢰를 가지고 있다 (중략) 소명을 가진 이는 내면의 소리를 들으며, (중략) 소명은 본래 어떤 목소리가 말을 거는 것을 뜻한다. (중략) 소명 또는 소명감은 위대한 인물들의 특권이 아니라 평범한 인물들의 특권이기도 했다. 다만 위대함이 줄어들수록 흐려지고 무의식적일뿐이다." 한국융연구원 C.G. 융 저작, 번역위원회 옮김,『인간과 문화』, 솔, 2004, 20~21쪽. 선비의 학문은 무의식 속으로 가라앉은 이러한 소명을 내면에서 듣기 위한 수행의 노력이었다.

을 모르면 군자라 할 수 없다.[不知命 無以爲君子:『논어』]"

공자의 천명사상은 이후 유학자들에게 심대한 영향을 끼치면서 유교철학의 핵심으로 놓이게 되었다. 예컨대 선비는 천명사상을 통해 인간존재의 근원과 삶의 윤리를 성찰하고 설정하였다. 『중용』은 말한다. "하늘이 명한 것을 성이라 이른다.[天命之謂性]" 또 『대학』은 말한다. "하늘의 밝은 소명을 항상 되돌아 살펴야 한다.[顧諟天之明命]" 퇴계 역시 이에 입각하여 「천명도설(天命圖說)」을 짓고 제자들을 가르쳤다. 그가 임금에게 올린 「성학십도(聖學十圖)」에 '태극도설(太極圖說)'과 '서명'(西銘)을 첫째와 둘째 자리에 배치한 까닭도 여기에 있다. 두 도설은 세계 만물의 종교적, 형이상학적인 근원에 입각하여 인간의 존재됨과 삶의 이념(가치)을 제시하고 있다. 당연히 거기에는 비루하고 부박하고 범속한 세간의 삶에 안주하지 않고 부단히 자기초월을 하고자 하는 강력한 의지가 담겨 있다. 일신(日新)과 상달(上達)과 극기(克己)의 수행이 그것이다. 이에 관해서는 뒤에서 상론하려 한다.

선비의 하늘 관념에는 한 가지 특징이 있다. 그는 상제(신)의 신앙을 갖고 있었지만, 상제의 세계(내세)를 희구하지는 않았다. 그는 상제를 인간 세상과 멀리 떨어져 있는 하늘 위의 초월자로 여겨 소망의 예배를 드리지 않고, 바로 자신의 존재 내부로 시선을 돌려 그 깊은 곳에서 상제의 말씀을 들었다. "위대한 상제께서 만민에게 참마음을 부여하셨다."(『서경』) "위대한 상제께서 이 땅에 만백성을 낳으시면서 무엇을 주셨는가. 의로움과 사랑이니, 그것이 상제의 뜻이로다."[13] 그리하여 그는 천명으로 주어진 '의로움과 사랑'의 '참마음'을 닦고 실현하는 것을 평생의 수행과제로 삼았다. 그것이 상제의 뜻(천명)에 부응하는 방

---

13) 『心經』(『近思錄』과의 합본)(경문사 영인본), 323쪽. 이는 중국의 성리학자 주희(朱熹, 1130~1200)의 「존덕성재명(尊德性齋銘)」의 서두이다. 이하에서는 두 책을 나누어 표기한다.

식이었다. 맹자는 말한다. "참마음을 지키고 본성을 함양하는 것이 하늘을 섬기는 길이요, 수명의 장단에 의심을 품지 않고 심신을 수행하여 죽음을 기다리는 것이 하늘의 명을 확립하는 길이다."(『맹자』) 선비의 하늘(상제)신앙에 종교적 상징물이 부재한 것도 이와 무관하지 않을 것이다. 시선을 자신의 내부로 돌려 '참마음을 지키고 본성을 함양하는' 심신수행의 자리에서는 그 어떤 물건도 필요치 않기 때문이다.

선비가 상제 신앙을 갖고 있으면서도 상제를 더 이상 의인화하지 않고 자신의 도덕심성으로 눈을 돌린 것은 매우 중요한 의의를 갖는다. 일반적으로 신(상제)의 의인화는 만물의 영장인 인간이 신을 닮았다는 상상 속에서 인간의 존엄성을 제고해 주고, 온갖 우여곡절과 불행 속에서도 삶을 위로받도록 해주는 등 긍정적인 요소를 많이 갖는다.[14] 하지만 여기에는 지나쳐서는 안 될 함정이 있다. 인간의 감정과 생각, 소망을 투사한 신의 말씀은 자칫 편견과 독선을 조장할 염려가 있다는 사실이다. 예를 들면 자신의 신앙만이 진리라고 여기면서 어느 나라의 경악스러운 쓰나미나 지진을 두고 하느님을 믿지 않은 결과라고 저주를 퍼부었던 몇몇 목회자들의 주장이 그러하다. 이는 신을 지나치게 의인화하여 그들 자신의 욕망과 분노를 투사한 모습에 다름 아니다.[15]

---

[14] 아래의 글을 한 번 읽어보자. 어느 강제수용소에 수감된 이름 모를 수감자가 어떤 어린아이의 시체 곁에 놓아둔 기도문이라 한다. "오, 신이시여! 선한 의도를 가진 남자와 여자만이 아니라 나쁜 의도를 가진 자들도 기억하소서. 그리고 그들이 우리에게 가한 괴로움만이 아니라 이 고통 덕분에 우리가 얻은 결실도 기억하게 하소서. 우리의 동지애, 우리의 충성, 우리의 겸손, 우리의 용기, 우리의 관대함, 그리고 이 모든 것으로부터 일어날 가슴의 위대함을 기억하게 하소서. 그리고 그들이 심판대에 올랐을 때 우리가 지금껏 거둔 모든 결실을 가지고 그들을 용서하게 하소서." 잭 콘필드, 이재석 옮김, 『마음이 아플 땐 불교심리학』, 불광출판사, 2020, 584쪽. 이처럼 신은 참혹하고 절망적인 상황 속에서도 신앙인에게 동지애와 충성과 겸손과 용기와 관대함과 용서의 마음을 잃지 않게 해준다. 참혹하고 절망적인 상황에서 아름답고 고결한 영혼으로 거듭나게 해준다.

[15] 참고로 지나치게 의인화된 신 관념의 폭력성을 비판한 볼테르의 말을 들어보자. "교리

선비의 상제신앙은 이와 같은 의인화의 함정을 갖지 않는다. 그는 상제 중심의 신화나 기적, 계시 같은 것에 관심을 두지 않으며, 두려움과 공포를 조장하지 않는다. 그는 상제를 절대화하거나 지나치게 의인화하지 않고 도덕 세계로 내면화하고, 한편으로 그 신앙을 도, 태극, 리 등의 철학적이고 윤리적인 개념들로 희석시킨다. 한마디로 그의 상제신앙은 '의로움과 사랑'의 도덕 세계로 눈을 돌린다. 물론 그렇다고 해서 그가 현실 세계만 바라보았던 것은 아니다. 물아일체와 천인합일의 이념에서 알 수 있는 것처럼 그의 궁극적 목표는 자기 초월을 통해 상제와도 맞먹을만한 우주적 대아를 실현하는 데 있었다.[16]

이를 의미 깊게 압축한 명제가 바로 『중용』의 첫머리 '천명지위성 (天命之謂性)'이다. 이는 인간의 우주적 좌표와 위상을 설정하고 그가 행해야 할 과제를 표명한 것이다. 이에 의하면 사람들은 자신의 본질을 이해득실의 현실 세계에서 찾지 말고 초자연적이고 우주적인 구조 속에서 살펴야 한다. 인간은 세속의 조상을 넘어 '하늘'이라고 하는 신성한 근원을 갖고 있는 존재이다. 달리 말하면 우주적인 본성을 타고났다. 그러므로 세속적인 욕망거리들, 예컨대 물질이나 권력 따위를 추종하는 것은 천명을 타고난 사람됨의 본질을 스스로 부정하는 어리석음에 다름 아니다.

선비의 종교의식의 한 가지 특징이 여기에서 드러난다. 그는 하늘

보다는 도덕에 관해 더 많이 가르쳐주는 종교, 인간을 불합리하게 만들기보다는 의롭게 만드는 종교, 불가능하고 모순적이며 신과 인간 모두에게 해를 끼치는 것을 믿도록 강요하지 않는 종교, 상식을 지닌 사람에게 영원한 형벌을 받게 될 것이라고 협박을 가하지 않는 종교, 처형자들에 의해 믿음을 유지해 나가지 않는 종교, 이해할 수 없는 궤변 때문에 세상을 피로 물들이지 않는 종교는 없는가? 유일신을 찬미하면서도 정의와 관용과 인간애를 가르치는 종교는 없는가?" 카렌 암스트롱, 배국원·유지황 옮김, 『신의 역사』, 537쪽. 만약 그가 유교를 접했다면, "바로 이것이다!" 하면서 눈을 크게 뜨지 않았을까?

16) 자기초월의 이념에 관해서는 김기현, 『퇴계의 진리정신과 영성세계』, 241쪽 이하 참조.

을 숭배의 대상으로 놓지 않고 내적인 각성 속에서 자신이 수행하고 실현해야 할 과제를 발견하였다. '성'(性)이 바로 그것이었다. 그가 (상제를 신앙하고 하늘을 섬겼음에도 불구하고) 신에게 배례하는 공간과 의식절차를 마련하지 않았던 이유가 여기에 있었다. 그는 천명을 자신의 존재 내부 깊은 곳에서 들었기 때문에 상제와 하늘을 우상화할 필요가 없었다. 아니 배례의 공간과 의식절차를 갖지 않고 자신의 존재 깊은 곳에서 천명을 각성하고 있었기 때문에, 오히려 그는 매일 매순간 모든 자리에서 여느 종교인들보다 훨씬 더 경건하고 치열하게 구도의 삶을 살았다. 아래의 글은 그가 마음속에서 들은 상제의 목소리이다.

> 네가 사람들과 교유하는 것을 보니 화평하고 부드러운 얼굴로 나서면서, "나에게 무슨 잘못이나 없을까?" 하고 자성하며 조심하는구나. 하지만 네가 방안에 혼자 있을 때에도 방 한구석에조차 부끄러울 일이 있어서는 안 된다. 방안은 나 혼자 있는 곳이라서 남들이 나를 바라보지 않는다고 여겨서는 안 된다. 신이 강림하심을 헤아릴 수 없거늘 삶에 불경하게 나설 수 있겠는가.[17]

선비가 성현들의 말씀에 그토록 열심히 귀 기울였던 까닭도 여기에 있었다. 성현들이야말로 자기보다 앞서 천명을 각성하고 성취했던 분들이었기에 그에게는 위대한 삶의 모델로 여겨졌다. 그가 걸핏하면 '요순공맹'(堯舜孔孟)을 일컬었던 것도 이러한 이유에서였다. 그렇다고 해서 성현들을 우상화한 것은 아니다. 그들은 남보다 앞서 천명을 성취한 분들이었을 뿐이다. 그러므로 누구나 지난날의 성현들이 남겨놓은 언행을 배우면서 자신에게 부여된 천명의 과제를 수행할 수 있다. 퇴계가

---

17) 『心經』, 37~38쪽.

노래한 「도산십이곡」(제9곡)을 들어보자. 여기에서 '고인'(古人)이란 성현들을 뜻한다.

　　고인도 날 못 보고 나도 고인 뵙지 못하지만
　　고인을 못 뵈어도 가셨던 길이 앞에 있네
　　가셨던 길 앞에 있으니 아니 가고 어찌할까

　여기에 잠깐 한 마디 덧붙여야겠다. 사람들은 유교 하면 낡고 고리타분한 사상이라고 외면하는데, 퇴계가 '고인'을 모델로 삼아 존재의 향상을 추구했던 삶의 '길'은 어떤가? 사람들은 자신의 삶 속에서 퇴계와 같은 자성과 숙고를 해본 일이 있는가? 오늘날엔 기껏 입신출세와 부귀영화의 허깨비 같은 모델만 횡행하고 난무하며, 사람들은 이를 따라 거칠고 덧없는 삶의 길을 추구한다. 뒤에 살피겠지만 '상달'(上達)의 군자는 찾아보기 어렵고 '하달'(下達)의 소인만 넘쳐나는 세상이다. 이 점에서 보면 성현을 모델로 삼아 부단히 자신의 존재를 쇄신하고 삶의 길을 모색했던 퇴계의 정신은 오직 세속의 현실에만 붙박여 살아가는 이 시대의 사람들에게 크나큰 경종이며 소중한 귀감이 된다.
　앞에서 인간은 우주적인 본성을 타고났다고 했는데, 다른 각도에서 살피면 그것은 천명을 품고 있는 자기초월의 영성을 뜻한다. 영성이란 마음의 심층에 내재해 있는 어떤 신령한 의식을 말한다. 마음이란 원래 매우 모호한 말이다. 그것은 표피적인 감정에서부터 심층의 무의식까지를 망라하는 아주 중층적인 개념이다. 우리 자신의 내면을 들여다보자. 거기에는 감정과 욕망과 생각과 의지 등 온갖 정념들이 뜬금없이, 그리고 끊임없이 일어났다가 사라진다. 마치 한밤중 캄캄한 허공에 갖가지의 모양을 그리면서 나타났다가 사라지는 도깨비불과도 같다. 그러고 보면 마음이라는 것 자체가 그 무엇으로도 포착할 수 없는 환영이

요 허상처럼 보인다. 우리는 이처럼 실재하지도 않는 마음을 '붙잡고 서' 근심걱정하고 시시비비한다. 도깨비와 씨름하는 격이다.

그런데 마음은 환영과 허상이 출몰하는 텅 빈 화면에 불과한 것이 아니다. 마음 저 깊은 곳에는 온갖 감정과 욕망과 생각과 의지 등을 솟아오르게 하는 심연의 의식이 있다. 무의식까지도 넘어 만상을 비추는 텅 빈 거울처럼 밝고 고요한 심령이 그것이다. 일상의 정념은 이러한 저변의 심층의식이 만사만물에 반응하고 체험하는 모습이다. 퇴계는 이를 일러 "텅 비고 신령하여 어리석지 않다.[虛靈不昧]"고 형용한다.[18] 그는 또한 한 제자에게 말한다. "생각이 일어나기 이전 본래의 마음은 텅 비고 밝으며, 그 근원은 아주 순수합니다."[19] 그가 제자들에게 정좌(靜坐) 공부를 통해 "희로애락이 발동하기 이전의 기상을 체험할 것"[20]을 강조한 것도 이를 겨냥해서였다.

그러면 '텅 비고 밝고 순수한', '희로애락이 발동하기 이전의 기상'이란 어떠한 것일까? 그것은 지적, 감정적인 흔적을 조금도 갖지 않은 깊은 침묵의 순수의식을 뜻할 것이다. 이 순수의식은 단순히 밝고 깨끗한 표피적인 마음에 불과하지 않다. 심층의 순수의식은 창조적인 힘을 갖는다. 그것은 감정이나 생각의 어지럽고 뜬금없는 출몰에도 불구하고 그것들을 혼란과 무질서에 빠트리지 않고 오히려 거기에 질서와 조화를 부여하면서 세상사와 사물의 이치를 파지하는 힘을 갖고 있다.

이러한 순수의식의 중핵에 자리 잡고 있는 것이 바로 영성이다. 그것은 상대적 분별세계나 시공간을 넘어 우주 만상을 직관하고 관조하며 체험하는 초월적인 의식으로써, 그 정점에는 천인합일의 우주적 대아가 있다. 『주역』에서 말하는 대인(大人)이 바로 그러한 사람이다. "대

---

18) 『退溪先生文集 五』,「答金而精」, 307쪽.
19) 위의 책,「答金惇敍」, 195쪽.
20) 『退溪全書 四』,「言行錄」, 33쪽.

인의 덕은 하늘 땅과 하나가 되고, 그의 지혜는 해와 달처럼 만상을 통찰하고, 그의 삶은 사계절의 변화처럼 순리적이고, 길흉판단의 처사는 귀신처럼 신묘하다." 이는 이성적 판단과 추론을 넘어 영적인 지혜로만 가능한 일이다.

여기에서 대인의 모습을 좀 더 가까이 살펴보자. 이 '대인'은 성인(聖人)을 뜻한다. 일반적으로 성인은 도덕과 지혜의 완성자로 여겨지지만, 그 이상으로 그는 만민을 감화시키는 영적인 스승의 자리를 갖는다. 그의 영성은 현상세계를 초월하여 우주 만물의 궁극적 실재를, 달리 말하면 '천명'을 직관하고 체험하면서 세상 사람들에게 실존의 귀의처를 일러주고 우주적 삶의 질서를 가르쳐준다. 『주역』은 이를 '대인의 덕과 지혜와 삶과 처사'로 예시하고 있다.

'성스럽다'는 말의 종교적 함의가 여기에서 밝혀진다. 그것은 궁극적 실재(하늘, 신)와 소통하는 영적인 모습을 형용한 말이다. 이는 불교나 기독교의 성인에게만 해당되는 것이 아니다. 유교의 성인도 마찬가지다. 위의 '대인'이 바로 그러한 사람이다. 이 점은 맹자의 성인관에서도 읽힌다. 그는 사람들을 (악인을 제외하고) 몇 가지의 부류로 나눈다. 선인(善人: 도덕가치를 지향하는 사람), 신인(信人: 도덕가치를 확립한 사람), 미인(美人: 내적으로 충만한 인격), 대인(大人: 인격의 광휘를 발하는 사람. 이는 『주역』의 대인과 다르다.), 성인(聖人: 세계내적인 인격을 넘어 천인합일에 이른 존재), 신인(神人: 이성으로는 헤아릴 수 없는 신비로운 존재)이 그것이다. 이 가운데 신인(神人)은 성인과 별개의 인물이 아니다. 그는 천인합일 또는 우주적 대아의 경지에 이른 성인의 불가사의한 면모일 뿐이다. 이처럼 유교의 성인 역시 영적인 지혜로 충만한 성스러운 존재이다.

영성은 퇴계의 '정신'(精神) 관념에서도 발견된다. 그는 한 제자와의 문답에서 신을 하늘의 신과 인간의 (정)신, 제사의 (귀)신으로 분류하면서, 이들은 다르면서도 같다고 말한다. 삼자는 형상적으로는 다르지만,

인간의 신은 하늘에 근원을 두고 있고, 살아 있는 사람의 신과 조상의 신은 동기감응(同氣感應)하는 일체성을 띠고 있다는 것이다. 이러한 인간의 신은 언어용례상 정신으로 호칭되는 것이 일반이지만, 그 의미는 오늘날 우리가 생각하는 그것과 전혀 다르다. 퇴계에 의하면 정신은 "음정양신(陰精陽神)"을 줄인 말로써, 인간의 신은 음양론상 '정'과 '신'으로 나뉜다.[21] 이 양자는 흔히 육체적인 기운과 정신적인 기운으로 해설되지만, 보다 정확히는 정(精)·기(氣)·신(神)이라는 전통적 용어의 풀이를 통해 밝혀질 수 있다. 즉 '정'은 육체적인 에너지를, '기'는 (오늘날의 용례로) 정신적인 에너지를, 그리고 '신'은 영적인 에너지를 뜻한다. 하늘과 통하고 제사시에 조상의 (귀)신과 감응하는 주체는 바로 이러한 영적인 신이다. 이는 오늘날의 '정신'으로는 결코 체험할 수 없는, 지성을 넘어선 영성의 차원에 해당된다.

위에서 자기 초월의 영성을 이야기했는데, 성현이 아니라도 인간은 누구나 그것을 타고났다. 한편으로 생각해 보면 그것은 존재(생명)의 근원으로 돌아가고자 하는 실존적 열망이기도 하다. 텅 빈 광야와도 같은 세상에 홀로 내던져져 피할 수 없는 삶의 불안과 외로움을, 그리고 죽음의 두려움을 견딜 수 없어서다. 영성이란 바로 그러한 열망의 가장 원초적인 의식이다. 자타 분별의 개체적인 자아를 벗어나 만물일원의 존재근원에 돌아감으로써 안심입명하려는 것이다. 만약 저 근원을, 그것이 무어라 불리우든, 찾지 못한다면 우리는 세계만물의 확실한 의미와 가치를 알지 못하여 평생 허무에 부대낄 것이다. 형이상학적 충동과 종교적 성향이 바로 여기에서 비롯된다. 종교는 사람들의 영성을 일깨우기 위한 '선각자'의 가르침에 해당된다. 『중용』의 이른바 "천명지위성"에도 이러한 뜻이 깔려 있다.

---

21) 『退溪先生文集 五』, 「答金而精別紙」, 312~313쪽 참조.

우리의 심층의식에 잠재되어 있는 '천명의 성'은 도덕성에 불과한 것이 아니다. 그 이전에 그것은 도덕성까지 발출하는 영성을 뜻한다. 중국의 성리학자 정이(程頤, 1033~1107)는 말한다. "천지의 정기를 타고난 인간 본성의 근본바탕은 참되고 고요하며[眞而靜], 거기에는 인의예지신의 다섯 가지 도덕성이 내재해 있다."[22] 여기에서 '참되다'는 말은 자신의 내면 깊은 곳에서 자각된 천명의 진실성에 대한 탄성이요, '고요하다'는 말은 천명의 자각 외에 어떤 사념과 욕망도 일어나지 않는 깊은 침묵의 표현일 것이다. 아담과 이브가 하느님의 형상으로 처음 빚어지는 순간 그러한 탄성을 터트리지 않았을까? 우리는 여기에서 도덕성을 내재하고 있는, 도덕성 이전의 '참되고 고요한' 본성을 상념해 볼 필요가 있다. 바로 영성이다.

퇴계가 제자들에게 체험할 것을 강조한 "희로애락이 발동하기 이전의 기상"을 다시 한번 음미해 보자. 그는 이를 "일점도 파문이 없는 맑은 연못"으로 비유한다. 의식의 근본바탕에 놓여 있는 인간의 본래적 성품은 그 어떤 사념이나 욕망의 흔적도 갖지 않고 그처럼 맑고 고요하다는 것이다. 말하자면 '참되고 고요한' 가운데 체험되는 영적인 기상이다. 그것은 맑고 고요하기만 한 것이 아니다. 거기에는 순수한 생명감각이 서려 있다. 맑은 연못이 하늘빛과 구름그림자, 날아가는 새 등 모든 형상을 비추는 것처럼, 우리의 순수한 생명감각은 세계 만물을 향해 열린 따뜻한 마음으로 반응한다. 도덕 감정이 이의 한 양상이며, 이를 네 가지로 분류한 방편적 언명이 바로 사단(四端)이다. 그리고 그 근저의 성품이 인의예지의 도덕성이다.[23]

---

[22] 퇴계는 이에 대해 상세히 논의하고 있다. 『退溪先生文集 四』, 136~137쪽 참조.
[23] 참고로 중국의 성리학자 주희(朱熹, 1130~1200)의 글을 읽어보자. 그는 인의예지가 방편적 언명일 뿐이며, 원래 '성'(性)은 언어의 규정을 넘어서 있다고 말한다. 이는 '참되고 고요한' 천명의 성을 두고 한 말일 것이다. "성(性)은 혼연(渾然)한 태극(太極)

'인의예지'의 도덕성은 인간의 우주적 본성을 네 가지로 가치 범주화한 것이다. 인간은 본래 우주 만물을 자신의 존재 깊이 품어 안고 있는 원형적인 자아를 갖고 있다. 맹자는 말한다. "만물이 모두 나의 존재 안에 내재되어 있다.[萬物皆備於我矣:『맹자』]" 이는 우리의 통상적인 사고방식으로는 도저히 납득할 수 없는 어불성설처럼 들린다. 이 세상 모든 것이 나의 존재 바깥에서 나와 별개의 모습을 갖고 있는데, 아니 삶은 '아(我)와 비아(非我)의 투쟁'이기도 한데 어떻게 남들이 나의 존재 안에 있다는 말인가.

하지만 이는 잘못된 자아(인간)관이다. 우리가 의식하지 못할 뿐이지 나의 삶에는 실제로 우주만유의 힘들이 작용하고 있으며, 나의 존재에는 삼라만상이 젖어들어 있고 스며들어 있으며 녹아들어 있다. 태양과 바람과 물과 불, 낮과 밤 등 자연의 힘이 나의 삶에 간단없이 영향을 미치고 있으며, 나의 존재를 조성하고 있다. 지금 이 순간에도 그러하다. 자연환경뿐만이 아니다. 역사와 문화 또한 나의 존재 형성에 지대한 힘을 끼친다. 만약 내가 500년 전에 태어났더라면, 또는 다른 문화권 속에서 태어났다면 지금의 나와는 전혀 다른 존재로 살았을 것이며, 살고 있을 것이다. 퇴계는 오행론(五行論)을 빌려 이러한 이치를 범존재론적으로 다음과 같이 말한다. "솥은 쇠[金]로 주조되지만, 거기에는 반드시 흙[土]을 물[水]로 개서 그 모형을 만들고, 나무[木]로 불[火]을 때서 쇠를 녹여 부어 솥을 만드는 것처럼, 쇠그릇에는 오행(五行: 목화토

의 본체로써 본래 무어라 형용할 수 없습니다만, 그 가운데에는 만 가지의 이치가 갖추어져 있습니다. 인의예지는 그중 네 가지의 커다란 줄기와 조리를 일러 말한 것입니다. 공자 당시에는 그러한 말이 없었는데 맹자가 그와 같이 명명한 것은 (중략) 그 때에 이르러 이단들이 봉기하여 왕왕 성악설을 주장하였기 때문에 이를 염려하여 그 이치를 밝히려 한 것이었습니다. 마음의 이치를 포괄적으로만 말하면, 그것은 마치 눈금 없는 저울이나 치수 없는 잣대와도 같아서 세상 사람들을 깨우칠 수가 없겠기에, 그것을 네 개의 영역으로 나누어 말씀하신 것이며, 사단설이 여기에서 정립된 것입니다." 『朱書節要』(태학사 영인본), 「答陳器之」, 353쪽.

금수)이 다 갖추어져 있습니다."[24]

사람도 이와 하나도 다를 게 없다. 퇴계는 말한다. "이치상으로 말하면 천하의 일이 내 밖의 일이 아닙니다."[25] 이것이 인간 및 만물의 참다운 실상이다. 나 자신의 존재의 뚜껑을 열어보면 그 안에는 태양과 바람과 물과 불 등 자연의 삼라만상과, 그리고 조상의 유전자와 문화적 산물들이 가득 담겨 있음을 깨닫게 될 것이다. 그러므로 나는 하나의 온전한 우주이다. 우주적인 존재이며, 우주적인 본성을 타고났다. 만약 저들을 배제한다면 나는 존재의 공동(空洞)상태에 빠지고 말 것이다. 그야말로 나는 아무 것도 아니다. 어느 학자는 말한다. "모든 개인에게는 의식의 본질적인 부분에 이미 사회라는 것이 내면화되어 있다. 그리고 인간은 사회의 일부일 뿐만 아니라, 또한 사회는 관련 영역으로서 그 인간의 본질적인 부분이다. '나'가 '우리'의 일부일 뿐만 아니라, '우리'가 또한 '나'의 필연적인 구성요소다."(M. 셀러)[26] 사회뿐만이 아니다. 세상 만물이 인간의 본질적인 부분으로 내면화되어 있다. 그러므로 역시 나는 우주이다. 우주적인 본성을 타고났다.

이러한 '우리' 의식은 우리의 조상들에게는 익숙한 사고방식이었다. 퇴계가 「예안향약(禮安鄕約)」의 한 규약으로, "이웃의 환란에 도움을 줄 수 있는데도 불구하고 이를 좌시하고 구해주지 않는 자"에 대해 처벌 조항을 둔 것[27]이 그 한 가지 예이다. 오늘날 개인주의 사회 같으면 사람들이 이웃에 대해 일말의 도덕적 부담감조차 갖지 않을 문제인데 말이다. 이러한 '우리' 의식의 잔영은 우리의 일상언어에서도 흔히 발견된다. 사람들은 지금도 '우리'라는 말을 흔히 사용한다. 자신의 집을

---

24) 『退溪全書 二』, 「答趙起伯大學問目」, 274쪽.
25) 『退溪全書 一』, 「與宋台叟」, 276쪽.
26) 이규호, 『사람됨의 뜻』, 좋은 날, 2000, 152쪽.
27) 『退溪全書 二』, 「鄕立約條序」, 353쪽.

두고 '우리' 집이라고, 학교를 '우리' 학교라고, 나라를 '우리'나라라고 자연스럽게 말한다.

하지만 이제는 우리의 인간관도 달라져 가고 있다. 사람들은 그러한 '우리'의 원형적 자아를, 그리고 우리 조상의 소중한 '우리' 공동체 의식을 몰각하고 또 떨쳐버린다. 기껏 "우리가 남이가!" 하면서 파당적인 사고와 지역감정이나 부추긴다. 한편으로 개인주의와 산업사회의 영향 속에서 사람들은 원자화·파편화되어 '우리'보다는 '나'를 앞세운다. 사람들은 자신을 역사와 사회와 자연 밖에 위치시키고는 오직 '나'의 존재를 부각시키는 일에만 열중한다. 삶과 사회의 불행이 여기에서 비롯된다. 자타간 존재의 장벽을 높이 치고 남을 나의 존재 밖에 밀어냄으로써 스스로를 외로움으로 몰아넣고, 한편으로 나(의 힘과 자리)를 지키기 위해 남들과 대립, 갈등, 다툼을 일으킴으로써 신산해진 마음에 삭막하고 황폐한 삶을 지어낸다. 이는 근원적으로 사람들이 우주 만물을 품고 있는 원형적 자아를 외면한 데에서 비롯된다. 존재의 빈곤과 불행은 이의 필연적인 결과이다.

남들(만물)이 나의 존재 안에 있다는 맹자의 말은 나의 정체성을 부정하는 뜻이 아니다. 나의 존재 내부에 있는, 나의 존재에 스며들어 있는 남들을 알아차리고 그들과 교감 상통하면서 그들을 아우를 수 있는 영적인 본성이 나의 존재의 중심에 있다. 이러한 영성의 눈빛은 자타가 하나이면서 동시에 둘임을, 같으면서도 다름을 본다. 그야말로 "하나이면서 둘이요 둘이면서 하나이다.[一而二 二而一]" 일반적으로 말하면 개별 사물들은 전체적인 하나됨(같음) 속에서도 그 고유의 특수성과 독자성을 잃지 않으면서 제각각의 광휘를 드러낸다. 한편으로 이 '둘됨(다름)'의 현실 속에서 불가피하게 존재와 가치의 서열이 생겨난다. 개체들의 크기와 무게가 제각각 다른 것처럼, 그것들은 현실적 유용성이나 만족감 등에서 높고 낮은 차이를 노정하기 마련이다. 선비의

'이일분수'(理一分殊) 이론은 이러한 철학과 윤리를 담고 있다. '이일'의 세계에서는 만물이 평등하지만 '분수'의 현실에서는 차이를 보일 수밖에 없는 것이다.[28]

『중용』은 '천명지위성(天命之謂性)'에 이어 '솔성지위도(率性之謂道)'의 명제를 덧붙인다. 천명의 성을 따르는 것이 삶의 길이라는 것이다. 말하자면 만물을 품고 있는 인간존재의 우주적 본성을 자신의 내부에서 자각하고 그 이치를 밝혀 실현하는 것이 우리가 평생 걸어야 할 삶의 길[道]이요 과제이다. 세상 만물이 제가끔 존재의 과제를 실현해 나가는 것처럼, 인간도 스스로 풀어야 할 과제를 타고났으며 그것을 실현해야 한다. 만물 가운데 인간만 아무런 목적도 과제도 없이 이 세상에 내던져졌을까? 아무리 인간은 자유의지를 타고난 존재라 하지만 그 역시 어떠한 삶의 자리에서든 우주적 본성을 실현해야 한다.

이를 위해서 '천명의 성', 즉 자신의 우주적 본성을 깊이 성찰하고 자각해야 한다. 맹자가 "만물이 모두 나의 존재 안에 내재되어 있다."고 말하고는 이어, "그 이치를 자신에게서 찾아 성실하게 행하면 그 이상으로 커다란 즐거움이 없을 것이다"라고 덧붙인 뜻이 여기에 있다. 실제로 자기중심적인 소아의 이기적 태도를 버리고 펼치는 이타의 삶은 우리에게 커다란 즐거움을 가져다준다. 더 나아가 만물을 자신의 존재 깊이 품어 안으면서 그들의 성취를 돕는 우주적 대아라면 어떨까? 세상에 그 이상으로 커다란 즐거움이 없을 것이다. 선비의 궁극적인 이념이 여기에 있다. 『중용』은 말한다. "성인은 넓고 두터운 덕으로 만물을 부양해 주고, 높고 밝은 덕으로 만물을 감싸안아 주며, 무궁한 덕으로 만물을 성취시켜준다." 이는 물론 성인만이 타고난 특별한 힘

---

[28] '이일분수'(理一分殊)의 다양한 함의에 대해서는 김기현,『퇴계의 진리정신과 영성세계』, 167, 168, 260, 288쪽 참조.

이 아니다. 천명을 타고난 인간은 누구나 그러한 잠재적 능력을 갖고 있다.

요컨대 '천명지위성'은 인간이 개인적, 사회적인 차원을 넘어 우주적인 본성과 과제를 천부적으로 타고났음을 선언한 명제이다.『중용』은 그 과제 실현의 결과를 다음과 같이 말한다. "마음의 중화(中和)를 극진히 하면 하늘과 땅이 제자리를 얻고 만물이 바르게 생육될 것이다." "천지에 참여하여 만물의 생성과 발육을 돕는다." 이는 천지창조에 버금가는 대과업을 선언한 말이다. 하늘과 땅 안에서 만물과 더불어 사는 문화의 세계를 만들라는 것이다.『서경』은 말한다. "하늘의 사업을 사람이 대행해야 하리라.[天工 人其代之]" 이러한 과제 의식이 갖는 인간학적 의의는 말할 수 없이 심대하다. 그것은 인간으로 하여금 동물처럼 덧없고 허무한 개체의 삶을 초월하여, 만물을 낳고 기르는 천지만큼이나 위대하고 풍요로운 존재로 거듭나게 해준다. 한편으로 그것은 삶의 진부함과 외로움과 덧없음을, 죽음의 공포를 벗어날 길이기도 하다. '솔성지위도(率性之謂道)'의 명제에 깊이 함축된 뜻이 여기에 있다.

인간만이 자각할 수 있는 천명은 이처럼 우리에게 동식물처럼 자기 안에 갇히지 말고 자신의 우주적인 좌표를 읽으라고 내밀하게 명령한다. 자신의 존재를 우주만큼 광대하게 열어 세계만물을 품어 안으라고 말이다. 맹자가 "만물이 모두 나의 존재 안에 내재되어 있다. 그 이치를 자신에게서 찾아 성실하게 행하면 그 이상으로 커다란 즐거움이 없을 것이다"라고 말하고는 이어, "만물을 힘써 배려하고 보살피는 일이야말로 사랑의 정신을 체득하는 데 가장 긴요한 방법이다"라고 덧붙인 뜻이 여기에 있다.

곰곰이 생각해 보면 사람들이 우주적 본성을 타고났음에도 그것을 자각하고 실현하지 못하는 가장 커다란 요인은 자기중심적인 '나' 의식에 있다. 원래 '나'란 '너' '그' 등 상대를 의식하면서 자신을 지칭하는 말인 만큼, '나'는 본질적으로 남과의 거리감 속에서 자타간 분단과 격절의 의식과 태도를 지어낸다. 실존의 외로움이 여기에서 비롯된다. 한편으로는 '나'의 존재(힘, 입지)를 입증하고 보호하고 주장하고 강화하려다 보니 남들과 갈등하고 투쟁하는 거친 마음이 뒤따를 수밖에 없다. 퇴계가 "나 의식[私]은 마음의 해충이요 모든 악의 근원"[29]이라고 말한 까닭이 여기에 있다. 당연히 자기 안에 갇힌 '나'는 자타간 일체의식 속에서 전개되는 사랑을 불가능하게 만든다. 맹자가 '배려와 보살핌'의 정신을 강조한 뜻이 여기에 있다. 자기 안에 갇히지 말고 역지사지를 통해 타자(사람은 물론 모든 생명체)와 상감상통하면서 그들이 제각기 삶의 제자리를 얻을 수 있도록 도와주어야 한다는 것이다. 이것이 만물을 품고 있는 자신의 우주적 존재됨을 성취할 수 있는, 그리하여 참삶의 행복을 얻을 수 있는 '가장 긴요한 방법'이다.

   선비의 도덕의식의 뿌리가 여기에 있다. 그것은 '천명', 즉 인간의 우주적 본성의 각성을 토대로 갖고 있다. 인간의 우주적 본성이란 다른 말로 표현하면 우주만물을 품 안에 아우를 수 있는 개방적인 생명 정신을 뜻한다. 그것은 초목금수와 달리 인간만이 타고난 고유한 정신이다. 인간이나 초목금수 모두 천지자연의 보편적인 생명정신을 공히 타고났지만, 그것을 자폐하여 이기적으로 밖에는 행사할 줄 모르는 초목금수와 달리, 인간은 그것을 개방적으로 실현하여 타자를 성취시켜줄 수 있는 이타의 능력을 타고났다. 퇴계는 한 제자에게 말한다. "초목금수는 천명을 넓힐 수 없지만 사람은 그것을 넓혀나갈 수 있습니다. (중략) 그렇게 해야만 사람이 초목금수보다 존귀한 이치를 저버리지 않게 될 것입니다."[30] 한마디로 타고난 생명 정신을 널리 개방하여 타자(만물)

---

29) 『退溪全書 一』, 「戊辰經筵啓箚二」, 195쪽.
30) 『退溪全書 二』, 「答申啓叔」, 281쪽. 한편 그는 「천명도(天命圖)」에서 초목과 금수, 인간의 본성을 각각 다르게 도시해놓고서 그 옆에 "완전히 막혀 통하지 않음"[全塞不

의 성취를 도와야 한다는 것이다. 아니 천명은 우리에게 자기 안에 갇히지 말고 자신의 우주적 좌표를 읽어 세상만물을 널리 아우르라고 가르친다. 퇴계가 "천명을 항상 되돌아 살펴보고, 천명을 확립하며, 천명에 이르러야 한다."[31]고 강조한 것은 이처럼 인간으로서 타고난 우주적 본성을 실현하기 위해서였다. 군자와 소인의 차이는 바로 이러한 생명 정신의 개폐 여부에 있다.

 인간의 개방적인 생명 정신은 일상생활 속에서 흔히 도덕 정신으로 드러난다. 생명의 개방이란 타자를 품에 아우르면서 그를 배려하고 또 성취시켜 주고자 하는 노력인 만큼, 거기에는 시비선악의 판단과 도덕 실천의 의지가 뒤따를 수밖에 없다. 이는 역시 '만물을 그의 존재 안에 갖고서 이 이치를 실현하려는' 인간 고유의 정신이다. 즉 그는 자신 안에 내재되어 있는 타자의 의미와 가치를 성찰하고 실현하려는 성향을 생래적으로 갖는다. 천하의 일이 모두 내 밖의 일이 아닌 이치상(퇴계) 세상만사가 내 안에서 도덕적인 요구를 일게 만드는 것이다. 물론 그것은 '나'의 욕망과 이해득실의 현실 속에서 자주 은폐되기도 하지만 그렇다고 해서 아주 없어지는 것은 아니다. 그것은 마치 초목의 남벌에도 불구하고 땅속에서 끊임없이 활동하는 뿌리의 생명력과도 같이 마음속에 내밀한 힘으로 변함없이 존재한다. 이를 네 가지의 덕목으로 범주화한 것이 바로 인의예지의 도덕성이다. 수행은 이러한 도덕성을 회복하기 위한, 달리 말하면 생명 정신을 개방하여 우주적 대아를 성취하기 위한 노력이다.

 通], "부분적으로 통함"[或通一路], "인의예지신 오성이 전면으로 통함"[五性旁通]이라 적어놓고 있다. 여기에서 '통함' 여부는 자연으로부터 타고난 생명정신[天命]의 개폐를 뜻하며, 금수에 대해 "부분적으로 통한다." 한 것은 짐승들의 새끼보호 본능이나, 또는 이를테면 개의 충성 등을 염두에 두고 한 말이다.

31) 『退溪全書 二』, 「答申啓叔」, 281쪽.

인의예지의 도덕은 일상의 규범적인 수준을 훨씬 넘어선다. 선비는 인의예지 각각의 덕목에서 천지자연의 섭리 정신을 발견하였다. 아니 엄밀히 말하면 인의예지의 형이상학적 근원을 천지자연의 섭리 정신에 두었다. 예컨대 그는 인의예지를 원형이정(元亨利貞)의 섭리(천지자연의 생명 활동의 네 가지 역동적인 리듬)에서 연역하였다.[32] 이는 일견 견강부회의 느낌을 주지만 거기에는 중요한 의의가 있다. 일반적으로 사람들은 천지자연을 기껏 시공간의 변화 현장으로만 여긴다. 그리하여 그들은 단조롭고 평면적이며 무의미한 순환 반복의 시간적 지속이 빚어내는 염세적 사고를 면치 못한다.

하지만 선비는 거기에서 천지자연의 생명 정신과 생성 리듬을 발견하면서 이를 준거로 하는 삶을 영위하고자 하였다. 그에게 천지자연은 인간의 존재와 삶의 일차적인 토대이자 근본 조건이었다. 그가 천지자연을 만물의 요람이요 생명의 모태이자 삶의 영원한 모델로 여겼던 것은 이 때문이었다. 그러므로 그의 도덕 생활은 양심에 입각한 착한 삶이라는 일상적인 의미를 넘어서, 삶의 근원과 사람됨의 이치를 천지자연의 섭리에서 찾아 행하려는 초월적인 의미를 담지한다. 그 끝에는 천인합일하는 우주적 대아의 이상이 있다.

사랑의 정신을 예로 들어보자. 일반적으로는 그것만으로도 숭고한 덕으로 칭송받을 수 있지만, 그 이상으로 사랑이 천명(하늘의 소명)을 실현하는 일이라고 여기는 사람은 사랑에 자신의 온존재를 헌신하면서 어떠한 역경과 난관 속에서도 그 정신을 놓지 않을 것이다. 선비에게 사랑은 그처럼 우주적인 힘을 갖고 있었다. 퇴계는 말한다. "인(仁: 사랑)이란 천지가 만물을 생육하는 마음으로써, 사람은 그것을 본성으

---

[32] 이에 관한 상세한 논의는 김기현, 『주역, 우리의 삶을 말하다. 上』(민음사, 2017), 33쪽 이하 참조.

로 타고났다."[33] 그의 사랑은 이처럼 우주적인 힘의 자각과 함께 존재의 충만감을 품고 있었다. 마치 종교인들이 도덕의 근거를 신의 소명에 두면서 신에게로 향하듯이 말이다. 성실한 도덕 생활에도 불구하고 삶에서 진부함과 허무함을 면치 못하는 세속인들과 다른 점이 여기에 있다. 선비는 인의예지의 수행과 실천을 통해 천명을 실현하고 천인합일을 이루려는 우주적 대아의 이상을 갖고 있었다. 이제 이러한 인의예지의 덕목을 아래에서 네 가지로 나누어 살펴보도록 하자.

3. 도덕정신[34]

1) 생명애의 정신

선비에게 인(仁)은 최고의 덕목이요 삶의 궁극이념이었다. 그런데 공자 이래 그것은 매우 포괄적이고 다의적인 용어로 사용되어 개념의 갈피를 잡기가 어렵다. 이는 원래 공자가 인(仁)에 관한 제자들의 질문에 응해서 '공(恭)·관(寬)·신(信)·민(敏)·혜(惠)'라든지, '공(恭)·경(敬)·충(忠)' 등 여러 덕목으로 답변한 데에 기인한다. 그것은 그가 평소 개념 정의보다는 실천을 중시한 데다가, '인'을 한두 마디로 설명하기 어려

---

[33] 『退溪全書 一』,「聖學十圖(仁說)」, 203쪽. 사람들은 (만물을 생육하는) '천지의 인(사랑)'에 대해 말도 안 되는 이야기라고 비판하고 싶겠지만 어느 과학자의 주장을 들어보자. "최근 생명과학분야로부터 좋은 소식이 들려온다. 자연은 경쟁적 집단이 주도하고 있다는 다윈주의자들의 주장과는 달리, 생물권은 공생적이고 이타적이고 자립적인 체계라는 증거가 축적되고 있는 것이다. 전일적(全一的)인 과학자들은 마틴 부버의 '사랑은 보편적인 힘'이라는 말을 확신해도 좋을 것이다. 이 우주의 목적은 생명을 양육하는 것이다." 존 브룸필드, 박영준 옮김, 『지식의 다른 길』, 양문, 2002, 110쪽. '천지의 인'이란 바로 이 '생명을 양육하는 우주의 보편적인 힘(사랑)'을 뜻한다.
[34] 이에 관해서는 필자의 여러 글들에서 이미 서술되었지만 이 책의 취지와 논문의 완결성을 위해 그 내용을 상당히 축약하고 첨삭하여 정리하였다.

운 최고의 덕목으로 여겼기 때문이다. 하지만 이러저러한 개념적 외연만 살피면서 그것을 온갖 덕목들의 총합부호로만 적당히 이해하면, 우리는 그 정확한 의미를 끝내 알 수 없을 것이다. 그 의미를 모르니 올바른 실천도 불가능할 것임은 더 말할 것 없다.

'인'의 개념적 핵심은 무엇일까? 그것은 성리학 이전 종래의 학자들이 이해했던 방식에서 그 단서를 찾을 수 있다. 중국의 한유(韓愈, 768~824)와 주돈이(周敦頤, 1017~1073)는 각각 말한다. "박애(博愛)를 일러 인(仁)이라 한다.[博愛之謂仁]", "덕으로 사랑하는 것을 일러 인(仁)이라 한다.[德愛曰仁]"[35] 훗날 성리학자들은 이들이 본성[仁]과 정감[愛]을 혼동하고 있다고 비판하지만, 그들 역시 사랑이 '인'의 핵심 정신임을 공히 인정한다. 그러면서도 한편으로 같은 성리학자였던 주희는 다른 학자들이 '인'을 사랑의 정감과 무관하게 본성의 차원에서만 논의하는 폐단을 경고하였다. 그의 말을 들어보자.

> 한(漢)나라 이래로 학자들이 인(仁)을 사랑[愛]이라고 정의하는 폐단이 있는데, 그것은 본성과 정감을 분별할 줄 모르고 정감을 본성으로 여겼기 때문입니다. 그런데 지금 그 폐단을 바로잡으려 하면서 도리어 인(仁)이라는 글자를 어디에도 귀착할 곳이 없게 만들어 본성과 정감이 서로 아무런 관련도 없는 것처럼 여기고 있습니다. 이는 이른바 '구부러진 것을 바로잡으려다가 오히려 곧음이 지나쳐서' 그 또한 구부러진 꼴이 되게 하고 말 것입니다. 그러므로 그러한 논의 방식은 공부하는 사람들로 하여금 종일토록 인(仁)을 말하면서도 실제로는 그것의 의미를 알지 못하게 만드는 폐단을 면치 못할 것입니다.

---

35) 『古文眞寶 後集』(학민문화사 영인본), 「原道」, 127쪽. 『性理大全 一』(山東省出版對外貿易公司 영인본), 「通書」, 225쪽.

사랑[愛]이라는 글자를 떠나 한결같이 허공을 더듬어대니, 이미 참다운 성찰이 없기 때문에 그 주장들이 모호하고 또 괴이하여 갖가지의 폐단이 생겨나는 것입니다. 차라리 인(仁)이 무엇인지 전혀 모르면서 사랑의 뜻으로 여기는 것이 나을 것입니다. (중략) 인(仁)의 의미를 알고 싶다면 우선 사랑이라는 글자에서부터 찾아나가는 것이 좋습니다.[36]

그러므로 '인'은 사랑을 핵심 정신으로 갖고 있다고 할 수 있다. 사실 성리학적 사고로 엄밀하게 따지면 '인'은 천부적으로 타고나는 사랑의 본성이지만, 그것은 동시에 삶의 궁극이념으로 추구되기도 했다는 점을 감안해야 한다. 게다가 지난날의 성정(性情: 본성과 정감) 관념을 더 이상 갖고 있지 않은 오늘날의 사고 문법에 맞추어 그것을 다시 정의할 필요가 있다. 이러한 점들을 고려하여 '인'을 박애의 정신이요 더 깊게는, 아래에서 살피는 것처럼, 생명애의 정신이라고 정의하려 한다.

앞에서 '생명을 양육하는 우주의 보편적인 힘(사랑)'을 이야기했는데, 인간은 그러한 '힘'을 천부의 본성으로 타고났다. 퇴계의 말을 빌리면 "사람을 사랑하고 만물을 보살피는 따뜻한 마음"[37]이 그것이다. 어느 생물학자는 이를 두고, 진화 과정 속에서 인간에게 고유하게 형성된 '생명 사랑의 성향'(Biophilia)이라고 말한다. 이러한 생명애의 정신이야말로 천지자연이 인간에게 준 가장 큰 선물이요 축복이라 할 만하다. 그것은 자폐적인 동식물과 달리, 자신의 존재를 열어 남들을 품에 아우르고 보살필 줄 아는 능력이기에 말이다. 인간이 인간다운 점이 바로 거기에 있다.

---

36) 『朱書節要』, 「答張敬夫」, 68쪽, 75쪽.
37) 『退溪全書 一』, 「聖學十圖(仁說)」, 206쪽.

생명애의 정신은 인간 사회에 국한되지 않고 모든 살아 있는 존재들에게까지 펼쳐진다. 선비는 인간 중심적인 사고를 넘어 만물에까지 따뜻한 정과 자애로운 마음을 갖고 있었다. 인간이나 만물 모두를 하늘과 땅, 즉 자연의 자식으로 여겼기 때문이다. 퇴계는 선조에게 말한다. "하늘과 땅은 세상 만물의 큰 부모이므로, 만민과 나는 형제요 만물과 나는 더불어 지내는 이웃입니다."[38]

이러한 '이웃' 의식은 그의 삶 속에서 일상적으로 작동되었다. 예컨대 그는 "여섯 벗이 있으니 마음이 흐뭇하다"고 하면서 그 감흥을 읊는데, 이에 대해 스스로 다음과 같이 주석한다. "소나무와 대나무와 매화와 국화와 연꽃과 내가 벗이다."[39] 그런데 이 말의 어법이 조금 묘하다. 이를 우리 일반인들의 표현 방식과 비교해 보자. 사람들도 자연의 사물들을 벗하는 마음으로 종종 저와 유사한 표현을 하곤 한다. 이를테면 "소나무는 나의 벗이다." 그런데 이는 주객 분별의 사고 속에서 객체를 주체에게로 끌어들이는 모습을 띠고 있다. 하지만 그렇게 해서 양자가 서로 가까이 접근하기는 하지만 거기에는 여전히 나와 사물을 분별하는 자기본위적인 사고가 깔려 있다.

그러나 퇴계가 저들을 바라보는 눈빛은 우리와 전혀 다르다. 그는 사물과 자신을 동일한 존재의 평면 위에 올려놓고 저들과 깊숙이 연결되어 있음을 느낀다. 그러한 심흉에서는 주객 분별적이고 자기 본위적인 의식을 찾아보기 어렵다. 그는 저들을 저만치 '나'의 앞에 놓여 있는 '그것'으로 객체화하지 않고, 모두를 '나'와 똑같은 존재로 주체화하면서 저들과 교감을 하고 있다. 마르틴 부버의 표현을 빌리면 '나와 그것'이 아니라 '나와 너'의 사이로써, 인간과 초목이라는 존재의 외피를 벗

---

[38] 『退溪全書 四』, 「言行錄」, 74쪽.
[39] 『退溪全書 一』, 「溪堂偶興十絶」, 77쪽.

어버린 '벌거벗은 존재'의 만남이다. 퇴계는 이러한 만남 속에서 저들과 깊고 참다운 존재의 교감과 공명을 하고 있다. 우리는 그 생생한 현장을 그가 매화와 국화를 '그대'[君]라거나, 또는 '형'이라고 호칭하면서 저들과 여러 편의 시를 주고받은 모습에서 목격한다. 그중 하나를 읽어보자. 앞의 시는 퇴계가 매화에게 건넨 것이요, 뒤의 시는 매화가 퇴계에게 답한 것이다.

매화 너는 고고하여 외로운 산에 알맞은데	梅花孤絶稱孤山
어인 일로 옮겨왔나 관아의 뜨락으로	底事移來郡圃間
필경에는 너 또한 이름 때문에 그르친 것	畢竟自爲名所誤
이름에 시달리는 이 노인네 속이지 마라	莫欺吾老困名關[40]
나는야 관아에서 외로운 산 추억하고	我從官圃憶孤山
그대는 객지에서 산림 생활 꿈꾸니	君夢雲溪客枕間
서로 만나 웃음 지음도 하늘이 준 인연	一笑相逢天所借
집 안에 학이 없다 한들 서운할 일 없으리다	不須仙鶴共柴關[41]

이처럼 생명애의 정신은 물아일체의 정조를 갖는다. 아니 사랑이란 원래 그러한 것이다. 남녀 간이든 부모·자식 사이든 사랑하는 사람은 사고의 중심을 내가 아니라 상대방에 두면서 그의 입장에서 생각하고 그를 배려하며 보살핀다. 그야말로 일심동체이다. 남·녀든 부모·자식

---

40) 위의 책, 「得鄭子中書益嘆進退之難吟問庭梅」, 133쪽.
41) 위의 책, 「代梅花答」, 133쪽. 여기서 "집 안에 학이 없다 한들" 운운한 것은 옛날 고사를 담고 있다. 중국 송나라 때 임포(林逋)라는 사람이 있었다. 그는 서호(西湖)에서 은둔생활을 하며 매화를 심고 학을 길렀는데, 그가 뱃놀이를 나간 사이에 손님이 오면 집 안에 있던 학이 날아올라 울면서 신호를 보냈다고 한다. 사람들은 이를 일컬어 "매화를 처로, 학을 자식으로 삼았다."[梅妻鶴子]고 하였다.

이든 자신의 욕망을 채우기 위해 행하는 자기중심적인 사랑은, 사랑으로 위장된 불순하고 이기적인 감정일 뿐이다.

공자가 안자로부터 '인(仁)'에 관한 질문을 받고 '나를 초월해야 한다.[克己]'고 대답한 것도 이러한 까닭에서였다. '나'라고 하는 자기중심적인 사고를 버리지 않는 한 '하나와 하나가 하나 되는'(마르틴 부버) 사랑이 불가능하기 때문이다. 하물며 만물을 자신의 존재 깊이 아우르는 생명애의 정신이야 더 말할 것이 없다. 그는 인간 중심적인 의식조차 갖지 않으며, 우주의 한 중심에 서서 만물을 자신의 품 안에 깊이 보듬어 안는다. 선비들에게 널리 회자되었던 아래의 글을 읽어보자.

> 인자(仁者)는 천지 만물을 자기 자신과 한 몸으로 여긴다. 만물을 나 자신의 일부로 생각하니 그 사랑이 어느 한 사물엔들 미치지 않겠는가. 만약 사물을 나 자신과는 다른 타자로 여긴다면 그것은 나와 상관없는 존재가 되고 말 것이다. 이는 마치 수족의 마비로 인해 혈기가 통하지 않아 그것이 내 몸이 아닌 것처럼 느껴지는 것과도 같다.[42]

물아일체의 신비로운 경지가 여기에서 드러난다. '인자'는 자타 분별적이고 자기중심적인 '나' 의식을 완전히 탈각하여 세계 만물을 자신의 존재와 동일시한다. 그는 자신의 우주적 존재성을 온몸으로 깨달으면서 미물 하나까지도 연민과 사랑의 마음으로 보듬어 안는다. 이는 퇴계의 말처럼 "천하를 한 집안으로, 만민을 내 한 몸처럼 여겨 그들의 가려움과 아픔을 바로 나 자신의 것으로 받아들이는"[43] 우주적인 사랑이다.

---

[42] 『近思錄』, 37쪽.
[43] 『退溪全書 一』, 「西銘考證講義」, 218쪽.

당연한 이야기지만 물아일체의 사랑은 세속의 감각적이고 관능적인 사랑과 차원을 달리한다.[44] 물아일체의 사랑은 대상에 대한 열정이 아니라, 인간의 본성에 연원하는 우주적인 존재양식이다. 여기에서 '우주적'이라 함은 인간이 자신의 존재를 무한히 개방하고 확장하여 우주 만물을 아우를 수 있음을 함의한다. 인간은 본래 그처럼 우주적인 존재성을 천부적으로 타고났으며 그것을 실현할 과제를 갖고 있다. 천명(신의 소명)이 바로 거기에 있다. 인자(仁者)는 그러한 존재성을 완벽하게 실현하는 사람이다. 그는 대상을 만나 비로소 사랑을 느끼는(Loving) 것이 아니라, 그 이전에 만물을 자신과 한 몸으로 여기면서 세상에 사랑으로 나선다. 한마디로 그의 존재 자체가 사랑임(Lovingness)이다. 붓다의 자비와 공자의 인과 예수의 박애가 바로 그러한 유형이다.

"사랑은 사람이다.[仁者 人也:『중용』]"라는 알쏭달쏭한 공자의 말을 이렇게 이해해 볼 수 있다. 사랑은 개별적 대상을 향한 행위양식(loving)이 아니라, 본질적으로 인간의 존재양식(Lovingness)이라는 것이다. 물아일체의 사랑이 바로 그것이다. 그 사랑은 어떤 대상을 향해 발로되기 이전에 인간의 존재됨으로 심원하게 각성된 생명정조이다. 그것은 주객의 분리를 넘어 물아일체의 근원적 관점에서 만물을 자신의 존재 안에 깊이 보듬어 안는 영적인 힘이다. 이러한 사랑은 그 어떤 대가와 보답 없이도 그 자체 자기 자신에게 보상한다. 자신의 내면에서 발로되는 기쁨의 에너지가, 달리 말하면 사랑의 마음이 촉진하는 환희롭고

---

44) 참고로 세계적인 영성수행자요 정신의학자인 데이비드 호킨스 David R. Hawkins는 사랑을 존재양식으로서의 영적인 '사랑임(Lovingness)'과 행위양식으로서의 세속적인 '사랑함(Loving)'으로 나눈다. 그에 의하면 전자와 후자는 영적 에너지/동물본능, 영속적/일시적, (분비되는 호르몬의) 엔돌핀/아드레날린(성 호르몬), 균형 잡히고 평온한/과도하고 불균형한, 자기 충족적/광란적, 더불어 존재함/소유와 통제, 흡족함/불안, 안정된/산만한, 높은 의식/낮은 의식 등의 대비적 차이를 갖는다고 한다. 데이비드 호킨스, 문진희 김명권 옮김, 『의식수준을 넘어서』, 판미동, 2024, 283~284쪽 참조.

생명 긍정적인 힘이 그 보상이다. 그리하여 물아일체의 영적인 사랑은 그 자체만으로 자신의 생명을 정화하고 또 성취하는 힘을 갖는다. "인자(仁者)는 장수한다.[仁者壽:『논어』]"는 공자의 주장도 이러한 관점에서 이해해볼 수 있다.

'인자'의 이와 같은 경지를 보통 사람들로서는 상상조차 하기 어렵겠지만, 그것은 우리에게 깊은 자성거리를 준다. 일반적으로 사람들은 신체의 마비만 염려하고 대비할 뿐, 정신의 마비에 대해서는 일말의 걱정도 하지 않는다. 정신의 마비란 다른 것이 아니다. 남들을 나 자신과는 다른 타자로 여기면서 그들의 아픔과 슬픔에 공감하고 동정할 줄 모르는, 돌처럼 딱딱한 마음이 바로 그것이다. 동물과는 달리 인간에게만 주어진, 우주 만물을 향해 열린 생명감각을 스스로 닫아버리는 것이다. 사람들은 자타간 상통하는 넓은 생명 세계를 버리고 그렇게 남들을 배제한 밀폐공간에 자신을 가둔다. 정신의 마비란 그러한 것이다.

그리하여 '수족의 마비로 인해 혈기가 통하지 않아 그것이 내 몸이 아닌 것처럼 느껴지는' 중풍환자의 손발과도 같이, 사람들은 남에 대해 별다른 감각 없이 살아간다. 오직 자신 안에 갇혀 일신의 행복만 도모하려 할 뿐, 열린 생명감각 속에서 연민과 사랑의 마음으로 세상에 나서려 하지 않는다. 오히려 저 '인자'의 열린 생명감각과 사랑의 마음을 현실성 없이 공허한 관념일 뿐이라고 비판하려 한다. 하지만 되돌아 생각해 보자. 자기중심적이고 자폐적인 정신의 마비로 행복을 누릴 수 있을까? 가려움과 아픔을 느끼지 못하는 마비 상태가 신체의 생명성을 그만큼 감소시키는 것처럼, 사랑을 모르는 마음은 인간의 본질을 스스로 침식하고 부정하는 존재의 질병이다. 진정한 행복은 타자를 향해 열린 사랑의 마음속에서만 생겨난다. '인자'는 그 지극한 경지를 열어 보여준다.

생명애의 정신은 삶의 참다운 이치, 즉 진리의 정점에 놓인다. 진리가 인간의 참자아를 성취하게 해주는 정신이라면, 생명애는 수많은 진리 가운데에서 가장 근원적이고도 고차원적인 정신이다. 그것은 나와 타자의 분별을 넘어 '천지 만물을 자기 자신과 한 몸으로 여기면서' 자신의 존재를 하늘·땅만큼이나 넓혀준다. 물론 그것은 관념적 차원에 머무르지 않으며, 연민과 사랑의 마음으로 만물의 생성과 발육을 돕는 실천의 길에 나선다. 인간이 만물의 영장으로 태어나 우주적 대아를 성취할 수 있는 길이 여기에서 열린다. '만물의 영장'이란 인간이 만물을 지배할 권리를 갖고 있다는 말이 아니다. 선비에게 그것은 만물의 생성과 발육을 돕기 위해 우리가 평생 수행해야 할 의무와 과제를 갖고 있음을 뜻한다. 선비는 그처럼 만물을 아우르는 생명애의 정신으로 삶과 세상에 나서려 하였다.

2) 의로움의 정신

의로움이란 일상적으로는 사람이 마땅히 행해야 할 올바른 행위에 대한 사전계도적인, 또는 사후평가적인 말로 흔히 쓰이지만, 선비의 이념적이고 철학적인 사고 속에서 그것은 그 이상으로 정교한 의미를 갖고 있다. 그는 그것을 인간의 본질가치요 삶의 핵심정신으로 여긴다. 맹자는 말한다. "사랑은 사람의 편안한 집이요 의로움은 사람의 바른 길이거늘, 편안한 집을 비워두고 살지 않으며 바른길을 버리고 걷지 않으니, 슬프다!"(『맹자』) 또한 그의 아래와 같은 웅변은 오늘을 사는 우리들의 마음에도 깊은 울림을 준다.

물고기는 내가 좋아하는 음식이요 곰발바닥 또한 내가 좋아하지만, 두 가지를 다 취할 수 없다면 물고기보다는 곰발바닥을 택하겠다. 삶은 내가 원하는 바요 의로움 또한 내가 원하는 바지만, 두 가지를 다 취할 수 없다면 삶을 버리고 의로움을 택하겠다. 삶 또한 내가 원하는 바지만 삶보다 더 바라는 것이 있기 때문에 구차하게 살려 하지 않는 것이며, 죽음은 내가 싫어하는 바지만 죽기보다 싫은 것이 있기 때문에 (죽음의) 환난을 피하지 않는 것이다. 만약 어떤 사람이 삶 이상으로 바라는 것이 없다면 살 수 있는 모든 수단을 어찌 이용하지 않겠으며, 그가 죽음 이상으로 싫어하는 것이 없다면 환난을 피할 수 있는 모든 수단을 어찌 다 쓰지 않겠는가. 의로운 마음이 있기 때문에 살 수 있음에도 그 수단을 쓰지 않는 것이며, 의로운 마음이 있기 때문에 환난을 피할 수 있음에도 그 수단을 쓰지 않는 것이다. 그러므로 삶보다 더 바라는 것이 있는 것이며 죽기보다 더 싫은 것이 있는 것이니, 이러한 마음은 현자들만 갖는 것이 아니다. 모든 사람이 다 갖고 있지만 현자는 그러한 마음을 잃지 않는 것일 뿐이다.(『맹자』)

조선시대 여러 차례의 사화 당시 죽음 앞에서 당당했던 선비들의 기개는 이러한 의로움의 정신의 소산이었다. 그 저변에는 그들의 천명의 인간관이 작용하였다. 그들은 하늘로부터 부여받은 인간의 본래적 존재됨과 삶의 과제를 사랑과 의로움에서 찾고 그것들을 이념화하여 그 실천에 진력했으며, 그리하여 그들에게 의로운 죽음은 인생의 좌절과 소멸이 아니라 오히려 천명의 삶을 이루게 해줄 합당한 자리요 존재의 고결한 성취로 여겨졌다. 중종 때 혁신정치를 도모하다가 간신배들의 모함에 걸려 희생당한 기묘사화의 주인공 정암(靜庵) 조광조(趙光祖, 1482~1520)의 최후장면을 한번 바라보자.

조광조가 능성(綾城)에 귀양 가 있었는데 (중략) 얼마 안 되어 사사(賜死)하라는 명령이 내리자, 그가 말하기를 "임금이 신에게 죽음을 주시니 반드시 죄명이 있을 것인즉, 청컨대 그것을 공손히 듣고 죽겠노라." 하고, 뜰아래 내려가 북쪽을 향해 두 번 절한 다음 꿇어 엎드려 전지(傳旨)를 받았다. (중략) 목욕하고 새 옷을 갈아입은 다음 자기 집에 보내는 글을 쓰는데 한

자도 틀리게 쓰는 것이 없었다. 조광조가 조용히 죽음에 나가면서 옆에 그를 모시고 있는 자들에게 부탁하기를, "내가 죽거든 관을 얇게 할 것이요 두텁고 무겁게 하지 말라. 먼 길에 운반하여 돌아가기 어려울까 염려된다." 하였다. 금부도사 유엄이 죽음을 재촉하는 기색이 있자, 조광조가 탄식하기를, "옛사람 중에 임금의 조서를 안고 여관에 엎드려 울었다는 이도 있는데, 도사는 어찌 옛 사람과 다르단 말이냐." 하고, 글을 읊기를, "임금 사랑하기를 어버이 사랑하듯 하고, 나라 걱정하기를 집안 근심하듯 했네. 하늘의 해가 이 땅을 비추니, 나의 충정 밝게 밝게 빛나리라.[愛君如愛父 憂國如憂家 白日臨下土 昭昭照丹忠]" 하고는 드디어 약을 마셨다. 그래도 숨이 끊어지지 않으므로 금부의 나졸들이 달려들어 목을 조르려 하니, 조광조가 말하기를, "임금께서 이 신의 머리를 보전하려 하시는데 너희가 감히 이러느냐." 하고는 독주(毒酒)를 더 마시고 드러누워 일곱 구멍으로 피를 쏟고 죽으니 곧 12월 20일로서, 듣는 자가 눈물을 흘리지 않은 이 없었다.[45]

선비는 의로움의 정신을 인간의 본질가치요 삶의 의미 근원으로 여겨 매사에 올곧고 의연하게 나섰다. 그의 정신은 물건을 주고받는 등 일상의 사소한 일에서부터 일신의 거취와 진퇴와, 더 나아가 죽음의 위협 앞에서까지 발휘되었다. 맹자는 말한다. "의롭지 않으면 지푸라기 하나라도 남에게서 취해서는 안 된다."(『맹자』) 퇴계 또한 말한다. "선비가 세상에 태어나 벼슬을 하거나 그에서 물러나거나, 또는 때를 만나거나 못 만나거나 간에, 요컨대 자신을 깨끗이 하고 의로움을 행할 뿐, 화복은 논할 바가 아닙니다."[46] 그러므로 의로운 죽음은 그에게 존재의 소멸이 아니라 오히려 완성이었다. 이에 반해 의로움을 저버린

---

45) 『국역 연려실기술 Ⅱ』, 민족문화추진회, 1977, 314~315쪽. 위의 인용은 어색한 번역문의 어투를 일부 고친 것이다.
46) 『退溪全書 一』, 「答奇明彦」, 403쪽.

삶은 아무리 부귀영화를 누린다 하더라도 사람됨의 의미와 가치를 상실한 허울에 지나지 않는다.

의로움의 정신은 불의에 대한 강한 척결 의지를 동반한다. 불의는 인간의 생명을 부정하고 사회를 혼란시키는 주요 요인이기 때문이다. 그리하여 의로움의 정신은 사람들의 삶과 사회에서 생명부정의 병리현상을 도려내어 참생명을 보호하려 한다. 그는 개인적으로든 사회적으로든 생명을 잠식하고 부패시키는 불의를 수오(羞惡)하면서 이에 대한 응징을 통해 참생명을 결실하려 한다. 이렇게 살피면 앞서 살핀 생명애의 이념도 이러한 정신이 없이는 공허한 것이 되고 만다.

의로움의 정신은 사회적으로는 경제정의의 이념을 내포한다. 경제정의가 재화 분배의 형평을 추구하는 것이라면, 선비는 그것을 치국·평천하의 기본원리로 여겨 실현하고자 하였다. 이 점은 맹자가 토지를 균등하게 분배할 것을 주장한 데에서 잘 드러난다.[47] 더 나아가 공자는 말한다. "나는 들으니, '나라를 다스리는 자는 인구가 적음을 걱정하지 말고 재화의 불균등한 분배를 걱정하고, 재정의 빈곤을 걱정하지 말고 민심의 불안정을 걱정해야 한다.'고 한다. 백성에게 재화가 균등하게 분배되면 가난은 문제되지 않을 것이요, 사회가 평화로우면 인구의 다과는 문제되지 않을 것이며, 민심이 안정되면 나라는 무너지지 않을 것이다."(『논어』) 이는 오늘날의 어법으로 풀이하면, 성장과 분배 어느

---

[47] 참고로 중국의 성리학자 장재(張載, 1020~1077)의 다음 글 역시 토지와 관련한 경제정의의 이념을 잘 밝혀주고 있다. "인정(仁政)은 반드시 토지를 균등하게 분배하는 데에서부터 시작되지 않으면 안 된다. 빈부가 불균등하고 백성들의 교화에 법도가 없다면 정치에 관해 말하고자 한들 모두 다 구차한 짓일 뿐이다. 오늘날 토지개혁을 꺼리는 자들은 처음부터, '부자들의 전답을 급작스럽게 빼앗아서는 안 된다'고 말들 한다. 그러나 다수가 그러한 개혁을 환영할 테니, 만약 일정한 처리원칙을 갖고서 몇 해만 시행해나간다면 한 사람도 벌주지 않고도 훌륭한 세상을 만들어낼 수 있을 것이다. 다만 문제는 그것을 결행하려는 의지가 통치자에게 없다는 점이다."『맹자』, 학민문화사, 397~398쪽.

쪽을 우선할 것인가 하는 문제에 대한 선비의 입장을 분명하게 전해준다. 사실 가난은 극복되어야 할 불편임이 분명하지만, 어쩌면 그 이상으로 심각한 문제는 사람들 사이에 빈부의 격차로 인해 생기는 갖가지의 폐해에 있을 것이다. 빈부의 격차는 생활의 불편을 넘어 사람들로 하여금 상대적 박탈감 속에서 시기와 질투의 마음을 키우고 갈등과 투쟁 의식을 조장하게 만들어 결국 사회를 혼란 속에 빠트린다. 공자가 사람들의 삶과 사회에서 재화의 불균등한 분배를 가난보다 더 위험한 요인으로 여긴 이유가 여기에 있다.

선비의 경제정의의 이념은 가진 자보다는 못 가진 자를 배려하고 그의 권익을 보호하려는 뜻을 갖고 있었다. 『대학』은 이를 다음과 같이 말한다. "말을 기르는 대부의 집에서는 닭과 돼지를 기르지 않고, 상제례(喪祭禮)에 얼음을 사용할 수 있는 공경의 집에서는 소와 양을 기르지 않는다." 닭과 돼지, 소와 양 등은 하층민의 주요한 생계 수단이므로 상류의 지배계층은 그들에게서 그것을 빼앗으려 해서는 안 된다는 것이다. 선비가 경제정의를 실현하려는 것은 단순히 분배의 형평성과 민심의 안정만을 생각해서가 아니었다. 거기에는 정치 행위 이전에 소외당하기 쉬운 하층의 사람들을 보살피고 배려하려는 애민(愛民)의 정신이 작용하고 있다. 그리하여 그것은 궁극적으로 사랑과 정의의 이념 속에서 사회구성원 모두가 이익을 함께 누리는 화해로운 공동사회의 건설을 지향하였다.

이제 그동안 제쳐놓았던 질문을 한 가지 던져보자. 의로움이란 무엇을 뜻하는 말일까? 사람들은 '의롭다' 또는 '의리'라는 말을 일상으로 사용하지만 정작 그것의 정확한 의미에 대해서는 별로 생각해 보지 않는다. 그 의미에 애매모호하니 그 말을 오용하고 행동을 그르치기도 한다. 폭력배들끼리의 깡패 의리나 정치인들의 파당적 의리가 그 일상적인 예에 해당된다. 이는 개념의 정확한 이해와 올바른 사용이 삶의 중요한 요소임을 일러준다. 언어의 혼란은 인간관계는 물론, 사회의 혼란까지 초래하게 될 것이다. 일찍이 공자는 이 점을 간파하면서 다음과 같이 말한다. "명칭이 올바르게 사용되지 않으면 말이 순조로울 수 없고, 말이 순조롭지 않으면 일이 성사될 수 없고, 일이 성사되지 않으면 예의와 음악이 흥성할 수 없고, 예의와 음악이 흥성하지 않으면 형벌이 공정할 수 없고, 형벌이 공정하지 않으면 사람들이 어떻게 행동해야 할지 모르게 될 것이다."(『논어』)

그러면 의로움의 정확한 의미는 무엇일까? 한마디로 그것은 실천 지향의 진리 정신이다. 진리를 관념적으로 유희하는 것에 만족하지 않고 진리에 따라 처사하려는 것이다.[48] 퇴계는 이를 한 제자에게 목수의 일로 비유하여 이야기한다. "의(義)는 일을 마름질하고 결단하는 도리로써 마치 날카로운 칼로 물건을 마름질하여 그 장단과 대소에 각기 알맞음을 얻어내는 것과도 같습니다."[49] 말하자면 집의 설계 도면이 진리라면, 그 도면에 따라 재목들을 알맞게 자르고 마름질하여 진리의 집을 건축하려는 것이 의로움의 정신이다. 이는 진리의 삶을 사는데 의로움의 정신이 불가결한 조건임을 일러준다. 의로움의 정신이 결여된 진리는 공허하기 짝이 없다. 한편 집의 구조와 견고함, 아름다움이 목수의 역량에 좌우되는 것처럼, 참자아(삶)의 완성은 의로움의 정신이 얼마나 투철한가에 달려 있다.

의로움의 정신은 공리의식과 극명한 대조를 이룬다. 공리의식은 진리를 외면하고 오직 행위의 목적이나 결과만을 계산하지만, 의로움의 정신은 순수하게 오직 일 또는 행위에 내재하는 진리가치를 올바르게 실현하려 한다. 선비는 아래의 글을 삶의 금과옥조처럼 여겼다. "이득

---

[48] "이치에 따라 처사하는 것이 의(義)이다." 『心經』, 48쪽.
[49] 『退溪全書 二』, 「答李宏仲問目」, 215쪽. '마름질'이란 옷감이나 재목 등을 일정한 기준에 따라 재단하는 것을 뜻한다.

거리를 보거든 그것을 취하는 것이 의로운 일인지 여부를 생각하라.[見利思義:『논어』]" "의로움을 올바로 행할 뿐 이득을 도모하지 않고, 도리를 밝힐 뿐 공명(功名)을 계산하지 않는다."[50]

이와 같이 의로움의 정신은 공리의식을 배제하고 사람으로서 마땅히 행해야 할 도리만을 밝히려 한다는 점에서 철저히 '가치 합리적'이다.[51] 달리 말하면 의로움은 행위의 손익 여부를 떠나 순수하게 오직 그 행위에 고유한 것으로 믿어지는 진리 가치를 실현하려는 정신으로써, 그것은 일종의 '정언명령'과도 같다. 이에 따르면 사람들이 실현해야 할 진리 가치는 행위의 목적이나 결과에 의해 산정되어서는 안 된다. 진리 가치를 수단화하는 목적주의나 결과주의는 결국 몰가치적인 사고를 조장하여 삶과 사회를 황폐화시키고 말 것이다. 실제로 마음속에서 이해득실을 따지는 순간 진리의 정신은 사라지고 만다. 그렇게 되면 세상에 진리는 실종되고 이해타산만 난무하게 될 것이다. 거기에서 모든 인간관계는 순전히 이해득실로만 맺어지면서 더없이 취약해질 것이며, 인간의 본질가치인 우정이나 사랑조차도 '목적 합리적' 관점에서 언제든 파기될 것이다.

퇴계가 '의로움의 정신은 삶의 길이요, 잇속의 마음은 죽음의 길'[52]이라고 말한 뜻이 여기에 있었다. '잇속의 마음'은 인간존재의 빈곤을 초래하기 때문이다. 그러므로 그는 살아 있어도 정신적으로는 죽은 것

---

50) 『心經』, 279쪽.
51) 어느 학자는 사람들의 합리적인 행동을 '가치 합리적인' 것과 '목적 합리적인' 것으로 나누면서 다음과 같이 말한다. "가치 합리적 행동은 어떤 행동 고유의 것이라고 사료되는 가치의 구현에 집중되는 것이고, 목적 합리적 행동은 어떤 행동으로부터 연유하는 것으로 기대되는 목적달성에 집중된다. 가치 합리적 행동은 행동의 본질적인 고유성에 맞춰지는 것이고, 목적 합리적 행동은 그 행동에서 기대되는 의도된 결과에 맞춰진다." R. 브루베이커, 나제민 옮김, 『합리성의 한계』, 법문사, 1985, 63~64쪽.
52) 『退溪全書 二』, 「答金彦遇問目」, 59쪽.

이나 다름없다. 이는 자본주의 사회에서 물질적 이득을 최상의 가치로 숭상하고 있는 오늘날 사람들이 심각하게 자성하고 고민해야 할 절실한 문제이기도 하다. 존재의 빈곤으로부터 자신의 삶을 구원하기 위해, 정신이 풍요로운 삶을 살기 위해서 말이다.

선비의 반공리적인 사고는 맹자와 그의 제자 사이에 벌어졌던, 이른바 '왕척직심(枉尺直尋)'의 논쟁(『맹자』)에서도 분명하게 드러난다. 제자가 선생에게 은근히 요구한, '한 자[尺]를 굽혀서 여덟 자[尋]를 펴는' 행위는 공리와 실용의 관점에서 살피면 매우 목적 합리적이다. 그것은 '일곱 자'라고 하는 결과의 이익을 가져다줄 것이기 때문이다. 하지만 거기에는 이해득실의 계산만이 행해지고 있을 뿐, 행위의 가부와 시비에 대한 가치판단이 결여되어 있다는 점에 문제가 있다. 게다가 제자가 선생에게 '여덟 자의 큰 이익'을 도모하기 위해서는 '한 자의 불의(不義)'쯤은 무릅쓸 필요가 있다고 암시하고 있는 데에는, 목적을 위해서는 수단 방법을 가릴 것 없다는 마키아벨리즘적인 사고까지 엿보인다. 맹자가 이에 대해 "만약 여덟 자를 굽혀 한 자를 펴는[枉尋直尺] 이익을 얻을 수 있다면 그래도 할 것인가?"라고 반문한 것도 이를 예상하고 비판하는 것이었다. '한 자'어치라도 이익이 될 만한 것을 얻기 위해서는 '여덟 자'의 굴욕과 불의도 마다하지 않을 가치 불감증을 그는 질타하고 있는 것이다.

학문의 처음과 끝이 이로써 마련된다. 진리의 탐구와 발견이 학문의 출발점이라면, 그것을 의로움의 정신으로 가치 전환하여 참자아를 완성하는 것이 그 종착점이다. 그러므로 실천의 세계로 나가지 않는 진리는 공허하다. 물론 그 진리는 학자의 전유물이 아니다. 퇴계는 한 제자에게 말한다. "리(理)는 일상의 세계에 충만하여 일거일동의 순간과 윤리 실행의 즈음에 있습니다."[53] 그러므로 일상생활의 모든 순간과 자리가 다 진리 실천의 현장인 만큼, 진리의 탐구를 본업으로 하는 학자는 말할 것도 없고, 모든 사람이 진리의 정신으로 의로운 삶을 영위해야 한다.

3) 예의의 정신

예의란 간단히 말하면 사람들이 인간관계와 사회생활상 지켜야 할 도덕규범을 총칭한다. 그것은 당위성을 띠고 있기는 하지만, 사실 사람들은 그에 대해 별로 거부감을 느끼지 않고 대체로 그것을 자연스럽게 행한다. 어려서부터 그것을 부단히 학습하고 어른들로부터 주의와 훈계를 들으면서 자신들의 것으로 내면화 해왔기 때문이다. 그리하여 사람들은 예의의식에 깊이 젖어 그것을 강제가 아니라 자발적이고 인간적인 것으로 여긴다. 그들이 예의를 사람됨의 일차적인 평가 잣대로 삼으면서, 예의의 준수와 실천을 통해서만 인간으로서의 품위를 유지할 수 있다고 믿는 것도 이에 기인한다. 예의는 이렇게 하여 사람들의 몸과 마음 전반을 지도하고 규율한다. 그것은 사람들의 기거동작으로부터 사회의 구조 형성에 이르기까지 삶과 사회의 구석구석에서 사람들을 안내하는 행동의 모형이다.

예의는 자타의 관계를 하나로 엮어주고 맺어주는 힘을 갖고 있다. 예컨대 인사의 예의는 나와 남을 교류시켜 주고, 결혼의례는 남자와 여자를 공식적으로 맺어주며, 장례의식은 죽은 사람과 산 사람을 연결해 주고, 종교의례는 인간을 신과 엮어준다. 모든 예의규범이 다 그처럼 자타의 관계를 맺어준다. 그러므로 예의는 교류 질서이다. 예의를 거부하는 사람은 타자를 자신의 삶과 존재 밖으로 밀어내고는 밀폐된 독방에서 혼자서 외롭게 지내려는 것이나 다름없다. 그러므로 "예가 없으면 안내자 없는 장님, 촛불 없는 캄캄한 방과도 같아서 우리의 수

---

53) 위의 책, 「答南時甫別紙」, 365쪽.

족과 이목을 어디에도 둘 수가 없게 된다."(『예기』)

선비는 자타간 만남의 질서 이전에 한 사람의 행위질서까지도 예의로 규범화하였다. 그는 이 세상 만사만물이 존재 및 생성의 질서를 갖고 있음에 주목하였다. 그의 이기론(理氣論) 상 '리'(理)의 어원상 의미가 여기에 있다. 구슬 '옥'(玉)의 변에 마을 '리'(里)의 음을 차용하고 있는 그것은 원래 옥의 '결', 즉 구슬의 물리적 구조를 뜻한다. 이와 같은 관념은 '이치'라고 하는 추상적인 의미로 발전하면서 일상의 언어로 다양하게 응용되었다. 조리(條理)·생리(生理)·물리(物理)·지리(地理)·사리(事理)·윤리(倫理) 등이 그 예에 해당된다. 만사만물은 그렇게 제각각 고유한 존재(생성)의 결, 질서를 갖고 있다. 인간사회의 영역에서 말하면 그것은 사람됨의 이치[理]요 삶의 길[道]이며 언행의 지극한 표준[太極]이기도 하다. 그것에 어긋나면 존재질서의 혼란과 삶의 파탄을 면치 못한다.

선비의 예의는 그러한 존재(생명)질서를 가치규범화한 것이다. 『예기』는 말한다. "예의는 천지자연의 질서이다.", "예의는 리(理)이다." 주희는 이를 다음과 같이 풀이한다. "예의는 천리(天理)를 규범화한 것으로써 사람이 마땅히 지켜야 할 행위의 준칙이다."[54] 하지만 그 질서란 과연 무엇이며, 그것을 누가, 어떻게 잡아내어 규범화할 수 있을까? 이에 대해서는 많은 논란이 있을 수 있지만, 어쨌든 모든 사회는 제각각의 문화전통 속에서 삶의 질서를 규범화한 다양한 예의규범을 갖고 있다. 그것들은 법과 제도 이전에 사회를 직조해 주는 얼개요, 인간다운 삶을 유지시켜 주는 강령으로 작용한다.

그러므로 예의를 부정하고서는 인간관계와 사회생활은 물론 삶 자체를 영위하기 어렵다. 예컨대 사랑도 예의를 통해서만 완성될 수 있

---

[54] 『經書(論語)』, 성대 대동문화연구원, 68쪽 주.

다. 사랑은 그저 내키는 대로의 감정을 마음대로 주고받는 행위가 아니다. 참다운 사랑은 상대방에 대해 예의를 지키고 그의 인격을 존중하는 마음을 통해서만 아름답게 완성될 수 있다. 예의 없이 문란하고 방종한 사랑은 결코 오래가지 못하며, 관계의 파탄을 면치 못한다. 작금 우리 사회에 다반사로 일어나고 있는 이혼의 문제를 우리는 이러한 관점에서 접근해 볼 필요가 있다. 예의를 고리타분한 전통이요 관습적 행동양식에 불과한 것으로 여겨서는 안 된다.

선비에게 예의는 삶을, 아니 인간존재를 지탱시켜 주는 지줏대였다. 공자는 말한다. "예의를 모르면 사람으로 나설 수 없다.[不知禮 無以立:『논어』]". 『춘추좌씨전』에는 또한 말한다. "예의는 사람의 골간이다. 예의를 모르면 사람으로 나설 수 없다." 이를 케케묵은 사고로 무시해 버릴 일이 아니다. 사실 그와 같은 생각은 오늘날을 사는 우리도 암암리에 공유하고 있다. 우리가 무례한 사람을 '못된 놈"이라고 비난하는 것은 그의 저열한 인격(사람됨의 품격)에 대한 평가적인 의미를 갖는다. 사람이 못됐다는 것이다. 악당들조차 공공의 자리에서 짐짓 예의를 꾸미는 것은 그들 역시 자신이 괜찮은 사람임을 남들에게 보여주려는 의도에서다. 아래의 글을 읽어보자.

> 예는 자체의 '마술적' 특성으로 인해서 예에 참여하는 사람들을 인간으로 형성시키며 인간화하는 신성한 힘을 가진 '인간적 교제의 구체적 행위들'을 의미한다. 따라서 예는 행위의 있는 그대로의 양식이 아니라 이른바 종교적, 도덕적, 미학적 의미들의 담지자로서의 행위양식이다. 무엇보다도 예는 물리적 강제나 강제적 위협이 아니라 우리들의 일상적인 인간적 교제에 있어서의 무수한 자연적, 자발적인 정중한 행동에서 보이는 일종의 마술적 동의에 이상적으로 기초한 행위를 의미한다.[55]

이처럼 예의는 인간학적인 의의를 갖는다. 그것은 단순히 행동거지의 품위를 얻기 위한 것 이상으로, 행위자가 예의를 행함으로써 자신이 동물과는 다른 존재임을 자긍하고 또 내외에 알리려는 의도를 갖는다. 이를테면 "결혼식이란 동물적인 교합에 반대하는 인간의 항의의 표현이며, 내분비의 예속에 반대하는 최초의 은밀한 항의의 표현이다."[56] 장례의식도 이와 마찬가지다. 그것 역시 사람들이, 죽으면 아무렇게나 버려지거나 또는 남들에게 먹히는 짐승과는 자신이 다르다는 것을 보이기 위해 그와 같이 죽음을 여러 가지 형식으로 꾸며놓은 것이다. 사람들은 이처럼 예의를 통해 사람됨의 의미를 스스로 확인하고 싶어 한다.

우리는 이러한 관점에서 예의를 소홀히 하는 이 시대의 풍조를 비판적으로 따져볼 필요가 있다. 사람들은 어쩌면 자신의 인간적 품위를 올리려 하기보다는 오히려 동물적 수준으로 격하시키고 있는 것은 아닌가? 예컨대 오늘날 서구의 선진국이나 우리나라에서까지 젊은 남녀들 사이에는 동거생활이 유행하고 있다고 한다. 정식의 결혼예식을 올리기 전에 함께 살면서 여러모로 서로 맞추어보겠다는 것이다. 이는 기능적인 관점에서는 매우 합리적일 수도 있다. 하지만 거기에는 '동물적 교합'의 은밀한 욕망이 숨겨져 있는 것은 아닐까? 그러함에도 저들이 정식의 결혼 뒤에 이혼을 일상사처럼 하는 것을 보면 뭔가 잘못되었다는 생각을 지울 수 없다. 남녀간 사랑과 결혼생활의 성공 비결은 역시 상호간 예의의 실천에 있을 것이다. 이 점에서 퇴계가 갓 결혼한

---

[55] 벤자민 슈월츠, 나성 옮김, 『중국고대사상의 세계』, 살림, 1996, 117~118쪽. 선비정신상 예의의 종교적, 미학적 의미에 대해서는 김기현, 『선비』, 민음사, 2009, 244~254쪽 참조.
[56] 앙드레 베르제·드니스 위스망 공저, 남기영 옮김, 『인간학·철학·형이상학』, 정보여행, 1996, 237쪽.

손자에게 보낸 아래의 편지는 예의와 공경심이 무엇인지조차 모르는 오늘날 사람들의 부부생활에 절실한 충고로 다가온다.

> 무릇 부부는 인륜의 시작이요, 만복의 근원이므로 아무리 친밀하다 하더라도 역시 방정(方正)하게 행동하고 조심해야만 하는 사이이다. 그래서 "군자의 도는 부부에서부터 시작된다." 한 것이다. 세상 사람들은 모두 예의와 공경심을 잃고서 그저 가깝게만 지내다가 마침내는 서로 얕보고 업신여겨 못하는 짓이 없는데, 이 모두 서로 손님처럼 공경하지[相敬如賓] 않는 데에서 생겨나는 일이다. 그러므로 집안을 올바르게 지켜 나가려면 마땅히 부부 사이부터 조심하지 않으면 안 된다. 천만 경계하거라.[57]

이처럼 "서로 공경하기를 손님 대하듯이[相敬如賓]"[58]함으로써만 사랑을 완성할 수 있다는 부부의 윤리 정신은 서로에게 순수한 인격으로 정중하고 예의 바르게 다가갈 것을 요구한다. 공경은 본래 그런 깊은 함의를 갖고 있다. 그것은 단순히 윗사람에게 표하는 예의형식에 불과한 것이 아니라, 상대방에게 나의 온존재를 기울여 조심스럽게 다가가는 마음을 함의한다. 『예기』는 말한다. "친밀하게 지내면서도 공경하고, 경외하면서도 사랑해야 한다.[狎而敬之 畏而愛之]" 예나 지금이나 참

---

57) 『退溪全書 二』, 「與安道孫」, 311~312쪽.
58) 이 말은 『춘추좌씨전』(경문사 영인본)에 그 고사를 두고 있다. 당시 어떤 정치인이 들길을 지나다가 마침 밭에서 일하는 농부와 그의 아낙을 만났는데, 두 사람 사이에 언행을 주고받는 것이 마치 손님을 접대하듯이 공손하였다. 그는 "상경여빈(相敬如賓)이로다!" 하고 감탄하고는 조정으로 돌아와 임금에게 다음과 같이 아뢰면서 그 남편을 천거하였다. "공경은 덕의 산물입니다. 그러므로 공경할 줄 아는 사람은 틀림없이 덕이 있을 것입니다. 백성을 덕으로 다스려야 하는 것이니, 임금님께서는 그를 등용하시길 바랍니다. 신은 들으니, '문을 나서 사람들을 만날 때는 손님을 대하듯 하고, 일에 임해서는 제사를 받들듯이 하는 것[出門如賓 承事如祭]이 사랑의 법도'라 합니다." (「僖公下」 33).

다운 사랑은 바로 이와 같은 정신 속에서만 완성될 수 있다.

선비의 예의 정신은 일차적으로 일거수일투족의 행동거지에서 드러난다. 그 모습을 아래의 묘사에서 상상해 보자. "발걸음은 장중하게, 손놀림은 공손하게, 시선은 바르게, 입은 과묵하게, 목소리는 조용하게, 머리는 똑바로, 기상은 엄숙하게, 서 있는 모습은 덕성 있게, 얼굴빛은 엄정하게 해야 한다."(『예기』) 이는 오늘날의 관점에서 살피면 생명을 억압하고 언행을 구속하는 못마땅한 모습으로 비쳐질 것이다. 하지만 우리는 자신의 생명을 제고하고 앙양하는 언행이 과연 무엇인가 곰곰이 생각해 볼 필요가 있다. 아래의 대화는 우리에게 이러한 성찰거리를 준다.

> 어떤 사람이 정자(程子)에게 다음과 같이 위로의 말을 하였다. "45년 동안 예의를 힘써 행해오셨으니 매우 힘들고 고생스러우셨겠습니다." 이에 정자가 대답하였다. "나는 날마다 편안한 땅을 밟아왔는데 힘들고 고생스러울 게 무엇 있겠습니까. 남들은 날마다 위태로운 땅을 밟고 있으니, 그들이야말로 힘들고 고생스러울 것입니다."[59]

이 대화는 인간과 삶에 대해 서로 다른 두 사람의 인식 태도를 보여준다. 무릇 모든 삶은 각자의 인간관에 따라 영위되는 법이다. 자신을 존엄하다고 여기는 사람은 행동거지 하나에도 품위를 지키려 할 것이요, 이에 반해 자신을 못났다고 생각하는 사람은 비굴한 행동을 마다하지 않을 것이다. 역으로 살피면 한 사람의 행동거지와 삶의 태도를 통해 그의 인간관을 읽을 수 있다. 이를 저 '어떤 사람'과 '정자'의 사례에서 살펴보자. 전자가 예의에서 '힘들고 고생스러움'을 짐작했던 이면에

---

[59] 『心經』, 184쪽.

는, 좋게 말하면 자유주의적인 인간관이 놓여 있다. 인간은 자유롭게 행동할 천부의 인권을 타고났는데 그것을 스스로 억압하니 '힘들고 고생스럽다'고 여겨질 수밖에 없는 것이다.

그런데 그의 자유 의식에는 자율의 정신이 결여되어 있다.[60] 그는 모든 억압과 속박으로부터의 해방을 자유의 전부라고 여긴다. 도덕과 법 등 공적으로 요구되는 질서까지도 그것이 자신을 구속한다고 생각되면 자유의 이름으로 반발하고 저항한다. 설사 예의를 지킨다고 하더라도 그것은 마지못해서 하는 것일 뿐, 언제든 '비례'(非禮)를 범할 의사를 갖는다. 그리하여 방종에 가까운 행동조차도 자유분방한 모습으로 미화되기도 한다. 이러한 안목으로는 예의를 강조하는 도덕군자가 위선자로 못마땅하게 비치기까지 할 것이다.

우리는 여기에서 오늘날 우리 사회에 만연되어 있는, 도덕과 법이 무너진 무규범 현상의 원인 하나를 발견한다. 그것은 잘못된 자유 의식과, 근본적으로는 경박한 인간관의 산물이다. 사람들은 재물이나 권력 등 외재적인 힘에서 자아의 정체성을 찾아 그러한 힘을 획득하기 위해 세상에 살벌하게 나선다. 언제, 어디서나 '파이팅(투쟁)!'을 외쳐댄다. 그들에게는 (불성이든, 덕성이든, 영혼이든) 인간의 고결한 본성을 실현하기 위해 자유를 행사하리라는 고상한 과제 의식이 없다. 기껏 욕망 추구와 실현의 자유만 생각한다.

하지만 진정한 자유는 천부의 인간성[천명]의 실현이라고 하는 평생

---

[60] "자유란 여러 구속적 규칙으로부터 면제되어 있는 것은 아니다. 도리어 자유란 도덕적 의지가 자신에게 부과하는 규칙이다. 그것은 '자율'의 의미이며, 자기 규제와 개인적 책임을 의미하는 것이다. 칸트가 말하듯이 자유는 '주어진' 것이 아니라 '부과된' 것이다. 그것은 증여된 선물이 아니라 하나의 과제이며, 아마도 우리가 스스로에게 부여할 수 있는 가장 어려운 과제이다. 이 과제를 수행하는 것은 우리 시대처럼 험난한 사회적 위기와 정치적 동요의 시대에서는 더욱 더 어려운 일이 되었다." 에른스트 카시러, 심철민 옮김, 『상징, 신화, 문화』, 아카넷, 2012.

의 과제를 수행하는 데에 있다. 그러한 자유는 자신을 예의로 규제하고 구속하는 것을 거부하지 않는다. 그는 오히려 예의야말로 인간의 고결한 본성을 실현하기 위해 반드시 준행해야 할 도덕원리라고 여긴다. 『예기』는 말한다. "예의는 사람의 덕성을 길러준다.", "예의는 부정한 마음을 녹이고 아름다운 바탕을 키워준다." 칸트 역시 이에 동의한다. "다른 사람들에게 보여주는 선한 태도는 우리에게 의미가 없지 않다. 왜냐하면 존경할 수 없다고 할지라도 존경하는 태도를 취하다 보면 정말 존경할 수도 있기 때문이다."[61] 유교와 불교, 기독교가 모두 수많은 예의범절을 강조하는 것도 이와 같은 인식에 근거한다. 당연히 그 예의범절은 사람들에게 자기 구속을 통해 아름다운 행동을 하도록 유도한다.

정자가 어떤 사람에게 '(사람들이) 날마다 위태로운 땅을 밟고 있다.'고 응대한 것도 이러한 문제의식에서였다. 예의는 천부의 존엄한 인간성을 실현하기 위해 제정된 행위의 지표인데 이를 외면하면서 마음 내키는 대로 행동한다면, 그것은 사람이 딛고 살아야 할 '편안한 땅'을 벗어나 '위태로운 땅'을 밟는 것이나 다름없다는 것이다. 그는 이와 같은 인간학적 문제의식 속에서 예의의 구속을 자청하였다. 그에게 예의는 사람됨의 과제를, 더 나아가 천명을 수행하기 위해 자청한 아름다운 구속이었다.

선비의 예의 정신은 이러한 것이었다. 그의 예의 바른 행동의 이면에는 존엄하고 고결한 인간관이 자리 잡고 있다. 이미 살핀 것처럼 그는 자신의 존재 심층에서 천명을 자각하였던 만큼, 그의 삶은 그것을 경건히 받들어 수행하는 여정이었다. 예의는 그러한 여정에서 지켜야 할 품위 있고 고결한 행동 방식이었다. 그러므로 예의는 삶의 억압이거

---

[61] 앙드레 콩트스퐁빌, 조한경 옮김, 『미덕에 관한 철학적 에세이』, 까치, 1997, 19쪽.

나 속박이 아니라, 오히려 천부의 존엄한 본성, 참자아를 실현하는데 불가결한 도덕원리였다. 달리 말하면 예의는 천명을 품은 존엄한 자아에게 표하는 경의의 방식이었다.

선비의 예의 정신은 단순히 행동거지를 규범에 맞게 꾸미는 것에 불과한 것이 아니었다. 그는 이에 앞서 갖추어야 할 마음의 바탕을 강조하였다. 공자는 예의를 그림에 빗대어 다음과 같이 말한다. "그림을 그리는 것은 흰 바탕을 갖춘 뒤의 일이다."(『논어』) 흰 종이, 그것도 고품질의 종이 위에서 좋은 그림이 나올 수 있는 것처럼, 예의도 진실하고 정성스러운 마음 위에서만 아름다울 수 있다는 것이다. 그는 또한 말한다. "예의는 세련된 꾸밈보다는 차라리 검소한 편이 낫고, 상례는 꾸밈이 부족하더라도 차라리 슬픔의 정을 다하는 것이 좋다."(『논어』) 이 역시 예의는 외양의 꾸밈에 앞서 무엇보다도 마음가짐을 근본으로 가져야 함을 함의한다. 만약 외형적인 꾸밈만 일삼는다면, 그러한 의례적인 태도는 문자 그대로 허례허식에 지나지 않아 예의가 본래 의도하는 삶의 의미와 가치를 밝혀주지 못하기 때문이다. 공자는 말한다. "예의라 예의라 하지만 보석, 비단이나 주고받는 것을 뜻하겠는가."(『논어』) 퇴계 또한 말한다. "마음에 뿌리를 두지 않고 겉으로 예의 절차만 따지는 것은 분장 배우나 다름없다."[62]

그러면 행동거지의 규범적인 꾸밈에 앞서 갖추어야 할 마음의 바탕은 어떠한 것일까? 선비는 그것을 공경의 마음에서 찾았다. 『춘추좌씨전』은 공경이 예의의 근간이 됨을 다음과 같이 강조한다. "공경의 마음은 예의를 싣는 수레와도 같다. 공경의 마음이 결여되면 예의가 행해질 수 없다." 예의가 관습의 영역을 벗어나 도덕의 차원으로 들어서는 지점이 여기에 있다. 관습적인 행동은 마음이 실리지 않은 상투성을 띠지

---

62) 『退溪全書 二』, 「傳習錄論辨」, 333쪽.

만, 공경의 마음에서 우러나오는 예의바른 행동은 정중한 품위를 갖는다. 여기에서 공경이란 인간의 존엄성에 대한 자각 속에서 상대방에게 행하는 인격 존중의 정신을 뜻한다.

이러한 공경의 정신이 결여된 채 그저 공손하기만 한 사람을 선비는 '향원'(鄕原)이라 하여 비난해 마지 않았다. 향원이란 주위 사람들의 이목을 의식하면서 예의범절을 지키고 따르는 사람을 말한다. 그의 예의범절에는 도덕성이나 양심의 자각, 또는 인간과 삶에 대한 깊은 통찰이 결여되어 있다. 그는 겉으로 공손하고 예의가 발라서 주위 사람들로부터 '좋은 사람'이라는 칭찬을 듣지만, 사실 그의 관심은 사회적인 관행에 맞추어 세상에 영합하는 데에만 쏠려 있다. 그는 삶의 바람직한 규범과 이념을 모색하고 실천하려는 구도의 정신을 갖고 있지 않다. 인간의 존엄성에 대한 자각 속에서 자신을 진지하고 경건하게 세우려는, 그리하여 세상에 영합하기보다는 오히려 세상을 거스르는 준엄한 진리 도덕의 정신이 결여되어 있다. 공자가 '향원은 덕을 해치는 자'(『논어』)라고 말한 것도 이 때문이었다. 맹자는 이 말을 이어받아 다음과 같이 부언한다.

> 비판하자니 딱히 그 근거가 없고 책망을 하자니 책망거리를 찾기 어려운데, 그는 세속에 묻혀 더러운 세상에 영합한다. 그는 생활에 성실한 것 같고 행동이 청렴결백한 것처럼 보여 사람들이 모두 그를 좋아하고 그 역시 자신이 옳다고 여기지만, 그와는 함께 요순(堯舜)의 도(道)에 들어갈 수 없기 때문에 공자께서 그를 두고 '덕을 해치는 자'라 하신 것이며, (중략) 공자께서 그를 미워하신 것은 그가 덕을 어지럽힐까 염려하셨기 때문이었다.(『맹자』)

그러므로 향원은 참다운 예의 정신을 어지럽히는 사이비일 뿐이다. 그에게(그리고 오늘날의 우리에게) 예의는 그저 관행적인 의례에 지나지 않는다. 그는(그리고 우리는) 예의가 인간의 품위를 높여주고 덕성을 길러주는 중요한 요소라는 문제 의식을 갖지 않는다. 그가 선비와 다른 점이 바로 여기에 있다. 선비는 예의의 실천을 통해 궁극적으로 천명의 존엄한 인간성을 실현하려는 고상한 뜻을 품고 있었다. 퇴계는 한 제자에게 말한다. "도(道)의 찬란하고 명백한 뜻을 쉽게 적시해놓은 것으로 예의만한 것이 없습니다."[63] 예의의 일상적인 실천을 통해 도(道)를 닦고, 이를 토대로 천명의 인간성을 실현할 수 있기 때문이다. 선비가 예의를 그토록 중요시한 까닭이 여기에 있다. 다만 그러다 보니 그의 예의 의식은 몇 가지의 문제점을 초래하기도 하였다. 천명의 존엄한 인간성을 실현하리라는 목적이념을 잊고 소소한 예의 절목들이나 번쇄하게 따지는 학문적 폐단이 그중 하나이다.[64] 이러한 현상은 조선조 17세기에 성행했던 예학(禮學)에서 적나라하게 드러난다.

4) 진리탐구의 정신

유교의 학문정신은 거경(居敬)과 궁리(窮理)와 역행(力行)으로 요약될 수 있다. 세계와 삶에 외경의 정신으로 나서야 하며, 매사에 진리탐구의 정신을 잊지 말아야 하며, 탐구된 진리를 일상에서 힘써 실천해야 한다는 것이다. 이 세 가지는 각기 고유의 영역을 가지면서도 상호 유기적으로 연계되어 있다. 즉 실천은 진리의 인식 없이는 오류에 빠지고 말 것이요, 반면에 진리의 인식은 실천으로 나아가지 않으면 공허하며, 양자는 진지하고 경건한 마음속에서만 소기의 성과를 거둘 수 있다. 이 가운데에서도 거경은 궁리와 역행과, 나아가 매사에 의미 깊고 풍요로운 삶의 성취를 위해 가장 긴요한 정신이다. 궁리든 역행이든 당면의

---

[63] 『退溪全書 二』, 「答李宏仲別紙」, 216쪽.
[64] 선비의 예의관념에 내재되어 있는 문제점과 폐단에 대해서는 김기현, 『선비』, 254~284쪽 참조.

일에 진지하고 경건하게 나서지 않으면 그 일의 의미와 가치를 온전히 체득할 수 없기 때문이다. 이를테면 음악을 들으면서 다른 생각을 하는 사람에게는 그 음악의 아름다운 선율이 귀에 들어오지 않을 것이다. 궁리와 역행, 그 밖에 일상의 삶도 마찬가지다.

선비는 위의 세 가지를 공히 중시했지만, 그중에서도 진리탐구의 영역에 일차적인 관심을 기울였다. 외경이든 실천이든 진리의 토대 위에서만 올바름을 얻을 수 있기 때문이다. 예컨대 진리에서 벗어난 미신의 대상을 외경하는 것은 삶을 파멸로 이끌 수도 있다. 과거에 우리 사회에서도 목격되었던 종말론의 신앙이 그 가운데 하나다. 마찬가지로 퇴계의 말처럼, "학문을 하는데 사리의 탐구를 하지 않으면 알지 못하는 일도 마치 아는 것처럼 여기게 되어, 그 결과 사실무근의 말들을 지어내고 의미가 닿지 않는 일들을 합리화하여 자기 자신과 남들을 속이게 될 것"[65]이다.

아니 사리의 탐구를 행한다고 하더라도 그릇된 결론은 필연적으로 그릇된 행동을 낳기 마련이다. 이를테면 우리가 인간의 본성을 어떻게 이해(탐구)하느냐에 따라 삶의 방식이 달라질 수밖에 없다. 인간이 본래 이기적이고 악한 존재라고 여기는 사람은 그악스러운 마음속에서 '만인의 만인에 대한 투쟁'의 삶을 자청할 것이며, 이와 반대로 선한 본성을 타고났다고 여기는 사람은 조금이라도 불선한 행동을 하면 양심의 자책과 후회를 떨치지 못할 것이다. 그밖에 만사만물(의 이치)에 대한 이해도 마찬가지다. 오늘날 지구의 위기도 자연에 대한 인간의 잘못된 탐구와 인식에서 비롯된 현상이다.

퇴계가 임금에게 「성학십도(聖學十圖)」를 지어 올리면서 「태극도설(太極圖說)」을 첫 번째로, 그리고 「서명(西銘)」을 두 번째로 배치한 까

---

[65] 『退溪全書 二』, 「答金彦遇問目」, 59쪽.

닭이 여기에 있었다. 이 두 개의 글은 우주 만물의 근원과 생성 원리를 말하면서 인간의 본질과 삶의 철학을 압축적으로 논의하고 있다. 한마디로 그것들은 인간의 우주적 좌표와 과제를 천명한다. 이의 의도는 다른 데에 있지 않다. 그것은 임금에게(오늘날로 치면 우리 모두에게) 개체적인 자아를 넘어 자신의 우주적 위상을 분명하게 알아 올바른 정치(삶)를 펼치도록 가르치려는 뜻을 담고 있다. 삶은 각자의 인간관에 따라 영위되는 만큼 인간존재에 대한 올바른 인식 속에서만 의미 깊은 삶을 영위할 수 있기 때문이다. 예를 들면 "만민은 나의 형제요, 만물은 나와 더불어 사는 이웃[民吾同胞 物吾與]"이라는 「서명」의 글은 하늘과 땅의 요람 속에서 인간이 수행해야 할 삶의 과제를 말하고 있다. 모든 사람을 형제처럼 여기고 만물을 이웃처럼 사랑하라는 것이다. 이러한 과제 의식은 오늘날 우리의 집단무의식으로 내려앉아 우리의 삶에 여전히 작동되고 있는 것처럼 보인다. 우리가 낯선 사람에게까지 할머니, 할아버지, 어머니, 아버지, 언니, 형, 동생 등 친족호칭을 사용하는 일상의 언어 현장이 그 사례 중 하나이다.[66]

    이는 선비가 학문 생활에서 보였던 진리탐구 정신의 한 가지 특징

---

66) 이와 관련하여 어느 미국학자가 한국생활 속에서 관찰하여 보고한 흥미로운 글을 한번 읽어보자. "(한국사회에서) 사람들은 악한 일이나 행동을 경험할 수는 있다. 그러나 일반화되고 만성적인 악을 상정하는 것은 마치 온 세상이, 그리고 우리가 사랑하는 모든 것이 악하다고 말하는 것이 되며, 이것은 너무나도 무섭고 엄청난 일이다. (중략) 사회가 하나의 커다란 가족이라면, 모든 인간관계가 가족관계를 모델로 하고 있다면, 그래서 낯선 사람일지라도 우리가 그에게 할아버지니 아주머니니 하는 식으로 가족구성원에게나 사용할 호칭을 부여한다면, 악이 존재할 자리가 없다. 이런 상황에서 우리가 악을 이야기한다는 것은 '나의 가족이 악하다'고 말하는 것과 다름없다." C. Fred Alford, 김강석 번역, 「한국인의 선과 악」, 『전통과 현대』, 전통과 현대사, 1997 창간호, 347~348쪽. 이러한 현상은 기본적으로 선비의 성선설(性善說)과 가정적 사회의 이상(이해관계로 조성되는 '이익사회'가 아니라 인간의 본질가치로 형성되는 '공동사회'의 이상)을 철학적 바탕으로 깔고 있다. 우리는 이에 입각하여 오늘날 한국사회를 지탱해온 긍정적인 토대를 찾아볼 수도 있다.

을 일러준다. 그는 과학자들처럼 사물에 대한 객관적이고 실증적인 탐구와 지식의 획득을 학문의 목표로 삼지 않았다. 그의 진리관은 인간학적이었다. 말하자면 그는 인간존재의 이치를 탐구하고 그것을 자신의 삶 속에서 자각하면서 실천하려 하였다. 그의 박학(博學)의 학문정신은 그 밖의 사리 탐구도 중시했지만, 그것 역시 인간학을 토대로 하였다. 『중용』은 말한다. "도(道)는 사람에게서 멀지 않다. 사람들이 도를 행하면서 사람을 멀리한다면, 그것은 도라 할 수 없다.", "도는 삶에서 한순간도 떠날 수 없는 것이다. 만약 떠날 수 있는 것이라면 그것은 도가 아니다." 이에 의하면 인간과 삶을 도외시하는 객관적인 진리와 지식, 달리 말하면 진리를 위한 진리, 지식을 위한 지식은 아무런 의미를 갖지 못한다. 아니 사람을 멀리하는 진리추구의 학문 태도는 진리를 어디 고차원적이고 공허한 데에다 두고서 진리 밖의 세계에 자신을 방기하는 짓과 다를 게 없다. 그가 참삶의 길을 일상의 사랑과 의로움과 예의에서 찾은 것도 이러한 진리관에서 생겨난 것이었다.

선비는 진리의 최종적 근거를 천명에 두었다. 진리는 참자아를 실현하기 위한 삶의 길이요, 참자아는 천명의 각성 속에서 현전하는 만큼, 그러므로 진리는 근원적으로 천명의 실현 방편이 된다. 그가 매사에 진리 정신을 흔들림 없이 갖고 있었던 것은 이러한 인식의 산물이었다. 그에게 진리의 배반은 곧 참자아와 천명을 저버리는 일로 여겨졌다. 이는 천명이 선비의 진리정신의 중추로 작용하고 있음을 일러준다. 그것은 단순히 언어 문자 위에서 습득된 객관적이고 추상적인 진리와는 차원을 달리한다. 공자는 말한다. "천명을 모르면 군자라 할 수 없다.[不知命 無以爲君子]" 공자의 제자들이 이를 『논어』의 제일 마지막 절에 편집한 것은 천명이야말로 진리탐구와 삶의 현장에서 핵심적인 정신임을 독자들에게 최종적으로 환기시키기 위한 의도였을 것이다.

선비의 진리 정신은 오늘날 사람들의 공부(학문) 태도를 되돌아보게

해 주는 반면 거울이 될 수 있다. 우리는 진리를 기껏 책갈피 속의 것으로만 여긴다. 참자아의 실현을 위한 진리탐구의 학문적 과제 의식이 우리에게는 없다. 진리는 기껏 앎의 대상일 뿐이어서 실천과 멀리 동떨어져 있다. 학자들은, 삶에서 떠나 있으며 사람에게서 멀리 떨어져 있는 사이비(似而非) 진리만 추구한다. 주희의 말대로 '담론만 무성할 뿐 실천에 힘쓰지 않아 말이나 행동거지가 일반인들과 다를 게 없는'[67] 사람들이다. 옛날과 달리 오늘날 학자들이 사회적으로 존경받지 못하는 까닭도 여기에 있을 것이다. 그들이 삶과 사회를 진리로 선도하는 선각자의 모습을 더 이상 보여주지 않기 때문에 사람들이 그들을 우러러보지 않는다.

선비의 진리탐구는 겸손한 마음을 동반하였다. 아니 그는 겸손을 넘어 겸허의 정신으로 진리의 탐구에 나섰다. 겸손과 겸허는 흔히 동의어로 사용되지만, 글자의 뜻을 들여다보면 겸허의 뜻이 훨씬 깊다. '겸손(遜)'은 자기를 낮추고 한발 물러서는 태도에 그치지만, '겸허(虛)'는 자신을 완전히 비운다는 뜻을 함축한다. 겸손은 여전히 자타간 분별과 대립의 자의식을 갖고 있는 데 반해, 겸허는 그것을 완전히 벗어난다. 겸허한 사람은 자신의 학문적 성취나 사회적 위상, 나이의 고하 등 남들에게 행세할 수 있는 힘이나 권위의 의식을 갖지 않는다. 그는 오직 구도(求道)의 정신 속에서 '텅 빈' 마음으로 다른 사람들의 의견과 주장을 경청한다. 이러한 면모를 전형적으로 보여주고 있는 퇴계의 글을 읽어보자.

> 진리는 무궁하고 사람의 판단에는 한계가 있는 것인데, 사람들은 자신의 주장만 정론이라 고집하고 남의 견해는 아예 부정하려 하기 때문에 끝내는

---

[67] 『朱子書節要, 地』(학민문화사 영인본), 「答蔡季通」, 828쪽.

편견의 병폐를 벗어나지 못합니다. 나의 주장도 역시 그러한 것은 아닐는지요? 앞서 내가 역설했던 것은 그것으로 자신을 변명하려 했던 것이 아닙니다. 나 자신의 병통을 드러냄으로써[發病] 처방의 약을 구하려는[求藥] 것이었을 뿐입니다.[68]

이는 퇴계가 26살 연하였던 고봉(高峰) 기대승(奇大升, 1527~1572)으로부터 자신의 사단칠정설(四端七情說)에 대해 비판 받고 논쟁하는 과정에서 보낸 편지이다. 당시 온 나라 학자들의 중망을 얻고 있었던 50대 후반의 석학이 30대 초반의 '풋내기' 신진학자한테서 비판을 들었으므로 자존심이 많이 상했을 법도 한데 그는 발병구약(發病求藥)의 자세로 임하였다. 자신의 학문적 자존심이나 사회적 위상, 나이를 모두 내려놓고 그야말로 겸허하게 나선 것이다. 그의 겸허는 단지 고봉의 비판에 한발 물러서는 태도가 아니었다. '진리는 무궁하고 사람의 판단에는 한계가 있다.'는 무지의 자각이 그를 진리의 논쟁 앞에서 겸허하게 만든 것이다. 이는 그가 진리탐구의 정신을 죽는 순간까지 놓지 않았을 것임을 짐작케 해준다. 이러한 학문정신을 잘 요약한 글을 읽어보자. "도를 터득하지 못했을 때에는 그 탐구에 분발하느라 밥 먹는 것도 잊고 도를 터득하면 그 즐거움에 근심 걱정을 잊으면서 늙어가는 줄도 모른다.[發憤忘食 樂而忘憂 不知老之將至: 『논어』]"

---

[68] 위의 책,「答李仲久」, 300쪽. 이는 고봉과의 사단칠정(四端七情) 논쟁 시에 덧붙인 말이다. 그는 이러한 '발병구약(發病求藥)'의 말을 다른 제자에게도 한다.(『退溪全書 一』,「與朴澤之」, 336쪽 참조)

4. 상승의 의지

천명을 자신의 존재 심층에서 듣는 사람은 몸과 마음의 활동에서 터럭만큼의 악과 불경함도 용납하려 하지 않을 것이다. 우리는 이를 퇴계의 언론에서 확인한다. 그는 1568년 겨울에 천둥이 치고 일식이 생기는 등의 이상 현상이 일어나자, 선조(宣祖) 임금에게 '하늘을 공경하고[敬天], 하늘을 두려워하고[畏天], 하늘을 섬기는[事天] 도리를 다하여 하늘의 마음[天心]을 감동시키도록' 진언하였다.[69] 당시의 사조 속에서 저 이상기후는 임금의 실정(失政)에 대한 하늘의 경고로 여겨졌기 때문이다. 이어 인용하고 있는 『시경』의 시들은 정치 이전에 사람들이 일상에서 천명의 위엄을 두려워하고 경건히 받들어야 함을 요지로 한다.

공경하고 공경하라	敬之敬之
하늘은 밝으신지라	天維顯思
하늘의 소명을 지키기 쉽지 않나니라	命不易哉
하늘이 높이 있다고 여기지 말라	無曰高高在上
강림하여 나의 삶을	陟降厥士
날마다 살피며 여기에 계시니라	日監在玆[70]
하늘의 노여움을 외경하여	敬天之怒
감히 희학질하지 말며	無敢戲豫
하늘의 변괴를 외경하여	敬天之渝
감히 날뛰지 말라	無敢馳驅

---

69) 『退溪全書 四』,「言行錄」, 74쪽 참조.
70) 『시경』,「周頌-敬之」.

하늘은 밝으셔서	昊天曰明
네가 가는 곳마다 따라다니시며	及爾出王
하늘은 밝으셔서	昊天曰朝
네가 노는 데마다 따라다니신다	及爾遊衍[71]

그야말로 '하늘 우러러 한 점 부끄럼이 없는 삶'을 살라는 것이다. 선비가 학문과 수행을 그토록 중요시한 까닭이 여기에 있다. 그에게 학문은 단순히 박학이나 새로운 이론의 창출을 목표로 하는 것이 아니었다. 그는 천명을 각성하고 실현하여 우주적 대아를 성취하는 데에 궁극의 목표를 두었다. 그리하여 일상의 현장에서는 '밝은 천명을 항상 되돌아 살펴보려[顧諟天之明命: 『대학』]' 하였고, 학문의 자리에서는 '사리를 탐구하고 본성을 실현하여 천명에 이르고자[窮理盡性 以至於命: 『주역』]' 하였다.

이는 선비의 인간학의 한 가지 특징을 보여준다. 세속적인 삶을 벗어나 자아를 끊임없이 쇄신하려는 상승의 의지가 그것이다. 그 상승의 끝은 천명이다. 그는 천명의 눈빛으로 자아를 성찰하고 삶을 새롭게 일구려 하였다. 앞서 말한 것처럼 세계내적인 관심 속에서 구조되었던 가치와 신념체계를 우주적인 좌표 속에서 근본적으로 재설정하여 천명에 입각하여 삶의 길을 찾아나갔다. 그 핵심은 세속의 초월에 있다. 그는 일상에 붙박인 세속적 자아를 초월하여 천명을 실현하는 우주적 대아로 거듭나려 하였다. 그는 그 정점에서 자기 초월의 영성으로, 대립과 갈등의 상대 세계를 벗어난 섭리정신(또는 신의 눈빛)으로 삶에 나서려 하였다.

그렇다고 해서 그가 초월주의자처럼 현실을 외면했던 것은 아니다.

---

[71] 『시경』, 「大雅-板」.

오히려 천명으로 맑게 깨어 있는 그의 마음은 이 세상의 온갖 아픔들을 누구보다 예민하게 느끼면서 연민과 사랑으로 품어 안았다. 부조리한 현실을 바로잡기 위해 의로움의 정신으로 나섰다. 그리하여 그의 섭리 정신은 '세상을 근심하는 뜻[憂世之志]과 천명을 즐기는 지성한 마음[樂天之誠]'을 모순 없이 융통하였다.[72] 아래에서는 이러한 상승의 의지를 담고 있는 수행 정신의 대체를 세 가지로 나누어 살펴보자.

1) 일신(日新)

'일신'이란 『대학』의 이른바 '날마다 새롭게, 또 날마다 새롭게 하라.[日日新 又日新]'는 잠언을 줄인 말이다. 옛날 중국 역사에서 성왕(聖王)으로 숭배되었던 탕(湯)임금은 자신의 욕조에 저와 같은 글귀를 새겨두었다고 한다. 몸만 씻지 않고 마음도 날마다 새롭게 닦으리라는 것이다. 일상생활 속에서 자신의 존재에 생겨나는 세속의 때를 벗겨내 자아를 순결하게 닦고 아름답게 가꾸려는 것이었다. 한마디로 '일신'은 자아의 쇄신과 존재의 향상을 부단히 추구하는 수행의 노력이다.

선비의 인간학이 여기에서 한 가지 특징을 보여준다. 그는 인간을 미확정적이고 가변적인 존재로 여겨 자아의 쇄신을 위한 노력을 학문의 이름으로 평생에 걸쳐서 행하였다. 생각해 보면 인류의 출현 이래 '인간이란 어떠한 존재인가?', '나는 누구인가?' 하는 질문에 어느 누구도 정답을 내놓지 못한다. 시공을 넘어 인류에게 보편적인 인간관을 찾을 수 없어서다. 사람마다 존재됨이 다른 것도 이 때문이다. 미확정적이고 가변적인 자신의 존재를 어떻게 빚어내느냐에 따라 각자의 존재(사람)됨이 달라지는 것이다. 그 모습을 우리는 인격이라 말한다. 한

---

[72] 이에 관한 상세한 논의는 김기현, 『퇴계의 진리정신과 영성세계』, 268~270쪽 및 279쪽 이하 참조.

사람의 존재됨의 품질(품격)을 그렇게 평가하는 것이다.

선비는 인간 존재의 가변성에 크게 주목하였다. 그가 인간의 본질을 천명에서 찾았지만 그렇다고 해서 그것이 자동적으로 실현되리라고 믿은 것은 물론 아니다. 천명은 사람들의 존재 깊이 내재되어 자각과 실현을 기다리는 잠재적인 성질을 띠고 있을 뿐이다. 그러므로 "성인(聖人)도 자기성찰을 하지 않으면 미치광이가 되고, 미치광이도 자기성찰을 하면 성인이 될 수 있다."(『서경』) 선비가 학문의 한 주제로 수신을 그토록 중요시했던 까닭이 여기에 있다. 수신(修身)이란 문자 그대로는 '(심)신을 닦는다'는 뜻이다. 미확정적인 자신의 존재를 소중하고 고결하게 가꾸겠다는 것이다.

맹자는 이를 정원의 관리에 비유한다. "만약 어떤 정원사가 아름다운 관상목을 버리고 가시나무를 기른다면 그는 형편없는 정원사이다."(『맹자』) 그러므로 정원의 아름다움 여부는 정원사의 솜씨에 달려 있다. 마찬가지로 한 사람의 품격은 그가 자신의 존재(삶)를 어떻게 돌보고 가꾸느냐에 따라 달라진다. 어떻게 하면 존재의 정원을 아름답게 가꿀 수 있을까? 그것은 거기에 어떤 의미와 가치를 심어 기르느냐에 좌우될 것이다. 가령 수많은 가시를 세워 남들에게 이러저러한 상처를 주는 재물과 권력의 욕망을 심을 것인가, 아니면 아름다운 향기로 사람들을 저절로 다가오게 만드는 사랑과 자비의 인격을 기를 것인가에 따라 사람됨의 품격과 삶의 아름다움이 달라질 것이다.

일신(과 아래에서 말하는 상달, 극기)의 정신은 이와 같은 인간학적 문제의식을 토대로 하고 있다. 그것은 도덕심성의 수행만을 목표로 하지 않는다. 거기에는 부단한 자기 초월과 향상의 의지가 작용하고 있다. 선비는 일상의 자리에 만족하거나 속세의 삶에 안주하지 않고 천명의 각성 속에서 세속적 자아를 탈각하여 천인합일의 우주적 대아를 성취하려 하였다. 이는 '사람이 거듭나지 않으면 하느님의 나라를 볼 수 없다.'는 『성경』의 거듭남의 정신과 일맥상통하는 바가 있다. 여기에서 '하느님의 나라'를 사후의 천국으로만 한정할 필요는 없다. 하느님의 계시를 받은 예수의 행적이 잘 보여주는 것처럼 인류를 품에 아우르는 거룩한 사랑이 바로 '하느님 나라'의 이정표이다. 일신의 수행을 통해 심층의 내면에서 각성되는 천명도 이와 다르지 않다. 앞서 살핀 것처럼 천명은 만민과 만물에 대한 생명애의 정신을 품고 있다.

일신의 정신은 자아의 쇄신과 존재의 향상에 끊임없는 정진의 노력을 다한다. 퇴계는 말한다. "학문의 길은 날마다 앞으로 나아가지 않으면 날마다 퇴보할 것이요, 경계하고 염려하지 않으면 반드시 태만해지는 법이다."[73] 이러한 주장은 학문을 독서와 저술로만 여기는 사람에게는 이해되기 어려울 것이다. 글공부를 하루쯤 거른다 해서 학문이 퇴보할 리는 없기 때문이다. 하지만 선비에게 학문이란 자아의 쇄신과 존재의 향상을 통해 천명을 실현하기 위한 수양의 노력이었다. 이러한 학문 정신은 잠깐의 태만조차 마음의 흐려짐과 함께 자아의 정체와 퇴보를 자각할 것이다. 매일 샤워하던 사람이 그것을 하루쯤 걸렀을 때 느끼는, 왠지 꿉꿉한 기분처럼 말이다. 아래의 시를 읽어보자.

어제는 샘을 쳐서 맑고 깨끗했는데	昨日修泉也潔淸
오늘 아침 다시 보니 반절쯤 흐려졌네	今朝一半見泥生
알겠구나, 맑은 물도 사람 힘에 달렸으니	始知澈淨由人力
공들이길 하루라도 그치지 말아야 함을	莫遣治功一日停[74]

---

73) 『退溪全書 三』, 「書李庇遠所藏晦庵詩後」, 136쪽.
74) 위의 책, 「修泉」, 29쪽.

퇴계의 「샘을 치다[修泉]」라는 작품이다. 이는 수행 정신을 은유하고 있다. 권력이나 재물처럼 자아(존재)를 '흐리게 만드는' 세속적인 힘과 욕망을 추구하려 하지 말고, '날마다 샘을 쳐서 맑은 물을 얻듯' 몸과 마음을 부단히 닦아 자아를 쇄신해야 한다는 것이다. 그는 이처럼 자아의 향상과 전략에 예민한 존재 감각을 갖고 있었다. 그는 한 제자에게 말한다. "군자는 낮에는 밖에서 종일토록 도의 실현을 위해 부단히 노력하고, 밤에 집에 들어와서는 삼가 진지하게 처신하며, 잠자리에서조차 손발을 가지런히 거두어, 어느 한순간도 경건하게 임하지 않으면 안 됩니다."[75]

이는 단순히 도덕군자의 목표를 환기시키려는 말이 아니었다. 선비는 일신의 수행을 통해 세속적인 자아의 구각을 벗고 고결한 인격의 지평을 부단히 새롭게 열어 나갔다. 그는 '밝은 천명을 항상 되돌아 살피'면서 궁극적으로 명덕(明德)을 실현하는 데에 목표를 두었다. 명덕이란 흔히 밝은 도덕성이라고 풀이되지만, 깊이 들여다보면 그것은 '만물을 자신의 존재 안에 갖고 있는'(맹자) 인간의 우주적 본성을 뜻한다. 도덕성은 이러한 본성이 현실의 삶 속에서 발로된 실천적 성향을 적시한 말이다. 그것이 인간에게 내려진 천명이며, 일신의 정신은 우리의 존재 깊이 내재되어 있으나 우리가 망각하고 있는 천명을 밝히고 실현하기 위한 부단한 수행의 노력이다.

『대학』은 이와 같은 일신의 수행을 '옥을 자르고[切], 갈고[磋], 다듬고[琢], 윤내는[磨]' 옥의 가공 행위에 비유한다. 옥공이 광물의 원석을 잘 다듬어 아름다운 보석으로 탈바꿈시키는 것처럼, 선비는 자신의 존재를 부단히 '자르고 갈고 다듬고 윤내어' 아름다운 조각품으로 완성하려 한다. 오늘날에는 거의 사어(死語)가 되고 말았지만, 과거에 일상용

---

[75] 『退溪全書 二』, 「答申啓叔」, 283쪽.

어로 종종 사용되었던 '절차탁마'는 여기서 유래한 말이다. 천명에 이르기 위해 삶의 구각을 끊임없이 깨트리면서 자아를 쇄신했던 빛나고 아름다운 선비의 모습을 한번 상상해 보자.

저기 기수(淇水)의 물굽이를 보니	瞻彼淇澳
푸른 대나무가 무성하고 아름답도다	菉竹猗猗
아름다운 군자여	有斐君子
옥을 자르고 갈고	如切如磋
다듬고 윤내듯 하는구나	如琢如磨
엄전하고 위풍 있으며	瑟兮僩兮
빛나고 의젓하니	赫兮喧兮
아름다운 군자여	有斐君子
끝내 잊을 수 없도다	終不可諠兮

(『대학』)

이처럼 선비는 일신의 부단한 수행을 통해 자신의 사람됨(자아)을 '엄전하고 위풍 있으며, 빛나고 의젓하게' 가꾸어 나갔다. "부자가 돈으로 집을 화려하게 꾸미듯이, 군자는 덕으로 몸을 빛나게 만든다.[富潤屋德潤身:『대학』]" 여기서 '몸을 빛나게 만든다.'는 말은 단순히 엄전하고 위풍 있는 외형적인 모습만을 뜻하지 않는다. 그 빛은 내면의 덕에서 나온다. 사랑과 의로움과 예의와 진리의 정신으로 충만한 고결한 덕성이 '그의 얼굴에 맑게 드러나고 등에까지 넘쳐나는[睟面盎背:『맹자』]' 것이다.

2) 상달(上達)

상달이란 『논어』의 글귀에서 따온 말이다. "하늘을 원망하지 않고 남들을 탓하지 않으며, 하학(下學)하여 상달(上達)하나니, 나를 알아줄 이는 하늘이리라." 공자는 자신의 시대적 불운에 하늘을 원망하거나, 자신을 알아주지 않는 남들을 탓하지 않았다. 그는 시대와 사람들에게서 무얼 바라기 전에 구도의 여정에서 오직 일신의 노력을 다하였다. 그의 말대로 "시대가 나를 써주면 도(道)를 세상에 행하고, 나를 버리면 세상에서 물러나 도를 지킬 뿐이다[用行舍藏: 『논어』]"라는 것이었다.

위의 글에서 하학상달(下學上達)이란 당면의 인간사를 배우되[하학] 현실 세계에 매몰되지 않고 위로 올라 천명에 이르리라[상달]는 뜻이다. 『주역』은 말한다. "사리를 탐구하고 본성을 실현하여 천명에 이르리라." 우리는 여기에서도 선비의 상승 의지를 읽을 수 있다. 물론 그의 상승은 현실을 외면하고 은둔생활 속에서 도사처럼 오묘한 천기를 깨치려는 무슨 비결을 품고 있는 것이 아니다. 그는 현실에 굳건하게 발을 딛고서 일상의 삶 속에서 천명을 실현하려 하였다. 그야말로 내재적 초월이다.

선비가 여느 사람들과 다른 점이 여기에 있다. 역시 공자는 말한다. "군자는 상달(上達)하고 소인은 하달(下達)한다."(『논어』) 이는 자아의 쇄신과 존재의 향상을 통해 세속을 초탈하려는 선비와, 속세에 영합하고 일신의 욕망에 사로잡혀 자아를 한없이 전락시키는 보통 사람을 아주 함축적으로 대비시키고 있다. 생각해보면 예나 지금이나 거개의 사람은 하달의 삶에 자족한다. 특히 성년이 되어 세상물정을 알아가면서 그들은 속세에 영합하기 위한 간지(奸智)만 개발한다. 아니 어려서부터 받는 일류 지향과 입신출세의 교육이 전반적으로 하달의 풍조를 끊임없이 조장한다.

이들과는 달리 선비는 천명을 마음에 품고 평생토록 일신 우일신하였다. 당연히 그의 상달은 부단한 초월의 역정이기도 하다. 그는 궁극적으로 대자연의 섭리(도, 태극, 천, 상제)에까지 이르는 상승과 초월의 지적 탐구와 영적 각성을 추구하였다. 그의 삶은 그야말로 "늙는 줄도 모르고 힘쓰고 힘써 죽은 뒤에야 그 노력을 그치는"(『예기』) 여정이었다. 물론 그렇다고 해서 그가 초월의 세계에 머물러 자족했던 것은 아니다. 그는 초월의 끝에서 우주적 대아의 섭리 정신으로 세상에 내려와 생명애와 정의를 구현하려 하였다. 섭리정신 또는 신의 눈빛으로 보면 '만민은 나의 형제요, 만물은 나와 더불어 사는 이웃'(「성학십도(서명)」)으로 다가오기 때문이다.

선비의 상달은 그 정점에서 '확연대공(廓然大公) 물래순응(物來順應)'[76]의 정신 지평을 열어 보여준다. 자아를 무한히 초월하고 확대하여[廓然] 만물을 향해 크게 열린[大公] 우주적 대아의 시선으로 삶에 나서서, 당면의 모든 일[物來]을 사리에 따라 처사하리라[順應]는 것이다. 이러한 우주적 대아는 단순히 개체적 자아의 부정만으로 도달될 수 있는 경지가 아니다. 거기에는 세계 만물을 관조하는 섭리 정신이나 신의 눈빛이, 또는 천명을 온몸으로 깨닫는 자기 초월의 영성이 작용한다. 선비가 삶의 불안과 번뇌, 죽음의 공포 앞에서도 흔들림 없이 평화롭고 고요한 마음을 가질 수 있었던 것도 이러한 섭리 정신과 자기 초월의 영성에 기인한다. 우주적 관점에서 내려다보면 생로병사의 고통과 번뇌가 덧없는 일이기 때문이다.

확연대공은 부단한 상달의 수행을 통해 열리는 우주적 대아의 영적인 지평이다. 그는 자아의 정체성을 개체적 존재에서 찾지 않기 때문에 삶의 번뇌와 불안을, 방황과 고통을 모른다. 그는 오직 우주적 관점(섭리정신, 신의 눈빛)에서 세계와 삶을 조망하고 관조하며 영위하기 때문에 오히려 말할 수 없는 지복을 누린다. 물래순응은 이러한 우주적 대아의 영성이 열어내는 달관의 경지이다. 퇴계는 「성학십도(서명)」에서

---

76) 『近思錄』, 69쪽.

말한다. "살아서는 공손히 하늘을 섬기고, 죽음 앞에서도 편안함을 유지하리라."[77]

이는 운명론적이거나 체념적인 순응과는 차원을 달리한다. 세속적인 순응이 개체적 자아의식에 갇혀 세상사에 노예처럼 이끌려 다닌다면, 우주적 대아의 순응은 개체적 자아를 초월하여 섭리를 따르는 달관의 자유를 얻는다. 불교식으로 말하면 수처작주(隨處作主)의 경지이다. 어떤 자리에서든 참자아의 중심을 잃지 않는다는 것이다. 그는 세상사에 흔들리거나 이끌리지 않고 천명을 품은 우주적 대아의 영성으로 삶에 나선다. 영성이 삶의 중심으로 활동한다. 뒤따라 입처개진(立處皆眞)의 지평도 여기에서 펼쳐진다. 지금 서 있는 이 자리야말로 가장 참된, 진실한 순간이라는 것이다. 이 모두 상달의 정점에서 열리는 삶의 지평이다. 이를 노래한 두 편의 시를 읽어보자. 주희의 「관서유감(觀書有感)」이라는 제목의 시이다.

조그만 연못은 네모나게 펼쳐진 하나의 거울	半畝方塘一鑑開
하늘빛과 구름그림자가 함께 떠다니네	天光雲影共徘徊
그에게 묻노니 어찌 그리도 맑은가	問渠那得淸如許
원천에서 물이 솟아나오기 때문이라네	爲有源頭活水來

이 시에서 '연못'은 마음을, '원천에서 솟아나오는 물'은 깨어 있는 영성을 은유한다.[78] '하늘빛과 구름 그림자' 또한 깊은 은유를 담고 있

---

[77] 『退溪全書 一』, 「聖學十圖」, 200쪽. 퇴계의 '하늘 섬김'의 정신에 대한 자세한 논의는 김기현, 『퇴계의 진리정신과 영성세계』, 216쪽 이하 참조.
[78] 퇴계는 이 시와 관련하여 한 제자로부터 질문을 받고는 '원천에서 솟아나오는 물'에 대해, 만상을 두루 통찰하고 관조할 줄 아는 참마음의 지극한 이치로 풀이한다. 그에 의하면 '하늘빛과 구름그림자'를 온전히 비추는 맑고 고요한 수면에 연못의 '원천'이 있는 것처럼, 만상을 밝게 통찰하고 널리 관조하는 그 마음의 가장 심층에는 '허령불매'

다. 그것은 '마음의 거울' 속에 이리저리 떠다니는 사념들을 함의한다. 우리의 마음에는 수많은 잡념과 상상들이 무질서하게 떠다니며 출몰한다. 그것들은 지우개로 연필 글씨를 지우듯이 마음대로 지워버릴 수 있는 성질의 것이 아니다. 그것들을 없애려 하면 할수록 그것들은 힘을 더 얻어 달라붙는다. 그럴수록 마음은 더 산란해진다.

그러면 어떻게 해야 할까? 이는 마음챙김의 수행을 통해서 해결될 수 있다. 마음에 자연스럽게 떠오르는 잡념과 상상들을 애써 억누르거나 잡아두려 하지 말고, 다만 맑게 각성하면서 흘려보내야 한다. 마치 '하늘빛과 구름그림자'를 붙잡지 않고 흘려보내는 고요한 연못처럼 말이다. 이를테면 더 이상 존재하지 않는 과거의 상념(영광, 회한)이나, 아직 다가오지 않은 미래의 상상(불안, 희망)에 마음을 빼앗겨서는 안 된다.[79] 과거의 회상과 미래의 환상에 매달리면 그 순간 우리의 현존, 즉 지금 이 자리(현)의 존재(존)는 사라지고 말 것이다. 이를테면 지난날 누렸던 사회적 지위의 영광을 잊지 못하는 마음은 지금 이 자리의 자신을 올바로 바라보지 못하고 여전히 과거의 회상으로 동키호테처럼 현재에 창을 들고 저항하며 나설 것이다.

이는 과거와 미래를 생각해서는 안 된다는 뜻이 아니다. 그냥 떠오르는 생각들을 억지로 막을 수는 없다. 다만 거기에 뒤따르는 함정을 주의해야 한다. 그 함정이란 다른 것이 아니다. 우리는 과거의 추억과 미래의 상상 속에서 자기 자신을 수없이 분칠하고 왜곡하며, 현실을 착각하고 오해한다. 거기에서 나는 순수인격으로 존재하는 것이 아니라 과거와 미래로 덧칠된 허상으로 사물화된다. 하지만 나는 과거와

(虛靈不昧)한 심령이 작용한다고 한다. 『退溪先生文集 五』, 「答金而精」, 307~308쪽.
79) 퇴계는 이와 관련하여 한 제자의 질문에 길게 답변하면서, "마음에 한 가지 일도 담아두어서는 안 됨"이 심법(心法)의 요점임을 강조하고 이를 '명경지수(明鏡止水)'에 비유한다. 『退溪先生文集 五』, 「答金惇敍」, 166쪽 이하 참조.

미래의 환상 밖에 내세울 것이 없는가? 나의 존재는 그처럼 빈곤한가? 우리가 경계해야 할 과거와 미래 의식의 함정이 여기에 있다. 과거와 미래를 버릴 수는 없지만 그 생각에 발목이 잡혀서는 안 된다. 그것은 남들은 물론 자기 자신을 역사 속에 굳어버린 화석처럼 취급하는 것이나 다름없다. 시선이 과거와 미래에 머물러 있는 한 생동하는 현존이 외면당할 수밖에 없다.

우리의 삶은 매 순간이 현존이다. 마음이 지금 이 자리를 떠나 있다면 나는 아무것도 아니다. "무얼 보아도 보이지 않으며, 들어도 들리지 않으며, 먹어도 그 맛을 알지 못하"(『대학』)는 나는 존재하지 않는 것이나 마찬가지다. 현존이란 지금 이 자리에 주의를 집중하지 못하게 만드는 과거와 미래의 일들, 달리 말하면 과거의 회상과 미래의 상상 속에서 형성되는 모든 정념과 자아의 허상을 떨쳐버리고 지금 이 자리에 존재함을 뜻한다. 거기에는 '마음을 오롯이, 다른 데로 흐트러트리지 않는[主一無適]' 경(敬)의 정신이 지배한다. 그러므로 현존의식, 즉 경(敬)의 정신은 과거와 미래로 덧칠된 일상적 자아의 가면(허상)과 갖가지 존재의 외피(예컨대 사회적 직함)들을 벗어던지고 지금, 이 순간 '벌거벗은 존재'로, 순수인격으로 나서는 경험이다.

현존의 정신은 경험을 심화한다. 무릇 경험은 세계와의 만남이며, 세계를 자기화하는 과정이다. 우리는 경험을 통해 세계를 얻고 넓히며 세계와 하나가 된다. 물아일체와 천인합일의 이상도 사실 현존의 경험에서 비롯된다. 그러므로 어떤 경험도, 설사 슬프고 괴로운 경험일지라도 회피하려 해서는 안 된다. 아무리 무도한 세상이라 하더라도 세상 경험을 거부하고 산속에 들어가 '자연인'으로 살려 한다면 그는 자신의 존재를 실현할 세상을 그만큼 좁히고 자아를 스스로 위축시키는 것이나 마찬가지다. 좋든 싫든 세상에서 겪는 모든 경험에 열린 마음으로, 오롯한 정신으로 나서야 한다.

현존의 정신은 경험의 심화를 통해 삶과 세계를 깊이 음미하게 해 준다. 자신의 마음을 다른 데로 분산시키지 않고 지금 이 자리에 오롯하게 나서는 그는 개인적인 욕구와 소망과 의지를, 불만스러운 현실에 대한 거부와 저항의 심리를 모두 괄호치고는 삶과 세계를 유보 없이, 전적으로 받아들인다. 그는 그 순간 세속의 그 무엇으로도 가식되지 않은 자신의 참모습을 얻게 될 것이며, 마음의 고요와 평화 속에서 말할 수 없는 환희를 맛볼 것이다. 『중용』은 말한다.

군자는 지금 이 자리에 현존할 뿐 그 밖의 일은 바라지 않는다. 부귀의 자리에서는 부귀에 마땅한 도리를 다하고, 빈천의 자리에서는 빈천에 마땅한 도리를 다하며, 야만의 자리에서는 야만에 마땅한 도리를 다하고, 고난의 자리에서는 고난에 마땅한 도리를 다한다. 그리하여 군자는 어떤 자리에서나 안락 자족의 삶을 산다.

이 안락 자족의 즐거움은 지금 이 자리의 상황을 거부하지 않고 전적으로 받아들이는 군자의 현존의 정신에서 생겨난다. 그 즐거움은 바깥의 무엇을 기다려서 주어지는 것이 아니며, 오로지 현존의 활동 속에서 얻어질 수 있는 것이므로 그 무엇에 의해서도 빼앗기지 않는다. 그는 오직 '밝은 천명을 항상 되돌아 살피기' 때문에 어떤 상황 속에서도 내면의 평화를 잃지 않고 안락 자족의 삶을 산다. 바깥의 조건을 기다려서 즐거움을 얻으려 하는 소인과의 차이가 여기에 있다. 『중용』은 위의 글에 이어 다음과 같이 말한다.

윗자리에 있으면서 아랫사람을 업신여기지 않고, 아랫자리에 있으면서 윗사람에게 빌붙지 않으며, 자신의 도리를 다할 뿐 남에게 무얼 바라지 않나니, 위로는 하늘을 원망하지 않고 아래로는 남들을 탓하지 않는다. 그러므로 군자는 고요하고 평화로운 마음으로 천명을 기다리고, 소인은 험한 짓으로 요행수를 바란다.

여기에서 '소인의 험한 짓'이란 빈천과 고난의 자리에 현존하는 것을 거부하고는 '하늘을 원망하고 남들을 탓하면서' 부귀영화의 요행수나 찾는 태도를 말한다. 그는 덧없는 부귀영화를 사람의 참모습인 줄 착각하고는 자기보다 '아랫사람을 업신여기고 윗사람에게는 빌붙는' 짓을 마다하지 않는다. 이에 반해 지금 이 자리의 현존에 오롯한 군자는 오직 '자신의 도리'를 다하면서 고요하고 평화로운 마음으로 천명을 기다린다. 그는 이러한 현존의 오롯함을 경(敬)의 정신으로 수행하였다. 퇴계의 「성학십도」에 실린 「경재잠(敬齋箴)」의 일부를 읽어보자. "몸은 동쪽으로 가면서 마음을 서쪽에 두지 말고, 남쪽으로 가면서 마음을 북쪽에 두지 말라. 당면의 일에 마음을 두어야 하지, 다른 곳으로 향하도록 하지 말라. 마음속 한 가지 일 위에 다른 일을 더하지 말고, 또 다른 일을 부가하지 말라. 마음을 오롯이, 만 가지 변화를 살피도록 하라."

현존의 정신은 단순히 과거와 미래를 떨치고 오직 이 자리에 오롯이 머무르기만 하는 마음에 불과한 것이 아니다. 그러한 마음은 잠시에 그칠 뿐, 이내 출몰하는 온갖 정념에 쉽게 흐트러지고 말 것이다. 진정한 현존은 지속적이고 안정적인 머무름과 열락과 평화와 고요를 얻는다. 이는 일상의 세속적인 마음속에서는 생겨나기 어려우며, 역시 섭리 정신 또는 신의 눈빛 속에서만 가능하다. 개체적 자아를 버리고 우주 만상의 정점에서 모든 이분법적 사고, 즉 주객의 대립과 물아의 분별을 뛰어넘는 초월의 정신으로 나서야 한다. 그러한 섭리 정신에는 세계 만물을 직관하고 관조하는 고도의 눈빛이 작용할 것이며, 물아일체의 우주적인 사랑이 지배할 것이다.

이는 현존의 정신이 담지하고 있는 '오롯함'의 숨겨진 뜻을 일러준다. 그것은 단순히 어떤 일에 전념함을 뜻하지 않으며, 그 기저에는 초월적인 섭리 정신이 깔려 있으며 신의 눈빛이 빛난다. 달리 말하면 '오롯이, 다른 데로 흐트러지지 않고'[主一無適]. '항상 맑게 깨어 있는' [常惺惺] 그 마음은 우주의 섭리를 관조하면서 삶에 오롯이 나선다. 퇴계가 주일무적의 오롯한 마음을 두고 삼라만상을 일일이 비추는 태양에 비유한 뜻이 여기에 있을 것이다.[80] 태양이 만물을 골고루 비추는 것처럼, 외경(현존)의 정신은 만사 만물의 내부에서 천명(신성)을 깨달으면서 그들과 오롯이 마주하는 것이다.

「성학십도(서명)」상 '살아서는 하늘을 공손히 섬기고 죽음 앞에서도 편안함을 유지하리라'는 글의 깊은 함의가 여기에 있다. 여기에서 말하는 하늘섬김은 단지 하늘에 경배한다거나 복을 비는 행위를 뜻하지 않는다. 그것은 일상의 삶과 사물에 내재되어 있는 천명을 경건히 읽어 실천하리라는 서원을 품고 있다. 이처럼 하늘 위에서 만상을 내려다보는 초월의 눈빛은 세속적인 일들에 대한 신성한 무관심 속에서 지금, 이 순간에 머물러 말할 수 없는 열락과 평화를 얻으며, 심원한 침묵 속에 들 것이다. 이것이 '마음을 고요히 가라앉혀 상제를 우러르는'(「성학십도(경재잠)」) 외경의 세계이며, 퇴계가 자작의 「묘갈명」에서 말한 '자연의 섭리를 타고 돌아가 목숨을 다하리니 더 이상 무얼 바라리오!'라고 하는 달관의 경지가 여기에서 열린다.

이제 위에서 읽은 주희의 시로 돌아가보자.「관서유감」의 세계는 이러한 현존의 정신을 배경으로 갖고 있다. 시인은 마음에 사념이 일어나면 그것을 붙들어두지 않고 마치 '하늘빛과 구름그림자'가 떠다니다가 사라지는 것처럼 흘려보낸다. 그리하여 구름이 지나가면 파란 하늘

---

80) 『退溪全書 二』,「答金惇敍」, 72쪽 참조.

과 밝은 태양이 모습을 드러내는 것처럼, 마음이 현존에 머무르면서 심층의 영성을 일깨운다. 실체 없는 구름이 사라지면 하늘의 밝은 태양이 온누리를 밝게 비추는 것처럼, 마음속의 구름이 걷힘으로써 태양처럼 밝은 영성으로 삼라만상을 관조한다. 역시 「성학십도(숙흥야매잠 夙興夜寐箴)」에서 퇴계는 말한다. "마음을 수습하여 떠오르는 태양처럼 밝게 하고 몸가짐을 엄전하게 하면서, 마음을 텅 비우고 맑고 고요하고 오롯하게 하라."

이처럼 마음속에 일어나는 사념들을 흘려보내는 일은 아무나 할 수 있는 일이 물론 아니다. 그것은 부단한 마음 수행을 통해서만 이루어질 수 있다. 근본적으로는 마음의 표층 세계를 넘어 가장 심층에 놓여 있는 영성을 일깨워야 한다. 앞서 말한 것처럼 위의 시에서 '원천에서 솟아오르는 물'이란 마음의 가장 심층에서 맑게 깨어나는 영성을 은유한다. '하늘빛과 구름그림자'처럼 사물을 가볍게 흘려보내는 맑은 마음은 이러한 영성의 산물이다. 그것은 개체적 자아를 높이 초월하여 상달의 정점에서 세계만상을 관조하는 우주적 대아의 섭리 정신 또는 신의 눈빛을 갖고 있다. 시인은 이러한 영성의 힘으로 삶에 가볍게 나선다. 「관서유감」의 제2수를 읽어보자.

어젯밤 강변에 봄물이 불어나니	昨夜江邊春水來
거대한 군함조차 깃털처럼 가볍게 뜨네	蒙衝巨艦一毛輕
그동안 그걸 움직이려 애도 많이 썼는데	向來枉費推移力
이제는 강 가운데 자유롭게 다니네.	此日中流自在行

시인은 모든 작위적인 노력이나 개인적인 의지, 소망을 내려놓고 확연대공(廓然大公)의 섭리 정신으로 살아가는 초월과 절대자유의 경지를 이렇게 노래하고 있다. 그는 이를 독서(讀書)가 아니라 관서(觀書)

라고 제목하였다. 어째서일까? 독서가 학문의 열정과 개인적인 소망 속에서 책에 몰입하는 모습을 띠고 있다면, 관서는 그러한 열정과 소망을 내려놓고 언어 문자의 바깥으로 나가 그 내용을 조망하는 초월적인 안목을 함의하고 있는 것이 아닐까? 그리하여 '원천에서 솟아나오는 물'의 이미지를 빌려 말한다면, 마음속에서 영성이 흘러넘치는 어느 따사로운 봄날(거대한 군함이 적군을 향해 진격하듯이) 나의 삶에 싸움을 걸어오는 온갖 고충과 시련을 만나더라도 애를 쓰지 않고, 마치 배가 물 위에 떠내려가듯이, 가볍게 응하는 초월적이고 관조적인 섭리 정신을 노래하고 있는 것이다.

이는 학문의 필요성을 일러주고, 또 그것의 궁극경지를 열어 보여주고 있다. 학문(독서)을 모르는 삶은 마치 강변의 진흙탕에 처박혀 있는 거대한 군함과도 같다. 사리탐구의 학문을 통해서만 다사다난한 삶의 길을 헤쳐 나갈 수 있다. 여기에서 말하는 학문이란 추상개념들의 퍼즐이나 맞추어 세계와 인간, 삶의 그림을 완성하는 관념적 유희의 작업에 불과한 뜻이 아니다. 그러한 작업은, 우리가 실제로 경험하는 것처럼, 일상의 현장에서 힘을 얻지 못하여 '거대한 군함을 움직이려 애를 먹는' 것이나 다름없다. 독서를 통해 군함의 구조와 작동 원리만 개념적으로 익혀서는 실제의 현장에서 배를 자유롭게 운항할 수 없다. 봄물이 불어나야 배가 움직일 수 있는 것처럼, 학문도 자아의 심층에서 영성을 솟아오르게 하여 그것이 일상생활에 흘러넘치게 해야만 삶을 깃털처럼 가볍게 자유롭게 영위할 수 있다. 달리 말하면 학문이 언어문자나 유희하는 이성활동을 넘어, 초월적이고 관조적인 영성의 세계에 진입해야만 강 가운데 자유롭게 떠다니는 배처럼 무애의 삶을 이끌어 낼 수 있다. 이는 폭풍우 속에서도 침몰하지 않고 삶을 일엽편주처럼 가볍게 영위하게 해주는 상달의 정점을 보여준다.

3) 극기(克己)

　극기는 일신과 상달의 수행에 긴요한 방법론에 해당된다. 이 역시 선비의 상승 의지를 분명하게 보여준다. 저 말은 원래 공자가 그의 제자 안자(顔子)로부터 인(仁: 생명애)에 관해 질문을 받고 행한 답변이었다. 극기복례(克己復禮)해야 한다는 것이다. 이는 문자 그대로는 '자기를 극복하여[克己] 예를 실천해야 한다[復禮]'는 뜻이다. 생명애를 질문하는데 예의의 실천을 강조한 것은 일견 동문서답처럼 뜬금없게 들리지만 조금만 생각해 보면 그렇지 않다. 사실 참다운 사랑은 자기중심적인 사고를 버리고[극기] 상대방에 대한 인격존중(공경)과 예의바른 태도[복례] 속에서만 완성될 수 있다. 공경심과 예의를 결여한 자기본위적인 사랑은 사랑을 가장한 동물적이고 이기적인 욕망에 지나지 않는다.

　한 발 더 깊이 들어가보자. 극기는 오늘날의 어법으로 말하면 자아(나)의 초월을 뜻한다. 이는 자아의 확립과 발전을 중요시하는 일반적인 사고로는 도저히 이해되지 않을 것이다. 우리들 삶의 주체인 자아를 아무리 강조해도 지나치지 않을 마당에 오히려 자아를 부정하다니 가당한 일인가? 사랑만 해도 자아가 없이는 불가능하다. 사랑이야말로 찐빵의 팥소처럼 자아의 핵심으로써 사람들은 사랑을 통해 자아를 완성하려 한다. 그런데도 자아를 초월해야만 사랑할 수 있다니 말이 되는가? 오히려 사랑은 자아의 성취방법으로 논의되어야 하지 않을까?

　심리학자들의 분석에 의하면 '나'(자아) 의식은 성장기 자아의 발달과정에서 형성된다고 한다. 사람은 누구나 아동기의 감각적 단계에서 벗어나 정신적 단계로 성장한다. 그 시기를 일러 사춘기라 한다. 그는 그 과정에서 정신적 혼란과 방황을 겪는다. 그동안 부모와의 일체감 속에서 살아오다가 정신의 눈이 뜨이면서 자신의 존재가 의심의 대상이 된다. 자신과 일체로 여겨졌던 부모와 자신이 다르다는 것, 부모의 책망과 강압을 겪다보니 자신이 부모로부터 버림받았으며 부모의 사랑을 잃어 외롭고 슬프다는 것, 한편으로 자신의 감정과 생각을 버리고 부모와 주위사람들의 기대에 맞추어 살아야 한다는 사실이 그를 괴롭힌다. 이처럼 어둡고 부정적인 정념으로부터 자신을 보호하기 위해 생겨난 것이 바로 '나'의식이다. 그는 자신의 존재를 위협하는 (것으로 여겨지는) 모든 것들로부터 자신을 보호하고 방어하며 강화하기 위한 전략들을 자신의 내부에서 개발한다는 것이다. '나'가 자기중심적이고 이기적일 수밖에 없는 이유가 여기에 있다.

말이 나온 김에 '나'의 문제에 대해 좀 더 깊이 논의해보자. 이는 우리의 삶에 핵심적인 사안이 되기 때문이다. 영성수행자이자 정신의학자인 데이비드 호킨스(David R. Hawkins)는 '나'의 존재를 심리학에서 더 나아가 인류생물학적으로 철저하게 파헤친다. 그에 의하면 '나'의식은 태생적인 에고의 산물이다. 에고는 인류의 출현 이후 오래도록 지속 강화되어 온 동물적이고 원시적인 생존본능의 의식이다. 동물은 적대적인 환경 속에서 먹이의 취득과 거처의 확보를 위해 끊임없이 타자와 대립 투쟁하고 타자를 지배 억압하면서 자신의 힘을 강화하려 한다. 인간도 마찬가지다. 진화의 과정에서 형성된 그의 에고는 철저하게 동물적이고 자기중심적인 생존본능의 성질을 갖고 있다. 그리하여 그는 세상만사를 자신의 이해득실과 안위, 욕구만족의 관점에서 바라본다. 이러한 에고의 연출로 상영되는 삶의 드라마의 주인공이 바로 '나'이다. 달리 말하면 '나'는 일상의 의식과 언행을 막후에서 조종하는 에고의 대리인이며 대변자이다. '나'가 자기본위적이고 자기애적일 수밖에 없는 이유가 여기에 있다. 이러한 '나'에게는 이성도 자기만족을 위한 심리적 도구에 지나지 않는다. 이성은 에고의 강화와 팽창에 봉사할 뿐이다.[81]

---

81) 이상은 데이비드 호킨스, 백영미 옮김, 『내 안의 참나를 만나다』(판미동, 2022)의 내용

이상 심리학과 인류생물학의 두 관점은 '나'(자아)의식의 뿌리를 어디까지 파헤쳤는가의 차이는 있지만, '나'의 자기중심적인 성질에 주목한 점에서는 양자가 다르지 않다. 일상의 예를 들어보자. 거짓말만 해도 그렇다. 사람들은 거짓말의 보호막을 쳐서 '나'를 지키려 한다. 남들 앞에서 자기의 잘못된 언행을 합리화하는 것도 '나'를 보호하기 위한 술책이다. 자신의 문제점과 약점을 인정하면 남들로부터 '나(의 존재)'가 무시당하리라는 두려움을 불러일으키기 때문이다. 그 밖에 사람들이 높은 학벌과 권력과 재물과 명예를 추구하는 것도 사실 '나'를 보호하고 강화하기 위한 계책의 일환이다.

이러한 관점에서 살피면 사람들이 숭상하는 진리와 도덕도 따지고 보면 이 비속한 세상에서 '나'를 지켜줄 세련된 방어장치에 해당된다. 진리와 도덕은 사회적 냉대와 핍박 속에서도 '나'를 곧추세워주는 강력한 힘으로 작용한다. 종교도 마찬가지다. 그것은 사람들이 일상에서 겪는 각종의 크고 작은 시련과, 더 나아가 죽음의 불안과 위협으로부터 '나'를 보호하고 방어하기 위해 마련된 정교한 계책이다. 신앙은 '나'의 존재를 사후의 천국까지 보장한다. 이렇게 생각하면 어떻게든 '나'를 보호하고 강화할 현명한 계책을 세우는 것이 중요하지, 나(자아)의 초월을 주장하는 것은 삶의 실상을 도외시한 이야기처럼 들린다.

하지만 '나'의식의 이면에는 심각한 문제가 도사리고 있다. '나'는 타자와의 분별과 대립의식을, 자타간 이분법적인 사고의 전선을 형성

일부를 요약한 것이다. 그러면 에고를 벗어날 길은 없는가? 저자의 주장에 의하면 그 노력을 에고 자신에게 맡기는 것은 불가능하다고 한다. 에고는 그 자체의 성질상 자신의 유지와 힘의 강화에만 목표를 두기 때문이다. 다만 인류 진화의 정점에서 인간에게는 자기중심적인 에고뿐만이 아니라 타인의 존재를 '무조건적으로' 인정하고 존중하는 영적인 의식이 출현하였다. 바로 영성이다. 에고가 인간에게 태생적이긴 하지만 극복될 수 있는 길이 여기에서 열린다. 그것은 에고의 지배력을 벗어난 영성의 도움을 빌려서만 가능하다.

한다. '나'는 너, 그, 그것, 세상을 상대하면서 형성되는 의식으로써 (사실 '나'는 본질적으로 하나의 의식이다), 그들 앞에서 자신의 존재를 입증하고 보호하며 강화하고 방어하기 위한 전략을 본능적으로 강구한다. 예컨대 우정의 자리에서조차 '나'는 친구와 다소의 거리를 두고서 여러모로 비교하고 은근히 질투심과 경쟁의식까지 일으킨다. '나'라는 말에는 그처럼 자타 분별적이고 대립적이며 자기 본위적인 의식이 깔려 있다. 동서고금을 막론하고 많은 선각자들이 '나(자아)'의 부정적인 측면을 부각시킨 까닭이 여기에 있다. 성 아우구스티누스(354~430)는 말한다. "자아를 경멸하는 상태일 정도로 신을 사랑하는 것이, 신의 도시를 만든다. 신을 경멸하는 상태일 정도로 자아를 사랑하는 것이, 세속적인 도시를 만든다."[82]

더 나아가서 생각해 보면 진리와 도덕 정신까지도 그렇다. '나'의 진리(도덕)관이 상대방의 그것과 대립 갈등을 겪게 되면 '나'는 불안감과 불쾌감, 위기감 속에서 온갖 논리를 동원하여 그를 제압하고 굴복시키려 한다. 그에게 굴복당하면 '나'의 체면과 위신이 깎이고, 더 나아가 '나'의 존재 자체가 부정당하리라는 두려움 때문이다. 대다수 종교인들의 독선적이고 배타적인 태도도 근본적으로는 '나'를 지키려는 저의에서 비롯된다. 특히 대립자의 위협이 클수록 자아의 방어벽이 두껍게 조성될 것이다. 즉 남을 경계하고 거부하며 공격까지 하는, 대립과 대결의 자아의식이 더 단단해질 것이다.

이처럼 '나'(자아)는 기본적으로 폐쇄적인 개념이다. '나'는 남을 나의 밖으로 밀어내고 나 자신을 세계의 중심에 두면서 자신의 관점에서만 생각하고 처사한다. 그리하여 남을 배제한 채 자기만의 세계를 구축하려는 '나'에게 남은 우호적인 관심과 배려의 대상이 되지 못한다. 남

---

[82] 올더스 헉슬리, 조옥경 옮김, 『영원의 철학』, 김영사, 2014, 303쪽.

은 기껏 '나'의 삶을 영위하기 위한 수단에 지나지 않는다. 그리하여 '나'를 고집하다 보면 부부, 부자, 형제처럼 가까운 사이조차 한순간 길거리의 남남이 되며, 심지어 '웬수'로 변하고 만다. 세상에서 벌어지는 온갖 대립, 갈등, 원망, 증오, 폭력, 살인, 심지어 전쟁까지도 모든 악은 이러한 '나'의식에서 비롯된다. 퇴계가 "사(私)는 마음의 해충이요 모든 악의 근원"[83]이라고 말한 까닭이 여기에 있다. 여기에서 '사'란 자기중심적이고 자타대립적인 '나'의식을 뜻한다.

'나'의 어두운 면모는 이것으로 그치지 않는다. 내부적으로는 '나'는 남을 자신의 존재 밖으로 밀어냄으로써 삶을 고립과 외로움으로 내몰고, 존재의 빈곤을 자초한다. 이는 근원적으로는 만물을 자신의 존재 안에 갖고 있는 인간의 원초적 본성(공동체적 본질)을 거역하면서 자기 안에 갇혀 살기 때문에 일어나는 현상이다. 한나 아렌트가 '사(私: 나)'를 일컬어 "타인과의 객관적 관계의 박탈이요, 삶 자체보다 더 영속적인 어떤 것을 성취할 수 있는 가능성의 박탈로써, 완전히 사적인 생활을 한다는 것은 우선 진정한 인간에게 필수적인 것이 박탈되었음을 의미한다."[84]고 말한 것도 이러한 성찰에서였을 것이다.

공자의 극기는 이러한 '나'를 문제시한 것이었다. 자기중심적이고 자폐적인 '나'의 방어벽을 허물어 남을 나의 존재 깊이 받아들여야 한다는 것이다. 사실 사랑이란 자타 분단의 벽이 무너져 '하나와 하나가 하나가 되는'(마르틴 부버) 풍요롭고 환희로운 생명의 현장이다. 스쿠리지처럼 남을 배제하고 자기 안에 갇혀 사는 사람은 결코 사랑을 알 수 없다. 아니 그는 절해의 고도에서 홀로 사는 사람처럼 처절한 외로움에 빠지고 말 것이다. 사랑만이 아니다. 의로움과 예의와 진리 등

---

83) 『退溪全書 一』, 「戊辰經筵啓箚二」, 195쪽.
84) 한나 아렌트, 이진우·태정호 옮김, 『인간의 조건』, 한길사, 1996, 112쪽.

모든 가치와, 나아가 인간생활 자체가 자기중심적인 '나'의식을 깨트리고 나와야만 이루어질 수 있다. 그러므로 자아의 초월은 남들과 더불어 살기 위해, 아니 그 이전에 자신의 존재를 지탱하고 또 풍요롭게 하기 위해 언제 어디서나 요청되는 삶의 필수조건이다. 사람됨의 수준은 극기, 즉 자기초월의 정도에 좌우된다.

극기는 마치 욕망과 분노를 참듯이 자아를 강제로 억누르고 무질러 버려야 한다는 뜻이 아니다. 극기란 자신의 내부에서 '나'의식(에고)의 출현을 감지했을 때 그것의 비루함과 저속함을 혐오하거나 그것과 다투려 하지 않고, 초월적인 안목(섭리 정신, 신의 눈빛)으로 그것을 녹여 승화시키는 수행의 노력이다.[85] 그러면 자타간 대립과 다툼, 불안과 불만과 분노, 실존의 외로움 등 모든 부정적인 정념들이 사라지고, 고요와 평화와 진실과 기쁨과 사랑과 연민의 마음이 밝게 드러날 것이다. 종교인들이 합장하며 행하는 기도의 참다운 의의가 여기에 있다. 그것은 자아를 초월하여 신의 눈높이에서 고요하고 평화로운 마음으로 세계와 삶을 바라보게 해주는 영적인 의식이다. 그러므로 "기도는 나를 더 큰 나로 만들어준다."(마하마트 간디, 1869~1948) 아래에 타고르(1861~1941)의 시를 한 편 읽어보자.

---

[85] 이러한 뜻은 "(극기)복례"에 대한 주희의 해석에 깊이 함축되어 있다. 그는 한 지인에게 말한다. "평소 공자의 극기복례(克己復禮)를 강론할 때마다 예(禮)라는 글자에 대해 마음이 흡족하지 못해 그것을 리(理)의 뜻으로 해석했습니다. 그런데 그것의 정밀하고 오묘한 뜻이야말로 일반인의 사고로는 미칠 수 없음을 이제야 알게 되었습니다."(『朱書節要』, 「答林擇之」, 204쪽) 여기에서 '그것의 정밀하고 오묘한 뜻'이란 '리'(진리. 섭리)를 '예'로 도덕규범화한 뜻을 말한다. 진리(섭리)를 통찰하여 일상의 도덕규범으로 만드는 것은 아무나 할 수 있는 일이 아니겠기에, 주자는 거기에서 공자의 '정밀하고 오묘한 뜻'을 뒤늦게 깨달은 것이다. 이는 '복례'에 섭리정신의 회복이라는 뜻이 깊이 함축되어 있음을 일러준다.

내 소유의 아주 작은 부분만 남게 하소서.

당신을 나의 일부라 부를 수 있도록.

내 의식의 아주 작은 부분만 남게 하소서.

모든 곳에서 당신을 느끼고

모든 것 속에서 당신에게 다가가고,

모든 순간에 당신에게 내 사랑을 바칠 수 있도록.

내 존재의 아주 작은 부분만 남게 하소서.

당신을 결코 숨길 수 없도록.

내 족쇄의 아주 작은 부분만 남게 하소서.

당신의 의자에 묶이고,

당신의 목적이 내 삶 안에서 이루어지도록.

그것이 당신의 사랑의 족쇄이므로.[86]

공자 이래 선비들은 극기, 즉 자아의 초월을 학문의 중요한 과제로 여겼다. 일상에서 그 모습을 보여주는 흥미로운 사례를 한 가지 들어보자. 선비들은 서간문에서 자신을 호칭하는데, 본인의 이름이나 우(愚;어리석은 사람), 불초(不肖: 못난이), 불사(不似: 같잖은 사람), 복(僕: 미천한 사람), 비인(鄙人: 비루한 사람), 구구(區區: 용렬한 사람) 등의 말을 흔히 사용하였다. '나'라고 말하면 간단하고 분명할 텐데, 왜 그랬을까? 아마도 거기에는 깊은 뜻이 내재해 있는 것처럼 보인다. 선비들은 '나'의 문제점을 자각하면서 호칭 상으로나마 그 말을 피하고 싶었던 것이다. '나'라고 하는 자기 호칭은 상대방 앞에서 자신의 존재를 내세우고 강화하며, 의견을 주장하여 관철하려는 무의식적인 저의를 내포하고 있다는 사실을. 그리하여 '나'라는 말 속에는 상대방을 존중하고 그의 의견을 경청하

---

[86] 라빈드라나트 타고르, 류시화 옮김, 『기탄잘리』, 무소의뿔, 2023, 50쪽.

면서 그와 소통하려는 뜻이 약하다는 사실을 간파했던 것이다. 그래서 그들은 저와 같은 겸양어를 사용함으로써 상대방을 존중하고 그의 의견을 경청하겠다는 뜻을 은연중에 전하려 했을 것이다. 앞서 소개한 것처럼 퇴계는 이를 '발병구약'(發病求藥)이라는 말로 표현하였다.

첨언한다면 오늘날 우리가 일상적으로 사용하는 많은 겸양어들은 아마도 저러한 전통적 사고방식의 유산일 것이다. 예를 들면 '저'라는 겸칭에는 '나'만큼 강렬한 자의식이 들어 있지 않다. '저'는 자타간 만남의 자리에서 한발 물러나 공손하게 자신의 의견과 주장을 양보할 준비가 되어 있다. 그밖에 우리말에 유난히 발달되어 있는 경어(敬語)들도 또한 '나'를 강력하게 내세우지 않음으로써 상대방과 부딪히지 않고 자타간 화해로운 관계를 유지하게 해주는 기능을 갖는다. 우리말의 아름다운 유산을 보여주는 대목이다. 안타깝게도 오늘날 점차 사라져가고 있지만 말이다.

선비의 자기초월의 수행은 심성의 함양과 성찰에서부터 언행에 이르기까지 전방위에 걸쳐 이루어졌지만, 일상적으로는 '충서'(忠恕)의 정신을 기저로 한다. '충서'란 요컨대 역지사지의 마음으로 남의 처지를 헤아려 그를 배려하고 보살피는 것을 뜻한다. 이는 자기 안에 갇히지 말고 자아를 초월하여 남을 자신의 존재 안에 아우를 것을 요구한다. 공자는 평생의 삶의 지침을 묻는 한 제자에게 다음과 같이 말한다. "내가 원하지 않는 일을 남에게 행하지 말라.[己所不欲 勿施於人:『논어』]" 또 말한다. "인자(仁者)는 자신이 나서고 싶을 때는 남을 내세워주고, 자신이 뜻을 펴고 싶을 때는 남이 뜻을 펼치도록 도와준다.[仁者 己欲立而立人 己欲達而達人:『논어』]"『대학』은 이를 혈구(絜矩)의 이름으로 정치사상으로까지 응용한다. 위정자는 역지사지의 정신으로 민심을 깊이 헤아려 모든 국민의 소망을 이루어주어야 한다는 것이다. 사실 예나 지금이나 정치란 그것일 뿐이다.『대학』은 이러한 뜻을 아래와 같이 구체적으로 예시한다.

　　윗사람이 나를 대하는 태도가 싫으면 내 아랫사람을 그러한 태도로 대하지 말고, 아랫사람이 나를 받드는 태도가 싫으면 내 윗사람을 그러한 태도로 받들지 말라. 앞사람이 나에게 앞서는 태도가 싫으면 내 뒷사람에게 그러한 태도로 앞서지 말고, 뒷사람이 나를 따르는 태도가 싫으면 내 앞사람을 그러한 태도로 따르지 말라. 오른쪽 사람이 나와 사귀는 태도가 싫으면 왼쪽 사람과 그러한 태도로 사귀지 말고, 왼쪽 사람이 나와 사귀는 태도가 싫으면 오른쪽 사람과 그러한 태도로 사귀지 말라.

　　이러한 교제의 도리에는 중심의 전이(轉移)라고 하는 심리기제가 작동된다. 입장을 바꾸어 '만약 내가 너라면'이라고 하면서, 나로부터 상대방에게로 사고(삶, 존재)의 중심을 옮기는 것이다. 그리하여 그것은, 내가 삶의 목적이요 세계의 중심인 것처럼, 상대방 역시 그 자신이 목적이요 중심이라는 사실을 깨닫게 해준다. 이는 자기중심을 넘어 세계중심적인 사고를 키워준다. 자기초월의 면모와 층차가 여기에서 드러난다. 그 면모란 자기중심적인 '나'를 탈각하여 타자까지 바라보며 아우르는 상승의 눈빛이요, 층차란 그 상승의 높이에 따라 초월의 수준이 달라짐을 말한다. 이를테면 그 눈빛을 자기중심에서 가족중심으로, 지역중심으로, 민족중심으로, 인류중심으로, 더 나아가 생명 중심으로 상승시켜나감에 따라 나의 존재의 품안에 들어오는 대상이 그만큼 많아질 것이다. 그 최후, 즉 자기초월의 정점에는 천명의 각성 속에서 물아일체의 사랑을 펼치는 우주적 대아가 자리할 것이다. 앞서 말한 인자(仁者)가 바로 그런 사람이다. 그는 자신의 우주적 존재성을 온몸으로 깨달으면서 미물 하나까지도 연민과 사랑의 마음으로 보듬어 안는다.

　　'극기'는 이분법적인 사고의 극복을 뜻하기도 한다. 자기중심적인

'나'를 탈각하여 남을 나의 품에 아우르는 순간 나와 남 사이에 세워져 있는 존재의 장벽이 무너진다. 부모 자식 간의 관계가 그 전형적인 사례이다. 그리하여 물아일체의 심흉에는 그동안 '나'를 중심으로 전개되던, 남-여, 노-소, 인종의 흑-백, 이념의 좌-우 등 모든 대립적인 사고가 사라진다. 그 정점에서 그는 우주 자연의 섭리 정신, 또는 신의 눈빛을 얻어 삶에 새롭게 나설 것이다. 퇴계가 말한 '천하를 한 집안으로, 만민을 내 한 몸처럼 여겨 그들의 가려움과 아픔을 바로 나 자신의 것으로 받아들이는'[87] 우주적 대아의 연민과 사랑이 그것이다. 이는 극기, 즉 자아의 초월이 몽상가처럼 무슨 딴 세상을 꿈꾸며 사는 것이 아님을 일러준다. 공자와 석가모니와 예수가 그러했던 것처럼 선비는 우주적 대아의 사랑(인, 자비, 박애)으로 만민과 만물을 깊이 보듬어 안고자 하였다. 이러한 초월적 사고를 잘 보여주는 퇴계의 시를 읽어보자.

마음을 비우고 창가의 책상 마주하면	人正虛襟對窓几
풀들이 생기를 띠고 뜨락에 가득하리라	草含生意滿庭除
그대, 물과 아가 일체임을 알려면	欲知物我元無間
만물생성의 근원을 보게나	請看眞精妙合初[88]

이 시에서 '만물 생성의 근원'은 자기 초월의 정점인 하늘(상제, 신, 또는 태극)에 해당된다. 그처럼 섭리 정신으로, 또는 신의 눈빛으로 바라보면 물과 아가 일체임을 깨닫게 될 것이다. 퇴계가 임금에게 '하늘과

---

87) 『退溪全書 一』, 「西銘考證講義」, 218쪽.
88) 『退溪全書 二』, 「次韻金惇敍」, 535쪽. 이 시의 마지막 행 '진정묘합(眞精妙合)'이란 원래 주렴계의 「태극도설(太極圖說)」상 "무극(無極)의 진(眞)과 음양오행(陰陽五行)의 정(精)이 신묘하게 결합되어"[無極之眞 二五之精 妙合而凝]라는 말을 줄여 쓴 것인데, 위와 같이 의역하였다.

땅은 세상 만물의 큰 부모이므로 만민과 나는 형제요, 만물과 나는 더불어 지내는 이웃'이라고 말한 영적 배경이 여기에 있다. 당연히 그러한 우주적 심흉은 뜨락에 가득한 풀과 생기(생명의 기운)을 교감하면서 그들을 자신의 존재 깊이 보듬어 안을 것이다. 마르틴 부버의 이른바 '하나와 하나가 하나가 되는' 영적인 각성의 모습이다. 퇴계의 시를 또 한 편 읽어보자.

  상대가 없고 안팎도 없는 세계를 말하기는 어렵지만
                 無倫無外縱難言
  그윽한 삶 즐기며 조화의 근원을 음미한다 尙愜幽居翫化原
  오늘은 그대들과 책을 읽으며   此日況同諸子讀
  환중(環中)의 심법(心法)을 깊이 찾아 논한다 環中心法妙尋論[89]

이 시에서 '상대가 없고 안팎도 없는 세계'란 사람들이 나와 너, 이쪽과 저쪽, 안과 밖을 나누어 서로 다투는 비속한 현실을 초월한 경지를 말한 것이고, '환중의 심법'이란 끝없이 물고 물리는 시시비비의 순환고리[環]를 벗어난 절대의 경지['環中': 순환고리의 한 중심]에서 노니는 마음의 수행법을 은유한다. 퇴계는 그처럼 초월적인 절대의 경지에서 그윽한 삶 즐기며 조화의 근원(만물생성의 근원)을 음미하였다. 이는 '상대와 안팎'의 현실에 집착하며 시시비비하는 개체적 자아를 탈각하여 자기초월의 정점에서 발동된 섭리 정신의 산물이다. 퇴계의 한 제자는 이러한 선생의 모습을 다음과 같이 전하였다. "선생님은 담박하고 무욕하여 마음을 항상 만물 위에 펼치셨다. 이 세상에 선생님의 마음을

---

89) 『退溪全書 三』, 「溪上與金愼仲惇敍金士純琴壎之禹景善同讀啓蒙二絶示意兼示安道孫兒」, 40쪽.

얽어매는 것은 아무것도 없었다."[90] 그렇다고 해서 그의 초월의 정신이 현실을 외면한 것은 아니었다. 그에게 초월은 오히려 이 땅의 삶을 건강하고 의미 깊게 해주는 사고기제였다.

'환중의 심법'은 너와 나, 선과 악과 같은 상대세계의 실상 자체를 외면하려는 것이 아니다. 저 안목은 그것들을 분별하되 관습적이고 규범적인 태도를 부정하는 것일 뿐이다. 예컨대 남녀의 자리에서 규범적 태도는 남녀유별을 절대적 준칙으로 받아들여 맹종하려 하지만, 환중의 안목은 초월의 정신으로 남녀를 아우르는 동일한 인격으로 대면하려 한다. 즉 현실적으로 남녀의 차이를 인정하면서도 유별의 규범을 경직되게 고집하지 않고 남성과 마찬가지로 여성을 고결한 인격으로 존중하려 한다. 퇴계가 손자에게 강력하게 권고한 '상경여빈(相敬如賓)'의 정신이 바로 그 사례에 해당된다. 그밖에 귀천의 신분에 대해서도 마찬가지다. 퇴계가 노비들에게까지도 그들을 자신과 동일한 인격으로 대했던 사실들이 이를 말해준다. 요컨대 '환중'의 초월적 안목은 자타와 안팎의 상대적 세계를 인정하되 거기에 고착되지 않고 물아일체의 근원적 관점(만물생성의 근원)에서 타자를 아우르려 한다.

상대도 안팎도 없는 환중의 심법에는 비움의 정신이 작동된다. 여기에서 말하는 비움이란 편견, 선입견, 고정관념 등 인습적인 사고를 버려 마음을 텅 비우는 것을 뜻한다. 상대와 안팎을 가르는 생각도 당연히 이에 포함된다. 선비는 이러한 비움의 정신을 매우 중요시하였다. 그야말로 '텅 빈 거울처럼, 평형을 유지한 저울대[鑑空衡平]'처럼 마음을 갖고자 하였다. 다시 퇴계의 시를 한 편 읽어보자.

---

[90] 『退溪全書 四』, 「言行錄」, 30쪽.

귀양살이 닭 울어야 겨우 잠든다지만	謫裏聽鷄方就睡
나그네길 기러기 울음에 나도 잠 못 이루네	旅中聞雁亦無眠
우리들은 생각이 너무 많아 걱정이라	吾儕患在多思慮
허정(虛靜)과 염담(恬淡)으로 마음을 길러보세	盍把虛恬養寸田[91]

　이 시는 현존의 중요성을 다시금 일깨워준다. 퇴계의 지인이 귀양살이에서 새벽까지 잠 못 이루는 번민과 아픔을 겪는 것은 지금 이 자리의 현실을 받아들이지 못하기 때문이다. 그는 어쩌면 지난날 누렸던 벼슬 생활의 영화를 되새기고 정치적 배신감을 곱씹고 있었을 것이다. 현존의 삶에 집중하지 못하고 그렇게 지난날의 상념에 빠져 자신을 괴롭히고 있는 것이다. 만약 그가 현존의 정신으로 삶에 나섰다면 어떠했을까? 『중용』의 글을 다시 한번 읽어보자. "군자는 지금 이 자리에 현존할 뿐 그 밖의 일은 바라지 않는다. (중략) 고난의 자리에서는 고난에 마땅한 도리를 다한다. 그리하여 군자는 어떤 자리에서나 안락 자족의 삶을 산다."

　물론 사람은 누구나 지난날의 상념을 마음속에서 전적으로 지우지는 못한다. 문제는 그것을 어떻게 정리하는가에 있다. 사실 지난날의 상념은 자신의 존재를 되새김질하는 일로써 매우 생산적인 의의를 갖기도 한다. 우리는 지난날의 상념을 통해 그동안 자신의 존재를 형성시켜왔지만 잊혀지고 있는 수많은 일들의 의미들을 되짚고 살려내면서 지금, 이 자리의 삶에 투영하고 재편하여 삶의 지혜로 활용할 수 있다. 그것은 과거의 분절적인 시간을 연속시켜 주고 자신의 존재를 입체적으로 성찰하면서, 삶을 일련의 맥락으로 정리해주고 또 미래를 전망하게 해주기도 한다. 온고이지신(溫故而知新)이란 이를 두고 한 말이기도

---

[91] 『退溪全書 一』, 「病中得金季應書二絶」, 131쪽.

하다. 만약 지난날의 상념이 없다면 우리의 삶은 아마도 단편적인 시간과 사건들이 어지럽게 뒤섞인 잡동사니에 지나지 않을 것이다. 이렇게 생각하면 저 귀양살이의 지인은 정치와, 나아가 세상사의 무상함을 깨달으면서 삶에 초월적으로 나설 수도 있었을 것이다. 귀양살이라 하더라도 '지금, 이 자리'에 감사하면서 말이다.

하지만 지난날의 상념에는 어두운 구석이 도사리고 있다. 그것은 자칫 지난 시절의 부질없는 되새김질로 빠져들 수도 있다. 여기에서 부질없음은 지난날의 상념이 자기성찰과 향상의 생산적인 기능을 잃고는, 지난 시절의 일들을 맥없이 되작거리면서 자신의 감정을 소모시키고 생각을 피곤하게 만드는 데에서 생겨난다. 위의 시에서 저 귀양살이의 지인의 경우가 그러하다. 사정은 다르지만 퇴계도 번민에 빠져 있다. 그는 임금의 계속된 부름에 자신의 불확실한 삶의 행로와 미래를 고민하느라 나그네길 기러기 울음에 잠 못 이루고 있기 때문이다. 이는 양자 모두 지금 이 자리, 현존의 삶을 전폭적으로 받아들이지 못하고 있는 모습을 보여준다. "고난의 자리에서는 고난에 마땅한 도리를 다하면서 (중략) 고요하고 평화로운 마음으로 천명을 기다리"(『중용』)는 현존의 정신을 말이다.

이러한 소모적 회상과 생각들에서 벗어나기 위한 방안으로 퇴계가 지인에게 제안한 것이 바로 '허정(虛靜)과 염담(恬淡)'의 마음 수행이다. 모든 부질없는 상념을 떨치고 비워[虛靜] 평화롭고 담박한[恬淡] 마음으로 현존의 삶에 나서자는 것이다. 마치 '텅 빈 거울처럼, 평형을 유지한 저울대'처럼 마음을 비우고 평정 상태에 두어야 한다. 물론 이는 하루 아침에 이루어질 수 있는 일이 아니다. 세속적 가치와 신념들로 조작되어 있는 '나'의 허상을, 이를테면 성별과 노소와 사회적 지위 등으로 가식된 자아의 환영을 꿰뚫어 보고 깨트리는 자기 초월의 수행을 평소 부단히 해야 한다. 그리하여 온갖 회한과 고민이 맴도는 생각의 순환고리를 벗어나 만물생성의 근원을 찾아 들어가야 한다. 개체적 자아를 해체하고 초월하여 우주 만물의 한 중심에 서서 섭리 정신, 신의 눈빛으로 삶에 나서야 한다. 비움[허정]의 정신이 지향하는 궁극의 지평이 여기에서 열린다.

이러한 비움은 단순히 마음이 텅 비고 쓸쓸한 고요의 상태에 불과한 것이 아니다. 마음속 온갖 환영과 허상을 떨쳐내면 그 심층에서 자기 초월의 영성이 깨어나 세계 만상을 관조하는 눈빛을 얻게 될 것이다. 그 눈빛은 이 세계를 깊이 품어 안는 신과도 같이 모든 존재에게 연민과 자애의 정을 드러낼 것이다. 그야말로 모든 생명에 대해 '가려움과 아픔을 함께하는'(퇴계) 우주적 대아의 영적인 사랑이다. 중국의 성리학자 정이(程頤)는 말한다. "고요 속에서 바라보면 만물이 모두 봄의 뜻을 갖고 있음을 알리라."[92] 고요한 마음에는 만물이 소생하는 봄날처럼 따사로운 생명적 기운이 충만해 있기 때문이다. 달리 말하면 마음의 고요는 쓸쓸하고 적막한 감정 상태가 아니라, 생명적 기운이 맑게 서려 있는 순수의식의 에너지장이다. 이 글의 아래에 주석으로 실려 있는 유명한 시를 한 편 읽어보자. 역시 중국의 성리학자 정호(程顥, 1032~1085)의 작품으로. 이 또한 자아를 초월한 우주적 대아의 지평을 열어 보여주고 있다.

한가롭게 지내니 일마다 여유가 있네	閑來無事不從容
잠을 깨니 해가 벌써 동창에 발갛구나	睡覺東窓日已紅
고요히 바라보니 만물 모두 제자리를 얻었고	萬物靜觀皆自得
사계절의 아름다운 흥취는 사람과 한가지로다	四時佳興與人同
도(道)는 천지의 형상 밖까지 통하고	道通天地有形外

---

92) 『近思錄』, 212쪽.

사념(思念)은 풍운(風雲)의 변화 가운데 든다	思入風雲變態中
부귀에 미혹되지 않고 빈천에도 일락을 누리니	富貴不淫貧賤樂
남아가 이 정도면 호걸영웅 아닌가	男兒到此是豪雄

 이 호걸영웅의 기상은 오늘날의 영웅호걸과는 차원을 달리 한다. 그는 자아를 초월하여 천지의 형상 밖까지 통하는 도(道), 즉 대자연의 섭리에 올라서서 우주만상을 고요히 바라본다. 그 눈빛은 만물이 모두 제자리를 얻었음을 보고, 풍운의 변화 가운데 있으면서도 부귀빈천으로 얽힌 세상사의 잡답을 초연히 벗어나 사계절의 아름다운 흥취에 동참한다. 그야말로 우주적 대아의 영적인 기상이다.

 극기는 과거의 시간 속에서 규정되는 자아의 허상을 깨트리고 천명의 길에 나선다. 일반적으로 '나'는 출생 이래 살아온 이력으로, 더 나아가 가문(조상)의 역사 속에서 규정된다. 사람들이 자기소개서에 고향과 출신학교를 적는다든지, 또는 유명한 선조의 후손이라고 자부한다든지 하는 것이 그 일상적인 사례이다. 하지만 '나'는 그처럼 과거사실로만 포장된 허상에 불과한가? 나는 선조가 누구며, 어느 대학을 나왔다는 과거의 사실들 밖에는 달리 드러낼 만한 것이 없는 빈약한 존재에 지나지 않는가? 몇 년 전에 티브이의 뉴스에 방영되었던 일이다. 어떤 시위의 현장에서 국회의원을 지냈던 사람이 자기를 막아 세우는 경찰에게, "내가 누군지 알아? 3선 국회의원을 했던 사람이야!"라고 호통을 쳤다. 이 장면을 본 사람들은 실소를 금치 못했을 것이다. 이처럼 자신을 과거로 포장하는 것은 존재의 빈곤을 스스로 폭로하는 것이나 다름없다.

 이러한 세속적 자아의 허상을 깨트리고 삶에 날마다 새롭게[日新] 나서는 선비에게 오늘은 어제의 기억으로 덧칠된 진부한 시간이 아니었다. 그는 현존의 정신으로 매 순간을 새롭게 경험하면서 천명의 지평을 부단히 열어나갔다. 그가 부귀에 미혹되지 않고 빈천에도 일락을 누릴 수 있었던 것도 이러한 상승과 초월의 정신을 토대로 한다. 그에게 중요한 것은 맹자의 이른바 '하늘이 내린 벼슬[天爵]'이지 '사람들끼리 주고받는 벼슬[人爵]'이 아니었다. 당연히 천작의 각성과 실현은 속세에 붙박여 살아가는 세속적 자아를 초월함으로써만 가능한 일이다. 세속적 자아는 부귀빈천에 민감하게 반응하면서 부귀를 뒤쫓고 빈천을 벗어나려 하지만, '밝은 천명을 항상 되돌아 살피는'(『대학』) 선비는 그것을 안중에 두지 않는다.

선비의 청빈한 삶이 여기에서 그 모습을 드러낸다. 청빈은 세속적 자아를 탈각하고 초월한 삶의 모습이다. 우리는 어려서부터 선비들의 가난 이야기를 많이 들어왔다. 실제로 조선시대 청백리(淸白吏)들의 생활을 살펴보면 고관대작을 지냈음에도 불구하고 두어 칸의 초가집에서 살았으며, 심지어는 죽어 장례비용조차 없었던 사람들이 많았다. 그밖에 어지러운 벼슬길을 거부하고 가난하게 은둔의 삶을 살았던 학자들도 부지기수였다. 그들은 왜 부유의 안락을 거부하고 가난에도 태연했을까? 거기에는 세속에 적응하지 못하는 그들의 무능이 감추어져 있지 않을까? 이러한 의문은 '청빈'의 의미를 들여다봄으로써 풀릴 수 있다.

다 아는 것처럼 청빈은 '맑을 청(淸)'과 '가난 빈(貧)'의 합성어이다. 이에 대해 오늘날 사람들은 흔히 '맑은 가난'이라고 풀이한다. 하지만 여전히 의문이 가시지 않는다. 가난이 맑다는 것은 무엇을 뜻하는 말인가? 그것은 인간학적인 의미를 내포하고 있다. 그것은 존재(참자아)의 맑음을 함의한다. 말하자면 청빈이란 존재의 맑음에 소유의 가난을 뜻한다. 그 맑음은 단순히 세속에 때 묻지 않은 심신의 상태에 그치지 않는다. 그 이상으로 그것은 순수하고 고결한 존재(참자아)의 모습을 담고 있으며, 거기에는 진리와 도의의 정신이 서려 있다. 진리와 도의로 존재를 순결하게 성취하려는 것이다. 당연히 이는 속세와 절연한 은둔생활 속에서 저절로 이루어지지 않는다. 그것은 일신과 상달과 극기의 부단한 수행을 필요로 한다. 그리하여 그 맑음은 어린아이와 같은 순진무구함을 넘어 진리와 도의의 정신으로 충만할 것이며, 더 나아가 천명을 자각하는 영성의 빛을 발할 것이다.[93]

선비는 존재의 맑음을 평생의 과제로 추구하였다. 그러한 그에게 소유의 가난은 피할 수 없는 일이었다. 아니 그는 소유의 가난을 무릅쓰고 존재의 맑음을 추구하였다. 에리히 프롬도 『소유냐 존재냐』라는 책에서 갈파한 바 있지만, 선비는 존재가 소유와 상반적인 성질을 띤다는 사실을 일찍부터 분명히 인식하고 있었다. 맹자는 말한다. "부를 추구하면 사랑을 모를 것이요, 사랑을 베풀면 부를 축적할 수 없다.[爲富不仁 爲仁不富:『맹자』]" 이는 존재(참자아)의 실현을 위해 소유를 거부하고 가난하게 살아야만 한다는 뜻이 아니다. 소유의 가난은 존재의 정신의 결과일 뿐이다. 선비가 존재의 삶에 진지하다 보니 소유에 소홀할

---

[93] 흥미롭게도 '청빈'의 강조는 서양의 사상사에서도 나타난다. 그것은 하느님이 주신 미덕으로 칭송되었다. 이는 천명을 회복하기 위한 선비의 청빈사상과 일맥상통하는 바가 있다. 13세기의 위대한 성자로 추앙받는 프란체스코의 설교 한 대목을 들어보자. "나의 사랑하는 형제여! 축복된 청빈의 보물은 아주 고귀하고 하늘에 속한 것이어서 우리의 비천한 몸으로는 그것을 소유할 자격이 없도다. 왜냐하면 청빈은 하늘의 미덕이기 때문이다. 청빈한 사람은 모든 세상적이고 일시적인 것들을 아낌없이 버린다. 또한 그는 모든 영혼의 장애물을 제거하고 영원하신 주 하느님과 자유로이 연합할 수 있다. 청빈은 또한 이 지상에 있는 동안 우리의 영혼을 하늘의 천사들과 대화할 수 있게 만드는 미덕이니라. 십자가에까지 그리스도를 동반하고, 그리스도와 함께 무덤에 장사되고, 그리스도와 함께 부활하여 하늘로 승천한 것은 바로 청빈이었다. 왜냐하면 청빈은 그것을 사랑하는 영혼들에게 이 세상에서 하늘로 올라가는 능력을 주고, 청빈만이 참된 겸손과 사랑의 갑옷을 보호해주기 때문이다. 그러므로 복음의 진주를 참으로 사랑했던 그리스도의 사도들에게 가서 기도하자. 우리 주님 예수 그리스도로부터 우리를 위해 이 은혜를 구해달라고, 그리고 거룩한 청빈의 실천자이시며 스승이신 무한한 자비로 우리가 복음의 고귀한 청빈을 실천하고 사랑하는 자가 되며, 겸손한 추종자가 되도록 이끌어주시기를 기도하자." 우골리노, 박명곤 옮김, 『성 프란체스코의 작은 꽃들』, 크리스찬 다이제스트, 2011, 80~81쪽.

수밖에 없어 가난했던 것이지, 반드시 가난을 통해서만 존재가 성취될 수 있다고 믿었던 것은 아니다. 공자는 최상의 경지를 '가난하지만 즐거움을 누리고, 부유하지만 예의를 좋아하는[貧而樂 富而好禮:『논어』]' 데에서 찾았다.

이러한 존재의 정신을 퇴계의 삶에서 살펴보자. 오늘날 일각에서는 퇴계가 수많은 전답을 소유하고 있었다느니, 또는 노비들을 이용하여 재산을 증식했다느니 하는 비난의 말들이 오가고 있다. 하지만 이는 명백히 와전이다. 이를 반증하는 사례들이 있다. 퇴계의 편지글들과 제자들의 목격담이 그것이다. 먼저 그의 편지들을 읽어보자. 앞의 것은 그가 가난을 불평하는 아들에게 보낸 것이요, 뒤의 것은 한 제자에게 보낸 것이다. 여기에는 단순한 훈계의 차원을 넘어서 그 자신의 체험이 실려 있다.

가난과 궁핍은 선비의 일상사인 것을, 개의할 일이 또 무엇 있겠느냐. 네 아비는 그 때문에 남들로부터 웃음도 많이 샀다만, 꿋꿋이 참고 순리대로 처신하면서 수양의 삶 속에서 하늘의 뜻을 기다리는 것이 옳다.[94]

끼니를 자주 거른다는 탄식은 우리에게는 예사로운 일입니다. 또 기근이 계속된 데다가 초상을 치르고 제사를 지내는 일까지 겹쳤으니, 형편상 그럴 수밖에 없었을 것입니다. 양식을 빌리려 해도 마음대로 되지 않는 것은 빈궁한 처지의 사람들이 다 같이 겪는 근심거리입니다. 그러나 주자의 말씀에 "모름지기 가난을 참아야 할 것이니, 그것도 익숙해지면 자족할 줄 알게 될 것이다" 했습니다. 이 말을 깊이 음미해 보아야 할 것입니다.[95]

---

94) 『退溪全書 四』, 「言行錄」, 51쪽.
95) 『退溪全書 二』, 「答鄭子中」, 52쪽.

이는 퇴계가 끼니를 자주 거를 정도로까지 가난하게 살았음을 짐작케 해준다. 그런데 그는 가난을 원망하기는커녕 오히려 선비의 일상사로 태연히 받아들이고 있다. 물론 그렇다고 해서 그가 부유 자체를 혐오하거나 거부했던 것은 아니다. 그의 청빈 정신은 빈부 의식을 초월해 있으며, 그의 청빈은 존재의 정신에서 나온 것이었다. 그는 삶의 목표를 물질의 소유가 아니라 존재의 실현에 두었다. 그에게 소유와 상반되는 존재의 핵심은 다른 것이 아니었다. 바로 사랑(생명애)이었다. 그는 자기 본위적이고 배타적인 소유의식을 버리고, 남을 배려하고 보살피는 사랑의 마음으로 세상에 나섰다. 그에게는 그것이 (소유는 빈곤할망정) 존재의 풍요를 이루는 길이었다. 그러므로 부의 축적은 불가능한 일이었을 뿐만 아니라 애당초 그의 관심대상이 아니었다. 그의 제자들의 말을 들어보자.

> 집에 식량이 없어 자주 끼니를 걸러도 그것을 남에게서 얻으려 하지 않으셨고, 임금님의 하사품이 있으면 꼭 이웃들과 나누어 가졌으며, 자신의 앞가림엔 박하면서도 어려운 사람들을 도와주는 데에는 후하셨다.[96]

> 남들이 선물을 보내면 받아두었다가 반드시 이웃이나 일가 중 가난한 사람들에게 나누어주셨고, 조정에서 쌀과 콩을 하사할 때마다 그것들을 집에 쌓아두지 않고 바로 남에게 모두 나누어주셨다.[97]

우리는 여기에서 그가 가난을 감수하면서 열망하고 추구했던 깊은 뜻을 짐작할 수 있다. 그의 청빈은 부귀를 멀리하고 숲속에서 음풍농월

---

96) 『退溪全書 四』, 「言行錄」, 10쪽.
97) 같은 책, 「言行錄」, 19쪽.

하는 은둔생활 속에서 저절로 주어진 것이 아니었다. 그것은 가난과 궁핍에도 흔들리지 않는 치열한 구도의 정신으로 일신과 상달과 극기의 부단한 수행을 통해 얻은 것이었다. 이처럼 선비의 청빈은 현실회피와 무능의 결과가 아니라, 하늘(신)의 소명을 수행하기 위한 전인적인 결의와 불굴의 용기의 산물이었다. 아래에 퇴계의 한 제자가 선생의 일상생활을 눈여겨보면서 기록한 글을 읽어보자.

> 선생님은 집이 가난하여 식량을 겨우 장만하면서 매우 어렵게 사셨다. 사람들은 선생님께서 그 생활을 못 견디실 줄 알았는데 선생님은 여유가 있으셨다. 선생님이 도를 절실하게 깨달으시고 심오하게 통찰하셔서 스스로 즐기실 뿐, 세속적인 숭배 거리를 안중에 두지 않으셨기 때문에 곤궁한 가운데서도 태연자약하셔서 늙어가는 줄도 모르셨던 것이다.[98]

그러므로 선비의 청빈을 두고 현실에 무능하고 나약한 자기 위안이라고 비판해서는 안 된다. 오히려 가난을 부끄러워하고 무슨 죄악처럼 여기면서 물신숭배에 빠져 있는 오늘날 사람들에게 청빈의 정신은 강력한 각성제가 될 수 있다. 인간성을 피폐하게 만들고 자신을 사물화하며 존재의 빈곤을 초래하는 소유지향의 삶을 벗어나, 진리로 충만한 맑은 존재로 의미 깊은 삶을 살아야 한다는 것이다. 예나 지금이나 자기 구원의 길은 바로 여기, 맑고 순수하고 고결한 존재의 진리정신 속에서만 열린다.

---

98) 『退溪全書 三』, 「年譜」, 584쪽.

5. 오늘의 삶

"도(道)가 행해지지 않는구나!" 공자가 당시 사람들의 삶과 사회에 진리와 도덕이 실종된 모습을 두고 내뱉은 탄식이다. 『중용』은 이 한 마디를 앞뒤의 설명도 없이 독립된 장(제5장)으로 두었다. 이 점이 저 탄식을 지금 이 자리에서 울려 나오는 목소리처럼 착각하게 만들기도 한다. 공자의 혼령이 오늘날 무도한 세상을 둘러보면서, 아니 우리 자신의 가난한 영혼과 팍팍한 삶과 혼탁한 사회를 애처롭게 바라보면서 터져 나온 신음처럼 들린다.

"도(道)가 행해지지 않는구나!" 이 탄식은 막연한 것이 아니었다. 『중용』 제1장의 연장선상에서 살피면 이의 뜻이 분명하게 드러난다. 제1장은 말한다. "하늘이 명한 것을 성(性)이라 하고, 성을 따르는 것으로 도(道)라 하고, 도를 재량한 것을 가르침[敎]이라 한다.[天命之謂性 率性之謂道 修道之謂敎]" 이에 의하면 사람들이 어려서부터 받아야 하는 가르침은 도(진리)를 시대와 사회에 따라 적절히 재량한 내용이어야 하고, 그 도는 인간(과 만물)의 본성에서 연역된 것이어야 하며, 인간의 본성은 천명(하늘의 소명)으로 깊이 자각되어야 한다.

공자의 탄식은 이러한 철학적이고 종교적인 인식이 당시의 무도한 세상에서 겪은 아픔의 토로였다. 공자가 보기에 사람들이 가르치고 배우는 내용이라고는 도에서 멀리 벗어난 위인지학(爲人之學)에 불과하였고, 그들의 도는 인간의 본성을 외면한 입신출세의 수단일 뿐이었으며, 그들의 인성관은 천명을 망각한 세속적 인식과 감각적 경험의 산물에 지나지 않았다. 역으로 말하면 사람들이 천명을 깨닫지 못하기 때문에 인간의 본성을 판단하는데 오류를 범하고, 그 오류가 그릇된 진리관을 낳으며, 이로 인해 잘못된 교육이 성행한다.

이를 오늘날의 관점에서 생각해보자. 사람들은 어려서부터 각종의 학원과 학교를 전전하면서 수많은 교육을 받으면서 자란다. 교육이 삶의 내용을 결정한다고 여기기 때문이다. 교육열로 따지면 아마도 우리나라가 세계 어느 나라보다도 앞설 것이다. 그런데 문제는 교육내용이다. 사람들은 진리와 도덕가치의 확립과 인성의 함양에는 무관심한 채, 주로 객관적 지식과 사회적응 기술이나 전수하고 습득하는 일에만 열심이다. 그리하여 모든 교육내용이, 진리조차도 사회적 유용가치 여부로만 평가된다. 오늘날 선비의 학문, 즉 유학이 무용함을 넘어 삶과 사회의 발전에 지장을 주는 것처럼 사람들에게 인식되는 까닭도 여기에 있을 것이다. 참자아의 발견과 성취를 위한 위기지학(爲己之學)이 오늘날의 교육풍토에서는 거의 쓸모없는 것으로 여겨지는 것이다.

이처럼 잘못된 교육풍토는 진리(도) 인식의 부재에 기인한다. 사람들은 진리가 무엇인지에 대해 일말의 자문도 해보지 않는다. 그들은 사람됨의 참다운 이치와 자신의 삶을 고상하게 이끌어줄 참가치를 고민하고 찾아보려 하지 않는다. 그들에게 진리란 기껏 남들에게 인정받고 출세하기 위한 삶의 방편에 지나지 않는다. 그들은 진리로 자신을 그럴듯하게 치장하여 사회에 쓸모 있는 상품으로 광고하려 할뿐, 진리를 실천하여 삶을 의미 깊게 성취하려 하지 않는다. 오늘날 사람들이 존재의 빈곤과, 이에 따른 삶의 허무감에 깊이 빠지는 것도 이에 기인한다. 하물며 그들에게서 상승(일신, 상달, 극기)의 의지를 기대하는 것은 처음부터 불가능한 일이다. 그런데도 '도는 삶에서 한순간도 떨어질 수 없다.'(『중용』)면서 진지한 구도의 정신으로 존재의 풍요를 누렸던 선현들의 학문과 삶을 낮추보려 하니, 이는 자신의 역사적 자아를 부정하고 또 자기 구원의 길을 포기하는 것이나 다름없다.

사람들에게 진리의 인식이 부재한 것은 그들의 인간관과 밀접한 관련을 갖는다. 사람들의 진리관은 인간(의 본성)을 어떻게 이해하느냐에 따라 달라진다. 이 점은 종교마다 진리의 주장이 다른 데에서 쉽게 확인된다. 인간을 하느님의 피조물이라고 여기는 기독교인들은 진리를 곧 하느님의 말씀으로 이해할 것이요, 불교를 믿는 사람은 부처님의 말씀과, 깊게는 인간(과 만물)의 무실체성이나 연기설(緣起說)에 입각한 공(空)의 진리를 주장할 것이다.

종교를 떠나서 사람들의 인간관은 그들이 처한 (개인적, 사회적, 문화적) 환경에 크게 영향을 받는다. 어떤 환경에서 성장하느냐에 따라 그들의 인간관이 달라지는 것이다. 예컨대 혼란하고 각박한 사회에서 살아남기 위해 자타간 경쟁과 투쟁을 일삼아온 사람은 인간을 성악(性惡)한 존재라고 여길 것이다. 오늘날 우리가 살고 있는 자본주의 사회는 어떤가? 그것은 물질만능의 풍조를 조장하면서 인간을 소유주의적 존재로 여기게 만든다. 이 사회에서 삶의 제일명제는 '나는 소유한다. 고로 존재한다.'이다. 여기에서도 투쟁이 판을 친다. 소유의 대상은 한정되어 있는데 사람들의 욕망은 한이 없어 서로 부딪칠 수밖에 없기 때문이다. 불행하게도 우리 사회의 곳곳에서 난무하는 '파이팅(투쟁)!' 구호의 험한 속뜻이 여기에서 드러난다. 그것은 '만인의 만인에 대한 투쟁'을 예고한다. 그들에게 세상은 약육강식의 법칙이 지배하는 정글일 뿐이다. 그리하여 사람들은 '스트리트 파이터'로 자처하면서 모질고 험악한 마음으로 세상에 나선다.

이처럼 인간을 이기적이고 공격적이며 투쟁적인 존재로 여기는 사람들은 진리를 믿지 않으며, 기껏 자기 보호의 방책이요 강제적으로 부과된 의무로만 받아들이면서 생존의 필요상에서만 진리를 따르려 할뿐, 그것을 자발적으로 행하지 않을 것이다. 오히려 사회적인 재제가 약한 곳에서는 진리를 외면하면서 이기적이고 공격적인 성향을 드러낼 것이다. 당연히 그들은 남들과 더불어 아름답고 고상하며 의미 깊게 살고자 하는 꿈을 갖기 어려울 것이다. 불행하게도 이것이 우리 사회의 현주소이다. 다른 나라에 비해서 우리 사회에 행복지수가 유난히 낮다는 통계가 이를 방증한다. 인간의 선한 본성을 신뢰하지 않는 잘못된 인간관이 행복의 원천인 진리정신을 키우지 못하기에 그러한 것이다.

우리는 이의 일차적인 원인을 우리 민족의 불행한 역사적 환경에서 찾아볼 수 있다. 멀리는 수십 년간 일제의 식민지 생활과, 이후 한국전쟁, 그리고 민주 정신과 존엄한 인권과 자유를 유린한 오랜 군사독재의 시절에 벌였던 저항과 투쟁의 현장에서 사람들이 알게 모르게 인간성에 대한 부정적 인식을 갖게 되었고, 이에 따라 진리 정신도 약화되고 만 것이다. 여기에 더하여 물질 가치를 삶의 최상에 두는 자본주의는 사람들을 소유의 투쟁 현장으로 내몰고 있다. 그야말로 유전무죄의 사회에서 정의와 진리의 이념은 한갓 공허한 담론거리에 지나지 않는다.

오늘날 인간관의 혼란과 진리 정신의 부재에는 학문의 발달에도 원인이 있다. 인간학의 관점에서 살피면 학문이 세분화함에 따라 다양한 인간관이 출현하였다. 생물학에서, 의학에서, 법학에서, 신학에서, 그 밖의 학문 분야에서 서로 다른 인간관들이 마치 중구난방처럼 주장되고 있는 것이다. 그런데 문제는 이처럼 다양한 인간관을 하나로 종합할 방법을 알지 못한다는 점에 있다. 예컨대 창조주를 전제하는 종교적 인간관과, 진화론을 토대로 하는 생물학적 인간관을 어떻게 융합하고 통일시킬 수 있는가? 당연히 이에 따라 진리에 대한 인식도 혼란스러울 수밖에 없다. 이에 더하여 인공지능과 생명과학의 발달과 함께 사이보그나 복제인간 등이 행세하는 이른바 "트랜스 휴머니즘"의 시대가 도래하면 앞으로 인간에 대해 전혀 새로운 정의를 내려야 할 판이며, 진리 역시 더더욱 오리무중에 빠지고 말 것이다. 인간관과 진리정신에 관한 한 인류의 미래가 갈수록 불확실하고 암울한 상황이다.

이러한 암흑상황을 어떻게 하면 벗어날 수 있을까? 그것은 일차적으로, 아니 근본적으로는 사람들 각자가 자신의 인간(자아)관을 되돌아보는 데에서부터 시작되어야 할 것이다. 이는 물론 쉽지 않은 일이지만,

시험답안용이 아니라 자신의 존재와 삶 자체를 좌우할 절박성을 띠고 있다는 점에서 모두가 적극적으로 참여해야 할 실존적 과제이다. 우리는 이를 추진하는 과정에서 자신을 사회적 역할이나 인간관계로 규정하는 통상적 속견을 버려야 한다. 아주 거시적으로 인간이 이 광막한 우주 안에서 어떠한 위상을 갖고 있는지부터 성찰할 필요가 있다. 우주야말로 인간의 존재와 삶을 지탱하고 좌우하는 가장 기본적인 조건이기 때문이다. 그렇게 해야만 자신의 올바른 삶의 좌표가 발견될 것이다. 앞서 말한 것처럼 퇴계가 임금에게 「성학십도」를 지어 올리면서 「태극도설(太極圖說)」을 제일 첫머리에, 「서명(西銘)」을 두 번째에 둔 까닭도 여기에 있었다. 그 내용은 일견 정치와 무관한 형이상학적 담론처럼 보이지만, 만백성의 삶을 책임지고 이끌어가야 할 정치지도자라면 그러한 안목과 철학을 가져야 한다는 것이 퇴계의 생각이었다. 자기 자신은 물론 백성들의 삶과 사회를 우주(하늘과 땅)적 관점에서 살펴 정치에 나서야 한다는 것이다. '만민과 나는 형제요, 만물과 나는 서로 더불어 사는 이웃[民吾同胞 物吾與]'이므로 백성들을 형제처럼 사랑하고, 자연 만물을 다정한 이웃처럼 돌봐주는 정치이념이 그것이다.

이는 이성적 작업 이상으로 영적인 각성을 필요로 하는 평생의 과제이기도 하다. 무릇 이성으로 조립되는 모든 생각들은 허약하기 짝이 없다. 이성은 관념세계를 유희할 뿐이어서 실천력을 갖지 못한다. 이성이 비록 인간의 우주적 위상을 그려낸다 해도 그것은 추상개념들의 조립품에 지나지 않아서 우리가 온몸으로 감동하고 전율하는 생동성을 결여한다. 예컨대 어떤 학자가 탁월한 이성으로 삶과 죽음, 존재와 무의 부조리를 아무리 정교한 언어로 풀어낸다 하더라도 사람들은 그러한 일반이론에서 자신의 죽음의 불안과 공포를 뛰어넘어 안심입명할 길을 얻지 못한다.

바로 이 지점에서 종교의 지평이 열린다. 종교는 사람들을 안심입명하게 해주는 실존구원의 힘을 갖고 있다. 그것은 발이 가려운데 신발을 긁는 이성과 달리, 사람들의 폐부를 찌르면서 모든 실존적 의문들을 풀어준다. "모든 종교는 그 근저에 깨달음을 갖고 있다."(스즈키) 그리하여 인간(과 진리)에 대한 수많은 의혹도 종교에서는 쉽게 풀린다. 창조론을 부정하는 진화론이 학계의 통설로 확립되었음에도 불구하고 사람들이 신을 믿고 찬양하는 것도 바로 이 때문이다.

사실 종교를 과학적 타당성 여부로 따지는 것은 옳지 않다. 오늘날 과학자들도 일반적으로 인정하는 것처럼 종교와 과학은 별개의 세계이다. 과학이 문학이나 예술을 논단할 수 없는 것처럼 종교에 대해서도 그러하다. 절대적 의존의 감정(슐라이어마허)이나 궁극적 관심(틸리히)을 불러일으키고 또 충족시키는 것이 종교라면, 그것은 과학의 영역 밖에 있다. 게다가 인간은 과학적 이성 이전에 종교적 성향을 태생적으로 갖고 있다. 종교는 인간세계에서 위로받을 수 없는 실존의 불안과 방황, 고통을 어루만져주고, 삶과 죽음의 부조리를 풀어주면서 사람들을 안심입명하게 해준다. 동서양을 막론하고 죽음 앞에서도 의연하고 당당했던 수많은 순교자와 순절자(殉節者)들이 이를 무언으로 증거한다.

한편으로 생각해보면 인류의 삶과 역사는 이러한 종교 신앙의 다양한 변주라 할 수도 있다. 원시 신앙부터 오늘날 주류의 종교에 이르기까지 그것들은 사람들의 삶에 알게 모르게 지대한 영향을 미쳐왔다. 오늘날 종교를 불신하는 경향이 늘어나고 있지만, 사람들의 무의식 속에는 여전히 "절대적 의존의 감정"이 도사리고 있을 것이다. 그것은 어쩌면 인간의 태생적인 조건이다. 무한무변의 시공간 속에서 잠시 생겨났다가 가뭇없이 사라지는 실존의 어이없음과 황당함을 즐길 사람은 하나도 없다. 사람들은 누구나 자신이 절대적으로 의존할 수 있는 무언가를 찾는다. 우리의 전통에 면면히 이어져 온 하늘 숭배의 관념도 그중 하나다.

그럼에도 불구하고 오늘날 사람들이 종교를 떠나는 것은 세속적인 삶 자체에 만족해서가 아니다. 저 현상은 어쩌면 지난날의 신에 대한 회의의 산물일 수도 있다. 이를테면 세계를 역사(役事)한다고 하면서도 아우슈비츠의 대학살을 방관한 이른바 '천상의 외로운 노인'을, 또는 (인간의 감정이 투사된) 인격신의 이름으로 이교도들에게 증오와 공포와 협박을 퍼붓는 목회자의 독선을 사람들은 이제 더 이상 용납하려 하지 않는다. 하지만 기존의 신이나 제도종교의 부정은 달리 살피면 그들이 절대적 의존처를 스스로 떠나 광막하고 허무한 실존의 세계에 자신을 내던지는 것이나 다름없다. 이로 인한 삶의 방황과 불안을 사람들은 어떻게 견딜 수 있을까? 결국 그들은 자신의 실존을 구원해줄 새로운 절대자를 외롭게 찾아 나설 수밖에 없을 것이다. '신은 죽었다.'고 폭탄선언을 했던 니체가 다른 한편으로 음울하게 신을 갈구했던 것처럼 말이다.[99]

제도종교의 쇠퇴와 무신론의 증가는 사람들의 삶에 부정적인 영향을 끼치기도 한다. 그것은 일견 사람들에게 종교적 구속과 억압으로부터 해방과 자유를 가져다주는 것처럼 보이지만, 한편으로 그들을 실존의 불안과 허무로 내몰아 뼈아픈 아픔에 부대끼게 만들 수도 있다. 실제로 오늘날 많은 사람들은 저 해방과 자유의 공간에서 독자적으로 자아의 상승과 영혼의 고결함을 위해 수행하려 하기는커녕, 비속한 현실의 노예가 되어 자신의 존재를 마비시키는 갖가지의 일에 골몰한다. 궁극적 의존의 감정을 잃어버린 실존의 외로움과 아픔을 물신숭배로, 환각제로, 또는 스포츠의 광적인 탐닉으로 잊고 달래려 한다. 이는 신

---

[99] 니체의 절규를 한 번 들어보자. "아, 돌아오라, 끝까지 남은 모든 외로운 자들에게! 냇물같이 흐르는 나의 눈물은 모두, 그대에게로 달려가고 있다! 내 마음의 마지막 남은 불길이, 그대를 향해 불타오른다! 아, 돌아오라. 내 아직 깨달아 알지 못하는 신이여! 나의 고통이여. 그리고 나의 마지막 행복이여!" 카렌 암스트롱, 배국원·유지황 옮김, 『신의 역사』, 교양인, 2023, 616쪽.

이 부재한 자리에서 참자아를 발견하고 상승시킬, 또는 (기독교의 용어로 말하면) 거듭나게 해줄 어떤 계기도 알 수 없기 때문에 일어나는 현상이기도 하다.

그렇다고 해서 문제 많은 제도종교로 돌아갈 수도 없다면 이제 어떻게 해야 할까? 우리는 신의 부재로 인해 겪는 실존의 위기를 오히려 절호의 기회로 활용할 수도 있다. 우리는 누구나 마음속 깊이 갖고 있는, 다만 자각하지 못하는 종교적 영성을 회복할 필요가 있다. 자신의 실존을 구원할 수 있는 힘이 바로 거기에 있기 때문이다. 이는 제도종교의 세계로 되돌아가 절대자에게 의존하고 배례해야 함을 주장하려는 말이 아니다. 우리는 아무런 전제도 내세우지 말고 자신의 삶을, 존재의 바탕을 되돌아 성찰할 필요가 있다. 불교용어를 빌려 말하면 회광반조(廻光返照), 즉 그동안 바깥으로 향해 있던 눈빛을 안으로 돌려 자신의 본래면목을 살펴보아야 한다. 그렇게 해서 세계내 자신의 위상을 새롭게 조망하고 삶의 좌표를 다시 정립해야 한다.

여기에서 선비의 천명의 인간학이 훌륭한 자료로 활용될 수 있다. 천명은 우리의 허약한 실존을 안심입명하게 해주는 영적인 힘이다. 그것은 초월의 눈빛으로 인간의 우주적 본성을 밝혀주고 참삶의 길을 안내해준다. 그것은 인간의 존재됨과 삶의 도리를 일러주면서 세상사의 크고 작은 번민과 고통, 그리고 죽음까지도 달관할 수 있게 해준다. 퇴계는 말한다. "살아서는 공손히 하늘을 섬기고, 죽음 앞에서도 편안함을 유지하리라."

천명은 우리의 삶에서 의미 있는 것과 무의미한 것, 가치 있는 것과 무가치한 것을 판단하게 해주는 초월적인 잣대의 역할을 한다. 이를테면 권력과 재물은 하늘이 인간에게 내린 삶의 과제가 아니다. 그것들은 오히려 고결한 인간성을 타락시키는 요인이다. 천부의 인간성은 영성에 더하여 초목금수와는 다른 개방적 생명정신, 즉 사랑과 정의와 예의와 진리의 정신에 있다. 사람은 거기에서만 의미 깊고 가치 있는 삶을 영위하면서 참자아를 성취할 수 있다. 그 밖의 여분으로 천명의 자연관도 있다. 그것은 이 땅의 만물에 대한 인간의 책임의식을 일깨워 환경윤리와 생태윤리, 그리고 자연을 모태로 하는 생명애의 윤리를 정립케 해줄 것이다. 그리하여 그것은 지구자원의 고갈과 기후의 이상과 생물의 멸종 등 각종 위기의 원인을 우리들 자신의 마음(심성)에서 찾아 근본적인 해결책을 찾도록 도와준다.

이러한 천명관념이 오늘날 사람들의 마음속에서 사라진 것은 안타까운 일이다. 종교적, 아니 최소한 문학적 감수성이 약해진 사람들은 하늘(과 땅)에서 이용가치 말고는 아무런 메시지도 얻지 못한다. 풍요로운 자연만물도 약탈과 착취의 대상으로 여길 뿐이다. 한마디로 사람들은 천지자연 앞에서 만물의 생성근원과 생명의 신비에 대한 경외감을 더 이상 갖지 않는다. 그렇게 사람들은 자신의 존재와 삶을 떠받쳐주는 근본터전을 스스로 박탈해버렸다. 게다가 신까지 죽였으니 사람들은 탄생과 죽음 사이에서 실존의 불안과 방황을 면할 수 없게 되고 말았다. 죽음만 해도 그렇다. 종교적 제의가 상실된 세속화된 죽음은 그야말로 무의미하기 짝이 없는 공허일 뿐이다. 이른바 '인스턴트 장례식'의 대표적 사례인 화장이 그 모습을 상징적으로 보여준다. 인류의 무의식 속에서 생명의 요람으로 신앙되어 온 (어머니) 땅으로 돌아가 묻히지 못하고 한순간 공중으로 흩날려 사라지고 마는 것이다. 그래서 이제는 어른의 죽음을 두고 "돌아가셨다"고 하는 말도 없어지게 생겼다.

이처럼 점점 심해지고 있는 실존의 불안과 방황, 허무감이 혹시 반사적으로 사람들의 마음속에 선비를 상기시키고 있는 것은 아닐까? 실존의 위기를 겪으면서 사람들의 집단무의식 속에 도사리고 있던 선비정신의 역사적 유전자가 희미하게 깨어나고 있는 것이 아닐까? 우리는 이를 의식의 지평으로 끌어올려 오늘날의 언어로 논의하고 재구성할 필요가 있다. 무엇보다도 자신의 구원을 위해서다. 물론 천명사상이나 선비정신이 만능의 해결책은 아니다. 그 밖에 종교사상을 포함한 인류의 위대한 정신적 유산들 모두를 폭넓게 살피면서 우리 자신의 삶과 사회의 방향을 부단히 모색해야 할 것이다.

• 참고문헌

『論語』, 『孟子』, 『大學』, 『中庸』, 『詩經』, 『書經』, 『周易』, 『禮記』, 『春秋左氏傳』.
『古文眞寶 後集』(학민문화사 영인본).
『性理大全 一』(山東省出版對外貿易公司 영인본).
『心經』(경문사 영인본).
『近思錄』(경문사 영인본).
『朱書節要』(태학사 영인본).
『朱子書節要, 地』(학민문화사 영인본).
『退溪全書』(성대 대동문화연구원 영인본).
『退溪先生文集』(학민문화사 영인본).
『국역 연려실기술 Ⅱ』, 민족문화추진회, 1977.
C. Fred Alford, 김강석 번역, 「한국인의 선과 악」, 『전통과 현대』, 전통과 현대사, 1997.
H. 마르쿠제, 최현·이근영 옮김, 『미학과 문화』, 범우사, 1989.
R. 브루베이커, 나제민 옮김, 『합리성의 한계』, 법문사, 1985.
김기현, 『선비』, 민음사, 2009.
김기현, 『주역, 우리의 삶을 말하다 上』, 민음사, 2017.
김기현, 『퇴계의 진리정신과 영성세계』, 철학과 현실사, 2023.
데이비드 호킨스, 문진희 김명권 옮김, 『의식수준을 넘어서』, 판미동, 2024.
데이비드 호킨스, 백영미 옮김, 『내 안의 참나를 만나다』, 판미동, 2024.
라빈드라나트 타고르, 류시화 옮김, 『기탄잘리』, 무소의뿔, 2023.
벤자민 슈월츠, 나성 옮김, 『중국고대사상의 세계』, 살림, 1996.
앙드레 베르제, 드니스 위스망 공저, 남기영 옮김, 『인간학·철학·형이상학』, 정보여행, 1996.
앙드레 베르제·드니 위스망 공저, 남기영 옮김, 『지식과 이성』, 삼협종합출판부, 1999.

앙드레 콩트스퐁빌, 조한경 옮김, 『미덕에 관한 철학적 에세이』, 까치, 1997.
에른스트 카시러, 심철민 옮김, 『상징, 신화, 문화』, 아카넷, 2012.
올더스 헉슬리, 조옥경 옮김, 『영원의 철학』, 김영사, 2014.
이규호, 『사람됨의 뜻』, 좋은 날, 2000.
잭 콘필드, 이재석 옮김, 『마음이 아플 땐 불교심리학』, 불광출판사, 2020.
존 브룸필드, 박영준 옮김, 『지식의 다른 길』, 양문, 2002.
카렌 암스트롱, 배국원·유지황 옮김, 『신의 역사』, 교양인, 2023.
한국융연구원 C.G. 융 저작, 번역위원회 옮김, 『인간과 문화』, 솔, 2004.
한나 아렌트, 이진우·태정호 옮김, 『인간의 조건』, 한길사, 1996.

어느 선비의 경세제민사상
― 『성호사설』의 학문방법과 경세사상

심경호 | 고려대학교 명예교수

1.

성호 이익(李瀷, 1681~1763)은 바다 위로 나비 떼가 빽빽하게 나는 광경을 본 일이 있다. 뱃사공의 말에 따르면 물벌레가 나비로 변한다고 했다. 어느 해 초가을에 어떤 벌레가 마소의 털에 서캐처럼 알을 슬어 놓았는데, 마치 마소의 위장에서 벌이 생겨 나오는지 모른다고 여겼다. 또 바다 산과 제주의 사슴 몸에 물고기 비늘같은 것이 있으므로 물고기가 사슴으로 변할 것이라고 추측했다.[1] 고전에는 '참새가 조개가 된다[雀爲蛤]'는 유명한 테제가 있었다.『예기』「월령」에 보면 계추(음력 9

---

1) 『僿說』(『星湖僿說』) 05萬物02-75「蜂卵」;『類選』(星湖僿說類選) 10중 萬物·禽獸門·蟲魚03「蜂卵」. ['『僿說』'은 태동고전연구소 정본『성호사설』정본을 가리키고, '『類選』'은 安鼎福 재편 태동고전연구서 정본『星湖僿說類選』을 가리킨다. 각각 권수, 분류목-속목, 분류목 목차, 분류목-속목 내의 순번을 적고 항목의 제목을 표시한다. 이하 같다.]『성호사설』은 이익의 조카 李秉休에 의해 천지·만물·인사·경사·시문 등 5개 부문에 걸쳐 3,008항으로 정리되었으나 인쇄되지 못했다. 서너 종의 이본 가운데 가장 신뢰받는 것은 이병휴의 후손 李暾衡 씨 구장 필사본 30권 30책이다. 또한 安鼎福은 이익의 승인 하에『성호사설』에서 3분의 1만을 남기고 재분류하여『성호사설유선』을 이루었으며 이때 87항을 추가했다. 청명문화재단 태동고전연구소에서는『사설』과『사설유선』의 각 이본들을 대조하고 교감하여 각각의 정본을 마련했다. 민족문화추진회에서는 필사본을 토대로『국역 성호사설』을 이루고 그 결과를 한국고전번역원 한국고전종합DB를 통해 공개해오고 있다. 다만 기존의 표점본이나 역주 가운데 일부는 이익이 참조한 문헌 정보를 파악하지 못한 예가 더러 있다.

월)에 대해 "기러기가 손님으로 찾아오고 참새가 큰물에 들어가 조개가 된다.[鴻鴈來賓 爵入大水爲蛤]"라고 했다. 『술이기(述異記)』에는 "회수가의 참새는 가을이 되면 변하여 조개가 되었다가 봄이 되면 다시 참새가 되고, 참새가 오백 년을 살면 변하여 대합이 된다."고 했다. 이익도 참새가 조개가 된다는 설을 풍유의 시에 인용했다.[2]

그런데 이익은 쇠똥구리를 관찰하면서 화생(化生)의 통념에 의심을 가졌다. 육전(陸佃)의 『비아(埤雅)』에서는 "쇠똥구리는 오월과 유월에 더러운 쇠똥마당에서 분환(糞丸)을 한 마리는 앞에서 끌고 한 마리는 뒤에서 밀며 수레를 굴리듯이 굴려간다."라고 했다. 명나라 자서 『정자통(正字通)』 충부(虫部) 6획 '길(吉)'의 훈해는 "강랑(蜣蜋: 쇠똥구리)은 똥 덩이를 둥글게 만들어 암수가 굴려다가 땅을 파서 넣고는 흙으로 덮고 간다. 며칠 되지 않아 똥 덩이가 절로 움직이고 하루 이틀이면 쇠똥구리가 나와 날아간다."라고 했다. 하지만 관찰의 결과 이익은, 쇠똥구리 하나가 똥 덩이를 다음 날 먹으려고 흙에 묻는 것이며, 똥 덩이가 벌레로 변할 리 없다고 부정했다. 그리고 쇠똥구리가 둥근 똥을 굴려갈 때 두 마리가 서로 돕는 듯하지만 사실은 다른 한 놈이 먹이에 눈독을 들여 싸우는 것인데 마치 돕는 것처럼 보일 뿐이라고 결론지었다. 이익은 "이는 내가 직접 눈으로 보고 알아낸 것이다."라고 밝혔다.[3] 이익이 『성호사설(星湖僿說)』에 적어둔 이 기록은 19세기에 파브르가 쇠똥구리의 생태를 관찰하여 자신의 『곤충기』에 적어 둔 것보다 1세기가 빠른 놀라운 관찰 기록이다.[4]

---

2) 『星湖全集』 권3, 「雀爲蛤」, 한국고전번역원 제공 DB 참조. 이하 같음.
3) 『僿說』 04 萬物01-54 「蛣蜣」.
4) 프랑스의 장 앙리 파브르(1823~1915)는 55세 되던 1879년 간행된 『곤충기』 1권 '신기한 쇠똥구리'에서 스카라바 사쿠레(이집트 종과 구별되는 스카라바이우스 뒤퐁)의 생태에 대해 서술했다. 똥풍뎅이(쇠똥구리)가 대식가이기 때문에 먹이인 똥을 저장하기 위해서 경단을 만들어 굴리는데, 초대받지 않은 한 마리가 경단을 빼앗을 기회를

이익은 생태계의 물(物)을 하나하나 모두 궁구해서 알 수는 없다고 한탄했다. 곤충이나 새짐승의 화생도 실제라고 믿었다. 하지만 자신이 관찰한 쇠똥구리의 사실에 한해서는 종래의 속설을 부정했다. 그 관찰일지는 조선 학술사에서 화생(化生)의 통념을 비판하는 첫걸음이 되었다.

이익은 통념을 회호(回護)하지 않고 생활계와 자연계의 각종 사상(事象)을 탐구했다. 주희(朱熹)는 '격물(格物)'을 '궁지사물지리(窮至事物之理)'로 보았고 왕양명(王陽明)은 격물의 격(格)을 '정(正)'으로 풀이했다. 『대학질서』에서 이익은 '격(格)'의 뜻에 '지(至)'와 '정(正)'의 두 뜻이 있다고 보았으나, 『성호사설』에서는 '격(格)'자의 성부(聲符) '각(各)'에 유의하여 '격(格)'을 '변별(辨別)'의 뜻으로 해석했다. 그리고 『주역』「계사전·상」에서 '만물은 무리로써 나뉜다'고 한 것이 바로 천하의 사물은 만 가지로 다르다는 사실을 말한 것이라고 보고, '궁지(窮至)' 대신 '변별(辨別)'이라는 용어를 썼다.[5] 이익은 이일(理一)보다 분수(分殊)의 사실에 주목하여 격물의 내용을 『성호사설』에 집적해나갔다.

『성호사설』은 이익이 장기간에 걸쳐 변정(辨正)·상론(尙論)·제안(提案)의 잡고(雜考)들을 집필해서 간단히 분류해 둔 유설(類說)이다. 즉, 천지(天地)-만물(萬物)-인사(人事)-경사(經史)-시문(詩文)의 5개 부문에 걸쳐 3,008항의 소논문을 집적했다. 그리고 안정복(安鼎福)이 『성호사설』을 산절하고 『성호사설유선(星湖僿說類選)』을 재편하면서 87항을 추가했다.

현대 중국의 『한어대사전(漢語大詞典)』에 따르면 '사(僿)'는 '불성실, 꽉 막힘, 꾸밈없음'을 뜻한다. 하지만 『부석문호주예부운략(附釋文互註

엿보는 것이며, 결국 경단 형태의 똥 덩이를 자신의 월동식량으로 삼는다. 그리고 별도의 양똥 덩어리(서양 배 모양)에 애벌레를 까서 애벌레는 그 양똥을 먹는다는 사실을 30년간의 관찰을 통해 밝혀냈다.

5) 『僿說』 22 經史 05-27 「格致誠正」; 『類選』 7상 經史3·經書門3·大學02 「格致誠正」.

禮部韻略)』과 『고금운회거요(古今韻會擧要)』를 보면 '사(僿)'는 '정성 없음[無悃誠]'이란 뜻 이외에 '세쇄(細碎)'의 뜻을 지닌다. 이익이 말한 '사설'의 '사(僿)'는 '세쇄'의 뜻이다. 이익은 『성호사설』의 「자서(自序)」에서, '사(僿)'의 뜻과 관련하여 "하·은·주 삼대에는 교대교대 숭상하는 것을 달리하여 문(文)에 이르러 그쳤는데, 문이 마지막 나아간 끝에는 소인이 쇄쇄(瑣細)하게 되었으며, 주나라 이후로 문이 다시는 순후함으로 돌아가지 못한 것이 오래되었다."고 하여, 자신의 '사설'이 훼손된 시대의 잡저라는 뜻을 겸허하게 말했다. 그리고 속담의 '나 먹자니 싫고 버리기는 아깝다[我食屬厭 棄將可惜]'라는 뜻에서 『사설』을 남겨둔다고 했다. 하지만 이익은 글을 볼 줄 아는 사람이라면 백 가지 중 한 가지 정도는 얻을 것이 있으리라고 기대했다.[6]

　『성호사설』의 5개 부문은 지적 세계의 규모가 광대하다. 당시 조선에서는 그토록 광범한 사상(事象)을 지적 대상으로 삼은 서적이 달리 없었다. 이익은 경전이나 통감, 주자서만을 이용하지 않고 중국과 조선의 문헌, 통서(通書)와 민간지식, 지인으로부터 얻은 정보, 저자의 경험사실을 모두 지식정보원으로 활용했다. 중국에서 발달한 고거식 필기류(筆記類)를 선택적으로 열람하고, 생활주변의 사항들을 변증의 대상으로 삼았다. 인간의 상성(常性)을 전제하지 않고 생명 주체가 세계(die Welt)·환경(Millieu) 속에서 살아나가는 삶의 양식에 주목했다. 이익은 통념으로는 결코 확정 지을 수 없는 문제들이 산재한다는 사실에 놀라고, 스스로 탐지한 문제를 어떤 식으로든 해명하고자 고투했다. 서적을 읽다가 요점이 될 사항이나 의문시되는 사실, 생활세계 속에서 접하는

---

[6] 『성호전집』 권50 「星湖僿說序」. "夫三代更尙 至文而止 文之末造 小人瑣細 自周以降 文之不反淳久矣 下民之德 宜乎其弊甚 吾輩小人 與世同流 動覺多言 於此書可見 然糞壤草芥 至賤物也 或輸之田壠 養成嘉穀 取之廚竈 資爲美饌 此書者善觀者采之 亦安知百無一收也乎"

생태 자연과 물질 요소들을 지칭하는 개념, 떠도는 이야기에서 접한 어휘나 환상적인 단어 등등, 이것들은 이익의 의식 속에 코퍼스로 현시되었다. 기왕의 주석·훈해·해설들 가운데 관념적이고 교조적이어서 설득력이 없는 통념은 묵수하지 않고 논증을 통해 시시비비를 따졌다.

『성호사설』에서 이익은 문헌(books, publications, historical document), 전문(hearsay, second-hand information), 경험(information gained from experience)의 내용을 혼재시켰다. 문헌을 인용할 때 저자명만 제시하고 문헌의 일부 편명을 표기하며, 서명의 약칭·이칭을 기록하고 총서(叢書)나 유서(類書)의 전재물을 출전 명시 없이 인용한 경우도 있다. 문헌이 신사(信史)이거나 확증(確證)인지 충분히 검토하지 못한 사례도 적지 않다. 『성호사설』의 선독자(善讀者)라면 그 항목의 내용을 문자 그대로 베껴 쓸 것이 아니라 문맥을 재검토하고 인증 자료를 확인하여 이익의 사유가 당대 현실 및 이념에 어떻게 관계되어 있는지, 어떠한 층위로 구축되어 있는지 탐사해나갈 필요가 있다.

2.

젊은 시절부터 이익은 명체적용(明體適用)이 학문의 본령이고 기문(記問)·변설(辨說)은 여사(餘事)라고 생각했다. 『예기』「학기(學記)」는 기문지학(記問之學)을 저급한 공부라고 배격했고, 『맹자』「등문공·하」에서 맹자는 "내 어찌 변설을 좋아해서랴? 나는 부득이해서 이렇게 하는 것이다."라고 밝혔다. 그러나 이익은 기성의 관념과 종래의 주석에 기대어 감상을 풀어내는 방식을 학문이라고 여기지도 않았다. 주희가 "작게 의심하면 작게 진보하고 크게 의심하면 크게 진보한다."라고 했던 말에서 출발하여, 여러 분야의 난문(難問)에 해답을 제시하고자 했다. 이를테면 『맹자』 연구는 주희가 『맹자집주』에서 건정(建正)과 정전(井田) 구획의 시대별 차이에 관해 알 수 없다고 한 그 지점에서부터 사색해 나갔다.

그리고 이익은 유형원(柳馨遠, 1622~1673)이 만물만사를 탐구해 나가려고 했던 시도로부터 깊은 감명을 받았다. 유형원에게 자득 중시, 시무 존중의 학문 태도를 지도했던 유형원의 외삼촌 이원진(李元鎭)은 곧 이익의 재종숙(종숙부)이기도 했다. 이원진은 자부(子部) 유서류(類書類)의 『도서편(圖書編)』을 '경전에 근본을 두고 사업에 운용한' 책으로 간주하여 학습했으며, 제주목사 시절 하멜 일행을 보호하고 제주도 방지 『탐라지(耽羅志)』를 편찬했을 뿐 아니라 의술에도 일가견을 지닌 유의(儒醫)였다.

또한 이익의 부친 이하진(李夏鎭, 1628~1687)은 32세 되던 1639년(효종 10) 부친[이지안(李志安)]의 삼년상을 마칠 무렵 「성궁편(省躬篇)」(『六寓堂遺稿』 권6)을 작성하여, "주공(周公)의 다재다예(多才多藝)라는 말을 복응(服膺)하여 의약(醫藥)·복서(卜筮)·성력(星曆)·종수(種樹)의 방면에 대해서도 널리 통달했다."라고 자술했다. 주공의 다재다예라는 말은 『서경』「주서(周書) 금등(金滕)」에서 무왕이 병으로 눕자 주공이 선왕에게 빌기를 "저는 어질고 효성이 있으며, 재주도 많고 기예도 많아 귀신을 잘 섬길 수 있지만 당신들의 장손인 무왕은 저처럼 재주도 없고 기예도 없으니 귀신을 잘 섬기지 못합니다.[予仁若考 能多材多藝 能事鬼神 乃元孫 不若旦多材多藝 不能事鬼神]"라고 한 말에 나온다. 주공은 귀신을 잘 섬기는 자신을 대신 죽게 해 달라고 했지만, 이하진은 주공의 그 말을 근거로 광지(廣志)와 양재(養才)의 박학을 추구하는 자신의 지향을 밝혔다. 이하진의 이 말은 실은 이익과 이익 이후 이른바 성호학파의 학문 규모를 결정 짓는 중요한 핵심어이다.

이익은 38세 되던 1718년(숙종 44)부터 50대의 1731년까지 11종의 『질서(疾書)』를 저술하고, 1718년부터 정치 현안들에 관해 논변하여

『곽우록(藿憂錄)』의 잡문들을 작성했다. '질서'는 주희가 지은 「장횡거찬(張橫渠贊)」의 '정사역천(精思力踐) 묘계질서(妙契疾書)'에서 따온 것이다. 윤동규(尹東奎, 1695~1773)는 스승 이익에게는 묘계를 자만하는 뜻이 없다고 변호했다.[7] '곽우'는 평민으로서 국가 정책의 잘못을 좌시할 수 없어 분수에 넘치는 우려를 한다는 뜻이다. 단, 현전하는 『질서』와 『곽우록』은 이익의 초기 사상만을 반영한 것이 아니다. 이익은 『질서』를 만년에 이르기까지 수정하고 보완했고, 『곽우록』도 역시 보완했던 듯하다.

그런데 50대 이후 이익은 경사(經史)·시문·제도·천지만물의 사실과 개념을 변정(辨正)하고 역사적 인물의 행동 양태를 상론(尙論)하며 현실의 폐단을 적시하고 구폐(捄弊) 방안을 제안(提案)하는 논편들을 그때그때 작성했다. 이것이 『성호사설』을 이루었다. 동시에, 이익은 의문점을 기록해서 상대방이 전일한 마음으로 살펴보도록 하는 것이 효과가 있다고 보아, 『성호사설』의 관심사를 서찰을 통해 남들과 공유했다.

이익은 『성호사설』에서 자기 개인의 문제에 매몰되지도 않았고 자신의 처지를 구차하게 변호하지 않았다. 인간 본성론과 관련해서는 상성(常性)을 전제하지 말아야 한다고 주장했다. 『맹자』 「진심·상」의 "굶주린 자가 달게 먹고 목마른 자가 달게 마시는 것은 음식의 바른 맛을 얻은 것이 아니다."에 대해 『맹자집주』는 인간이 욕심 때문에 본성과 정리를 잃게 된다고 경고했다. 하지만 이익은 주희가 상성을 전제하는 일반화의 오류를 범했다고 비판했다.

이익은 경해와 논변에서는 기초 개념을 중시했다. 경학의 하위 분야로서의 소학(小學, philology)에서 고전 가운데 고전으로 이미 13경의

---

[7] 『僿說』 29 詩文02-124 「妙契疾書」; 『類選』 7상 經史3·經書門3·儒家諸書03 「妙契疾書」.

하나로 간주되어 왔던 『이아(爾雅)』의 훈해를 참조했고, 『시경』을 읽는 자는 『이아』를 충분히 읽어야 한다고 했다. 천체와 지구의 크기나 운행 규칙도 계산할 수 있고 별과 사람과의 거리도 측량할 수 있다고 여겨 용수(用數)를 고려했다. 18세기 학술지성사에서 인문학이나 자연학의 기초학을 수립하고자 부심한 첫 번째 인물이 이익이었다.

이익은 흰색 도포를 입고 지냈고, 흰색 당건을 쓰고 서적을 읽었다. 흰색을 민족의 고유한 색상으로 보았다. 1746년(영조 22) 10월 안정복은 안산 첨성리 육영재(六楹齋)에서 이익을 뵙고는, 이후 선생의 키가 크고 수염이 아름다우며 눈빛이 사람을 쏘았다고 회상했다. 1777년(정조 1) 16세의 정약용(丁若鏞)은 선배 이가환(李家煥)과 자형 이승훈(李承薰)을 추종하여 이익의 유고를 보고 사숙했다. 그리고 33세 때인 1794년(정조 18) 10월에 「박학(博學)」 시를 지어 이익을 추모했다.

> 박학하신 성호 선생은 우리에게는 백대의 스승
> 博學星湖老 吾徒百世師
> 등림 열매 주렁주렁 달리고 교목 가지 울창하듯 하셨다.
> 鄧林繁結子 喬木鬱生枝
> 강석에서는 위의 높으시고 투호 때면 예법이 화평하셔서
> 講席風儀峻 投壺禮法熙
> 특출한 풍모가 속인을 놀래키더니 어이하여 끝내 영락하셨나?
> 孤標驚俗眼 歷落竟何爲

이병휴(李秉休, 1742~1802)는 숙부 이익의 가장(家狀)을 작성하여, 이익이 단문이나 만록도 반드시 구해 읽었다고 회상했다.[8] 이삼환(李森煥, 1729~1813)은 종조부 이익을 위한 제문에서 "백가에 깊이 통하고

---

8) 『성호전집』 부록 권1 「家狀」[從 李秉休 撰].

고금을 포괄하되, 칠경(七經)과 삼례(三禮)를 표준으로 삼으셨다. 만년에도 시서(詩書)를 풍영(諷詠)하고 완역(玩繹)하다가 눈물을 흘리셨다." 라고 현창했다.[9] 이병휴와 이삼환은 이익이 패관소설과 불경 및 술수서를 가까이하지 않았다고 했다. 하지만 이익의 독서는 명교의 틀 안에 머물지 않았다. 심지어 점후법(占候法)도 연구했다. 1593년 1월 7일 명나라 직방청리주사 원황(袁黃, 1533~1606)[10]은 이자(移咨)에서, 지난해 목성이 인(寅)에 자리했을 때 일본이 침략했으므로 우리가 세(歲)를 얻었고 올해는 궐음풍목(厥陰風木)이 하늘을 맡고 양명조금(陽明燥金)이 기세를 얻었다고 했다. 이익은 조선 관료들이 국가 위기에 어떠한 건언(建言)도 없었던 것을 개탄하여 원황의 언설에 주목했다.[11] 또한 이익은 서구 과학의 설을 수용하여 중국 중심의 세계관에서 벗어났다.

지식인은 육이효(六二爻)의 유순한 존재이지만 비상한 사람은 마음을 판국 밖에 두고 천하를 내다본다. 이익은 명나라 태주학파 조정길(趙貞吉, 1508~1576)이 1538년 상소(「乞求眞儒疏」)에서 "임금에 대해 은나라 고종과 주나라 문왕의 성덕을 기대하지 않으면 위로 성명(聖明)을 저버리는 것이고 천하 선비에 대해 부열(傅說)과 여망(呂望)의 어짊이 있다고 여기지 않으면 아래로 호걸을 멸시하는 것입니다."라고 했던

---

9) 『성호전집』 부록 권2 「祭文」[從孫 李森煥 撰].
10) 원황은 『四書章句集註』와 『書經集傳』을 산삭해서 『四書刪定』・『書經刪定』을 편했는데, 陳幼學이 금서 지정을 상소했다. 『明史』 卷281, 列傳 169 「循使」. 蔡獻臣도 원판을 불살라 없애야 한다고 주장했다. 蔡獻臣, 「燒毀四書書經刪正等書札各提學(癸卯)」, 『淸白堂稿』, 廈門: 廈門大學出版社, 2012, 上冊. 원황의 두 서적은 훼판되었다. 17세기의 查繼佐는 원황을 李贄의 부류로 간주했다. 查繼佐, 『罪惟錄』 卷18, 文史諸臣列傳(四部叢刊三編本). "有史論及『四書』, 極抵程朱至盡, 竄注解更以己意." 정약용은 『論語古今註』에서 원황의 四書說을 인용했다. 원황은 天台智顗의 『釋禪波羅蜜次第法門』을 토대로 『靜坐要訣』을 저술하여 初禪의 覺觀을 버리고 六行觀에 의하여 二禪으로 향할 것을 주장했다. 『兩行齋集』 卷10에 「答馬端河問靜坐要訣書」가 있다.
11) 『僿說』 18 經史01-03 「四詩五際」, 『僿說』 02 天地02-98 「朝鮮得歲」; 『類選』 1상 天地上・天文門・星06 「朝鮮得歲」.

말을 환기했다.[12] 주희가 존덕성(尊德性)과 도문학(道問學)을 겸하여 대중지정(大中至正)했다고 존경하고,[13] 술수이단에 정신을 허비하는 일, 급하지도 않고 이익도 없는 일에 근력을 허비하는 일, 허망하고 방탕하게 세월을 허비하는 일 등을 인생의 세가지 낭비라고 경계했다.[14] 하지만 이익은 어느 누구든 사변(事變)과 물태(物態), 경사(經史)·잡가(雜家)의 문구를 환하게 이해할 리 없건만 남의 말을 억누르는 것은 옳지 않다고 경고했다.[15] 1744년(영조 20) 정상기(鄭尙驥, 1678~1752)의 『농포문답(農圃問答)』에 대해 논평하면서 이익은 당시 사람들이 한 종류의 의론으로 학문을 삼을 뿐, 제도·문물·도수에 관심을 두면 조롱한다고 지적하고, 우리나라에 『통전(通典)』이나 『통고(通考)』와 같은 책을 찬술할 사람이 없다고 개탄했다.[16] 1758년 안정복에게 보낸 서한에서는 "의심이 나면 기록하고 터득하면 기록하는 것이 모두 온고지신의 공부이거늘, 어찌 그만둘 수 있겠는가? 본원의 학문이 발휘되어 도를 실천하는 기초가 된다."라고 했다.[17]

---

12) 『僿說』 16 人事10-53 「九二六二」; 『類選』 3상 人事3·君臣門上·君道01 「九五六二」. 『주역』에서 九五爻와 六二爻의 中正이 응하는 것이 모두 16괘로, 크게 길한 것은 없다. 乾卦 九二爻는 利見大人의 길함이 있고 中孚卦 九二爻는 "우는 학이 그늘에 있거늘 새끼가 화답하도다. 내게 좋은 벼슬 있으니 내 그대와 함께 하리로다.[鳴鶴在陰 其子和之 我有好爵 吾與爾靡之]"의 길함이 있다. 『易例』에서 中이되 正이 되지 못함은 보필의 직책이 아니라 임금에게 순종함을 정도로 삼는다. 趙貞吉의 「乞求眞儒疏」는 李贄 選評 『趙文肅公集』 권1에 있다. 한편, 1567년(隆慶 元年) 趙貞吉이 穆宗에게 올린 萬言書 「三幾九弊三勢疏」는 陳子龍·宋徵璧·徐孚遠·李雯 選輯, 吳培昌參閱, 『皇明經世文編』에 들어 있다.

13) 『僿說』 18 經史01-12 「朱子問學」; 『類選』 10상 經史9·聖賢門·聖賢10 「朱子學問」.

14) 『僿說』 15 人事09-14 「三費」; 『類選』 2상 人事1·論學門·爲學11 「三費. 『韓詩外傳』에 실린 曾子의 말에 "젊어서 배우고는 장성해서 잊어버리는 것이 一費, 임금을 섬겨 공로가 있되 경솔히 저버림이 二費, 오래 사귄 친구를 중도에 절교하는 것이 三費이다."라고 했다.

15) 『僿說』 22 經史05-100 「不强對」; 『類選』 7상 經史3·經書門3·論語02 「不强對」.

16) 『성호전집』 권12, 「與鄭汝逸論農圃問答」(甲子, 1744).

17) 『성호전집』 권26, 「與安百順」(戊寅, 1758).

이익은 변정에서 고경(考經)·추고(推古)·의추(意推)의 세부 방법을 활용했다. 『역경질서』에서 육합 이론을 구축할 때, 토규(土圭)·지남침(指南針)·납음(納音)에 근거하여 점검하는 추고, 『주례』와 『주역』의 원문에서 확인하는 고경의 방법, 통념을 바탕으로 사실을 추론하는 의추의 방법을 사용한다고 밝혔다. 변정은 개별 사실에서 추출된 원리를 연관 사실에서도 입증하여 통론(通論)으로 제시하는 일과 지식정보의 와류(訛謬)를 정정하는 일을 포괄한다.[18] 특히 이익은 품물을 사용하면서도 이름이 무엇인지 모르는 것을 부끄럽게 여겨, 품물의 본성과 기능에 대해 고찰했다.[19] 상론은 역사 인물을 현재의 관점에서 소급하여 논해서, 그 심적 태도와 이념이 실현된 자취를 탐색하는 일이다. 제언은 정치적 지위를 얻지 못해 조정에서 건백할 수 없으므로 글을 통해 정치에 간접적으로 간여하는 방식이다.

『성호사설』에서 이익은 경학·역사·천문·지리·과시·부세·군사·인물·사건·명물·개념 등등 광대한 분야에 걸쳐 생활 조건, 보편 감정, 합리적 사유에 기초하여 판단기준들을 마련하려고 했다. 예(禮)를 배운다면 대례 3백과 소례 3천, 관복·등위·기수·품절 등의 명칭을 알아야 하고 악(樂)을 배운다면 육률·오성, 거문고·큰거문고·생황·피리, 작곡·박자를 알아야 한다고 했다.[20] 『구장산술(九章算術)』은 방원(方圓)과 구고(句股)의 적멱(積冪)이 핵심이라고 여겼고, 학자라면 보천(步天)·악

---

18) 『僿說』09 人事03-56「諡議」;『類選』2상 人事1·人事門·稱號附尊號諡號02「漁仲諡議」에서 '辨解'라는 말을 사용했다. 변해는 嚴有翼 『藝苑雌黃』의 사유방식과 통하는 면이 있다. 『文獻通考』권214 經籍考41 子 雜家 '藝苑雌黃二十卷'. "陳氏曰 建安嚴有翼撰 大抵辯正訛謬 故曰雌黃 其目 子史·傳注·詩詞·時序·名數·聲畫·器用·地理·動植·神怪·雜事 卷爲二十 條凡四百條 硯岡居士唐稷序之 有翼常分教泉荊二郡" 다만 이익은 통념을 정정하려고 목표한 경우가 많아 그러한 저술을 '辨正'이라 부를 수 있다.
19) 『僿說』06 萬物03-65「倭刀」.
20) 『성호전집』권47, 「七十二候集釋幷序」.

률(樂律)은 익혀야 한다고 권했다.[21] 특히 이익은 인간사의 제 분야에서 기존의 '척도(尺度)'를 심정(審定)하고자 했다. 이를테면 주희가 『회암집(晦菴集)』「심의제도(深衣制度)」에서 제안하고 『가례(家禮)』 편찬에서 활용했던 지척(指尺)이 아니라, 심의 제작 때 인간 신체의 평균 체적을 고려하자고 새로 제안했다. 지척은 큰손가락(중지) 중절(중간마디)을 1치로 정하는데, 그 길이는 사람에 따라 다를 수밖에 없다. 이익은 인간에 소용되는 물품을 만들면서 인간의 신체를 고려하지 않는 기계적인 분할론에 대해 회의했다.

3.
이익은 각 개인은 사적 욕망으로부터 공공으로 향하며,[22] 사특과 결별하고 공리(公利)를 추구해야 한다고 보았다.[23] 그리하여 붕당론과 과거제론, 형정론, 통치체제개편론, 국방외교론, 병제개편론 등등의 분야에서 경세의 실질 이념을 구축하고자 했다.[24]

젊은 시절부터 이익은 불만족한 현실을 개선할 방안을 마련하기 위해 부심했다. 그 태도와 방법은 가학에서 연원하는 면도 있다. 이익은 부친 이하진이 생전에 언표했다고 하는 현실비판론을 되새겼다. 이하진에 따르면, 과시(科試)는 문사(文詞)의 교졸에 매이지만 실제로 문사의 교졸은 과시와 관계가 없었고, 직관(職官)은 재덕의 우열에 매이지만 재덕의 우열은 직관과 관계가 없으며, 옥송(獄訟)은 사리의 시비에

---

21) 『僿說』 19 經史02-33 「射御數」.
22) 李瀷, 『四七新編』 四, 『星湖全書』 제7책, 여강출판사 영인, 1987. "方是自吾身欲惡之私 而推向共去也."
23) 李瀷, 『論語疾書』, 「里仁」, 『星湖全書』 제4책, 여강출판사 영인, 1987.
24) 韓㳓劤, 『星湖李瀷研究』, 서울대학교 출판부, 1980; 李成茂, 「星湖 李瀷의 生涯와 思想」, 『조선시대사학보』 3, 1997, 97~128쪽.

매이지만 사리의 시비는 송사와 관계가 없었다.[25] 이익은 선친의 말을 되새기면서 정치·법제·전제·군제·역사·외환·생태·질병 등의 폐단에 대해 19항을 작성해서 『곽우록』을 엮었다.[26] '곽우'라는 명칭은 이익이 황정(荒政)·무비(武備)·취재(取才)와 관련하여 참고했던 도융(屠隆, 1543~1605)의 『홍포집(鴻苞集)』 가운데 제7권이 「곽어(藿語)」라는 명칭을 사용한 것과 관련이 있을 듯하다.[27] 도융은 자신이 낭묘지우(廊廟之憂)와 칠실지려(漆室之慮)를 지녀 「곽어」를 저술한다고 했는데,[28] 이익이 『곽우록』을 집필한 것도 그러한 '우려(憂慮)' 때문이었다.

이익은 5월이면 사람을 시켜 안산·광주 접경의 해애(海艾)를 채취하게 해서 저장해 두었다가 사람들에게 나누어 주었다. 『이정유서(二程遺

---

25) 『僿說』12 人事06-30「不尙族姓」; 『類選』3하 人事4·治道門1·用人附尙閥戚里之弊 14「不尙族姓」.

26) 李秉休의「家狀」에 "이러한 까닭으로 학문을 한 초기부터 세상의 일에 대해 마음에 두셨는데 대개 국정의 폐단과 만사의 어려움에 대해서, 묵묵히 폐단의 근원을 궁구하여 모두 구제책을 생각하여, 이에 『곽우록』을 지으셨다.[是以自爲學之初 留心世務 凡於國政之弊壞 民事之艱難 默究弊原 咸思捄策 乃撰『藿憂錄』]"라고 했다. 『곽우록』「錢論」의 "今錢之行, 纔四十年."이라는 구절은 常平通寶가 1678년 영의정 許積의 건의에 따라 다시 유통된 후 40년이 지난 1718년 무렵을 가리킨다고 볼 수 있다. 정만조, 「성호 이익의 학문 탐구와 정치적 위상」, 『성호학보』10, 성호학회, 2011, 17~19쪽. 다만 동전의 원료 수급이 원활하지 않아 1697년(숙종 23)에서 1731년(영조 7) 9월 사이에 상평통보를 주조하지 않았다. 영조는 1727년, 1729년, 1734년 등 세 차례에 걸쳐 純木令을 내렸다. 유현재, 「조선후기 鑄錢정책과 재정활용」, 서울대학교 박사학위논문, 2014.

27) 『홍포집』은 도융 사후 1610년(萬曆 28) 吳興의 茅元儀가 출판했다. 『四庫提要』「子部 雜家類存目」에서, 『홍포집』이 雜文과 案牘을 쌓아두었으며 불교·도교를 유학 위에 두었다고 비판했다. 1610년 서문의 48권 16책 목판본이 서울대학교 규장각과 하버드대학 漢和圖書館에 있다. 『明史』卷288 文苑列傳四「徐渭·屠隆」; 張應文, 「鴻苞居士傳」, 屠隆, 『鴻苞集』; 黃霖, 「論金甁梅作者屠隆考」, 文化藝術出版社, 1984; 吳新苗, 『屠隆研究』, 首都師范大學 박사학위논문, 2006; 임병권, 「명말 강남 백유사 문인 屠隆의 문예활동」, 『중국인문과학』42, 중국인문학회, 2009.8, 191~212쪽.

28) 「藿語」의 내용은 識氣數·輔主德·開延攬·重輔毗·廣選擧·定是非·綜名實·正風俗·審政體·懲貪競·弘德意·破常調·論形勢·議邊防·論和戰·任將帥·論戰法·議召募·論兵機 등이다.

書)』를 보다가 정이(程頤, 1033~1107)가 상한약(傷寒藥)의 약재를 남에게 주면서 이걸로 남을 구제한다는 것이 얼마나 자잘한가[狹] 웃으면서도 이렇게 할 뿐이라고 했던 구절에 이르러 크게 공감했다.[29] 또한 이익은 스스로 검약을 실천했다. 중년 이후 재산을 종가에 돌려보내고 선업을 자녀들에게 분배하고는 노비 한 사람을 시켜 선대로부터 물려받은 얼마 안 되는 논밭에서 서너 섬을 생산하고, 별도로 양봉과 양계를 했다. 구양현(歐陽玄)의 『규거지(睽車志)』[『說郛』 수록]를 보면 만년의 유백총(劉伯龍)은 1할의 이익을 경영하다가 귀신의 비웃음을 받았으나, 『논어』 「자한」에서 중유(자로)는 낡은 옷을 입고도 부끄러워하지 않았고 『장자』 「양왕」에서 증자는 해진 신으로 거닐며 상송(商頌)을 외웠다고 했다.[30] 진(晉)나라 종측(宗測, ?-495)은 "하늘의 기후를 활용하고 땅의 토리(土利)를 분별하여 농사를 지어서 어버이를 봉양해야 한다."라고 했고,[31] 원나라 허형(許衡, 1209~1281)은 "선비는 농사로 생활 대책을 해야 하며, 장사도 의리를 잃지 않는다면 나쁠 것이 없다."라고 했다. 이익은 그들의 말에 공감하고, 개간이나 매입으로 토지를 확대하려고 하지 말고 생활의 비용을 절약하라고 했다.[32] 또한 이익은 위정자들에게

---

29) 『僿說』 06 萬物03-27 「採艾」; 『類選』 10중 萬物·草木門·(草木)02 「採艾」. 『二程遺書』 권22 상 「伊川語錄」에 "先生將傷寒藥與兵士, 因日在墳所與莊上, 常合藥與人. 有時自笑以此濟人, 何其狹也? 然只做得這箇事."라고 했다. 명나라 呂柟, 『二程子抄釋』 권6에는 "釋此擊磬之心也."라고 했다.

30) 『僿說』 11 人事05-65 「貧者士常」; 『類選』 2상 人事1·人事門·壽夭貧富05 「貧者士常」. 「南史」 「劉粹列傳」에 유수의 종친 劉伯龍의 사실이 나온다.

31) 『僿說』 15 人事09-39 「宗測」. 地金은 漢나라 郭巨의 고사, 氷鯉는 晉나라 王祥의 고사이다.

32) 『僿說』 07 人事01-57 「爲學治生」; 『類選』 2상 人事1·人事門·治生01 「爲學治生」. 許衡은 姚樞의 문도로 정주학을 공부하고, 요추의 소개로 원나라 세조를 알현하여 太子太保國子祭酒에 제수되었다. 남송 말 지식분자들이 노동을 천시하고 생산을 하지 않은 것을 비판하여 "학문을 하는 사람은 치생을 가장 선무로 삼아야 한다. 만일 生理가 부족하면 학문하는 도에 있어서 방해하는 바가 있게 된다.[爲學者治生最爲先務 苟生理不足 則於爲學之道有所妨]"라고 주장했다. 이에 대해 王守仁은 『傳習錄』 제56조 「허

검약을 촉구했다. 『시경』 「주남 갈담(葛覃)」에 '고운 갈포와 거친 갈포로 옷을 만들어 입는다'고 했던 말을 생각한다면, 존귀한 사람도 자신이 애써 얻은 물품이 아니면 편히 여겨서는 안 된다.[33]

이익은 당시의 전장(典章)을 변개해야 한다고 주장하여, 고전 문헌에서 개혁 관련 언술과 역사 인물의 실천 행위를 부각시켰다. 이익은 변혁이 군자의 책무라고 여기기까지 했다. 북제 유주(劉晝)[『사설』에는 '劉勰'으로 오기]의 『유자(劉子)』 권3 「애민」에 "사람에게 이로운 것이라면 옛것만을 법받을 것이 아니고 일에 해로운 것이라면 옛것을 따를 수만은 없다."라고 했고, 『한서』에 보면 동중서(董仲舒)는 "예는 선왕 때 없었던 것이라도 의(義)로써 만들 수 있고, 일은 경상(經常)에 배치되더라도 꼭 옛것에 막힐 것이 아니다."라고 했다.[34]

이익은 생물의 본성에 대해 탐색하면서 인간의 문제를 환기했다. 이를테면 '금수에게도 한 가닥 이치를 아는 것이 있다'고 전제하여, 명나라 왕기(王圻)『속문헌통고(續文獻通考)』의 '의물과(義物科)'가 의후(義猴)·의묘(義猫)·의구(義駒)·의견(義犬)·의아(義鴉)·의저(義猪)를 집록한 것에 더하여 자신도 효아(孝鴉)·의골(義鶻)을 합쳐 '일로전사(一路全史)'를 만들고 싶다고 했다.[35] 단, 고양이나 개를 식성대로 먹여 기르지 않고 본성의 흉포함을 모르면 인간에게 도움이 되지 못한다고 여겨, 인재를 가려서 써야 한다는 사실을 돌려서 말했다.[36]

노재가 말한 '유학자는 치생을 우선해야 한다는 설은 사람을 그르친다'[許魯齋謂儒者以治生爲先之說亦誤人]를 작성했다. 왕수인의 비판은 斷章取義의 혐의가 있다.

33) 『僿說』 11 人事05-89 「飽煖」[飽暖].
34) 『僿說』 12 人事06-09 「遵先王」. 역대로 제도의 변개가 많았다. 舜은 12州를 정했지만 禹는 9주로 바꾸고, 문왕은 岐를 다스리면서 9분의 1 세금을 받았지만 주공은 10분의 1로 바꾸었다. 秦나라 정치가 포학하자 한나라는 三章 법을 만들고, 劉璋의 정치가 기강이 없자 諸葛은 申不害·韓非子 법을 사용했다. 동방에서는 乙巴素만이 개혁에 성공했다.
35) 『僿說』 05 萬物02-118 「禽獸一路」.

『성호사설』 가운데 구폐책(救弊策)은 '용인(用人)'의 문제에 집중되어 있다. 이익은 인사문「용의살인(庸醫殺人)」에서 용렬한 의술인들이 각 질병에 대해 단방(單方)을 처방하지 못하는 사실을 지적했다. 그리고 용렬한 의술인에게는 신지(神指)나 묘안(妙按)을 바랄 수도 없으니 "우연히 맞는 것에 희망을 걸진대 차라리 쓰지 않는 편이 낫다."고 한탄했다. 정이가 사경온(謝景溫)에게 서한을 보내 "율문에 의사들이 약 화제를 낼 때 잘못하여 방문과 달라 사람을 죽였을 경우에는 2년 반 도형(徒刑)에 처하며, 일부러 방문과 다르게 하여 사람을 살상한 자는 '고살상(故殺傷)'으로 논죄하며, 사람을 상하지 않았더라도 곤장 60대를 때린다고 했습니다."라고 환기시켰던 사실에 주목했다.[37] 단방을 처방하지 못하는 용렬한 의사란 현실의 폐단을 구할 방법을 건백하지 못하는 조정 관료를 은유한다.

이익은 지방행정의 안정을 위해 현실적인 방안을 모색했다. 아전의 토색을 비난하면서도 아전의 처지를 고려하여 사역을 줄여주어야 한다고 제안한 것은 그 일례이다. 아전은 녹봉이 호구에도 부족하여 백성

---

36) 『僿說』 04 萬物01-102「猫犬」. [문헌증거1] 蘇軾이 송 熙寧 4년 2월에 올린「上皇帝書」(『동파전집』 권51): "쥐가 없다 해서 사냥 못하는 고양이를 기르거나, 도둑이 없다 해서 짖지 못하는 개를 먹여서는 안 된다." [해석1] 사람을 관리로 쓰는 데 재주와 능력을 가려서 써야 한다는 말이다. [문헌증거2] 鄭介夫가 원 성종 大德 7년에 治道에 관해 올린 奏章(『歷代名臣奏議』 권67「治道」]: "고양이 기르는 것은 쥐를 방비하려는 것인데, 고양이가 굶어 있는 것을 모르면 도둑 맞는 해가 더욱 심할 것이며, 개를 먹이는 것은 도둑을 못 오게 하는 것인데, 개가 사나운 놈인 줄을 모르고 먹이면 사람을 해치는 폐단이 더욱 심할 것이다." [해석2] 국가의 좀이 된 것을 비유했다. [추가사실] 대낮에 닭을 물어가는 고양이와 미친 듯 달려가서 사람을 무는 개도 있었다. [결어] 아! 슬프다.-해석 1, 해석 2의 심정 표출.

37) 『僿說』 09 人事03-37「庸醫殺人」. 『日知錄』은 "醫師古之時庸醫殺人 今之時庸醫不殺人 亦不活人 使其人在不死不活之間 其病日深 而卒至於死"라고 개탄하고 "『後漢書』華佗精於方藥 處齊不過數種 夫「師」之六五任 九二則吉 參以三四則兇 是故官多則亂 將多則敗 天下之事亦猶此矣"라고 失政을 탄식했다. 이익은 『일지록』을 참조하되 程頤의「上謝帥師直書」(『二程文集』 권10)을 引證하여 庸醫를 警戒하는 문제를 부각시킨 듯하다.

의 재물을 토색하므로, 단속하면 아전이 도망할 것이고 그 반대면 백성들이 살아날 수 없을 것이다. 따라서 아전의 사역을 늦추고 법을 엄중히 세워야 한다고 주장했다.

이익의 정치에서 관(寬)과 맹(猛)의 병용 방안을 검토했다. 인간 본성의 순선(純善)함을 믿고 개인의 도덕적 혁신을 강조하는 시대는 지나갔다. 『논어』「위정」에서 공자는 도덕·예의·정사·형벌의 분별을 논했으나, 후세 위정자들은 도덕과 예의의 교화 기능을 믿고 편안히 앉아 저절로 다스려지기를 바라고 있다고 이익은 질책했다. 이익은 법제를 완비해야 한다고 촉구하고, 한전제(限田制)를 실시해서 부의 독점을 방지해야 한다고 주장했다. 그리고 인재 선발에 사과(詞科)를 사용하기 때문에 벌열 자제가 결국 권력구조의 중핵이 된다고 진단하여, 과거제 혁파 혹은 공거제(貢擧制) 병용 방안을 제안했다.

이익은 정부조직에서 의정부 기능을 복구하고 간직(諫職)을 확대하며, 총장사(總章司)를 설치하고 시보제(試補制)를 시행하며, 고과의 비례평가제를 도입할 것을 주장했다. 지방행정과 관련하여 지방관의 직권을 강화하되 부감사를 두며, 군병제에서는 납포대립(納布代立)·고역제(雇役制)를 폐지하고 병농일치(兵農一致)·양천합일(良賤合一)의 향병제를 도입해야 한다고 주장했다. 또한 성지(城池) 수축, 군량 확보, 군기(軍器) 제조, 도로 확장, 병거 개발, 군마 사양(飼養) 등의 구체적인 방법을 제안했다. 그리고 노비 매매를 금지해야 한다고 보았다.

이익은 외교술과 관련하여 회융(會融)의 원리를 중시했다. 『춘추좌씨전』 은공 2년 봄에 "공[노나라 은공]은 잠(潛) 땅에서 융(戎)과 회맹하고 가을에는 당(唐) 땅에서 융과 더불어 맹세했다."라고 했다. 이익은 이것이 회융의 의(義)라고 긍정했다.[38] 이익의 주장은 『고문진보』에도

---

38) 『僿說』 25 經史08-81 「會戎」.

들어 있는 소식(蘇軾)의 「왕자불치이적론(王者不治夷狄論)」과는 논점이 다르다. 소식은 후한 때 공양학자 하휴(何休)의 '왕자(王者)는 이적을 다스리지 않는다'는 논리를 인용하여 '다스리지 않는 방식으로 다스리는 것'이 이적을 깊이 이해하여 잘 다스리는 방법이라고 결론지었다. 이익은 소식의 논법을 받아들이지 않았다. 오히려 남왜북로(南倭北虜)를 경계하되 환맹(歡盟)을 우선해서 교린 정책을 적극적으로 실시해야 한다고 주장했다.

4.
이익 자신이 '사설'이란 말을 표제로 사용한 데서 알 수 있듯이 『성호사설』은 완전한 지식체계를 갖추지는 못했다. 정약용은 1803년(순조 3) 작성한 「제단궁잠오(題檀弓箴誤)」에서, 이익이 지위도 재산도 없는 사람들을 위해 상례·제례의 취지를 밝혔어도 그가 지위가 없었기 때문에 사람들이 따르지 않았다고 안타까워했다. 또 정약용은 아들들에게 보낸 서한에서 『성호사설』을 고염무(顧炎武)의 『일지록』과 마찬가지로 의례(義例)가 없다고 비판했다.[39] 『일지록』에 실려 있는 학술과 의논은 사전(史傳)에 있는 말들을 뽑아 자기의 입론과 뒤섞어서 아주 난잡하다고 지적했다. 마찬가지로 『성호사설』도 옛사람이 만들어 놓은 글과 자신의 의논을 뒤섞어서 책을 만들었으므로 후세에 전할 올바른 책이 아니라고 비평했다.

근대 이전의 정책 제안은 조신(朝臣)으로서 국왕의 자문에 응하는 '의(議)'만이 '공언(空言)'이 아니라 실행력을 지닐 수 있었다. 이익은 자신의 탐구가 반드시 치국·평천하를 이루리라고는 자신하지 않았다. 상

---

39) 丁若鏞, 「寄二兒」, 『與猶堂全書』 제1집 제21권 文集 書.

앙은 진(秦)나라를 강력하게 만들었으나 죽어야 마땅했고, 왕안석(王安石)은 변법을 시행했지만 성과를 거두지 못했다. 조선의 경우 이이(李珥)의 주장은 태반이 시행할 만하고 유형원의 『반계수록』은 왕정의 시초를 건립할 자료를 남겨두었지만, 이이의 의론도 유형원의 의론도 실제로 시험된 것이 없다.[40] 더구나 이익은 지위를 벗어나 함부로 사고하는 것[출위남사(出位濫思)]은 필부의 죄라고 경계했다. 국가가 편안하고 계획이 주밀하다면 더 주둥이를 놀릴 것이 없다고도 했다. 『논어』 「헌문」에서 '위(位)에 있지 않으면 정사를 꾀하지[謀] 말라'고 하고 『주역』 간괘(艮卦) 상전(象傳)에서 '생각[思]이 위(位)를 벗어나지 않는다'라고 했던 가르침을 확인한 것이다. 그렇지만 이익은 백성들이 굶주림·추위·고통·괴로움을 궁궐에 진달하기 어려운 현실을 가슴아파하고,[41] 생각하고 꾀하는 것이 지위를 벗어날 수도 있다고 생각했으며,[42] 만년에 이르기까지 '곽우'에서 발로된 제안을 잡저와 소논문으로 작성해나갔다. 그렇기에 지식정보의 타당성과 신뢰성을 변정하고 역사인물의 실천행위를 상론하는 한편으로, 현실의 모순을 개혁할 방안을 제안하는 글들을 틈틈이 작성해두고 '안목이 있는 분'을 기다리고자 했다. 『서경』 「대우모(大禹謨)」 7장의 정덕(正德)·이용(利用)·후생(厚生) 이념에 따라 일목요연하게 정리하지는 않았으나, 『성호사설』의 적지 않은 항목에서 대책(對策)이나 상소문처럼 설폐(說弊)-구폐(捄弊)의 구조를

---

[40] 『僿說』 11 人事05-75 「變法」; 『類選』 3하 人事4·治道門1·總論05 「變法」. 이익은 『磻溪隨錄』이 통치의 大體와 현실의 대처 양식을 통일하고자 했다고 평가했다. 하지만 유형원의 遺集에 대한 서문에서 "겉으로는 좋아하는 체하면서도 마음속으로는 칭찬하지 않고 말로는 장려하면서도 일에는 적용하지 않았으니 어찌 일찍이 한 발짝이라도 실천할 수 있었겠는가?"라 하고 "아, 저 한 뭉치의 『수록』은 돌 속에 박혀 있는 옥이나 모래사장에 묻혀 있는 구슬 같은 것에 불과해서 세상의 쓰임에 보탬이 없기는 마찬가지이다."라고 탄식했다.(李瀷, 「磻溪柳先生遺集序」, 『星湖全集』 권50.)

[41] 『僿說』 16 人事10-17 「種樹漑根」.

[42] 『僿說』 25 經史08-58 「思不出位」.

취했다. 권력구조에서 소외된 지식인으로서 정치제도 및 문화관습의 여러 모순들을 지적하고 그 개선 방안을 진술하여 친족·향당·지방관·조신에게 제시하는 것을 자신의 책무로 삼았던 것이다.

• 참고문헌

성균관대학교 대동문화연구원 간, 『近畿實學淵源諸賢集』 1-6, 2002.11.
安鼎福, 『順菴先生文集』 1-2, 한국문집총간 229-230, 민족문화추진회, 1998 ; 『국역 순암집』, 민족문화추진회, 1996~1997.
驪州李氏尙書公派宗親會, 『驪州李氏世譜』 권1, 1992.
柳慶種 지음, 윤재환 역, 『국역 성호선생 언행록』, 학자원, 2019.
李萬敷, 『道東編』, 서울대학교 규장각한국학연구원 소장 ; 李萬敷, 이창섭 역, 『道東編』, 목란문화사, 1992.
李秉休, 『貞山詩稿』, 국립중앙도서관 소장본, 성호古3644-445 ; 李秉休, 『貞山雜著』, 국립중앙도서관 소장본, 성호古3649-188.
李秉休, 『貞山雜著』 近畿實學淵源諸賢集 4, 성균관대학교 대동문화연구원, 2002.
李森煥, 『少眉山房藏』, 『近畿實學淵源諸賢集』 6, 성균관대학교 대동문화연구원, 2002.
李澈, 『弘道先生遺稿』, 한국문집총간 續54, 한국고전번역원, 2008.
李瀷 원저, 李佑成 편, 『星湖全書』 1-7, 여강출판사 영인, 1987.
李瀷 著, 안병학 외 역주, 임창순 교열, 『國譯星湖疾書』(論語·大學·中庸), 한림대학교태동문화연구소, 1998.
李瀷 著, 安鼎福 改編, 鄭寅普 校, 『星湖僿說類選』, 洪翼杓, 文光書林, 1929.
李瀷 著, 安鼎福 改編, 『星湖僿說類選』, 조선고서간행회, 1914 ; 명문당, 1982.
李瀷 著, 安鼎福 改編, 『星湖僿說類選』, 청명문화재단 태동고전연구소(www.chungmyung.org)
李瀷 著, 최석기 옮김, 『星湖僿說』, 한길사, 1999.
李瀷 지음, 김경남 역주, 『소학질서』, 예문서원, 2020.
李瀷 지음, 이민홍 역주, 『해동악부: 한시로 읽는 우리 역사』, 문자향, 2008.
李瀷 輯, 安鼎福 整理, 이광호 역, 『李子粹語』, 예문서원, 2010.
李瀷, 민족문화추진회 역, 『국역 성호사설』, 민족문화추진회, 1976~1978; 한국고전번역원 DB 제공.

李瀷, 崔錫起 譯註, 『詩經疾書』, 와우출판사, 1996.
李瀷, 한국고전번역원 역, 『국역 성호전집』, 한국고전번역, 2007~2016; 한국고전번역원 DB 제공.
李瀷, 『藿憂錄』, 청명문화재단 태동고전연구소(www.chungmyung.org)
李瀷, 『道東綠』, 서울대학교 규장각한국학연구원 소장.
李瀷, 『孟子疾書』, 한국학중앙연구원 장서각.
李瀷, 『星湖藿憂錄』 筆寫本 2권 1책, 단국대학교 연민문고 소장.
李瀷, 『성호사설 정본』, 한림대학교 태동고전연구소, 2011년 선정 한국학 분야 토대연구지원사업 결과보고서;청명문화재단 태동고전연구소(www.chungmyung.org); 한국고전번역원 한국고전종합DB (http://db.itkc.or.kr)
李瀷, 『星湖全書』 1-7, 여강출판사 영인, 1987.
李瀷, 『星湖全集』 1-3, 한국문집총간 198-200, 민족문화추진회, 1997; 한국고전번역원 DB 제공.
李瀷, 『星湖疾書』, 국립중앙도서관 소장(청구기호:古1250-27-83-1).
한국정신문화연구원, 『여주이씨 성호가문 전적』, 한국학자료총서 30, 한국학중앙연구원, 2002.

제2부
선비문화와 선비정신

기호학자의 선비정신과 학문세계
―이단상의 경세의식과 학문을 중심으로

오세현 | 경상국립대학교 사학과 교수

1. 기호학계와 이단상

　16세기 중반 영남지역이 좌도와 우도로 나뉜 채 각각 이황과 조식을 중심으로 하는 일원적 학맥을 형성했던 반면, 기호지역 학인들은 이이의 학문적 영향력을 받으며 동시에 이이와 성혼의 제자들을 중심으로 결집했다. 그러나 이이가 일찍 세상을 떠나고 임진왜란 이후 기축옥사에 대한 재평가를 통해 성혼의 관작이 삭탈되는 등 서인이라는 정치 집단으로의 결집이 쉽지 않았다.[1] 또한 서인의 성립 초기 구성원 다수는 일원적 학맥에 기반한 철저한 사승관계보다 문장력으로 과거에 진출한 개인적 성취가 각자의 정체성에서 중요한 요인이 되는 경우가 많았다. 이처럼 서인은 성립 초기에 내부적으로 다층적이며 복잡한 상황이었다.[2]
　인조반정을 통해 집권한 서인은 이이와 성혼의 직제자들이 주도하여 학문적 모집단 기호학파의 정당성 확보를 위해 노력했다. 이이와

---

[1] 16세기 말 서인의 인적 구성에 대한 당대의 인식은 다음의 4가지로 구분될 수 있다. ①심의겸의 벗 ②서인을 구제하는 사람 ③중립하는 사람 ④이이와 성혼을 존숭하는 사람. 『栗谷牛溪二先生年譜』 卷4 「生員李貴疏」(1587).
[2] 오세현, 『文章, 조선을 경륜하다』, 나녹출판사, 2018, 288~289쪽.

성혼의 연보 간행 및 이이와 성혼의 문묘종사 추진을 비롯한 다양한 활동을 전개했다.[3] 이러한 활동의 과정에서 서인과 기호학파로 인식되었지만 여전히 중도적 입장에 있는 다수의 구성원들을 기호학파의 핵심으로 결집할 필요가 있었다. 이와 같은 기호학파의 학문적 결집 과정에서 송시열(宋時烈)이 중심이 되어 이이의 학문적 정당성을 강화하는 다양한 사업과 논의가 진행되었고, 이러한 움직임에 적극적으로 참여했던 인물로 정관재(靜觀齋) 이단상(李端相, 1628~1669)을 조명한다.

이단상은 17세기 사대부 사회에서 상당한 영향력을 지닌 서인계 가문 연안이씨 관동파(館洞派)의 구성원이고,[4] 조선 중기 문장사대가의 한 사람인 이정구(李廷龜, 1564~1635)의 손자이다.[5] 이단상은 송시열과 송준길, 김수항과 박세채 등 17세기 서인을 대표하는 인물들과 당대의 주요 정치적 사안과 학문적 논제에 관해 끊임없이 의견을 주고받았다. 이이와 성혼의 연보 합간 문제와 김상헌의 연보 편찬과 같은 기호학파의 학문적 문제는 물론 기해예송과 영녕전(永寧殿) 개수 논의를 비롯한 전례 문제, 효종대 북벌론과 현종대 공의·사의 논쟁 및 대명의리론 등이 모두 이단상의 적극적인 참여와 함께 진행되었던 기호학파의 논제들이었다.

기존 학계에서는 이단상에 대해 관심을 보이지 않았고, 일부 선행 연구는 대부분 '상수학(象數學)'과 '낙론(洛論)'이라는 키워드에 집중했

---

3) 유새롬, 「17세기 西人의 學統意識과 栗谷年譜의 편찬」, 『韓國史論』 52권, 서울대학교 국사학과, 2006, 14~39쪽.
4) 오세현, 「조선 후기 한양 東部 館洞의 延安李氏 館洞派」, 『서울학연구』 61호, 서울시립대학교 서울학연구소, 2015, 64쪽.
5) 이정구는 인조반정 이후 이이와 성혼의 추숭에 적극 참여하는 등 이이와 성혼의 직제자들에게 자파의 든든한 후원자 역할을 할 수 있는 적임자로 인식되었다. 오세현, 「月沙 李廷龜(1564~1635)의 文翰活動과 學統 意識」, 『韓國史論』 51권, 서울대학교 국사학과, 2005, 209~221쪽.

다. 17세기 중반 상수학으로 대표되는 새로운 학풍을 선도한 인물로 이단상을 정의하고, 그의 학문이 김창협의 낙론으로 계승된 이후 홍대용·박지원의 북학사상의 원류로 계보화 했다.[6] 서경덕·신흠을 거쳐 서울·경기지역에 확산된 소옹(邵雍) 상수학의 전통 속에서 이단상 학문의 포용성·다양성이 송시열 계열 산당(山黨)-호론(湖論)과 구별되는 서울·경기지역 한당(漢黨)-낙론(洛論)의 사상적 특징이었다는 연구도 있다.[7] 송시열이 이단상의 상수학풍을 우려한 것을 지적하며 그러한 이단상의 학풍이 낙론의 사상적 배경을 이루었다는 연구도 있다.[8]

　이상과 같은 선행 연구들은 대부분 조선 후기 사상사의 전체 맥락 속에서 송시열이 중심이 되었던 기호학파와의 차별점이라는 관점에서 이단상을 부분적으로만 언급했을 뿐 이단상에 대한 본격적인 분석은 진행하지 않았다. 이와 달리 최근 이단상의 생애를 구체적으로 조명하면서 그의 사상적 면모를 분석한 연구가 등장했다. 병자호란을 직접 겪은 이단상의 개인적 경험을 토대로 효종대 북벌에 대한 적극 참여와 현종 초반 기해예송과 영녕전 논의에서 송시열을 비롯한 산림과 뜻을 함께했던 이력이 조명되었다.[9] 그리고 현종 초반 공의사의 논쟁과 함께 대명의리를 강조한 이단상의 면모, 상수학에 대한 이단상의 관심은 병자호란과 명청교체로 인한 세계관의 혼란을 이론적으로 설명하기 위한 것이라는 점이 지적되었다.[10] 2편의 선행연구는 이단상 개인을 집중적으로 조명했다는 점과 함께 이단상을 서인 내에서 '개방적·진보

---

6) 유봉학, 『연암일파 북학사상 연구』, 일지사, 32~33쪽, 1995, 84쪽.
7) 조성산, 『조선후기 낙론계 학풍의 형성과 전개』, 지식산업사, 2007, 33~36쪽.
8) 이경구, 『조선후기 안동 김문 연구』 일지사, 2007, 204~205쪽.
9) 우경섭, 「靜觀齋 李端相의 생애와 사상(1)-병자호란 경험과 禮論을 중심으로」, 『한국학연구』 제58집, 인하대학교 한국학연구소, 2020.
10) 우경섭, 「靜觀齋 李端相의 생애와 사상(2)-대명의리론과 상수학을 중심으로」, 『한국학연구』 제60집, 인하대학교 한국학연구소, 2021.

적' 학풍의 선구자라는 관점으로 서술했던 기존 학계의 논의와 달리 17세기 중반 기호학파 구성원으로서의 면모에 초점을 맞추었다는 점에서 주목된다.

실제로 이단상의 문집과 그의 활동 이력을 구체적으로 살펴보면 기호학파 구성원으로서의 모습이 대부분을 차지함을 알 수 있다. 물론 그의 상수학 연구가 당대 기호학파 지식인들과의 차별적 모습으로 인식될 수 있음은 사실이지만 그러한 상수학풍이 이단상 학문의 전모를 대변하는 것은 아니다. 오히려 기해예송과 공의사의 논쟁에서 확인되는 것처럼 이단상의 학문적·정치적 지향은 명백하게 송시열과 함께하고 있다. 그러므로 본고에서는 이와 같은 점에 기초하여 이단상을 다음의 두 가지 측면에서 집중적으로 살펴보고자 한다.

첫째, 17세기 중반 관료로 활동하면서 보여주었던 경세의식이다. 17세기 중반 방납(防納)의 폐단과 궁방전(宮房田)의 확대 등 다양한 사회경제적 모순의 가중을 개혁하기 위해 조정에서는 대동법의 확대실시를 비롯하여 다양한 사회경제적 변화를 추진했다. 이이는 16세기 조선 사회의 경장을 주장하며 양민(養民)을 비롯한 경세에 관심을 보였다.[11] 서인은 이이의 경세 의식을 토대로 효종·현종대 사회·경제 정책들을 시행했고, 그 과정에 참여한 이단상의 모습에서 시의(時宜)를 헤아리고 시무(時務)에 힘쓰는 경세의식의 일면을 조명해 보고자 한다. 그리고 그 토대로서 국왕의 수신에 기초한 솔선, 사대부의 『가례』 시행을 통한 성리학 의례 확산 노력을 살펴본다.

둘째, 『대학』에 관한 이단상의 관심과 연구이다. 이단상은 중국과 조선의 역대 선현들의 『대학』 관련 논설을 정리한 『대학집람(大學集覽)』을 편찬했고, 송시열·송준길 등과 『대학』의 격물치지에 관해 긴밀

---

11) 김태완, 『율곡문답』, 역사비평사, 2008, 31~32쪽.

히 논의했다. 격물치지 논의는 이황과 이이의 학문적 분기를 보여주는 주요 논제인데, 이이와 성혼의 문묘 종사가 지속적으로 추진되는 과정 속에서 서인의 이론가였던 이단상의 『대학』 연구가 지닌 의미를 살펴본다.

2. 이단상의 경세 의식

1) 관료로서의 현실 인식

이단상이 삼사(三司)를 중심으로 국왕에 대한 활발한 언론 활동을 전개할 당시 조선사회는 '소빙기(小氷期)' 현상으로 인해 자연재해와 흉년이 지속되었다.[12] 특히 경신년(1670~1671)과 을병년(1695~1696)의 대기근으로 각각 100여만 명에 달하는 사망자가 발생하며 급격한 인구 감소를 초래하기도 했다. 이것은 결국 농업 생산성의 저하는 물론 경제에 심각한 타격을 주어 사회 질서의 동요를 불러올 위험 요인으로 작용했다.[13]

경신대기근 발생 10여 년 전인 1658년 가을 조정에서는 호서와 호남 지역에 발생한 기근을 구제하려는 논의가 진행되었다. 홍문관에 재직 중이던 이단상은 동료들과 함께 봄부터 시작된 가뭄과 바람으로 인한 흉작과 기근으로 수많은 사상자가 발생한 상황을 국왕에게 아뢰었다.[14] 효종은 보름 후인 11월 초 이단상과 이만웅(李萬雄)을 각각 호남과 호서의 암행어사에 임명했다.[15]

---

[12] 李泰鎭, 「小氷期(1500~1750)의 天體 現象的 원인」, 『국사관논총』 제72집, 국사편찬위원회, 1996, 120~121쪽.
[13] 김덕진, 『대기근, 조선을 뒤덮다』, 푸른역사, 2008, 15~17쪽.
[14] 『孝宗實錄』 孝宗 9년(1658) 10월 21일.

이단상은 출발 후 3일 만에 호남에 도착했는데, 이단상이 목도한 상황은 참담했다. 익산(益山)과 여산(礪山)은 비교적 견딜 수 있는 상황이었지만, 만경(萬頃)·옥구(沃溝)·김제(金堤)·용안(龍安) 등의 읍은 참혹한 지경이었다. 이단상의 표현에 의하면 '눈에 보이는 수백 리의 땅이 모두 마른 풀만 무성한 밭'과 같았고, '열 집 가운데 아홉 집이 비어있어서 인가의 연기가 모두 끊어진 상황'이었다. 그나마 목숨을 보전한 백성들은 먹을 것이 없어 헐벗은 채로 추위에 떨고 있었다.[16]

겨울 동안 호남 곳곳을 살핀 이단상은 직접 구휼 활동에 나섰는데, 이단상의 구휼 활동은 진휼사를 연상하게 했다. 진휼사에게는 해당 지역 수령·감사를 처벌할 수 있는 권한과 함께 발창권(發倉權)이 부여되었다.[17] 본래 지역의 관아 창고를 열기 위해서는 감사-호조-국왕으로 이어지는 보고의 순서를 거친 후 다시 하명(下命)을 통해 지역에 전달되는 과정을 거쳐야 했다. 그러나 사안의 급박함 때문에 진휼사에게는 자의적 판단에 의해 국가의 곡식을 백성들에게 분배할 수 있는 권한이 부여되었다. 이단상은 국왕에게 보고한 후 조치해서는 위급함을 해결할 수 없다고 판단하여 우선 관아의 창고를 열어 백성들을 살리는 선조치 후보고를 선택했다.[18]

국가에 재해가 발생했을 때 해당 지역에 대한 구제의 규모, 기민(飢民)의 공정한 선별과 구제, 피해를 당한 지역 차원의 조치와 병행하는 중앙의 추가 대책 여부 등이 지방의 재해 지역과 중앙정부 사이에 신속히 진행되어야 했다. 그러한 점에서 황정(荒政)의 성패는 국가행정 수

---

15) 『孝宗實錄』 孝宗 9년(1658) 11월 9일.
16) 李端相, 『靜觀齋集』 권7, 「御史時啓」.
17) 원재영, 「조선시대 재해행정과 17세기 후반 진휼청의 상설화」, 『東方學志』 제172집, 연세대학교 국학연구원, 2015, 136~138쪽.
18) 李端相, 『靜觀齋集』 권7, 「御史時啓」.

준의 성숙도를 말해주는 지표였다.[19)]

인조 대부터 국가의 재해를 관리하는 진휼 제도가 구체적으로 정비되었다. 1648년 상평청이 상설화되면서 진휼을 담당했던 진휼청은 상황과 필요에 따라 임시로 설치되었는데, 이단상이 호남어사에 임명되기 3개월 전인 효종 9년(1658) 8월 진휼청이 다시 설치되었다.[20)] 이처럼 진휼에 대한 국가적 관심이 고조되어 있던 상황에서 이단상은 호남의 실정이 시간을 다투는 급박한 일이라는 점을 감안하여 진휼사의 특권 전례에 기반해 선조치 후보고를 통해 굶주린 백성들의 생명을 지켜내려 했다.

이단상은 호남의 상황에 대해 다음과 같은 대책을 제시했다. 첫째 재해를 입은 읍의 백성들에게 부여된 부역을 모두 면제해 주고, 아울러 정공(正供)의 납부 역시 특별히 감면해 주어야 한다. 부역과 공물은 지역민들에게 가장 큰 부담이었기에 무엇보다 우선적으로 조정이 배려해야 할 사항이라는 것에 대해서는 이단상 외에도 대부분의 신료들이 공감하는 사항이었다. 둘째는 전라감영에 보관된 무명을 곡식으로 바꾸어 다가올 봄의 구황자원으로 활용하자는 제안이었다. 이는 이단상이 독자적으로 제출한 것이 아니라 당시 전라감사 서필원(徐必遠)이 추진하려는 소식을 전해 듣고 동의하는 차원에서 제출한 것이었다. 셋째는 한양으로 운반하는 통영의 곡식을 중간 경유지이자 재해를 입은 지역 인근에 있는 군산창으로 먼저 옮겨 저렴한 값으로 작목(作木)하여 민간의 곡식 가격을 낮추자는 방안이었다. 이 의견은 호남어사에 부임하기 전 조정에서 구휼을 논의할 때 영의정 심지원(沈之源)이 제안했던 내용을 토대로 이단상이 호남의 현실에 변용하여 제안한 것이었다.[21)]

---

19) 김석우, 『자연재해와 유교국가』, 일조각, 2006.
20) 『孝宗實錄』 孝宗 9년(1658) 8월 3일.
21) 沈之源은 한양 백성들의 구휼을 위한 방안으로 統營穀 2만 섬을 京江으로 운반해

이단상은 통영의 세곡선이 경유하는 지역 중에서 호남의 부안창과 군산창이 재해를 입은 지역에 있다는 점을 감안하여 경강으로 운반하는 통영의 곡식을 우선 재해를 입은 지역으로 옮기거나 또는 통영에서 2~3만 섬의 곡식을 추가적으로 운송하여 군산창에 정박하게 하여 재해를 구제할 것을 건의했다.[22] 이단상이 제시했던 통영곡(統營穀)은 군영 중 가장 큰 규모의 통제영을 운영하기 위해 확보한 다양한 재원 중 하나인 통영의 환곡이었다. 이 통영곡은 지방 아문의 환곡 중에서 가장 규모가 크다는 점에서 국가의 진휼에 빈번히 활용되었다.[23]

구휼에 대한 이단상의 논의와 활동에서 주목되는 것은 호남 백성들이 겪고 있던 다양한 사회경제적 어려움에 대한 청취와 해결 방안 제시이다. 이단상은 호남어사의 일을 마치고 조정에 복귀한 후 직접 듣고 목도했던 지역의 현안 문제를 총 14개의 조목으로 정리하여 국왕에게 보고했다. 그중에는 당시 새롭게 시행되었던 대동법의 시행 과정에서 드러난 지역민들의 찬반 의견 대립, 그리고 대동법의 시행 과정에서 발생한 여러 폐단이 상세하게 언급되었는데, 이단상은 현장에서의 목소리에 대해 매우 세심하게 귀를 기울였다.

이단상이 우선적으로 주목한 것은 대동법 시행에 대한 지역민들의 찬반 의견 대립이다. 17세기 조선의 경제적 상황에서 가장 중요 논제 중 하나였던 대동법은 이단상이 정계에 진출한 효종 초반 충청도에 시행되었고, 호남어사로 나갔던 1658년 전라도 해읍(海邑) 지역으로 확대 실시되었다. 대동법이 광해군 초반부터 실시와 폐지를 반복했던 것

은과 베를 구입해 도성 백성들을 구제할 것을 건의했다. 『孝宗實錄』 효종 9년(1658) 10월 23일.
22) 李端相, 『靜觀齋集』 권7, 「又(御史時啓②)」.
23) 송기중, 「균역법 실시 이후 통영곡 운영의 변화」, 『한국문화』 66, 서울대학교 규장각 한국학연구원, 2014, 393~394쪽.

은 제도의 미비와 각 지역의 상황에 따라 시행의 편리함 여부가 달랐기 때문이다. 특히 대동법 시행에 대한 지역민들의 찬반 의견이 지역에 따라 달랐던 것은 대동법 시행의 성패에 중요한 원인이었다. 이단상은 호남의 대동법 시행과 관련해 무엇보다 지역민들의 의견에 귀를 기울였다.

> 신이 대동법의 편익 여부를 여러 읍에 두루 물어보았습니다. 신이 경유한 곳은 모두 대동법이 막 시행된 연해의 읍이었는데, 연해 지역 중에서도 노령 이북과 노령 이남은 비판하고 칭송하는 것이 각기 달랐습니다. 그것은 노령 이북과 노령 이남의 연해 지역 읍들이 종전에 내던 부역의 경중이 본래부터 달랐기 때문입니다. 노령 이북 지역의 경우 호서와 접경 지역이라 대동법의 편익에 대해 익히 들어서 이 법의 시행을 목 빼고 기다리던 끝에 이제 막 시행되었기에 노령 이북 지역 각읍 백성들은 모두 기뻐했습니다. 그러나 노령 이남 지역 읍들은 종전에 내던 세금이 본래 노령 이북에 비해 가벼웠던 데다, 지금 이렇게 토지 1결 당 13두의 쌀을 일시에 내야 하는 것은 원래 원하던 바가 아니어서, 어리석은 백성들은 당장의 효험을 얻지 못한다는 이유로 모두 의심하고 우려합니다.[24]

이단상이 청취한 대동법 시행에 대한 여론은 호남의 남과 북이 서로 달랐다. 이단상은 그 이유를 대동법 시행 이전 각 지역에 부과되었던 공납에 대한 지역민들의 인식이 서로 달랐기 때문으로 파악했다.

---

24) 李端相, 『靜觀齋集』 권7, 「復命後陳沿路聞見啓-十四條 己亥」. "臣以大同便否 遍問列邑 則臣之所經 皆是沿海大同方行之邑 而沿海之中 亦不無嶺上嶺下毁譽之各異 蓋嶺上嶺下沿海之邑 固有曾前賦役輕重之別矣 嶺上則與湖西接界 慣聞大同之便 今行此法於引領願行之餘 故嶺上各邑民情 則莫不喜躍 而嶺下曾前出賦之役 固輕於嶺上 今此一結十三斗一時並出 元非所願 無識愚氓 則只以時未見效之故 多有疑慮之心"

또한 대동법에 대한 사전 이해가 없는 지역에서는 새로운 부세제도의 시행이 장기적으로 어떤 이해관계로 작용할지 모르는 상황 속에서 목전의 이익에 집중하는 현실을 지적했다. 이러한 이단상의 현실 인식은 어사의 임무를 수행하는 과정에서 백성들의 현실에 관심을 기울여 얻게 된 여론 청취의 결과였다.

이단상은 여론 청취를 토대로 구체적 현안 문제로 관심을 확장했는데, 그 사례가 대동법 시행 과정에서 등장한 선가(船價) 문제였다. 조선의 부세제도가 전세(田稅), 신역(身役), 공물(貢物)의 3대 축으로 운영되는 과정에서 전세로 징수하던 쌀의 안정적 운영을 위해 마련된 것이 조운제였는데, 임진왜란 이후 조운선의 부족과 조군(漕軍) 확보의 어려움으로 인해 경강선(京江船)을 임대하여 세곡을 운송하던 사선임운(私船賃運)이 성행했다. 그런데 사선임운은 조운제와 달리 운영 과정에서 다양한 잡비를 필요로 했다. 이 잡비는 기본적으로 백성들이 부담하게 되었는데, 대동법의 시행으로 세곡의 운송이 증가하면서 자연히 잡비 부담이 늘어나게 되었다. 그중에서 선가는 각 도의 세곡을 운송할 때 그 거리를 계산하여 각 읍으로부터 거두는 운송비인데, 본래 조운선에 없던 선가가 대동법 시행으로 대동미를 운송하면서 백성들의 부담이 되기 시작했다.[25]

이단상은 대동법이 시행되기 시작한 호남 지역에서 대동법의 선가 정식의 원칙과 달리 사선(私船)으로 응모하는 현실에 주목했다. 조정에서 제시한 선가의 규정과 호남에서 집행하는 선가가 달랐고, 결국 추가적으로 발생하는 잡비와 잡비의 불공정한 부과가 온전히 백성들의 부담이 되는 현실을 지적했다.[26]

---

[25] 임성수, 「조선후기 田結稅 징수와 "중간비용" 연구」, 『大東文化硏究』 92권, 성균관대학교 대동문화연구원, 2015, 25~26쪽.
[26] 李端相, 『靜觀齋集』 권7, 「復命後陳沿路聞見啓-十四條 己亥」.

대동법이 긴 시간 동안 시행과 폐지를 거듭하며 제도적 완결성을 갖추어 나간 것과 현실에서 대동법이 원칙대로 시행되는지의 여부는 별개의 문제였다. 이단상은 지역의 현안을 살피면서 제도가 현실에 안착해 나가는 모습을 면밀히 주시했다. 특히 이단상은 제도가 시행되는 현장에서 빈번하게 발생하는 폐단, 즉 공권력을 지닌 관청이 힘없는 백성들에게 불법적으로 부담을 떠넘기는 현실을 문제의 근본 원인으로 지목했다. 실제로 같은 시기에 다른 지역에서도 대동법이 시행되는 과정에서 선가와 관련하여 제도가 표방한 원칙과 현실이 어긋나는 사례가 적지 않게 발생하는 것이 현실이었다.[27]

이단상은 호남어사로서의 임무를 수행하면서 다양한 정책들이 시행되는 과정에서 현장의 생생한 반응들에 대해 예의주시했는데,[28] 이와 관련하여 전라도 부안의 섬 위도(蝟島)에 있는 성균관의 수세(收稅) 문제가 주목된다.[29]

위도에는 전라도 연안 섬들 중에서 거의 유일하게 남아 있는 성균관의 수세처가 있었다. 이단상이 상소를 올리기 전인 1655년 성균관에서는 위도와 함께 영암군 추자도, 나주목 도초도(都草島) 등 전라도 연

---

[27] 충청도에서도 선가의 책정이 원칙과 달리 운용된 사례를 확인할 수 있다. 홍주를 비롯한 결성·서천 등은 운항 거리가 멀 뿐만 아니라 안흥량을 경유하는 험지임에도 불구하고 비교적 운송이 용이한 아산·평택 등과 동일한 선가가 책정되었다. 선가가 낮으면 경강상인은 그 지역의 세곡운송을 기피했다. 문광균, 「조선후기 홍주지역 세곡운송과 船價, 後卜 대책」, 『朝鮮時代史學報』 75집, 조선시대사학회, 2015, 19~20쪽.

[28] 이단상은 호남 연안 각 읍의 松禁이 山直에 의해 왜곡·악용되는 현실, 장흥의 최남단 會寧鎭에 있는 목장이 本鎭과 중첩된 문제, 黃腸木과 목선을 제작하는 나무가 생산되는 莞島에 토호들이 田莊을 설치한 폐단 등에 대해서도 지적했다. 李端相, 『靜觀齋集』 권7, 「「復命後陳沿路聞見啓-十四條 己亥」.

[29] 위도는 마주하고 있는 格浦와 더불어 해상의 군사적 요충지로 인식되어 인조대부터 鎭의 설치가 논의되었다. 효종 중반 格浦鎭의 설치 및 성의 수축과 함께 유사시에 전라감사가 위도에 들어가 강화도를 군사적으로 지원할 수 있는 방안이 논의되었다. 김철배, 「조선 후기 전라도 蝟島鎭·格浦鎭 설치와 관방체제 변화」, 『전북사학』 제69호, 전북사학회, 2023, 127~128쪽.

안 여러 섬들이 성균관의 재원을 마련하는 수세처였음에도 불구하고 여러 궁방에서 점탈한 문제를 제기했다.[30] 성균관이 위도에서 거두는 수입원의 출처는 대부분 어전(漁箭)에서 나왔는데, 어전의 다수를 궁방이 점유하고 있었다.[31] 이와 같은 궁방의 점탈은 이후 영조대 균역법으로 상당 부분 해결되었지만, 이미 효종대부터 궁방전의 문제가 드러나고 있었다. 이단상은 이같은 궁방전 확대 문제와 함께 성균관의 수세 과정에서 발생하는 폐단을 지적했다.

성균관이 위도에서 거두는 세금은 본래 성균관에서 담당자를 책정해 부안에 파견하여 거두는 방식으로 진행했다. 그런데 한양에서 파견된 담당자가 지역에 내려가 자행하는 각종 문제들로 인해 몇 해 전부터 부안현에서 별도의 아전을 책정하고 한양에 보내 납부하는 방식으로 변경되었다. 그런데 이러한 방식에도 문제가 발생했다.

> (부안현) 담당 아전들이 납부할 때 성균관의 하리들이 중간에서 조종하여 값을 올리는 폐단이 또한 끝이 없습니다. 세금으로 거두는 무명의 수가 해마다 늘어 첫해에는 다만 2~3동(同)에 불과했는데 정유년(1657)에 납부한 수는 16동에까지 이르렀고, 작년에는 정유년에 세금으로 거둔 무명의 품질이 나쁘다는 핑계로 강제로 30동으로 정했습니다. 가난한 담당 아전들은 마련해서 납부할 방법이 없어서 땅을 모두 팔고도 수를 채우지 못해 심지어 자식을 전당 잡힌 자가 있습니다.[32]

---

30) 『孝宗實錄』孝宗 6년(1655) 7월 24일.
31) 『孝宗實錄』孝宗 6년(1655) 11월 25일.
32) 李端相,『靜觀齋集』권7,「復命後陳沿路聞見啓-十四條 己亥」. "色吏輸納之際 本館下吏輩中間操縱刁登之弊 又罔有紀極 收稅木疋之數 逐年漸加 初年則只不過二三同 而丁酉年所納之數 至於十六同之多 上年則以丁酉年稅木品 謂之麤短 而勒定三十同 貧殘色吏 萬無備納之路 盡賣田宅 猶未能充數 至有典當其子者云云"

이단상이 지적한 위도의 세금 납부 폐단은 대동법 시행의 근본 원인이 되었던 방납의 폐단과 유사하다. 이단상은 호남어사의 임무를 마치고 돌아온 후 직접 성균관에서 부안현에 보낸 공문을 찾아보았다. 그 결과 처음 세금보다 10배 이상을 올려 30동을 강제 징수한 사실을 직접 확인할 수 있었다. 그리고 심지어는 10배 이상의 세금을 올릴 때 공문에서 그 명분으로 국왕의 명령[傳旨]이라고 하는 거짓 내용을 사용한 것도 발견했다. 이단상은 이것이 단순히 성균관 하리들의 농간뿐만 아니라 성균관의 해당 관원들이 살피지 못한 결과라는 점을 지적했다.

이단상은 지역에서 마주한 현실의 다양한 이해 관계 차이, 여러 정책이 그 목적이나 시행 세칙과 별개로 왜곡되거나 파행적으로 운영되는 현실 앞에서 시행 세칙의 개정 등과 같은 수정적 태도가 아니라 제도의 폐기 같은 근본적 개혁을 강조했다.[33] 그리고 더불어 제도를 운영하는 주체인 관료들의 솔선과 함께 나아가 국정 운영의 주체인 국왕의 모범을 강조했다.

2) 국왕의 수신과 사대부의 『가례』 실행 강조

이단상은 조정에 진출한 이후 주로 삼사와 문한(文翰)의 직책에서 활동했다. 이단상은 병자호란의 경험을 통해 청에 대한 복수 의지를 공유한 효종의 북벌에 깊이 공감했지만,[34] 국왕의 수신에 기초한 국정 운영을 강조했다.

상무적(尚武的) 기질이 강했던 효종은 8년간의 청나라 인질 생활 동

---

[33] 이단상은 소를 도살한 죄를 속죄하기 위한 명목으로 무명을 바치는 牛贖木이 제도의 취지를 벗어나 중간에서 농간을 부리는 하급 관리들이 백성을 겁박하는 도구가 되어 버린 현실을 지적하며 규례를 영구히 혁파하는 근본적인 개혁의 필요성을 강조했다. 李端相, 『靜觀齋集』 권7, 「復命後陳治路聞見啓-十四條 己亥」.

[34] 우경섭, 「인천 鶴山書院과 李端相·李喜朝 父子」, 『한국학연구』 제38집, 인하대학교 한국학연구소, 2015, 476쪽.

안 여러 차례 명나라와의 전투 경험을 토대로 북벌에 대한 자신감과 의지를 강하게 내비치면서 다양한 군비증강책을 추진했다.[35] 그러나 북벌을 위한 군비 증강은 백성들의 삶에 대한 압박과 막대한 재정적 부담과 직결되는 문제였기에 반드시 타협과 조절이 필요했다. 효종대 중반 이후 등장했던 조정 신료들의 북벌에 대한 회의와 경계 및 반대는 이러한 문제들이 점진적으로 쌓여 등장한 결과였다.

이단상은 1652년 국왕 효종에게 군대 사열에 직접 임하지 말 것을 청하는 상소를 올렸다.[36] 2년 전 친청파 김자점(金自點)이 조선의 북벌 동향을 청에 밀고하여 발생했던 효종의 청나라 사신 접견 당시 이단상은 사관으로 수행했던 경험이 있었다.[37] 이단상은 상소문에서 병자호란 이전과 달라진 국제정세의 변화 속에서 청에 대한 조선의 수세적 입장을 지적했다. 그와 동시에 군비 강화책과 관련하여 국왕이 백성들의 모범이라는 관점에서 국왕의 솔선과 수신을 강조했다.

국왕의 수신과 관련하여 이단상은 왕실의 기강 단속을 강조했다. 효종 7년(1656) 심익현(沈益顯, 1641~1683)의 노비가 우의정 구인기(具仁墍)의 집에 난입해 노비의 아내를 겁탈한 일이 발생했다.[38] 효종의 둘째 딸 숙명공주(淑明公主)와 혼인해 청평위(靑平尉)에 봉해졌던 심익현은 어린 시절부터 궁에 자주 출입하며 국왕의 총애를 받았다. 이단상은 이 사건이 왕실의 기강과 관련된 중요한 일이라며 문제를 제기했다.[39]

---

35) 1650년 李時昉을 守禦使에 임명한 후 남한산성의 군사력을 이전에 비해 획기적으로 증대시키는 등 집권 초반부터 효종은 다양한 방면에서 군사력 증진을 위한 정책을 추진했다. 송양섭, 「효종의 북벌구상과 군비증강책」, 『한국인물사연구』 제7호, 한국인물사연구회, 2007, 177~178쪽.
36) 李端相, 『靜觀齋集』 권4, 「請停親臨閱武疏-壬辰 奉敎時」.
37) 李端相, 『靜觀齋集』 권1, 「寫憤-四首」.
38) 『孝宗實錄』 孝宗 8년(1657) 7월 11일.
39) 李端相, 『靜觀齋集』 권7, 「請推靑平尉沈益顯啓」.

이단상은 국왕과 왕실이 만백성의 모범이 되어야 함에도 불구하고 이런 불미스러운 일이 왕실에서 발생했다는 점을 강조했다. 훗날 이단상이 이 사건과 관련하여 잘못된 정보가 있었음을 인정하고 바로잡는 일이 있었지만,[40] 누구도 제기하지 못한 왕실의 불법 문제를 언급하고 나선 모습에서 이단상의 강직함을 엿볼 수 있다.

이단상은 효종의 친동생 인평대군(麟坪大君)의 상례 때에도 국왕의 수신과 솔선을 강조했다. 효종과 인평대군의 우애는 효종의 잠저 시절부터 각별했고, 효종이 즉위한 이후에도 지속되었다.[41] 1658년 5월 13일 인평대군이 죽자 효종은 직접 가인(家人)의 예로 조문했고,[42] 입관하던 날에도 직접 찾아갔다. 효종은 이후에도 다시 인평대군의 집에 찾아가 제사를 지내겠다는 명을 내렸다. 이에 대해 대부분의 신료들이 반대하자 효종은 '무식하다', '임금을 제어한다' 등의 거친 비답을 내렸다. 그러자 이단상은 다음과 같은 논리로 국왕이 직접 찾아가 제사를 지내는 것에 반대했다.

> 예제는 절도가 있어서 감정에 따라 행할 수 없습니다. …… 신하의 상(喪)에 친히 제사 지내는 조목은 『국조오례의』에서 거론하지 않았을 뿐만 아니라 또한 『의례』에도 명백히 기록된 문구가 없습니다. 설령 후대의 제왕이 일시적으로 행한 적이 있다 해도 원래 정해진 예는 아니라서 본보기로 취할 수 없음이 분명합니다. 열성조에서 형제의 상을 당했을 때 세 번 납시어 친히 제사 지내는 의절을 누구도 행하지 않았던 것은 조종의 정해진 제도를 중시하고 일신의 사적인 애통함을 억제했기 때문입니다. 성상께서 반드시

---

40) 李端相, 『靜觀齋集』 권4, 「辭兼文學疏-丁酉」.
41) 김종태, 「왕실 우애의 표상, 석양루(夕陽樓)의 성쇠」, 『문헌과 해석』 제70호, 2015, 109~110쪽.
42) 『孝宗實錄』 孝宗 9년(1658) 5월 13일.

친히 제사 지내시려는 것은 일신의 사적인 애통함을 펴고자 하시는 일이고, 신들이 반드시 고집하는 것은 조종의 정해진 제도에 어긋날까를 우려하기 때문입니다.[43]

효종의 친제를 반대한 이단상의 논리는 단순하고 명쾌했다. 그것은 예제의 시행은 감정적 기준에 의해 좌우될 수 없다는 것이었다. 이단상은 『국조오례의』에서 '왕자와 공주·옹주의 상례에는 국왕이 직접 나아가 곡하지만, 이들을 위해 치전(致奠)할 때는 모두 사신을 보낸다.'라는 구절을 인용해 국왕의 친제는 제도에 없는 일이라는 논거를 제시했다.[44] 인평대군의 상에 찾아가 직접 제사를 지내려는 효종의 주장은 애통함이라는 사적인 감정인데, 국왕은 사적인 감정을 억누르고 조종의 예제를 준수해야 하는 공적 존재라는 것이 이단상의 논리였다.

인평대군의 친제 논의 당시 일부 신료들은 더운 날씨로 인해 옥체가 손상될 수 있다는 이유를 들며 반대했다.[45] 하지만 이단상은 국왕의 일신의 건강 문제로 친제를 반대하는 것은 우선적으로 논의할 것이 못 되고, 모범과 솔선의 주체인 국왕으로서 행하고자 하는 일이 원칙과 제도에 맞는 일인지 아닌지가 가장 중요한 근거가 된다는 점을 강조했다.

국왕의 수신과 솔선을 강조한 이단상의 경세 의식은 국왕을 도와 정치를 행하는 사대부에게도 동일하게 적용되었다. 이단상은 수신과 솔선의 차원에서 의례의 기준으로 주희의 『가례』를 준수할 것을 강조

---

43) 李端相,『靜觀齋集』 권7,「請還收大君家親祭之命嚴旨後引避啓」. "第念禮制有節 亦不可徑情而直行 (중략) 況親祭臣喪一款 則不但五禮儀之所不擧論 亦無明文於儀禮中 設有後世帝王行之於一時者 而元非定禮 其不可取法也 明矣 曾在列聖之朝 或遭天倫之感 而三臨親祭之儀 皆莫之行者 豈不以重祖宗之定制 而抑一己之私慟乎 以此論之 則聖上之必欲親祭者 將伸一己之私慟也 臣等之必欲爭執者 恐違祖宗之定制也"

44) 『國朝五禮儀』 권8,「凶禮」. "遣使致奠王子及夫人·公主·翁主喪"

45) 『孝宗實錄』 孝宗 9년(1658) 5월 30일.

했다. 『가례』를 의례의 기준으로 강조한 이단상의 모습은 당시 사대부가에서 혼종의 모습을 보였던 혼례의 실행 과정에 대한 논의를 통해 확인할 수 있다.

이단상은 혼례의 절목에 대해 문의한 나량좌(羅良佐, 1638~1710)에게 답장을 보내며 『주자가례』에서 언급한 시부모를 뵙는 며느리의 인사 의례가 중요함을 강조했다.[46] 이단상이 강조한 현구고례(見舅姑禮)는 주희가 혼례 과정에서 친영(親迎)의 핵심 요소로 강조했던 의례의 절차였다. 주희는 『가례』에서 며느리가 시부모를 뵙는 '현구고례'를 혼인한 다음 날에 시행하도록 규정했다. 친영을 강조한 주희는 혼례를 신랑집에서 거행하기 때문에 혼례 다음날 바로 시부모에게 인사를 드리고 3일 후 사당에 알현하는 절차를 서술했다.[47] 주희가 며느리의 현구고례를 강조한 것은 현구고례와 사당 알현이 며느리가 시댁의 구성원으로 인정받는 근거가 되기 때문이었다.[48] 이단상은 현구고례에 관한 주희의 견해를 전적으로 수용했고, 그것은 이미 송준길의 사례에서 확인할 수 있다고 했다.

『가례』의 실행에 관해 이단상은 직접 솔선하는 모습을 보였는데, 딸의 혼사에서 『주자가례』의 핵심 요소인 친영을 실행한 것이다. 이단상의 첫째 딸은 이정기(李廷夔)의 아들 이행(李涬)과 혼인했는데, 이때 이단상은 친영의 방식으로 혼례를 치렀다. 이단상은 친구이자 사돈인 이정기와 폐백의 시행에 관해 논의하면서, '시부모를 뵙는 예와 같이 행한다.'라고 하는 『가례』의 실행을 강조했다.[49] 그리고 앞서 언급했던

---

46) 李端相, 『靜觀齋集』 권13, 「答羅顯道-良佐-丁未」.
47) 『朱子家禮』 권3, 「婚禮」 '婦見舅姑'. "明日夙興 婦見于舅姑"
48) 김기림, 「19세기 혼인 습속에 대한 고찰-친영례 및 '친영적 의식' 중심으로-」, 『한국고전여성문학연구』 26호, 한국고전여성문학회, 2013, 101~102쪽.
49) 李端相, 『靜觀齋集』 권10, 「答李一卿廷夔-癸卯」.

송준길의 집안에서 행했던 친영의 의례를 참작하여 첫째 딸의 혼례를 친영의 방식으로 진행했다.[50]

이단상은 당시 사대부들이 행하던 혼례 방식인 속례(俗禮)에 대해 비판적이었다.

> 혼례에서 친영은 본래 간략해서 행하기 쉬운데도 우리나라 사대부는 행하려 하지 않음이 이미 오래전에 습속을 이루었기에, 선정(先正) 제현(諸賢) 가운데도 속례를 따르는 이들이 더러 있었습니다. 저는 이를 늘 의아하게 생각했는데, 근래에 호중(湖中)에서 친영의 예를 비로소 행한다고 하니, 고례를 오늘에 다시 볼 수 있을 듯합니다. 연전에 있었던 장녀의 혼사 때 저는 친영의 예를 행하고 싶었고, 신랑 집인 이일경(李一卿:李廷䕫) 영공도 일찍이 이런 뜻이 있어서 서로 의견이 합치되어 마침내 이 예를 행했습니다. 그 가운데 세세한 절목 및 신부의 복색과 음식 등의 일은 속례에 따라 조금 강쇄했으니, 대개 친영의 의리는 남자가 여자보다 앞서고 여자가 남자를 따르는 것에 중점이 있기 때문입니다. 복색과 찬품 등의 의절도 모두 한결같이 고례에 따르면 좋았겠지만 다만 갑자기 당대의 제도를 모두 바꿀 수 없는 점이 있었고, 여기에 대해서는 선현들도 당대의 제도를 따른 것이 있었기에 우선 그 큰 것을 먼저 행하여 차근차근 점차 고쳐나갈 기반으로 삼은 것입니다.[51]

---

50) 李端相, 『靜觀齋集』 권11, 「與金久之」.
51) 李端相, 『靜觀齋集』 권8, 「上宋同春⑨」. "昏禮 親迎也 自省徑易行 而我國士大夫不肯行 久已成俗 先正諸賢 亦或有未免隨俗者 端相尋常爲訝 而近來湖中始行此禮 庶幾古禮之復見於今日也 年前長女昏時 端相欲行親迎之禮 李一卿令公以塤家 亦嘗有此意 與之相合 遂行此禮 其間小小節目及新婦服色與同牢饌品等事 有些從俗降殺者 蓋親迎之義 重在於男先女女從男也 若其服色饌品等節 亦皆一如古禮則好矣 第於其間 亦有不可猝然盡變時制者 此則昔賢 亦有從其時制之處 故姑先其大者而行之 以爲次第漸變之地矣"

이단상은 친영의 시행이 실제로는 어렵지 않음에도 불구하고 당대에 친영을 시행하는 사람들이 거의 없다는 점에 의문을 지녔다. 그리고 호서지역에서 비로소 친영을 시행한다는 소식을 들었고, 자신의 장녀 혼례를 친영으로 시행한 것을 언급했다. 그러면서 친영의 근본 목적이 남성이 중심이 되고 여성이 남성을 따르는 것임을 감안하여 근본 의도를 유지하는 선에서 혼례 과정에서의 세부적 절차와 내용들은 타협점을 찾을 수 있다는 의견을 피력했다.

첫째 딸의 혼례를 친영으로 시행한 이단상은 둘째 딸의 혼례도 친영으로 치르고자 했다. 그런데 둘째 사위 김창협의 집안 안동김문이 친영에 유보적 입장을 보였다. 이단상은 사돈이 될 김수항에게 편지를 보내 다음과 같이 말했다.

> 혼인은 인륜의 대사입니다. 장녀는 친영을 행하고, 차녀는 속례를 행하면 일에 근본이 없게 됩니다. 두 집안이 멀리 떨어져 있을 경우 주부자의 '임시로 객관을 마련하여 그쪽으로 가서 맞이하여 혼례를 행한다[設假館就彼迎行]'라는 말이 있습니다. 이곳에서 멀지 않은 곳에 좋은 집이 있으니, 형이 혼례를 행하는 날에 신랑만 데리고 오면 저희 집에서 모든 것을 준비하고 이어 친영하는 의절을 행하면 저의 전후 두 딸의 혼사가 모두 동일한 예를 행하게 됩니다. 그렇게 되면 의절이나 인정, 형 집안이나 저의 집안에 흠이 없을 듯하니, 이와 같이 혼사를 행하면 참 좋겠습니다.[52]

둘째 딸의 혼사 준비 당시 이단상은 양주 동강(東岡)에 머물고 있었

---

52) 李端相, 『靜觀齋別集』 권3, 「與金久之」. "婚姻 是人之大倫也 長女則行親迎 次女則行俗禮 事極無據 兩家相遠 則朱夫子有設假館就彼迎行之語 此處相望地有好家 兄於婚日 只率新郎而來 則自弟家一一整備 仍行親迎之禮 俾令弟前後兩女之婚 皆行一禮 則於禮於情 於兄家於弟家 恰好無欠 如此爲之 固大善"

기에 한양에 거주하던 김수항 집안과 물리적으로 거리가 멀었다. 이에 이단상은 객관의 방법을 통한 친영을 김수항에게 제안했다. 객관을 통한 친영의 실행 방식은 『주자가례』에 등장한다. 신랑과 신부의 집이 서로 멀리 떨어진 경우 처가로 하여금 가까운 곳에 한 장소를 마련하여 그곳에서 혼례를 치르거나 아니면 처가에서 한 장소로 나오고 사위가 그곳에 나아가 맞이하여 돌아와 자기 집에서 혼례를 올리는 것이다.[53]

16세기에 이미 일부에 의해 친영 시행이 모색되면서 반친영(半親迎) 등 친영과 속례의 혼합 양상들이 혼례의 현장에서 등장했다. 그러나 다수의 사대부들은 여전히 여성의 집에서 혼례를 치르고 이후에도 여성이 친가에서 생활하는 속례를 당연하게 받아들이고 있었다. 호서지역에서 비로소 친영을 실행하기 시작했다는 이단상의 언급도 이러한 상황을 말한다. 그런데 반친영 자체가 친영의 의미를 살리지 못할 뿐만 아니라 다수의 사대부들에게 외면받게 되자 17세기에 예학 연구의 심화와 고례의 시행이 일부 사대부들에 의해 주도적으로 제기되면서 친영의 요소를 더욱 강화한 가관친영(假館親迎)이 인조대부터 등장하기 시작했다.

이단상이 두 딸의 혼례를 모두 친영의 방식으로 실행하고자 했던 모습은 당시로서는 일반적인 모습이라기보다는 일부의 소수 의견이었다. 18세기에 기록으로 확인할 수 있는 친영의 시행 사례에서도 실제적으로 반친영에 가까운 경우가 대부분이었기 때문이다.[54] 이단상이 김수항에게 가관친영을 통한 친영의 시행을 요청한 것은 당시에 가관친영이 송시열을 비롯한 호서지역 사대부들 사이에서 일부 시행되었

---

53) 『朱子家禮』 권3, 「婚禮-親迎」. "今妻家遠 要行禮 一則令妻家就近處設一處 却就彼往迎歸館行禮 一則妻家出至一處 婿卽就彼迎歸至家成禮"
54) 장병인, 「조선 중·후기 사대부의 혼례방식-新俗禮·半親迎·假館親迎의 시행을 중심으로」, 『韓國史硏究』 169집, 한국사연구회, 2015, 150~153쪽.

던 것이라는 점과 연계하여 이해할 필요가 있다.

기록으로 확인할 수 있는 가관친영의 최초 시행 사례는 인조 22년 회덕에 있는 송시열의 집에서 송시열의 딸과 윤문거(尹文擧) 아들의 혼례이다. 송시열에 의해 시작되었던 가관친영례는 이후 반세기 동안 호서지역 사대부들을 중심으로 큰 호응을 얻어 집중적으로 시행되었다.[55] 이단상 집안에서는 이단상이 세상을 떠난 이후에도 둘째 아들 이하조(李賀朝, 1664~1700)의 혼례가 가관친영의 방식으로 시행되었다.

이단상이 친영의 시행에 적극적이었던 것은 당시 한양의 사대부 가문들이 여전히 속례에 기반한 혼인을 당연한 것으로 받아들이고 있었던 상황에 대한 반성에 기인한다. 이단상의 사돈이 될 김수항의 안동김문은 당시 서인계의 핵심 가문인 동시에 오랫동안 한양에 거주했다. 이단상의 가관친영 시행 요청에 대해 김수항은 이제까지 속례로 혼인을 시행해 왔는데 갑자기 가관친영을 시행하는 것에 대한 부담을 호소했다.[56] 이러한 상황을 감안해 본다면 당시 이단상의 친영 시행 노력은 한양 사대부들 사이에서 주목되는 선구적 행동이었다.

이단상의 친영 시행은 서인의 원로인 송시열과 송준길 등 호서지역 사대부들에 의해 지지를 받았다. 특히 송시열은 이념적 당위의 측면에서 『주자가례』의 실천을 강조했기 때문에 이단상의 친영 시행에 대해 적극 찬성했다.[57] 김장생의 『가례집람』 편찬 이후 율곡학파에게 『주자가례』가 의례의 모범이 되었다.[58] 김장생과 송시열을 중심으로 『가

---

55) 장병인, 「조선중기 사대부의 혼례형태-假館親迎禮의 시행을 중심으로」, 『朝鮮時代史學報』 45권, 조선시대사학회, 2008, 236~238쪽.
56) 李端相, 『靜觀齋集』 권11, 「答金久之-乙巳」. "兄示中所謂乃反無難於行先祖之所未行云者 未知兄意何以如此也 以此見之 則雖入城行禮 亦將必從家間舊式 仍行俗禮之意也"
57) 김남이, 「17세기 사대부의 주자가례에 대한 인식과 일상에서의 예 실천: 우암 송시열의 경우를 중심으로」, 『정신문화연구』 제29권 제2호, 한국학중앙연구원, 2006, 111쪽.

례』 실행에 대한 관심이 집중되었던 관점에서 본다면 이단상의 친영 시행은 율곡학파의 『가례』 실행 논의가 한양 사대부 사회에 확산되는 계기로 이해할 수 있을 것이다.

3. 이단상의 『대학』 연구와 이이의 학문 계승

1) 가학의 배경과 『대학집람』 편찬

이단상은 비교적 짧은 삶의 이력에서 생애 후반기에 은거를 통한 학문과 후학 양성에 집중했다. 1664년 이단상은 상피로 인해 인천부사를 5개월 만에 사직한 후 광진(廣津)에 있는 사돈 이정기(李廷夔)의 집으로 가서 머물다가 다시 큰 형 이일상(李一相)의 별장이 있는 경기도 양주 동강으로 이주했다.[59] 양주에 은거하여 삶을 마감하기까지 5년 동안 이단상은 기해예송과 관련한 영남 유생 유세철(柳世哲, 1627~1681) 등의 상소를 비판하면서 윤선도와 허목의 복제 논의에 대해 지인들과 의견을 나누었다.[60] 또한 임인관(林寅觀) 등 제주에 표류했던 명나라 유민들을 청에 압송한다는 소식을 듣고 이를 극력 반대하는 논의를 송시열을 비롯한 주변 지인들에게 피력했다.[61]

은거하는 동안 이단상은 대명의리론에 기반하여 명청교체의 국제질서를 해석하기 위한 방편으로 상수학을 연구했고,[62] 성리학 연구에

---

58) 김현수, 「16세기 후반-17세기 전반 栗谷學派의 家禮註釋書 연구-『家禮註說』과 『家禮輯覽』의 공통점과 연관성을 중심으로」, 『유교사상문화연구』 제69집, 한국유교학회, 2017, 112~113쪽.
59) 李端相, 『靜觀齋集年譜』 권2, 「三十八年乙巳」.
60) 李端相, 『靜觀齋集』 권8, 「答外兄永安尉-洪公柱元-丙午」.
61) 李端相, 『靜觀齋集』 권9, 「上宋尤齋⑧」. "自聞朝家將以漢拏人送北之報 獨坐窮山 如醉如狂".

도 전념했다. 이단상은 이미 관료로 활동하던 시절부터 『심경』과 함께 『대학연의』가 군주의 학문을 진작하기 위한 핵심 서적임을 강조했다.[63] 이단상은 생애 후반기에 송시열·송준길·박세채 등과 『대학』의 격물(格物)과 물격(物格)의 뜻에 대해 집중적인 논의를 전개했다. 이단상의 제자 이징명(李徵明, 1648~1699)이 스승의 위패를 석실서원에 봉안할 것을 청하며 올린 상소문에서 스승의 학문을 격물치지로 정의했던 것은 이단상의 학문적 성취에서 『대학』이 차지하는 비중이 높다는 것을 의미한다.[64]

이단상에게 『대학』이 평생을 관통하는 학문의 대상이 되었던 바탕에는 가학의 측면이 중요하게 작용했다. 이단상의 6대조 이석형(李石亨, 1415~1477)은 『대학연의』를 1강령과 4조목 체제로 바꾸고, 여기에 『고려사』의 내용을 추가하여 『대학연의집략』을 편찬했다. 이석형은 올바른 정치란 학문에서 비롯된다는 의식과 함께 『대학연의』의 체제를 개편하고, 『고려사』에서 주요 내용을 선별하여 수록했다.[65]

이석형의 『대학연의집략』은 이후 연안이씨 관동파 구성원들에게 중요한 정치 교재로 인식되었다. 이석형의 현손이자 이단상의 조부인 이정구는 인조에게 당시 경연의 주교재로 활용되는 『대학연의』를 보조하는 참고자료로 『대학연의집략』을 추천했고,[66] 이정구의 현손 이

---

62) 우경섭, 「靜觀齋 李端相의 생애와 사상(2)-대명의리론과 상수학을 중심으로」, 『한국학연구』 제60집, 인하대학교 한국학연구소, 2021, 293~296쪽.
63) 李端相, 『靜觀齋集』 권5, 「應旨論時事疏-執義時」. "聖經賢傳之旨 孰非治心之藥石 而然其語約而義精 功簡而效博 體用俱該 始終兼備者 莫若心經一部 (중략) 臣伏聞殿下曾講大學衍義 伏未知所講者今已幾卷耶 西山眞氏一生工夫精力 盡於心經及此書"
64) 李端相, 『靜觀齋別集』 권5, 附錄, 「禮曹參議李徵明疏」. "至於李端相 則臣自少時師事 親炙而有悅於中者矣 李端相以洒落通透之姿 爲格致誠正之學 不資師承而有獨得之功"
65) 박제균, 「『大學衍義輯略』의 체제를 통해 본 조선 초기 제왕학-『대학연의』·『치평요람』 비교를 중심으로」, 『東洋古典研究』 91집, 동양고전학회, 2023, 137~150쪽.
66) 『仁祖實錄』 仁祖 12년(1634) 7월 9일.

우신(李雨臣, 1670~1744) 역시 숙종에게 경연의 교재로 『대학연의집략』을 추천했다.[67] 이처럼 이석형의 『대학연의집략』은 이단상 가문의 가학으로써 『대학』이 자리잡게 되는 단초를 열었다.

이단상의 조부 이정구는 이석형의 『대학연의집략』을 계승하는 방식으로 『대학』의 중요성을 강조했다. 이정구는 신독(愼獨)에 기반한 성의(誠意)가 국정운영의 주체인 군주에게 적용되어야 국가의 안정과 번영이 확보될 수 있음을 강조했다.[68] 그리고 성의의 토대 위에 무실(務實)을 강조하면서 현실을 능동적으로 타개해야 함을 강조했다.[69]

『대학』에 관한 이정구의 논의에서 주목되는 것은 당시 이정구가 명나라 경략 송응창(宋應昌)을 만나 『대학』을 강했던 일과 이에 대한 후대의 평가이다. 이정구는 황제국의 사신을 접대하는 제후국의 신료라는 열세의 입장에도 불구하고 조선에 양명학을 전하려는 송응창의 의도에 반하여 성리학에 대한 강한 신뢰를 표현했다.[70] 성리학에 대한 지향을 보여주는 이정구의 저술 「대학강어(大學講語)」에 대해 송시열은 다음과 같이 평가했다.

> 송어사(宋御史:宋應昌)의 군막에서 『대학』을 강독한 것을 보면, 공(李廷龜)의 학문이 한결같이 낙민(洛閩:程朱)의 학설을 주장했을 뿐 다른 것이 없음을 알 수 있다. 그러므로 송어사가 비록 육구연과 왕수인의 학설을 주장했지만, 감히 공의 논설을 배격하지 못했다. 보망장(補亡章)의 경우는 주자가 심혈을 기울여 가장 정밀한 논의를 펼친 것인데 송어사가 공의 말에

---

67) 『肅宗實錄』 肅宗 34년(1708) 5월 5일.
68) 李廷龜, 『月沙集』 권19, 「大學講語下」. '傳八章講語釋脩身'.
69) 이윤석·김준태, 「월사 이정귀의 경세론 연구」, 『儒學硏究』 제50집, 충남대학교 유학연구소, 2020, 65~67쪽.
70) 오세현, 「月沙 李廷龜의 文翰活動과 學統 意識」, 『韓國史論』 51권, 서울대학교 국사학과, 2005, 201~202쪽.

수긍하며 감히 의심하지 못했다. 그럼에도 송어사가 끝내 육상산의 학설에서 벗어나지 못한 것은, 다만 주자가 경일장의 '친(親)'자를 '신(新)'자로 고친 것을 못마땅하게 여겼기 때문이니, 공의 학문이 정당하여 이단에 흔들리지 않았음이 어떠한가.[71]

송시열은 송응창이 양명학을 추종하게 된 원인을 주희가『대학장구』의 경문에서 '친민(親民)'을 '신민(新民)'으로 바꾸었기 때문이라고 판단했다.『대학』의 신민설과 친민설은 주희와 왕수인의 견해가 첨예하게 구별되는 주제인데,[72] 송시열은 송응창의 양명학 지지를 신민과 친민의 기준으로 파악한 것이다. 그리고 이정구가 명나라 문인의 양명학 전수 의도에 맞서 성리학에 대한 존숭을 굽히지 않은 것에 대해 높이 평가했다.

위와 같은 송시열의 평가에서 주목되는 것은 성리학과 관련한 이정구의 학문을 대표하는 주제가『대학』이었다는 점이다. 송시열의 언급처럼『대학장구』의「보망장」은『대학』의 가치를 재평가했던 주자의 핵심 논의가 반영된 부분인데, 이정구가 송응창에게 강론했던『대학』의 내용 중에서 양명학자 송응창이 수긍할 수 밖에 없었던 지점이 바로 그「보망장」이었다는 지적이다. 이것은 주희의『대학장구』에 대한 이정구의 존신을 의미하는 동시에 이단상의 선배이자 학문적 동지였던 송시열이 이단상의 조부를 이단에 흔들리지 않았던 성리학자의 모범으로 평가할 때『대학』에 대한 연구가 근거로 작용했음을 의미한다.

---

[71] 宋時烈,『宋子大全』권139,「月沙集序」. "觀於宋御史幕中大學講語 可見公之學問 而其學一主於洛閩而靡他也 故御史雖主象山陽明 而於公之論說 不敢剖擊 至於補亡之章 朱子實用廉頗趙卒 而御史亦且肯從公說 不敢疑貳 而其終不回頭者 惟經一章改親爲新而已 然則公之學之正而不撓奪於異端者如何也"

[72] 최정묵,「『대학』해석의 상이성 지닌 의미 고찰」,『동서철학연구』제99호, 한국동서철학회, 2021, 102~104쪽.

이단상은 이와 같은 가학적 배경을 토대로 성학을 위한 지침으로
『대학』의 가치를 강조했다.

> 신의 6대조 연성부원군 이석형(李石亨)이『대학연의집략』을 지었는데,
> 이 책은 서산(西山:陳德秀)의 본서(本書:『大學衍義』)를 상당 부분 산절(刪節)하고 각 조목의 끝부분마다 우리 동방 고려 여러 왕의 일 중에서 군주에게
> 권선징악이 될 만한 사안을 첨가했으니, 우리나라 일이라서 귀감이 되는
> 것이 더욱 긴요합니다. 신의 생각으로는 『대학연의』는 그대로 본서를 진강
> 하고,『대학연의집략』에서 보완해 넣은 고려의 역사를 유신(儒臣)으로 하여
> 금 따로 뽑아내어 1책으로 만들거나 혹은 본서의 각 조목 끝에 첨가해 써넣도
> 록 하여 계속하여 강독할 거리로 삼는다면, 전조(前朝)의 흥망치란의 연유를
> 이해할 수 있고 오늘날에 귀감이 되는 것도 더욱 긴요할 듯싶습니다.[73]

이단상은 효종의 경연에서 『대학연의』와 함께 이석형이 편찬한
『대학연의집략』 강독을 추천했다. 추천의 이유로는 『대학』과 『대학
연의』를 기본교재로 하면서도 『대학연의집략』을 통해 고려의 역대 사
실들을 살필 수 있다는 이점을 언급했다. 또한 이정구의 「대학강어」
역시 훗날 이단상이 『대학』의 격물치지 논변을 정리하는 과정에서 함
께 기록되었다.[74]

『대학』에 관한 이단상의 연구는 『대학집람』 편찬을 통해 일차적으
로 정리되었다. 이단상의 『대학집람』은 실물이 현존하지 않기 때문에

---

73) 李端相,『靜觀齋集』권5,「應旨論時事疏-執義時」. "臣之六代祖臣延城府院君石亨 亦
有衍義輯略 其書頗刪節西山本書 每於各條之末 添補我東高麗諸君之事可爲人主之勸
懲者 我國之事鑑戒尤切 愚臣妄意 竊以爲大學衍義 則仍以本書進講 而輯略中東史補
入者 則令儒臣別爲抄出 或作爲一冊 或添書於本書各條之末 以爲仍賜繼講之地 則前
朝治亂興亡之由 可以領略 而其爲今日之鑑 似益親切矣"

74) 李端相,『靜觀齋集』권8,「上宋同春⑧」.

그 구체적인 내용을 확인할 수 없지만, 이언적과 이전인(李全仁)의 문답을 기록한 『관서문답록(關西問答錄)』에 대해 이단상이 지은 발문을 통해 그 대체적인 내용과 구성을 짐작할 수 있다.[75]

우선, 『대학집람』은 상·하 2편으로 구성되었고, 상편에는 『예기』 원본과 이정(二程:程顥·程頤) 및 주자의 개정본, 동괴(董槐)·황진(黃震)·채청(蔡淸) 등 여러 선유의 개정 논의와 마지막에 이언적의 『대학장구보유』를 수록했다. 하편에는 왕백(王柏)·송렴(宋濂)·방효유(方孝孺)·도목(都穆)·나흠순(羅欽順)·왕수인(王守仁)을 비롯하여 권근·이황·노수신·이이와 이정구 등의 격물치지 논의, 그리고 마지막에 장현광의 「회재선생보유도(晦齋先生補遺圖)」를 수록했다.[76]

이단상은 『대학집람』이 개인적 차원에서 편집한 것이라는 점을 언급하며 주변에 내어 보이지 않는다고 했다. 또한 『대학집람』의 대체적인 구성을 보면 이단상 개인의 독창적인 논설을 제시하는 것이 아니라 『대학』의 개정본이 등장한 역사와 격물치지에 대한 역대 선유들의 논변을 수집하고 정리한 것이다. 이를 통해 본다면 이단상의 『대학집람』은 '『대학』 해석의 역사서'라고 할 수 있을 듯하다.

이단상이 『대학집람』을 주위에 내어보이지 않는다고 했지만, 반드시 그렇지는 않은 듯하다. 이단상의 『대학집람』을 살펴본 인물 중에 송준길이 있다. 이단상은 『대학』에 대한 본격적 연구를 진행하던 1665년 무렵부터 송준길에게 격물치지에 대한 자신의 의견을 서신으로 전

---

75) 『관서문답록』은 양재역벽서 사건에 연루된 이언적이 평안북도 江界에서 유배 생활을 할 때 아들 이전인이 시봉하면서 수기와 강학에 대해 주고 받은 이야기를 기록한 것이다. 『관서문답록』과 여기에 수록된 이단상의 발문은 이언적의 親子(李全仁) 계열 玉山派와 養子(李應仁) 계열 嫡派 사이의 대립 과정에서 옥산파의 입지를 강화하기 위한 근거로 활용되었다. 金建佑, 「『관서문답록』의 간행과정과 훼판시비」, 『藏書閣』 14집, 한국학중앙연구원, 2005, 6~15쪽.
76) 李端相, 『靜觀齋集』 권14, 「關西問答錄跋」.

달했다.[77] 그리고 송준길은 이단상의 『대학집람』 편찬 소식을 듣고, 초고본 형태의 『대학집람』을 인편으로 받아보기도 했다.[78]

이단상의 『대학집람』에 주목한 인물은 최석정(崔錫鼎, 1646~1715)이었다. 최석정은 학문에 뜻을 둔 사람에게 무엇보다 필요한 것은 『대학』 공부이고, 『대학』을 공부하기 위해서는 반드시 주자의 『대학장구』를 기준으로 삼아야 한다고 했다. 그런데 주자의 『대학장구』에 대해 후대의 학자들이 다양한 논의를 제기했고, 그중에 가장 부정적인 사례로 군주의 공부 순서를 뒤바꾸고 변환하여 후학들에게 나쁜 영향을 끼친 인물로 왕수인을 거론했다. 그리고 이러한 전개 과정 속에서 이단상의 『대학집람』이 중요하다며 다음과 같이 언급했다.

> 선유의 정론이 이미 있음에도 불구하고 후학들이 때로 새로운 논의를 제기하여 양명(陽明:王守仁) 같은 이는 장차 성학 공부의 순서를 뒤바꾸고 변환하여 후학을 그르치게 함이 많았다. 『대학』에 대한 논의가 진행되는 형세를 알고자 한다면 반드시 여러 대가의 동이를 모두 살피고 『대학장구』와 절충해야만 독학의 고루함을 면할 수 있고 일관의 기약을 믿을 수 있다. 지금 고 부제학 이단상의 『대학집람』을 보면 또한 『대학』에 공이 있다고 할 수 있다. 책은 2편으로 되었는데, 상편에서는 여러 대가의 같고 다름을 고정(考定)하여 수록했고, 하편에서는 고금의 여러 유자들이 논변한 설들을 수집하여 책을 이루었다. 아, 정관공(이단상)의 용지(用志)의 독실함을 이것을 보면 또한 알 수 있다.[79]

---

77) 李端相, 『靜觀齋集』 권8, 「上宋同春⑥」.
78) 李端相, 『靜觀齋集』 권8, 「上宋同春⑧」.
79) 崔錫鼎, 『明谷集』 권12, 「大學集覽跋-癸丑說書時」. "然先儒旣有定論 而後學或生新義 至於陽明子 則將聖學工夫次第 顚倒而變幻之 其誤後學多矣 欲識大學之歸趣者 必須盡諸家之同異 折衷於紫陽之章句 方可以免夫獨學之陋 而信夫一貫之約 今觀故副學靜觀李公所爲集覽 亦可謂有功於大學者矣 書凡二編 上編載諸家考定同異 下編裒

1673년 이 글을 작성한 최석정은 당시 세자시강원의 설서로 재직하고 있었다. 서연(書筵)에 참여해『대학』을 강론하기 위한 사전 준비를 하던 최석정은 세자의 질문에 대비하고『대학』을 공부하는 바탕으로서 관련 자료들에 대한 철저한 조사를 진행하고 있었다. 그 과정에서 최석정은 어떠한 경로로 이단상의『대학집람』을 열람하게 되었고,『대학집람』이『대학』과『대학장구』에 대한 역대 논변을 어느 서적보다 충실하게 정리하고 있음에 탄복했다. 그래서 최석정은 이단상의『대학집람』을 별도로 1부 필사하여 자신이 근무하던 세자시강원에 비치해 두고 자신은 물론 이후 서연에 참여하는 세자시강원 관료들을 위한 참고도서로 삼았다.

이상에서 살펴본 바와 같이 이단상은 가학의 배경을 토대로『대학』의 중요성을 강조하고,『대학』연구에 집중했다. 그와 같은 이단상의『대학』에 대한 관심과 연구의 결과로 등장한『대학집람』은 비록 이단상의 독창적인『대학』해석이나 주장이 제시되지 않았지만 역대『대학』에 대한 논의들을 총정리하는 작업의 결과였다. 이와 같은 이단상의『대학』에 대한 관심은『대학』의 핵심 논의인 격물치지 논의 과정에서 이이의 학문을 계승하는 모습으로 표현되었다.

2) 격물치지(格物致知) 논의와 이이의 학문 계승

주희는 북송대까지 철학계의 주류를 차지했던 노장과 불교에 대응하기 위해 노장과 불교에서 문제의식을 차용하고 유학의 고전을 재해석하는 방식으로 성리학의 체계를 정립했다. 그 과정에서 주희가 주목했던 것이 바로『대학』이고,『대학장구』의「보망장」은 상대적으로 열세에 처했던 유학의 인식론을 보강하려는 주희의 노력이 핵심적으로

輯古今諸儒論辨之說以成書 噫 靜觀公用志之篤 觀此亦可以知矣"

반영된 결과였다.[80]

　유학의 인식론을 보강하려는 주희의 노력에는 유학 고전의 체제에 대한 과감하고 자의적인 해석이 가미되었다는 점에서 논란의 여지가 있었고, 『대학장구』 편집 이후 그 핵심 내용인 격물치지에 관한 내용을 수록한 「보망장」에 대한 찬반 논의가 후대 학자들에 의해 전개되었다. 중국에서는 남송 말 주자의 재전문인 동괴, 삼전문인 왕백, 왕백의 문인 차약수(車若水), 승상 섭몽정(葉夢鼎) 등에 의해 보망장이 부정되었고,[81] 조선에서도 16세기에 이언적에 의해 『대학장구』에 대한 개정 논의가 제기되었다.[82]

　주희의 『대학장구』에 대한 논의가 지속되었던 배경에는 『대학』의 핵심 논의인 격물치지가 공부론인 동시에 인식론의 토대가 되었던 점이 있다. '격물궁리(格物窮理)'는 외부 사물의 '리(理)'를 이해함으로써 나의 '마음'과 사물의 '이치'의 근원적 동질성을 인식하는 공부이다. 이때 격물의 대상인 '사물(物)'은 주로 효제와 충신 같은 도덕과 윤리를 의미하지만, 동시에 천지와 초목 등을 포함한 인식 주체의 외부 사물 전반을 뜻한다. 그러므로 『대학』에서 언급하는 격물은 현실에서 나와 별개의 존재인 '사물'에 나아가는 활동(공부)이 전제되어 있고, 이에 따라 격물치지는 도덕 수양과 실천의 의미인 동시에 세상에 대한 인식론적 의미를 내포했다.[83]

　주희의 공부론과 인식론을 대변하는 격물치지에 관해 진행되었던 조선시대 문인들의 논의는 크게 두 가지로 방향으로 진행되었다. 첫째

---

80) 전호근, 『대학 강의』, 동녘, 2017, 148~149쪽.
81) 최석기, 『조선시대 『대학장구』 개정과 그에 대한 논변』, 보고사, 2011, 124~231쪽.
82) 李東熙, 「李彦迪의 朱子 『大學章句』에 대한 비판적 연구」, 『儒敎思想硏究』 제34집, 2008.
83) 한국사상사연구회, 『조선 유학의 개념들』, 예문서원, 2011, 351쪽.

는 한문에 한글 조사를 붙이는 현토 문제, 둘째는 격물의 공효에 해당하는 물격의 해석에 대한 논의가 쟁점이 되었다.[84] 이단상은 이 두 가지 문제에 대해 논의를 전개했다.

먼저, 물격에 관한 현토 문제에 대해 이단상은 "물(物)-이(伊)- 격(格)해졌다."라고 하면 문장의 형세와 말의 뜻이 모두 순탄해진다고 했다. 그러면서 그 구절의 아래 각주에 "물리지극처(物理之極處)"의 현토 역시 "물리지극처-가[伊]- 이르지 않음이 없다[無不到者]"로 할 것을 주장했다.[85] 이단상의 물격 해석 현토 문제는 조선의 성리학계에서 주자의 『대학장구』 「보망장」에 대한 해석의 역사와 관련해 이해할 필요가 있다. 그 이유는 주자가 격물치지를 강조하는 과정에서 격물을 사물에 나아가 이치를 궁구하는 것으로 해석하면서, 격물은 성리학 공부론의 핵심 명제가 되었기 때문이다. 특히 조선의 학인들에게 현토를 통한 독법의 문제와 함께 격물 그 자체보다는 물격이 논의의 핵심 주제로 부상했기 때문이다.[86]

주자는 「보망장」의 서두에서 격물을 '사물에 나아가 그 이치를 궁구하는 것[卽物而窮其理]'이라고 정의했다. 그리고 『대학』 경문의 '사물의 이치가 이른 후에 앎이 지극하고, 앎이 지극한 후에 생각이 진실해진다.[物格而后知至 知至而后誠意]'라는 구절의 물격을 '사물 이치의 지극한 곳이 이르지 않음이 없다.[物理之極處無不到也]'라고 해석했다.[87] 그런데 주희의 격물 이해에 대해 이황은 도덕법칙에 대한 철저한 궁리로 이해했다.[88]

---

84) 이원준, 「少論系 학인 간 格物 논변의 배경과 방향」, 『한국철학논집』 제73집, 한국철학사연구회, 2022, 93쪽.
85) 李端相, 『靜觀齋集』 권9, 「答宋尤齋④」.
86) 이원준, 「少論系 학인 간 格物 논변의 배경과 방향」, 『한국철학논집』 제73집, 한국철학사연구회, 2022, 93쪽.
87) 『大學章句』, "物格者 物理之極處無不到也"

이 문제와 관련해 이이는 사마광의 궁리 논의를 '격(格)' 자 독법의 측면에서 비판하는 편지를 이황에게 보냈다. 이이는 사마광이 '옳은 것을 배운다.'라고 한 것에 관해 이황에게 질문하며 리(理)는 옳지 않은 것이 없는데 옳은 것을 배운다고 한다면 이것은 궁리가 일부에 대한 취사선택이 된다고 했다.[88] 이이의 질문에 대해 이황은 철저한 도덕수양의 측면에서 격물 공부의 요체를 옳은 것을 터득하는 것이라고 이해하며 이이의 주장보다 사마광의 견해에 힘을 싣는 모습을 보였다.[90] 사마광의 궁리[格物]에 대해 이황과 이이의 평가가 이처럼 달라진 것은 두 사람의 이기론의 차이가 근본에 있다고 할 수 있다.[91]

이황은 격물과 격물의 공효인 물격에 대한 현토를 각각 '물(物)-을- 격(格)함에'와 '물(物)- 에- 격(格)한'으로 규정했다. 이황은 물격의 현토를 '에'로 한 이유에 대해 현실 세계에서의 사물을 중심으로 말하는 경우 리(理)에 피차의 구별이 발생할 수밖에 없기 때문이라고 했다.[92] 이러한 이황의 현토에 대해 이단상은 반대의 입장을 표현했다.

퇴계 선생이 「답정자중서(答鄭子中書)」에서 격물(物格)의 뜻을 풀이하면서 "물(物)-에[厓]- 격(格)- 한[爲隱]-"이라고 하셨습니다. 이와 같이 해석한다면 실로 리(理)와 내가 둘이 되는 혐의가 없지 않습니다. 사사물물에 있는 리는 곧 나의 마음이 갖추고 있는 리인데 지금 "물-에[厓]- 격한다."라

---

88) 이원준, 「退溪 李滉의 格物·物格 讀法과 退溪學派의 계승·변용」, 성균관대학교 일반대학원 박사학위논문, 2020, 27쪽.
89) 李珥, 『栗谷全書』 권9, 「上退溪先生別紙附答書 戊午」.
90) 李滉, 『退溪集』 권14, 「答李叔獻 戊午」.
91) 이황이 주체적이고 도덕적인 수양의 관점에서 옳은 것을 배우는 것을 궁리로 이해했다면, 이이는 理가 인식 주체의 외재적 자연에서 실현되는 측면에 주목한 차이가 결국 사마광의 격물설에 대한 판단의 차이를 불러왔다. 이광호, 『퇴계와 율곡, 생각을 다투다』, 홍익출판사, 2013, 66~67쪽.
92) 李滉, 『退溪集』 권26, 「格物物格俗說辯疑-答鄭子中」.

고 한다면, 이것은 리와 둘로 분리되는 것이 아니고 무엇이겠습니까. 공효를 말한 대목의 주에서 "극처"의 토를 만약 "-에[厓]-"로 한다면 공부하고 힘쓰는 일에 관계되지 않는다고 할 수 없습니다.[93]

이단상은 이황의 견해에 대해 두 가지 의문을 제기했다. 첫째는 이황이 기대승과의 논변을 통해 자신의 물격설을 최종 정리하여 정립한 이도설(理到說)에서 언급했던 '거의 리를 죽은 것(死物)으로 잘못 이해했다.'라는 정의에 대한 비판이다. 즉, '이치를 궁구한다면 리는 스스로 발현하여 나에게 와 닿는 살아 있는 것[活物]'이 된다는 이황의 논설은 결국 사물의 리와 심의 리를 별개의 것으로 구분하는 문제가 있다고 지적한 것이다. 둘째는 만일 이황처럼 물리의 극처에 대한 현토를 주격인 '~가'로 하지 않고 '~에'로 하는 것에 대한 의문이다. 이와 관련하여 이단상은 주희가 『대학』 경일장의 주석에서 '물격은 물리의 극처가 이르지 않음이 없는 것이다.[物格者 物理之極處無不到也]'라고 한 것을 인용하여 이황의 논의에 반대를 표했다.

이황의 물격에 대한 현토를 비판한 이단상은 이언적의 현토에 대해서도 의문을 제기했다. 이단상은 이어지는 글에서 이언적이 공부와 공효에 관해 '극처'에 대해 '에[厓]'로 현토하여 '마음이 극처에 이른다.', '내가 극처에 이른다.'라고 한 것은 모두 주희의 본의를 잃은 것이라고 지적했다.[94]

물격의 현토에 대해 이언적과 이황의 견해에 의문을 제시했던 이단

---

93) 李端相, 『靜觀齋集』 권9, 「答宋尤齋④」. "退溪先生答鄭子中書中 釋物格曰 '厓 格 爲隱' 云云 若如此釋之 則誠不無理與我爲二之嫌 事事物物之理 卽吾心所具之理 而今曰 '物 厓 格' 則非興理 爲二而何 功效註極處吐 若云 '厓' 則不可謂不涉工夫着力也"
94) 李端相, 『靜觀齋集』 권9, 「答宋尤齋④」. "晦齋先生之工夫功效註兩極處之吐 必欲皆曰'厓' 而其所謂心到極處我到極處云者 果亦皆不失先生之本意否也"

상의 논의는 주희의 『대학장구』「보망장」에 대한 존신의 관점에서 이해할 필요가 있다. 이단상은 이황의 현토와 주희의 「보망장」에 대한 해석의 현토가 다르다는 점을 지적했다. 이 글에서 이단상은 이황의 현토를 '이 물격의 설은 다만 저 사물의 리의 극처-에[厓]- 이르지 않음이 없음을 말한 것.'이라고 정의했다. 그렇게 된다면 이황의 현토가 앞뒤의 여러 곳에서 해석과 토가 서로 같지 않으니, 그 부분의 어의가 곡절이 많다 해도 끝내 명쾌하지 못하다고 지적했다.[95] 물격의 현토에 대한 이단상의 논의는 이언적·이황의 현토가 기반하고 있는 이기론 및 『대학』에 대한 인식을 비판한 이이의 관점과 동일한 맥락에 있음이 주목된다.[96] 이것은 두 번째 논의 주제인 격물의 공효에 해당하는 물격의 해석 문제에서 더욱 명확하게 확인된다.

이단상은 물격의 해석과 관련한 논의를 전개하며 격물과 물격의 관계를 길과 길을 가는 사람에 비유했다.

'격물(格物)'의 '격(格)'은 사람의 마음으로 물리의 극처를 궁구하는 것이고, '물격(物格)'의 '격(格)'은 물리가 사람이 궁구하는 것으로 인하여 각기 그 극처에 이른 것입니다. 격물은 길을 걸어간다고 말하는 것과 같고, 물격은 길이 끝 지점에 도달했다고 말하는 것과 같으며, 지지(知至)는 걸음이 멈추었다고 말하는 것과 같습니다. 길은 반드시 걸어갈 수 있고, 걷는 것은 반드시 길로써 하며, 리는 반드시 궁구할 수 있고, 궁구하는 것은 반드시 리로써 합니다. 길인데 걸어가지 않고, 리인데 궁구하지 않으면, 길과 리는 체는

---

95) 李端相, 『靜觀齋集』 권9, 「答宋尤齋④」. "此時退溪先生之意 謂此物格之說 只是說那事物之理之極處 厓 無不到云爾 而前後數處所釋及吐 互相不同 其間語意 雖多曲折 而終未能洒然"
96) 이원석, 「『大學』의 주요 개념에 대한 李彦迪과 李珥의 해석 비교-'격물치지'와 '인'에 대한 해석을 중심으로」, 『유교사상문화연구』 제75집, 한국유교학회, 2019, 18~24쪽.

있지만 용이 없게 됩니다. 길은 반드시 걸어가고, 걸어가는 것은 길로써 하며, 리는 반드시 궁구하고, 궁구하는 것은 리로써 하여 서로 필요하여 하나도 없을 수 없게 된 연후에야 길과 리의 체용이 완전함을 볼 수 있습니다.[97]

격물과 물격의 관계를 사람이 길을 걸어가는 것으로 비유한 이단상의 논의는 기본적으로 이이가 어두운 방에서 불을 켜고 사물을 찾아가는 것에 비유한 것과 논리적 구조가 유사하다. 이이는 격물과 물격을 '어두운 방 안에서 시렁 위의 책, 횃대 위의 옷, 벽 아래의 상자를 찾아가는 것'으로 비유했다.[98] 그러면서 '리는 본래 지극한 곳에 있으니, 사물의 리를 궁구한 후에야 비로소 지극한 곳에 이르는 것이 아니고, 리가 스스로 지극한 곳에 이를 줄 아는 것도 아니며, 오직 나의 앎에 밝음과 어둠이 있는 까닭에 리가 이르고 이르지 못함이 있는 것'이라고 정의했다.

이단상은 마음의 체가 리를 갖추고 있고, 오직 리에 대해 궁구하지 못함이 있기에 지(知)가 극진하지 못함이 있는 것이라며 길이 있는데도 사람이 걸어가지 않으면 길은 그대로 길이고 사람은 그대로 사람이기에 길과 사람이 아무 상관이 없게 되는 것임을 강조했다. 그러면서 '리는 극처에 절로 도달할 수 있는 것이 아니고, 나의 지(知)가 밝고 어두운 차이가 있기에 리가 이르고 이르지 못함이 있게 되는 것' 이라는 이이의 언급을 논거로 제시했다.[99]

---

97) 李端相,『靜觀齋集』권9,「答宋尤齋④」. "蓋格物之格者 以人心而窮物理之極者也 物格之格者 物理因人之格而各詣其極也 格物者 猶言行其路也 物格者 猶言路到其窮處也 知至者 猶言行之止也 蓋路必可行 行必以路 理必可格 格必以理 路而不行 理而不格 則其路與理 有體無用 必也路必行 行以路 理必格 格以理 互與之相須 不可闕二 然後可見路與理體用之全矣"
98) 金長生,『沙溪全書』권11,「經書辨疑」'大學 經1章'.
99) 李端相,『靜觀齋集』권9,「答宋尤齋④」. "物格知至 只是一事 以物理言之 謂之物格

또한 이단상은 '물격과 지지(知至)는 다만 한 가지 일이지만, 물리로써 말하면 물격이라 하니 사물의 리가 각기 그 극처에 이른 것을 말하고, 나의 마음으로써 말한다면 지지라 하니 나의 마음이 그 이름에 따라 극진하지 않음이 없음을 말한다.'라고 한 이이의 논설을 기반으로 격물과 격물의 공효에 해당하는 물격의 관계를 이해했다. 그러면서 이이의 『성학집요』에 등장하는 주석의 뜻이 이미 지극히 명백하고, 김장생의 『경서변의』에서 이이와 김장생이 주고받은 문답의 말이 상세하기 때문에 이이와 김장생의 격물·물격설을 토대로 『대학』의 격물치지를 이해한다면 주자의 본의를 잃지 않을 수 있음을 강조했다.[100]

이단상의 격물치지 논의는 율곡학파의 논지를 강화하는 동시에 이황의 논의에 대한 의문과 수정으로 진행되었다.

> 물격(物格)에 관한 설은 퇴도(退陶:李滉)께서 말씀하신 것이 비록 율곡(李珥)이 해설하신 것과 서로 크게 차이가 나지는 않습니다. 그러나 퇴도가 이미 이르기를 '먼저 리가 스스로 이를 수 있는 까닭을 찾아보았다.'라고 하고, 또 "이가 스스로 이르지 못할까 걱정할 것이 없다."라고 하고, 또 "묘용이 능히 드러나서 행해진다."라고 하며, 또 이르기를 "거의 사물(死物)로 인식한 듯하였다."라고 했습니다. 이 몇 가지 말씀을 가지고 본다면, 마치 '리가 스스로 능히 운용하여 그 극처에 이르는 것이다.'라고 말하는 것과 같으니, 이는 율곡 선생이 해설한 '리가 스스로 극처에 이를 줄 아는 것이 아니라, 사람의 앎이 밝음과 어두움이 있기 때문에 리가 이르거나 이르지 못함이 있는 것이다.'라는 말씀과 『성학집요』의 소주의 말씀이 분명한 것만 못합니다. 따라서 장차 이로써 고치고자 합니다.[101]

以吾心言之 謂之知至 非二事也"
100) 李端相, 『靜觀齋續集』 권6, 「附或人書」.
101) 李端相, 『靜觀齋集』 권12, 「答朴和叔」. "物格說 退陶云云 雖與栗谷所解 似不相遠

이단상의 격물·물격설에서 주목되는 지점은 이단상의 학문적 입장이 율곡학파의 수장 송시열, 그리고 이후 노소분기의 과정에서 소론의 학문적 입지에 상당히 호응한 박세채 등과의 논변을 통해 형성되었다는 점이다. 이 과정에서 이단상은 이황과 이이의 논의가 결국 두 사람의 이기론 차이에서 기원하고 있음을 지적했고, 이단상은 이이의 학문에 대한 명백한 계승을 표현했다.

이단상과 격물 논변에 대한 의견을 가장 빈번하게 주고받았던 송시열은 이와 같은 이단상의 『대학』 연구에 대해 다음과 같이 평가했다.

> 나는 공과 만년에 지기가 되어 거의 모든 일에 대해 남김없이 편지를 주고받으며 논변하였다. 일찍이 물격과 지지의 설에 대해 논의했는데, 율곡 선생의 설과 은근히 부합하였다. 나는 그 식견이 밝고 이치가 정밀한 것에 깊이 감복하여 오랜 시간 동안 절차탁마하면 어리석은 나를 계발시킬 것이 많으리라 여겼는데 갑자기 나보다 먼저 세상을 떠났다.[102]

이단상에게 송시열은 누구보다 학문과 정치에 관해 많은 의견을 주고받았던 인물이다. 비록 송준길에 비해 교유를 시작한 시기는 상대적으로 늦었지만, 주요한 정치적 사안이나 학문적 논의에 관해 이단상이 가장 많은 의견을 구하고 제안했던 인물이 송시열이다. 송시열 역시 비록 나이가 적은 후배임에도 불구하고 이단상을 지기로 허여하고 매

而然旣曰先尋簡理之所以能自到 又曰不患理不能自到 又曰妙用能顯行 又曰殆若認爲死物 以此數語觀之 則有若謂物理自能運用到其極處也 終不若栗谷先生所解 理非自解到極處 人之知有明暗 故理有至未至之語及聖學輯要小註之語分明 故將欲以此改之耳"

102) 李端相, 『靜觀齋別集』 권4, 附錄, 「聯珠集附錄-尤齋先生」. "余與公晚相爲知己友 往復論辨 殆無所遺 嘗論物格知至之說 暗合於栗谷先生 余深服其識明而理精 意謂長時切磋 開發於蒙陋者 多矣 奄忽先我而逝"

사에 남김없이 의견을 주고받았다. 송시열은 이황과 기대승이 격물과 물격에 관해 주고받은 논의에 대해 이단상에게 의견을 구하는 등 이단상을 학문적 자문의 대상으로 여겼다.[103] 또한 송시열은 자신이 낭패를 당할 때마다 항상 도왔던 인물로 이단상을 추억했다.[104]

이상에서 살펴보았던 이단상의 『대학』 연구와 격물·물격에 관한 논의는 이단상의 학문과 사상이 형성되어 나가는 과정을 보여주는 동시에 그 지향점을 말해준다. 이단상이 비록 『대학집람』을 통해 새로운 학설을 주장하거나 당대의 논의와 다른 특정 의견을 제시하지는 않았지만, 『대학』의 격물치지에 대한 논의 과정에서 이황과의 비교를 통해 이이의 학문적 정당성을 강조했다. 이것은 집권 서인이 학문적 정당성을 강화해 나가는 과정에서 송시열과의 공조를 통해 보여준 이론가로서 이단상의 활동이라는 의미를 부여할 수 있을 것이다.

4. 기호학자로서 이단상의 면모

이단상이 살았던 17세기 조선 사회에서는 대동법의 시행과 부세제도의 개혁, 예학의 발달과 붕당정치의 전개가 진행되었다. 사회경제적 변화와 개혁, 학문과 정치사상의 심화라는 역사적 변혁기에 활동했던 이단상은 조선 사회가 필요로 하는 시대적 요구에 부응하며 관료와 학자로서의 삶을 살았다.

---

103) 송시열은 『대학』의 격물치지가 학자의 최초 공부처이기에 이에 대한 주자의 논의를 읽어서 조금 이해가 되었지만, 이황의 논의를 읽으면서 혼란이 와서 이해하기 어렵다고 하소연했다. 그러면서 이단상에 이에 관한 자세한 설명을 요청했다. 宋時烈, 『宋子大全』 권64, [與李幼能-戊申正月二十四日].
104) 宋時烈, 『宋子大全』 권170, [靜觀齋李公神道碑銘-并序].

이단상은 왕실과 지방 토호들에 의한 백성 침탈, 방납의 폐단을 개혁하기 위한 대동법의 시행 등 각종 사회경제적 변화와 개혁이 시행되는 과정에서 백성들의 이해 관계를 비롯하여 다양한 여론 청취에 귀를 기울였다. 그리고 군주와 사대부들의 수신 및 솔선을 강조했다. 특히『주자가례』의 실천이라는 의례의 변화에 관해 사대부가 모범을 보여야 함을 강조했다.

　『대학』과 관련한 가학적 배경을 지녔던 이단상은 역대 선유들의 논의를 종합한 『대학집람』을 편찬했다. 비록 자신의 독창적인 견해를 제시하지 않았지만, 이단상의 『대학집람』은 『대학』과 관련한 논의들을 총정리하여 후학들의 공부가 흔들리지 않도록 하는 기반의 역할을 했다는 평가를 받았다. 송시열·박세채 등과 격물치지에 관한 열띤 논의를 전개한 이단상은 이황과 이이의 이기론 차이에 기반한 공부론과 인식론의 입장에서 격물치지의 논변을 이해했고, 이이의 학문적 성과와 그 정당성을 강화하는 것에 일조했다.

　학계의 선행 연구들은 대부분 조선 후기 사상사의 전체 맥락 속에서 송시열이 중심이 되었던 기호학파와의 차별점이라는 관점에서 이단상을 부분적으로만 언급했다. 이단상의 문집과 그의 활동 이력을 구체적으로 살펴보면 기호학파 구성원으로서의 모습이 대부분을 차지함을 명확하게 알 수 있다. 물론 그의 상수학 연구가 당대 기호학파 지식인들과의 차별적 모습으로 인식될 수 있음은 사실이지만 그러한 상수학풍이 이단상 학문의 전체를 대변하는 것은 아니다. 오히려 기해예송과 공의사의 논쟁에서 확인되는 것처럼 이단상의 학문적·정치적 지향은 명백하게 송시열을 비롯한 서인과 함께 하고 있다.

• 참고문헌

『朝鮮王朝實錄』.
『國朝五禮儀』.
『大學章句』.
『栗谷牛溪二先生年譜』.
『明谷集』.
『沙溪全書』.
『宋子大全』.
『月沙集』.
『栗谷全書』.
『靜觀齋集』.
『朱子家禮』.
『退溪集』.

金建佑,「『관서문답록』의 간행과정과 훼판시비」,『藏書閣』14집, 한국학중앙연구원, 2005.

김기림,「19세기 혼인 습속에 대한 고찰 -친영례 및 '친영적 의식' 중심으로-」,『한국고전여성문학연구』26호, 한국고전여성문학회, 2013.

김남이,「17세기 사대부의 주자가례에 대한 인식과 일상에서의 예 실천: 우암 송시열의 경우를 중심으로」,『정신문화연구』제29권 제2호, 한국학중앙연구원, 2006.

김덕진,『대기근, 조선을 뒤덮다』, 푸른역사, 2008.

김석우,『자연재해와 유교국가』, 일조각, 2006.

김종태,「왕실 우애의 표상, 석양루(夕陽樓)의 성쇠」,『문헌과 해석』제70호, 2015.

김철배,「조선 후기 전라도 蝟島鎭·格浦鎭 설치와 관방체제 변화」,『전북사학』제69호, 전북사학회, 2023.

김태완,『율곡문답』, 역사비평사, 2008.

김현수,「16세기 후반-17세기 전반 栗谷學派의 家禮註釋書 연구 -『家禮註說』과 『家禮輯覽』의 공통점과 연관성을 중심으로」,『유교사상문화연구』제69집, 한국유교학회, 2017.

李東熙,「李彦迪의 朱子『大學章句』에 대한 비판적 연구」,『儒敎思想研究』제34집, 2008.

李泰鎭,「小氷期(1500-1750)의 天體 現象的 원인」,『국사관논총』제72집, 국사편찬위원회, 1996.

문광균,「조선후기 홍주지역 세곡운송과 船價, 後卜 대책」,『朝鮮時代史學報』75집,

조선시대사학회, 2015.
박제균,「『大學衍義輯略』의 체제를 통해 본 조선 초기 제왕학 －『대학연의』·『치평요람』 비교를 중심으로」,『東洋古典硏究』 91집, 동양고전학회, 2023.
송기중,「균역법 실시 이후 통영곡 운영의 변화」,『한국문화』 66, 서울대학교 규장각한국학연구원, 2014.
송양섭,「효종의 북벌구상과 군비증강책」,『한국인물사연구』 제7호, 한국인물사연구회, 2007.
오세현,「月沙 李廷龜(1564-1635)의 文翰活動과 學統 意識」,『韓國史論』 51권, 서울대학교 국사학과, 2005.
오세현,「조선 후기 한양 동부(東部) 관동(館洞)의 연안이씨(延安李氏) 관동파(館洞派)」,『서울학연구』 61호, 서울시립대학교 서울학연구소, 2015.
오세현,『文章, 조선을 경륜하다』, 나녹출판사, 2018.
우경섭,「인천 鶴山書院과 李端相·李喜朝 父子」,『한국학연구』 제38집, 인하대학교 한국학연구소, 2015.
우경섭,「靜觀齋 李端相의 생애와 사상(1) － 병자호란 경험과 禮論을 중심으로」,『한국학연구』 제58집, 인하대학교 한국학연구소, 2020.
우경섭,「靜觀齋 李端相의 생애와 사상(2) － 대명의리론과 상수학을 중심으로」,『한국학연구』 제60집, 인하대학교 한국학연구소, 2021.
원재영,「조선시대 재해행정과 17세기 후반 진휼청의 상설화」,『東方學志』 제172집, 연세대학교 국학연구원, 2015.
유봉학,『연암일파 북학사상 연구』, 일지사, 1995.
유새롬,「17세기 西人의 學統意識과 栗谷年譜의 편찬」,『韓國史論』 52권, 서울대학교 국사학과, 2006.
이경구,『조선후기 안동 김문 연구』, 일지사, 2007.
이광호,『퇴계와 율곡, 생각을 다투다』, 홍익출판사, 2013.
이원석,「『大學』의 주요 개념에 대한 李彦迪과 李珥의 해석 비교 － '격물치지'와 '인'에 대한 해석을 중심으로」,『유교사상문화연구』 제75집, 한국유교학회, 2019.
이원준,「소론계(少論系) 학인 간 격물(格物) 논변의 배경과 방향」,『한국철학논집』 제73집, 한국철학사연구회, 2022.
이원준,「退溪 李滉의 格物·物格 讀法과 退溪學派의 계승·변용」, 성균관대학교 일반대학원 박사학위논문, 2020.
이윤석·김준태,「월사 이정귀의 경세론 연구」,『儒學硏究』 제50집, 충남대학교 유학연구소, 2020.

임성수, 「조선후기 田結稅 징수와 "중간비용" 연구」, 『大東文化硏究』 92권, 성균관 대학교 대동문화연구원, 2015.
장병인, 「조선 중·후기 사대부의 혼례방식-新俗禮·半親迎·假館親迎의 시행을 중심으로」, 『韓國史研究』 169집, 한국사연구회, 2015.
장병인, 「조선중기 사대부의 혼례형태-假館親迎禮의 시행을 중심으로」, 『朝鮮時代史學報』 45권, 조선시대사학회, 2008.
전호근, 『대학 강의』, 동녘, 2017.
조성산, 『조선후기 낙론계 학풍의 형성과 전개』, 지식산업사, 2007.
최석기, 『조선시대 『대학장구』 개정과 그에 대한 논변』, 보고사, 2011.
최정묵, 「『대학』 해석의 상이성 지닌 의미 고찰」, 『동서철학연구』 제99호, 한국동서철학회, 2021.
한국사상사연구회, 『조선 유학의 개념들』, 예문서원, 2011.

호남학자의 선비정신
—조선전기 남원지방 선비문화의 전개와 맥락

이종범 | 조선대학교 명예교수

1. 머리말

주지하듯이 조선국가 초창의 사회 활력과 문명 전환은 실로 드문 일이었다. 그러나 15세기 후반 이후 왕권승계 과정에서 왕실 도덕성이 훼손되고, 국가의 법제 즉 경국대전체제는 기층사회의 변화 발전을 뒷받침하지 못하였다. 사화(史禍)는 이상과 같은 정치 갈등의 폭발이며 사회 모순의 반영이었으며, 이런 과정에서 주자성리학을 신봉하는 선비학자 사림관료는 언론과 학술을 통하여 권력의 부당을 비판하고 국왕을 견인하는 한편 향약을 실시하고 『소학』을 보급하며 향풍과 향학을 진작시켰다.[1]

그리하여 16세기 후반이 되면 도학적 세계관에 충실한 선비 학자가 정치·사상·문예 등 각 부문을 주도할 수 있었다. 이때 선비는 '홀로'가 아닌 '무리' 즉 사림(士林)이었다. 이이의 적절한 정의가 있다. "마음은 고도(古道)를 사모하고 몸은 삼가 유행(儒行)을 갖추고 입은 법언(法言)

---

[1] 이태진, 『朝鮮儒敎社會史論』, 지식산업사, 1989; 오영교 편, 『조선 건국과 경국대전체제의 형성』, 혜안, 2004; 김용섭, 『동아시아 역사 속의 한국문명의 전환: 충격·대응·통합의 문명으로』, 지식산업사, 2008; 이종범, 「15·16세기 조선사회의 道學運動과 事君論」, 『歷史學硏究』 61, 2016.

을 말하며 공론을 지탱하는 사람들을 사림이라 한다."[2)]

경상도·전라도·충청도가 지리적 행정영역에 머물지 않고 각각의 '정치와 문화의 공간'으로서 일체감을 갖추게 되는 것도 이 시기였다. 서당 누정 서원을 건립하면서 지방 문화와 교육을 발전시킨 결과였다. 아울러 왕권의 향방과 정책 관철을 둘러싸고 비판하고 경쟁하는 학연 기반 붕당이 출현하였다. 학연은 선비의 정체를 드러내는 기치였고, 붕당은 공론을 결집하는 소통·연계망인 셈이었다.

이러한 사회문화적 변화, 사림의 위상 제고는 위로부터 주어진 것이 아니라 아래로부터의 각성과 실천의 산물이었다. 물론 왕조국가에서 군주의 역할을 가볍게 취급할 수 없으나 '국왕의 배려와 선택' 혹은 '상황으로부터 주어진 우연'을 과장할 수는 없다. 이를테면 기묘사림의 등장과 좌절을 중종의 배려와 결단으로 돌린다들지, 사림의 전면 부상을 문정왕후의 훙거와 윤원형의 몰락으로 단순화하지 않아야 하는 것이다. 즉 아래로부터의 도전을 시야에 넣지 않고선 정치적 변동을 수반하는 사상문화의 동력을 이해할 수 없을 뿐 아니라, 17세기 초반 전란과 반정, 명청교체(明淸交替)에 대응하는 몇 갈래 국가 재조의 연원을 가늠할 수 없다.

이 글은 여말선초에서 임진전란 전야까지 근 2세기에 걸쳐 남원 출신 유학관료, 선비학자의 행적과 언설을 통하여 이들의 득민서정(得民庶政), 민풍 개량과 향학 진흥, 그리고 군신공치(君臣共治)를 향한 언론 및 정치활동을 정리하고자 한다. 이러한 과정에서 학술과 도덕 역량을 함양하는 강학 활동이 개화하였음을 확인하고자 한다. 비록 한 고장에 제한된 사례이지만 선비문화의 현재적 재조명 내지는 오늘날 지식인상과 연결되는 지점을 찾기를 나름 기대하지만, 얼마만큼 부응할 수

---

2) 李珥, 『栗谷全書』 권3, 「玉堂陳時弊疏」.

있는지는 조심스러울 뿐이다.

2. 여말선초 유학 사대부의 출처와 성향

주지하듯이 남원은 번병(藩屛)과 요충(要衝)의 대도회였다. 오수역(獒樹驛)·인월역(引月驛)·순자원(鶉子院) 등 역원이 발전하였고, 교룡산성은 위용을 자랑하였다. 이웃 많은 속현, 지현(支縣)을 거느렸는데, 지금은 일부가 장수·임실·순창·곡성·구례로 각각 옮겨졌지만 전에는 남원부에 속하였다. 그런 만큼 남원부의 지방 운영은 번거롭고 경비가 막대하였다. 특히 사자(使者) 왕래와 빈객 접응에 많은 비용이 소용되었다. 따라서 이를 미리 준비해두지 않고 그때그때 민간에 부과하게 되면 자칫 횡렴학민(橫斂虐民)하기가 십상이었다. 그만큼 민원이 많고 민란으로 이어질 소지가 많았다.

이런 난관을 해결하고자 공민왕 8년(1359) 남원부에서는 '제용재(濟用財)'를 창설하였다. 즉 남원부사 이보림(李寶林)이 포탈세금·노비소송대·구둔전(舊屯田) 및 신간전세(新墾田稅)를 기금으로 삼았던 것이다. 이런 사실을 국자감 학유 양이시(楊以時)가 국자좨주 이색에게 알리며 기문을 요청하였다.[3]

우리 원님의 정사는 사람들을 깊이 감동시켰으니 금석(金石)에 새기지 않아도 자취가 없어지지 않을 것입니다. 그러나 이번 설치한 제용재는 쉽게 부서질까 걱정됩니다. 나중 사람에게 계구(戒懼)하도록 일러주지 않으면

---

[3] 李穡, 『牧隱文藁』 권1, 「南原府新置濟用財記」. "…… 擇鄕校三班各一人使典之 支縣之急 四人者白府 官出予之 不取息 戒府吏無敢他用 著爲永式." '三班'은 鄕吏·軍卒·官奴 혹은 戶長·記官·將校이다.

영영 폐단이 없을 것임을 보장할 수 없을 것이니 선생께서는 한 말씀 내려주십시오.

이때 남원부는 부리(府吏)는 이자를 받거나 전용할 수 없으며, 향교와 삼반(三班)에서 파견한 4인이 공동 관리 운영한다는 규례까지 만들었다. 이렇듯 기금을 조성하고 규례를 제정하는 일은 부사의 결단이 요구되지만, 향중 공론이 뒷받침하지 않으면 가능하지 않았다. 일종의 의전(義田)·의재(義財)로서 조선후기 민고(民庫)의 효시로 평가된다.[4]

양이시는 남원 출신으로 1357년에 문과에 급제한 신진이었다. 이후 1376년(우왕 2) 양광도 안렴사, 이듬해에는 추밀원지신사를 지냈다. 안렴사 시절 최영의 조카사위였던 판사 안덕린(安德麟)이 함부로 사람을 죽이자, 남들은 꺼렸지만 전혀 개의치 않고 형틀에 채워 헌사(憲司)로 보낸 적이 있었다. 추밀원지신사로 있을 때는 왕에게 쌀·콩 40석을 하사받았다. 문장이 넉넉하여 『동문선』에 세 편이 전한다. 이 중 2수는 권호(權鎬)·권주(權鑄) 형제에게 건넸는데 신유학을 전파한 권부(權溥)의 증손이며 권근의 재종형이었다. 다른 한 수는 삼척 가는 평릉역(平陵驛)에서 지은 「제평릉역정(題平陵驛亭)」인데 성정지정(性情之正)이 돋보인다.

벼꽃은 바람 앞에 희고	稻花風際白
콩깍지 비온 뒤에 푸르다	豆莢雨餘靑
만물이 제 자리를 얻었으니	物物得其所
나는 갯가 정자에 올라 노래하네.	我歌溪上亭

---

4) 丁若鏞, 『牧民心書』 권6(戶典), 제5조(平賦), "大抵民庫之弊 不可不革 宜於本邑 思一長策 建一公田 以防斯役"

제 자리에 있는 '득기소(得其所)'는 사물은 사물대로 사람은 사람대로 재질과 능력을 다한다는 뜻으로, 『중용』의 고갱인 만물화육(萬物化育)의 공효(功效)이다.

1376년 그의 아들 양수생(楊首生) 또한 문과에 급제하였다. 부자 문과는 쉽지 않을 터인데, 가학의 뒷받침이 있었음이 분명하다. 부친이 국자감 칠재(七齋)의 하나로 모시(毛詩)를 전공하는 경덕재(經德齋) 출신이고, 장인은 충혜왕 복위년(1340) 문과에 급제하고 내서사인(內書舍人)·우사간(右司諫)을 지낸 광주 출신 탁광무(卓光茂)였던 것이다. 그런데 양이시와 아들이 잇달아 세상을 등졌다. 양수생의 처 이씨는 재가를 강권하는 친정을 뿌리치고 교룡산성 아래 시댁으로 내려왔다. 유복자를 낳았다. 그리고 얼마 후 아기발도(阿其拔都)가 이끄는 왜구의 분탕질을 피해 순창 용궐산 아래로 이사하였다.[5]

한편 양이시의 장인 탁광무는 1367년(공민왕 16) 우사의(右司議) 때에 별군을 풀어 좌사의(左司議) 신덕린(申德隣) 등 여러 간관을 난타한 홍영통(洪永通)을 탄핵하였다. 그러나 홍영통은 무사하였고 신덕린은 파직되었다.[6] 홍영통은 당시 최영마저 외직으로 보낼 만큼 기세등등하였던 신돈의 우익이었다. 이에 비하여 신덕린은 충정왕이 강화로 쫓겨날 때 충정왕의 학문을 보살피는 시학(侍學)을 지냈던 관계로 전송하는 신하가 거의 없었음에도 굳이 하직 인사를 하다가 체포되어 순군옥(巡軍獄)에 갇힌 적이 있었다.[7]

신덕린은 충목왕 때 문과에 들었는데 자는 불고(不孤) 호는 순은(醇

---

5) 李縡, 『陶菴集』 권25, 「烈婦李氏傳」. 楊應秀(1700~1767)에게 듣고 지었다. 순창 동계면 구미리에 남원 양씨 종가가 있다.
6) 『고려사』 권105(열전), 「洪永通」 및 권45(세가) 공민왕 16년(1367) 11월 25일. "左司議 申德隣 獻納 朴晋孫·李嶟 正言 鄭釐·安勉을 파직하다.
7) 『고려사』 권37(세가) 忠定王 2년(1350) 1월 25일;『고려사절요』 권26 공민왕 원년(1352) 3월 7일.

隱)이었다.[8] 훗날 후손 신경준(申景濬)은 신덕린이 그때 '광산의 들판에 은둔하여 지조를 지키고 바꾸지 않아 그 이름이 육은(六隱)의 반열에 올랐다.'고 적었다.[9] 광주는 신덕린의 처향(妻鄕)이었다. 18세기 부인 정씨(鄭氏)의 묘석을 광주 군분리에 세운 기록이 있는데 신덕린의 무덤은 옥과에 있었다.[10] 한편 신경준의 다른 기록에 의하면 신덕린이 남원 호촌(壺村)에서도 살았다.[11]

남원부 남쪽에 호촌(壺村)이 있는데 고려의 예의판서(禮儀判書) 김충한 (金冲漢) 선생의 유허이다. 나의 선조이신 순은(醇隱) 선생과 이웃이었다. …… 선생과 우리 선조는 이곳에 은거하여 자정(自靖)하였는데 땅은 처음에 수풀과 잡목, 잡초에 가려 사람이 살지 않았다. 선생이 처음 터를 잡고 호촌이라 이름을 지었는데 우리 선조께서 곧장 선생을 따라왔다.

김충한(金冲漢)의 자는 통경(通卿), 호는 수은(樹隱)으로 본관은 경주인데, 「한림별곡」 중의 '양경시부(良鏡詩賦)'로 등장하는 김양경의 현손이었다. 16세기 그의 내손(來孫)의 묘도문에 따르면 '우리 왕조에 들어서 언사(言事)에 연좌되어 남원으로 귀양 갔고, 자손들이 그대로 남원에 살았다'고 한다.[12] 어떤 내용의 언사인지는 불명하지만 그 행장의

---

8) 신덕린의 명과 자는 『논어』의 '德不孤必有隣'에서 취하였다. 부친은 경을 생각하는 '思敬'이다. 名·號·字는 시대 풍속을 반영한다.
9) 申景濬, 『旅菴遺稿』 권3, 「庭訓錄序」. "昔我醇隱先生 當麗之末 與牧隱先生 奉麗王入沁都 盡盡竭力 奔走先後 而天卒不能勝 逐遯于光山之野 守志不易 名列六隱" 목은과 함께 고려왕 즉 충정왕을 받들고 강화에 들어갔다는데 전송하다가 갇혔던 것이며 이때 목은은 그런 사실이 없다.
10) 李德壽, 『西堂私載』 권11, 「高麗禮儀尙書申公夫人鄭氏墓」. "高麗禮儀判書奉翊大夫寶文閣提學申公德隣 夫人光州鄭氏 墓在光州軍盆里負亥之原 …… 夫人考諱臣扈 官殿直 申公字不孤 號醇隱 高靈人 墓在玉果介寺洞 與夫人別葬云."
11) 申景濬, 『여암유고』 권5, 「壺村金判書實錄敍」.

친자인 엄숙(嚴璹)은 '정쟁(廷爭)에 가담하였거나 신왕조에 귀화를 거부한 때문'이었다고 하였다.[13]

김충한은 세 아들과 딸 하나를 두었는데, 신덕린의 아들 포시(包翅)를 사위 삼았다. 1383년(우왕 9) 문과에 급제한 신포시는 왕조교체기에 벼슬에 나가지 않았지만, 세종 치세에 벼슬에 나갔다. 71살 나이에도 계속 벼슬을 하고 싶을 만큼 기운이 강건하였다.[14] 이들 김충한과 신덕린 부자는 '두문동 현자'로 등장한다.[15] 이들은 신포시에서 보듯이 신왕조에 끝까지 맞서기보다는 출사하였다. 그 자제들 또한 출세에 적극적이었다. 신포시의 첫째 아들 장(檣)은 1402년, 김충한의 셋째 아들 작(綽)은 1414년 문과에 급제하였던 것이다. 또한 함양 덕곡으로 물러난 조승숙(趙承肅)의 아들 종례(從禮)는 1402년 문과에 급제하고 남원으로 이주하였다.[16]

이들 중 신장(1382~1433)은 집현전 초창기 학사로서 『팔도지리지』 편찬을 주도하는 등 자취를 남겼다. 사대교린 문서는 거의 그를 거칠 만큼 명필이었다. 복시를 통과하던 날 도승지가 임금에게 '신급제 신장은 전조의 간의(諫議) 신덕린의 손자입니다. 신덕린이 글씨를 잘 썼는

---

12) 李廷龜, 『月沙別集』 권6, 「贈濟用監正金公墓碣銘」(金就鍊, 1536~1588) "慶州之金 系出新羅王敬順公溥 太子太傅貞肅公良鏡 是其鼻祖 入我朝 有諱沖漢 官至禮儀判書 坐言事謫南原 子孫仍家焉.

13) 『樹隱先生實記』 권2, 嚴璹 撰「行狀」. 엄숙(1716~1786)은 동래의 『忠烈祠誌』를 편찬하고 「연행록」을 남겼다.

14) 『세종실록』 권52, 세종 13년 6월 15일(1431). 신포시는 부친과 같은 옥과에 묻혔는데 17세기 그들 묘에 제사를 지낸 기록이 있다. 申混, 『初菴集』 권6, 「祭先祖醇隱先生墓文」 및 「祭先祖工曹參議墓文」 "先生諱包翅 醇隱之子 麗季進士 我太宗大王同榜 麗亡 退居南原之壺村 世宗徵拜左司諫 工曹參議 常居閑不仕 墓在玉果."

15) 朴宜中 『貞齋逸稿』 권3(撫遺), 「杜門洞言志錄」(李大建撰). "金沖漢曰 願從伯夷 採薇西山 …… 金沖漢 …… 申德隣·申包翅…遠避于頭流山下排祿洞" '두문동 현자'에 대해서는 박영웅 「조선 후기 '두문동 72현'의 인식 형성과 변천」, 『한국사학보』 98, 2025 참조.

16) 「杜門洞言志錄」 "趙承肅 歸隱德谷山" 趙承肅은 우왕 3년 문과 급제이다. 한편 조종례의 손자 趙琳은 1513년 문과, 증손 趙希文은 1553년 문과였다.

데, 신장의 필법이 그와 비슷합니다.'라고 알릴 정도였다.[17] 신장의 글씨 내력을 알려주는 아들의 기록이 있다.[18]

　　선군은 전라도 남원 호촌(壺村)에서 생장하셨다. 총각 때에 보련법주(寶蓮法主)에게 글씨를 배웠는데 법주가 서화를 즐겨하고 자못 능하여, 촌에 사는 사족 자제들이 많이 찾아가 스승 삼았다. 법주(法主)는 선군의 자질이 보통이 아님을 알고 애중(愛重)하였는데, 밤에 누워있으면 선군의 손가락을 잡아끌어 배에 글자 획을 치게 하였다. 그리고 구해온 진첩(晉帖)과 설암대자(雪菴大字)를 선군에 주면서 '붓을 기울지 말고 곧게 잡고 항상 붓끝을 획 가운데에 두면 자획은 원정(圓正)할 것이라'고 당부하였다.

　　당시 신장이 남긴 서첩(書帖)을 통하여 당시 유학관료의 성향 내지는 분위기를 엿볼 수 있다. 아들 신숙주가 얻은 서첩은 집현전 동료에게 건넨 것이었다.[19] 왕희지의 「난정(蘭亭)」 도잠(陶潛)의 「귀거래사」 그리고 장재(張載)의 「서명(西銘)」이었다. 「난정」과 「귀거래사」는 난세를 이겨내는 안빈낙도하는 처세와 교유의 금자탑이며, 「서명」은 주돈이의 「태극도설」과 함께 성리학의 선구적 문헌이었다. 당시 집현전의 학풍을 엿볼 수 있다.

　　한편 훗날 신경준은 또 다른 필첩 둘을 얻었다.[20] 1430년(세종 12) 박승숙(朴承淑)에게 주었던 필첩이었고, 1431년 둘째 아들 신중주(申仲舟)로 하여금 습자와 시작을 배우도록 건넨 시첩이었다. 박승숙에게 갔던

---

17) 『태종실록』 권3, 태종 2년 4월 3일(1402).
18) 申叔舟, 『保閑齋集』 補遺, 「題巖軒書帖後」.
19) 申叔舟, 『保閑齋集』 補遺, 「題巖軒書帖後」. 이 서첩은 신장이 1422년(세종 4) 집현전 절친 魚變甲(1381~1435)에게 선물하였는데, 그 아들 魚孝瞻(1405~1475)이 신숙주에게 돌려준 것이었다.
20) 申景濬, 『여암유고』 권5, 「巖軒先生親筆帖後敍」(1742).

필첩은 「동명(東銘)」·「서명」·「사물잠(四勿箴)」·「심잠(心箴)」·「경재잠(敬齋箴)」·「존덕성재명(尊德性齋銘)」·「경서재명(敬恕齋銘)」 등 17편으로 진덕수(眞德秀)가 편찬한 『심경』에도 실린 마음 공부의 귀중한 문헌이었다. 박승숙은 이를 족자로 만들어 걸어두었을 것이다. 신중주가 받은 시첩은 염계(濂溪)·명도(明道)·이천(伊川)·횡거(橫渠)·강절(康節)·회암(晦菴) 즉 송나라 도학 현자의 시문이었다. 성리학의 기본 문헌과 도학자의 시문이 명필의 글씨를 통하여 작문 교육과 병풍 족자 등으로 집안을 장식하였던 것이다. 성리학의 세계관과 도덕론에 대한 이해와 해석은 16세기를 거치면서 가능하였다고 하지만 이 시기 이미 성리학의 기본문헌은 널리 유포 소비되었다는 사실이 주목된다.

신장은 나주 정씨와 혼인하여 나주에 묻혔지만 한참 남원 호촌에 살았다. 둘째 아우 제(梯)는 남원에 살았고, 1434년 문과에 급제한 셋째 평(枰)은 이웃 곡성으로 옮겼다.[21] 또한 신숙주를 제외한 다른 아들은 광주·고흥·순창 등지에 터전을 잡았다.

3. 15세기 후반 훈구의 동향과 경세관료 윤효손

세종·문종 치세 남원 출신 사족으로 양성지(梁誠之)는 1431년에, 정지년(鄭知年)은 1438년에, 안귀행(安貴行)은 1444년에, 신자교(申子橋)는 1450년에, 정효항(鄭孝恒)·유자환(柳子煥)은 1451년에 문과에 급제하였다. 양성지는 남원의 망족 출신이며,[22] 정지년과 정효항은 부자로 본관

---

21) 『세조실록』 권24, 세조 7년 4월 3일(1461); 申叔舟, 『保閑齋集』 권8, 「次撫夷樓詩韻」 "以焚黃掃墳 受暇南來 至錦城" 및 권10, 「贈別全羅吳監司之任」. "帶方臥病老 …… 谷城有孤煢." '대방의 병든 노인은 신포시의 둘째 梯의 아들 申子橋'이며 곡성의 孤煢는 '三寸叔 故正言 申枰의 妻'인 즉 좌명공신으로 병조판서였던 馬天牧의 따님이었다.

은 경주였다. 신자교는 신포시의 손자이며, 유자환은 본디 영광이었으나 아버지 유규가 우거하며 남원 사람이 되었다. 유자광의 적형이었다.

계유정난은 신속하고 치밀하였으며, '금상 손위(遜位)'와 그에 따른 '상왕복위운동'의 여파는 혹독하였다. 열성조의 유훈과 의리명분론에서 큰 충격이 아닐 수 없었다. 이때 천문·지리·병학·농학 등에 해박한 집현전 학사 양성지(1415~1482)는 자신은 아무 상관이 없음에도 무척 근심하고 두려워하여 공모의 혐의를 받았는데, 세조가 '이때 누가 두려워하지 않겠느냐?'라고 하여 무사하였다.[23] 이렇듯 세조의 야성과 무단에 신료들은 숨을 죽였으며, 시세의 급변을 견디지 못해 낙향 퇴거한 관료가 적잖았다.

이때 성균관 사예 정지년(1395~1462)은 남원 삼계(三溪)로 성균관 전적 안귀행(1423~1504)은 여원치 아래 백파(白波)로 내려왔다. 정지년은 '사육신을 따른다는 뜻'을 담아 '망칠(望七)'로 자호하였으며, 자기 살던 노송정(老松亭) 기둥에 '홀로 빼어난 세한(歲寒)' 등의 명(銘)·잠(箴)을 적어놓았다.[24] 그리고 안귀행의 외아들 휘(撝)를 사위로 삼았다.[25] 반면 안귀행은 나중에 세조가 '장령' 벼슬로 불러들였으나 사양하며, 단종의 제삿날에 정성을 올릴 뿐 자취를 감추었다. 죽을 때는 마지막 벼슬 전적(典籍)만을 묘석에 적을 것을 유언하였다.[26]

이런 중에 정지년의 장남인 정효항은 조정에 머물렀고, 이후 효상(孝

---

22) 梁誠之, 『訥齋集』 권6(부록), 「南原梁氏族譜序」(李淑瑊). "南原古帶方國也 土之姓有九 曰梁·鄭·晉·尹·楊·黃·李·林·宋也 而梁最爲望族"
23) 『성종실록』 권142, 성종 13년 6월 11일(1482).
24) 『老松實記』鄭知年, 「老松堂銘」"蒼蒼老幹 介立溪山 特秀歲寒 恥桃李顔 遲遲晚翠 竹柏之間 於焉棲止 付吾經綸" 및 「老松堂箴」. "懷忠保貞 勿爲物誘 惟剛惟毅 確我操守 無慕無尤 樂此畎畝 念玆念玆 永矢罔負." 『老松實記』는 1933년 후손 鄭奐朝가 編하여 任實 梧枝里에서 간행하였다.
25) 『老松實記』, 崔興源, 「老松堂行狀」.
26) 宋煥箕, 『性潭集』 권24, 「白山安公墓表」.

常)·효종(孝終)·효본(孝本) 세 아우도 문과에 들었다. 일가 네 형제가 한 조정에 복무하기란 흔한 경우가 아니다. 특히 정효항(1429~1498)은 『동국여지승람』·『동국통감』 편찬에 참여하고, 대사성을 지내며 많은 후진을 인도하였다. 그에게 취학한 신용개(申用漑)의 행장에 따르면 '문하에 현재(賢才)가 많다고 일컬어졌다.'[27] 또한 알성시 장원 정효상(1432~1481)은 한때 '금상 손위'에 분개했다는 혐의를 받았으나 세조가 용서하여 무사하였다. 『예기』에 정통하였으며, 『능엄경』 언해에도 참여하였다. 익대공신·좌리공신에 녹훈되고 계림군(鷄林君)에 봉해졌다.[28]

한편 윤효손(尹孝孫, 1431~1503)은 1453년(단종 1) 계유정난 직후 시행되었던 문과에 급제하였다. 조부가 '해례효친(解禮孝親)의 손아(孫兒)'라며 그렇게 이름을 지었다. 본관은 남원, 자는 유경(有慶), 호는 추계(楸溪)로 아버지는 의정부 녹사를 지냈다. 누대의 공신 가문으로 예종의 영의정까지 지낸 박원형(朴元亨)이 윤효손을 사위로 삼은 사연이 여러 사화(史話)에 전한다. 즉 부친이 이른 아침 박원형의 집을 찾았는데 문지기가 명함도 들이지 않자, 윤효손이 아버지 몰래 명함에 다음과 같은 시를 적어 두었다는 것이다.[29]

상국이 해가 높도록 단잠 주무시니,	相國酣眠日正高
문전 명함의 종이에 털이 났군요.	門前刺紙已生毛
꿈에서 성인 주공을 뵙거든,	夢中若見周公聖
그 해 토악(吐握)의 노고 응당 물으시기를.	須問當年吐握勞

---

27) 申用漑, 『二樂亭集』 附錄, 「文景公行狀」(申光漢). "年十三四時 就學于鄭孝恒之門 儼如成人 鄭之門號多賢材" 신용개는 신숙주의 손자로 신광한과는 재종간이다.
28) 『성종실록』 권125, 성종 12년 1월 4일(1481). "鷄林君 鄭孝常 卒"
29) 李睟光, 『芝峯類說』 권17, 「昏娶」; 李肯翊, 『燃藜室記述』 권6(成宗朝故事本末), 「名臣 尹孝孫」.

자지(刺紙)는 명함, 여기에 털이 났음은 심히 구겨졌음이며, '토악(吐握)'은 어진 선비를 만나고 싶었던 주공(周公)이 '한 번 머리 감다가 세 번 머리를 움켜쥐었고, 한 끼에 세 번 음식을 뱉었다[一沐三握髮 一飯三吐哺]는 유명한 토포악발(吐哺握髮)의 준말이다. 그리하여 명함을 받아본 박원형은 아버지를 반갑게 맞으며 윤효손을 사위로 들였다.

윤효손은 1457년(세조 3) 문과 중시에도 뽑히면서 정예문신의 반열에 올랐으나 부모 봉양을 위하여 장흥부사로 내려왔다. 이즈음 방귀원(房貴元)이 문과에 들었다. 여말선초 시무관료로 의약에도 밝았던 방사량(房士良)의 증손으로, 조부 방구성(房九成)이 남원에 터를 잡았다.[30] 방귀온(미상~1469)은 급제 첫 해에 사관으로 입시하였는데, 세조가 성리설을 하문하자 다음과 같이 강론하였다.[31]

세조가 이기선후(理氣先後)를 묻자, "천지가 판별되기 전에는 리(理)가 기(氣)에 앞서지만, 양의(兩儀)가 이미 나뉘면 기가 리보다 먼저입니다. 그러나 혼원(混元)한 리가 무궁하게 주류하니 리가 아니면 어찌 기를 이루겠습니까?"라고 하였다.

천지 이전 이미 태극 즉 하나의 리가 있고, 태극이 양의을 낳아 음양의 기가 동정하니 기가 앞서는 셈이지만, 하나의 리가 만사 만물을 이루는 궁극의 이치라는 것이다.

또한 '리에 선과 악이 있는가?'를 묻자, '리는 선하지 않은 것이 없다'고 하였으며, 성지(聖智)와 우혼(愚昏)에 갈림을 다음과 같이 설명하였다.

---

30) 이종봉, 「조선 초기 新編集成牛·馬醫方 편찬배경과 찬자」,(『역사와 경계』 121, 2021); 『高麗史節要』 권35, 공양왕 3년(1391) 3월. "中郞將 房士良上時務十一事"; 『龍城誌』, 「蔭仕 新增」, "房九成 直提學 士良之子 以司馬 拜御史 除縣監 自南陽寓居于此"
31) 『세조실록』 권37, 세조 11년 11월 2일(1465).

기품이 다르기 때문입니다. 리는 구슬, 기를 물로 비유하겠습니다. 밝은 구슬을 맑은 물에 던지면 서로 비춰주고 어둡지 않으니 성지(聖智)이며, 밝은 구슬을 흐린 물에 던지면 신령한 빛[靈光]이 막히고 통하지 않으면 혼우(昏愚)가 됩니다. 그래서 밝음이 열리고 드러나는 개명(開明) 발현처를 사단(四端)이라고 하는데, 이를 실마리 삼아 계속 광명을 추구하면 혼자(昏者)도 성(聖)에 이를 수 있으니, 학문에 정갈하지 않다면 알맞게 통할 수 없습니다.

구슬은 항상 밝은 이성, 물은 청탁이 있는 기질이다. 영광(靈光)은 마음의 본체인 허령, 개명(開明)은 마음의 지각(知覺) 작용이다. 학문의 공은 기질의 변화임을 밝힌 것이다. 이때 방귀원은 세조로부터 '유자가 아니면 이렇게 말할 수 없다'는 상찬을 받았다. 그러나 4년 후 예문관 봉교 때 짧은 생을 마감하였다.[32]

양자유(楊子由, 1444~1495)는 1468년(세조 14) 문과에 급제하였다. 고려말 일찍 죽은 양수생의 증손이었다. 처음 예문관에 봉직하며 『세조실록』과 『예종실록』 편수에 참여하였다. 유망한 문신의 몫이었다. 그러나 성종 초년 대간 언관으로 복무하면서 어려움을 겪었다. 대왕대비가 수렴을 거둘 때, 한명회가 "어찌 정사를 사양하십니까? 만약 정사를 사양하면 동방 창생을 버리는 것입니다."[33] 하였다. 한명회의 언사를 반길 신료는 거의 없었다. 그러나 제일 훈구의 위엄에 쉽게 나설 사람이 없었다.

그런데 유자광이 즉각 공세를 취하였다.[34] 이시애의 난에서 공을 세워 신공신의 반열에 오르고 서출의 한계를 뚫고 문과까지 급제하더

---

32) 『예종실록』 권4, 예종 1년 3월 28일(1469).
33) 『성종실록』 권63, 성종 7년 1월 13일(1476).
34) 『성종실록』 권64, 성종 7년 2월 19일(1476).

니만, 예종 즉위년 남이가 구공신의 반감을 사고 있음을 알고 남이를 모함하였던 정국의 풍향계이며 핵심이었다. 그러자 적잖은 언관이 가세하였다. 양자유 또한 강력한 논조로 한명회를 비판하였다.[35]

자고로 모후의 임조(臨朝)는 부득이하였습니다. 지금 전하께선 춘추 한창이시고 성학(聖學)이 고명하신데, 어찌 재결이 어렵겠나이까? 한명회는 수상으로써 정사(政事)를 돌리도록 주청해야 마땅한데 거꾸로 이러하니 평일 전하를 어찌 여기면 이런 말을 하겠습니까?

이후 양자유는 조정을 떠났다. 그리고 10여 년 후 재임용의 대상에 올랐음에도 먼저 임용할 자에는 들지 못하였다.[36]

한편 장흥부사 때에 부친상을 겪은 윤효손은 훈련원 부정으로 복직하였다. 예종 즉위년 구언교가 내리자 '상제(喪制)·학교(學校)·공물(貢物)·사창(社倉)·언로(言路)·성학(聖學)'에 관한 소신을 밝혔다. 여기에서 공물이 토산과 맞지 않아 민생이 어렵다는 사실, 구민(救民)이 아니라 쟁리(爭利)에 치우친 사창의 폐단을 거론하였다. 또한 학교는 풍화의 근원이며 군주의 성학은 군자를 올리고 소인을 물리치는 전제임을 강조하였다. 시무관료의 경륜 기량을 드러낸 것이다. 그러나 상소문에 '선대의 숭불'과 '직언 없는 유언(諛言) 풍조'가 문제가 되어 일시 궐내에 갇혔다가 풀려났다.[37] 성종 초년에는 『경국대전』 편찬, 『국조오례의』 주해에도 참여하며 학술 관료의 기량을 발휘하였다.

그러나 윤효손은 조정에 있기 보다는 전주·순창·나주 등의 수령을 맡았다. 노모 봉양을 앞세웠던 것이다. 관찰사·대사헌을 지내고도 순

---

35) 『성종실록』 권65, 성종 7년 3월 2일(1476).
36) 『성종실록』 권246, 성종 21년 10월 15일(1490).
37) 『예종실록』 권2, 예종 즉위년 11월 13일·15일(1468).

창군수가 결원되자 자원할 정도였다. 민정 쇄신 민원해결에 각별하였다. 성종 5년(1474) 전주부윤 때였다. 당시 공법(貢法)은 한해의 풍흉을 나누며 면을 단위로 하였다. 그러나 한 면이라도 기름짐과 메마름이 땅마다 다르고 수확이 같지 않아 항상 문제가 되었다. 그래서 윤효손은 연분을 정할 때 전지(田地)를 단위로 삼고자 하였다. 즉 '면등제(面等第)'를 '고원등제(庫員等第)'로 변경하고 싶었던 것이다. 그러나 일이 번거롭다는 이유로 지방관은 꺼려하였다. 전지의 위치와 지세까지 자세히 알아야 했기 때문이다. 그럼에도 윤효손은 기꺼이 감내하였다. 그러한 부지런한 모습을 영부사 신숙주가 임금에게 다음과 같이 아뢰었다.[38]

> 전주부윤 윤효손은 경내의 연분(年分)이 적중하지 못함을 걱정하여, 지도를 사면 벽에 걸어놓고 보고, 또 아침저녁 논밭을 출입하며 좋고 나쁜 땅을 나누어 등급을 매기려고 하고 있습니다. 청컨대 윤효손에게 유서(諭書)를 내려서 우선 전주 경내에 시험하게 함이 좋겠습니다.

이때 신숙주는 전주부에서 일단 전지별 연분 즉 '고원등제'를 시행하고 이를 전국적으로 확대하자고 건의하였던 것이다. 그러나 이듬해 조정은 전지별 연분이 업무가 많아 시행하기 어렵다는 것, 즉 '면등제를 고수'하기로 하였으며 그 대신에 윤효손에게는 빈민 구휼, 민생 안정의 공로를 인정하여 당표리(唐表裏)를 하사하였다.[39]

한편 윤효손은 이풍역속(移風易俗)의 일환으로 『효경간오』를 간행하였다. 효제를 자발적으로 생활화하자면 그 이치를 먼저 알게 하자는 취지였다. 그 발문이 다음과 같다.[40]

---

[38] 『성종실록』권47, 성종 5년 9월 12일(1474).
[39] 『성종실록』권54, 성종 6년 4월 23일 및 권56 성종 6년 6월 22일(1475).
[40] 『孝經』(국립중앙도서관); 尹洛鉉 編, 『楸溪先生實記』권1, 「孝經註釋跋」, 1849.

완산의 옛 각판(刻板)이 이미 닳고 흐려졌으니 이곳을 외람되이 지키며 성학(聖學)이 마멸하여 자취 없이 전해지지 않을까 무척 두렵다. 그래서 아들에게 조송설(趙松雪)의 증도가(證道歌) 글자를 본뜨게 하고 나도 빈틈에 간혹 본뜨면서 얼마간 부족한 글자는 점획을 구해서 보탰다. 비록 천진(天眞)을 다할 수 없지만, 혹여 방불하지 않겠는가. 만약 공인을 시켜 판각하고 찍어낸다면 지학자(志學者)가 읽고 효심이 흥기할 것이고, 또한 습자하며 유예(游藝)하리니, 성조(聖朝)가 효리(孝理)를 숭상하고 인재를 기르는 뜻에 반듯이 적잖은 보탬이 없지 않을 것이다.

송설(松雪)은 원대 조맹부(趙孟頫)의 호이며, 「증도가」는 당나라 영가현각(永嘉玄覺)의 선시이다. 윤효손은 '완산본(完山本)'을 가지고 1477년 경상도 관찰사로 부임하며 선산부사 김종직에게 간행을 요청하였다. 김종직 또한 흔쾌하게 간행하면서 '발문'에 "영남과 호남에서 집집마다 이 책을 갖추면 몇 년 가지 않아 해동에 널리 펼쳐질 것'이라는 바람을 밝혔다.[41] 또한 감사는 『주례』의 가치를 강조하자, 또한 동의하며 집안에서 간직해온 『주례』을 제공하여 감영의 지원을 받아 발행하였다.[42] 사림학자 학술관료가 교육 교화사업을 합작한 셈이다.

1482년 남원에 있을 때 하동 화개에서 칩거하며 성명이학에 천착하던 정여창(鄭汝昌)이 방문하여 주자의 편지를 강론하였다. 정여창은 함양 지곡 출신으로 일찍이 역학·리학에 정통한 이천의 이관의(李寬儀)에

---

[41] 『점필재집』에 없는 만큼 주에서나마 소개할 필요가 있다. "右孝經刊誤 乃子朱子 倣大學經傳而爲之分章者 惜乎 世之人 慨諸蒙幼之學 謾不敢意也 吾方伯 帶方尹相公 嘗尹完山 簿書之隙 手摹趙松雪證道歌字 鋟其書 成化丁酉春 建節于玆道 命弊府 用完山本付板以刊之 由是 湖嶺之南 家家有是書 不數年 殆將徧于海東 讀之者 非但玩其義 而兼習其字乎 其利不亦博乎 且松雪筆法 傳于世者 率皆佛書及屛簇耳 今乃託於聖經賢傳以垂無窮焉 抑其非子昂之一幸耶"

[42] 金宗直, 『佔畢齋文集』 권2, 「新刊周禮跋」.

게 배우고, 김종직이 함양군수로 내려오자 스승으로 삼으면서 '성인의 동아리'로 이름이 높았다.[43] 얼마 후 윤효손이 정여창에게 짧은 편지를 답장을 보냈는데 앞부분이 다음과 같다.[44]

> 방금 안부 편지를 받들고 위로되는 마음 금할 길 없었습니다. 또한 도체(道體)가 맑고 여유로움을 알았으니 기쁜 마음 비길 데가 없습니다. 다만 사장(辭狀)의 초고를 보건대 말이 엄정하고 이치가 분명하니, 세속 선비가 무어라 할 수 있는 바가 아닙니다. 임천으로 물러나 수양하며 신선이 사는 곳 같은 두류산 경치를 홀로 즐기는 것은 실로 높은 절조를 지닌 일사의 고상한 절개에 부합되기는 합니다만, 속되고 자질구레한 나의 입장에서 보건대 그 거리가 고니와 애벌레의 관계와 다름이 없습니다.

정여창을 고니, 자신을 애벌레도 견주었으니 스물 연하 후진에게 더없는 낮춤이다. 그러면서 은근이 '칩거보다는 세상에 나설 때'라 말한 듯싶다.

나주목사 때 모친상을 당한 윤효손은 결복하고 복직한 1489년(성종 20) 이후에는 형조판서, 한성부 좌윤, 황해감사를 맡았다. 정조사로 나갔다가 『활민대략(活民大略)』 『속자치통감강목』을 구해왔다. 민생과 학술에 요긴한 서적이었다. 또한 조맹부의 '서족(書簇)'을 구하여 정부에 바쳤다. 1490년(성종 21)에는 권농과 민풍 개선에 요긴한 『경국대

---

43) 鄭汝昌, 『一蠹遺集』 권3(附錄), 「行狀」(姓名逸); 『성종실록』 권91, 성종 9년 4월 8일(1478). "朱溪副正 深源上書曰 …… 居咸陽縣曰鄭汝昌 居泰仁縣曰丁克仁 居恩津縣曰姜應貞 皆聖賢之徒也"

44) 鄭汝昌, 『一蠹續集』 권3(附錄), 「尹孝孫書」. "卽承令問 無任慰荷 且審道體淸裕 欣寫無比 第見辭狀草 辭正而理明 非俗士所可軒輊 然退養林泉 獨樂於頭流煙霞之勝 實副逸士之高節 而以俗陋規規觀之 則無異於峙鵠之壤蟲 示喩禮說性理之論 非愚篤之所可的論"

전』의 '오가작통법'을 융통성 있게 시행하고 『국조오례의』의 '향음주례'와 '향사례'의 내실화를 위하여 유향소의 책임과 역할을 제고할 것을 주장하여 성종의 동의를 얻어냈다.[45]

연산조에선 경연에서 "나무가 먹줄에 맞추면 발라지고, 임금이 간언을 따르면 성인이 됩니다."[46]라거나 "학교는 풍속 교화의 근원이며 인재 양성이 모두 여기서 나옵니다."[47]와 같은 격언을 거듭 진언하였다. 그런 중에 우참찬으로서 폐비 윤씨의 회묘(懷墓)를 수호하고 효사묘(孝思廟)에 제사한다는 의정부의 의론에 찬성하였다가 대간으로부터 어길 수 없는 선왕의 유지를 거스르는 잘못을 저질렀다는 탄핵을 받았다.[48] 또한 실록청 당상으로서 김일손(金馹孫)의 사초를 보고 '김모가 이렇게 인걸이라'라고 하였다가, 국문을 당하고 파직되었다.[49] 1499년 복직하였다가 1503년 세상을 떠났는데 「졸기」는 더할 수 없는 효행을 찬탄하면서 병든 창녕대군(昌寧大君)을 집에서 보살피는 와중에 집안 사람이 요행을 취하였음을 하나의 흠결로 적었다.[50] 창녕대군은 연산주의 제2남이었다.

---

45) 『성종실록』 권245, 성종 21년 윤9월 5일(1490). 경연에서 성종이 동의하였다고 하여도 실제 시행되었는가는 별개의 문제이다. 참고로 『경국대전·호전』 「호적·오호작통」 "京外 以五戶爲一統有統主 外則每五統有里正 每一面有勸農官 京則每一坊有管領" 또한 『국조오례의』 권4, 「嘉禮·鄕飮酒儀」 "每年孟冬 開城府 諸道 州府郡縣 擇吉辰 行其禮 ……" 및 권6, 「軍禮·鄕射儀」 "每年三月三日 秋則九月九日 開城府及諸道 州府郡縣 行其禮 ……".
46) 『연산군일기』 권9 연산 1년 9월 8일(1495).
47) 『연산군일기』 권9 연산 1년 11월 5일(1495).
48) 『연산군일기』 권15 연산 2년 6월 7일·17일(1496).
49) 『연산군일기』 권30 연산 4년 7월 12일(1498).
50) 『연산군일기』 권49 연산 9년 5월 24일(1503).

4. 16세기 전반 기묘사림 안처순의 향풍·향학 진작

갑자사화 기간 연산군은 손녀의 세자빈 간택이 달갑지 않았던 이조판서 홍귀달(洪貴達)의 목숨을 가볍게 빼앗았다.[51] 군신간의 최소한의 금도까지 팽개친 것이다. 그리고 사산감역관(四山監役官) 정세명(丁世明)의 딸을 세자빈으로 들였다.[52] 사산감역관은 경도 둘레의 성곽 성첩과 수목을 관리하는 종9품 군직이었다. 종3품 돈녕부 부정(副正)이 되었던 정세명(1468~1524)은 '홀로 있을 때 걱정하며 혼잣말 하다가 탄식하고 눈물을 흘리며 형세를 살펴 폐총(嬖寵)에게 빼앗긴 재물을 되찾게 주선하였다.'[53] 고조가 창원에서 옮겨와 남원 북쪽에 살았다.

당시 나주 관노 김의(金依)는 연산의 애첩으로 뽑힌 딸 덕분에 당상의 품계까지 받고 온갖 패악을 저질렀는데도 누구도 징계하지 않고 더러는 주연까지 베푸는 수령이 있었다.[54] 이때 전라도사 박상(朴祥)이 나주 객관으로 잡아들여 모질게 형장을 쳐서 목숨을 앗았으니 1506년 8월이었다.[55] 한 도의 이목이 쏠렸음은 물론이다. 이때 전라도로 유배왔던 김준손(金駿孫)·유빈(柳濱)·이과(李顆)가 반정을 도모하며 남원 광한루에서 출진하고자 하였다. 김준손이 올린 서계는 다음과 같다.[56]

---

51) 『연산군일기』 권54 연산 10년 6월 16일·29일(1504).
52) 『연산군일기』 권61 연산 12년 2월 1일·6일(1506).
53) 김안국, 『慕齋集』 권13, 「故都正丁君墓碣銘」.
54) 『연산군일기』 권62, 연산 12년 4월 25일 및 5월 12일(1506). 金依는 金小夫里라고도 하였고 그 딸 淑華는 白犬으로도 불렸다.
55) 朴祥, 『訥齋集』 附錄 권2, 「敍述」. "燕山納羅州牛夫里之女而嬖之 牛夫里以賤人之子 恃恩恣橫 掠人婦女 奪人田園 朝野患之 無有正其罪者 丙寅秋 先生以全羅都事 杖殺于 錦城館"
56) 『중종실록』 권3, 중종 2년 5월 14일(1507).

유빈·이과와 신 등은 지난 8월 함께 의거를 모의하여, 9월 10일 남원 광한루 앞에서 군오(軍伍)를 모아 곧장 서울을 향해 떠나기로 약속하였습니다. 그래서 9월 1일 격서(檄書)를 우선 옥과현감 김개(金漑)와 전 좌랑(佐郎) 이부(李頫)에게 주어서 경사로 말을 달려 조정에 알리게 하였습니다. 그리고 궁사와 총마(驄馬)를 거느리고 몰래 진성대군(晉城大君)에게 가서 남쪽 군중(軍中)까지 모셔 오라고 하였습니다. 또한 조정에서 거의한다면 박원종(朴元宗)·유순정(柳順汀)·성희안(成希顔)이 응당 계책을 결단할 것이고, 우리들이 기병한다면 병사를 이끌고 와서 방어할 사람도 또한 이 세 사람일 것이니, 이들에게 글을 보내는 것이 마땅할 것으로 여겼습니다. 그래서 이과가 박원종·유순정·성희안에게 보내는 글을 마름질하여 이들에게 내응하도록 하였습니다.

이렇게 보면 박상의 '김의 장살'은 김준손 등의 반정기도의 탄로를 막는 연막이었던 셈이다. 격문을 가지고 한양으로 달려갔던 김개·이부와 박상은 1501년 문과 동방이었다. 이부는 반정 주도자 이과의 아우였고, 박상·김개는 광주·장성 출신으로 같이 공부한 절친이었다.[57]

중종반정은 인심이 떠나면 국왕도 바뀔 수 있음을 보여준 일대 사건이었다. 그러나 공신들은 국정 구상이나 인적 쇄신이 없었다. 임사홍과 신수근(愼守勤) 정도를 처단할 뿐이었다. 그리고 중국에 보내는 주문을 '선왕이 간질병 걸리고 세자가 죽어서 양위하였으며 조강지처 신씨는 죽었다'고 식으로 꾸몄다. 신왕의 조강지처는 다름 아닌 신수근의 따님이었다. 신씨가 훗날 원자로 생산하면 연산군과 같이 보복할 것이라 여겼던 것이다. 그러면서 공훈을 남발하였으며 인사는 공신과 외척 우선이었다. 3공신의 위세는 절대적이었다.

---

57) 朴祥, 『訥齋集』 권4, 「茂沃挽詞」. 무옥은 김개의 자.

1515년(중종 10) 가을 담양부사 박상과 순창군수 김정(金淨)의 신씨 복위소(愼氏復位疏)를 계기로 공신 본위 정국에 균열을 일으켰다. 조광조 등 기묘사림이 포진한 것이었다. 정광필·신용개·안당 등 비(非)공신 대신도 동조하였다. 이들의 격군안민(格君安民), 군신공치(君臣共治)의 신념은 도도하였다. 그간 대신의 존재를 유야무야케 하였던 육조직계제(六曹直啓制)를 의정부서사제(議政府署事制)로 대체 즉 복구하였다.

또한 한전법(限田法)이 마련되고 현량과(賢良科)가 도입되었다. 『경국대전』을 벗어난 변법 경장이었다. 나아가 『소학』 보급이 국가정책으로 채택되었으며, 향촌에서 자율적으로 시행되었던 향약이 관찰사의 지휘 아래 일률적으로 시행되었다.[58] 그런 중에 감사가 서두르며 수령을 구박하여 소요가 일어나서 조광조 또한 "향약의 본뜻은 이렇지 않는데 다만 감사가 촉박하게 행하고 있습니다. 여유 있는 덕화라야 치도를 이룰 수 있습니다."라고 변명해야 하였다.[59]

이때 조광조와 뜻을 같이한 전라도 사림 관료로 광양의 최산두(崔山斗), 능성의 양팽손(梁彭孫), 창평의 유옥(柳沃), 해남의 유성춘(柳成春)·윤구(尹衢), 남원의 안처순(安處順), 나주의 방귀온(房貴溫) 등이 있었다. 이중 방귀온은 전라감사가 효행으로 천거하여 참봉을 받았으나 사양하고 현량과로 출신하였는데 앞서 살핀 세조조 '성리학 한림' 방귀원(房貴元)의 종제로 본래 남원에 살았다.[60]

---

58) 『중종실록』 권36, 중종 14년 5월 19일(1519). 그간 『국조오례의』가 규정하는 향례 즉 양로연의(養老宴儀)·향음주의(鄕飮酒儀)·향사의(鄕射儀)도 수령 재량으로 시행되었는데 이제는 향약 기구의 역할이 인정되었다.
59) 『중종실록』 권37, 중종 14년 10월 10일(1519). 사화 이후 수구파는 향약을 '刑政在下' '笞杖之權 移在賤隷' 등으로 비판하였다. 따라서 향약을 좋게 평가한 중종은 나중에 '奴主爭坐' '以下倨上 以賤陵貴'라며 혐오하였다.
60) 『己卯錄補遺』, 「房貴溫傳」; 『중종실록』 권30, 중종 12년 10월 22일(1517). 당시 감사 趙元紀는 조광조의 숙부이다.

그의 종질 방한걸(房漢傑, 1482~1529)이 남원부 향약의 부약정(副約正)을 맡았다.[61] 방한걸은 선악 분별이 확실하여 착한 사람이 좋아하고 악한 사람은 싫어하며, 평소 직언을 잘하고 부귀와 빈천을 가리지 않고 교제하며, 친척과 이웃의 궁핍함은 기꺼이 구휼하였다. 굳이 말하면 고을에 각별한 향약형 선비였다.

이즈음 홍문관의 안처순(1492~1534)이 모친 봉양을 앞세워 구례현감으로 내려왔다. 고려 안향 이래 자신까지 10대 동안 홍패가 이어진 명가였다. 부친 3형제가 모두 문과였고, 혁신 공론을 뒷받침하던 우의정 안당의 종질이었다. 부친이 1497년 별세하자, 모친이 친정 있는 남원에 반장(返葬)하며 5형제가 따라왔다. 남원 사람이 된 것이었는데 중부 안침(安琛)에게 의지하며 1514년 22살에 문과에 급제하였다.[62]

안처순은 중종에게 배사하며 향교 교육을 일으키고 『근사록』을 간행 보급할 것임을 아뢰었다.[63] 김정·김구·기준 등 동료들의 위촉 격려도 한 몫을 하였다.[64] 당시 조정 동료들은 모친 봉양을 위하여 홍문관을 떠나 작은 고을로 나가는 안처순을 성대하게 전별하였다. 유용근(柳庸謹)·성세창(成世昌)·김정(金淨)·기준(奇遵) 등이 전별 시문을 건넸다.

---

61) 盧守愼, 『穌齋集』 권10, 「有明朝鮮國南原房君墓碣銘」. 진도 유배 시절 방응현의 요청에 따른 것이다. 방응현은 방한걸의 아들이다. 이들은 姻親이다.

62) 盧禛, 『玉溪集』 권3, 「承訓郎成均館典籍安公墓碣銘」(安璣) 및 「承訓郎守奉常寺判官安公行狀」(安處順). 안처순의 외조부 林玉山(1432~1502)은 효자였다. 「縣令林玉山旌門記」(『龍城誌』 2책);『예종실록』 권6, 예종 1년 7월 28일(1469);『성종실록』 권10, 성종 2년 6월 23일(1471); 『東國新續三綱行實圖』 권2, 1617년.

63) 『중종실록』 권32, 중종 13년 2월 29일(1518). 『근사록』은 주희와 여조겸이 북송 주돈이·장재·정호·정이의 중요 문헌을 묶은 수사성학(洙泗聖學)의 입문서였다. 그러나 난해하여 섭채(葉采)의 『집해근사록』이 통용되었다. 안처순이 배사하던 중에 "近思錄 間間罕得見之 古人以此書爲窮鄕晚進 無明師良友者 得是篇而讀之 則可知入道之方云"라고 하였는데, 여기에서 '古人'은 주자이며『集解近思錄』의 「朱熹謹識」를 인용한 것이다.

64) 金淨, 『冲庵集』, 「冲庵年譜」. "十四年己卯六月 …… 是時 諸賢以近思錄付求禮倅安處順 新刊畢 …… 奇服齋遵·金自菴絿 亦共囑製之"

시를 잘 짓지 못하고 좋아하지 않았던 조광조도 다섯 수에 효제충신의 성조를 소망하였다.[65)]

구례의 안처순은 향교가 누추함에 놀랐다. 우선 공자의 신주를 모시고 제사하는 선왕묘(宣聖廟) 즉 대성전조차 없었다. 알맞은 땅을 골라 세웠다. 그리고 1519년 6월『근사록집해』판각을 마치며 김정·김구에게 발문을 요청하였다. 김구는 확인이 되지 않지만, 김정은 형조판서가 되며 여의치 않았다.[66)]

그런 중에 11월 겨울 신무문의 변 즉 사화가 일어났다. 조광조 등은 옥에 갇히며 처형될 지경에 몰렸으나 정광필·안당 등 대신이 만류하여 겨우 살았다. 또한 성균관 유생 2백여 명이 항장(抗章)을 올리며 궁궐로 밀고 들어갔고, 도성 방리의 향도(鄕徒) 즉 향약의 약원들도 줄지어 소장을 올렸다.[67)] 이러한 유생과 향도의 협력을 임붕·이약수·박광우 등이 앞장서서 이끌었는데, 김식의 문도였던 남원 사람 홍순복(洪順福)이 세 번째였다가 옥에 끌려갔다.[68)]

조광조 등은 곤장 맞고 유배를 떠났다. 조광조는 전라도 능성, 김식(金湜)은 경상도 선산, 김정은 전라도 금산, 기준은 충청도 아산, 김구(金絿)는 경상도 개령이었다. 그리고 한 달 뒤 조광조가 사약을 받으면서 김정은 진도를 거쳐 제주, 기준은 함경도 온성, 김구는 남해로 쫓겨

---

65) 安處順,『思齊先生實紀』권5, '求禮別章' 및 '諸賢簡牘'.
66) 『思齊先生實紀』권1,「年譜」. "己卯十四年 錄近思錄 …… 刊役將訖 貽書於冲庵自菴 諸賢徵以跋文"; 金淨,『冲庵集』권5,「順之奉復」. "僕以省觀歸鄕 千萬意外 特拜刑判 下還 措躬無所 求死不得 今方苦辭有以自處 所示跋不可造次爲之 …… 故玆未得副耳 後當更與大柔議爲以竢 …… 己卯六月初四日"
67) 『중종실록』권37, 중종 14년 11월 17일(1519);『연려실기술』권7(中宗朝故事本末), 「기묘사화」. "禍作日 館學諸生 號哭闕庭 坊里鄕徒 坌集宮城"
68) 『己卯錄補遺』,「李若水傳」. "鄕徒之人 皆欲上疏以伸其冤" 및「朴光佑傳」. "都中坊里約徒之欲上箚伸冤 求其文者 簇立於前";『海東雜錄』,「洪順福」. "字子綏 己卯禍作日 儒生上疏 公名在第三 以金大成弟子拷掠" 김대성은 대사성 김식이다.

났는데, 이때 김식은 망명죄에 걸려 경상도 청도, 전라도 광주를 거쳐 무주로 갔다가 거창 산중에서 자진하였다.

이런 중에 남원으로 돌아오던 홍순복이 김식을 만나려다 붙잡혔다. 그는 장살에 앞서 공술에서 김식과 만나 심정·홍경주·남곤 등을 제거하는 일을 상의하고 싶었음을 밝혔다.[69]

> 군자와 소인은 일진일퇴하니 그 형세가 양립할 수 없다. 접때 간신이 천총(天聰)을 옹폐(壅蔽)하고 군자를 죄다 쫓아냈다. 그래서 내 일찍이 만일 김식 등이 다시 왕정에 서면 그에 힘입어 종사가 편안할 것으로 생각하여, 만세 후라도 치욕을 씻고자 하였다.

이즈음 구례현감 안처순은 조광조의 빈소에 치제하였고 남해로 쫓겨난 김구를 만나러 갔다는 혐의 등을 받다가 모친을 모시고 남원 백평(白坪)으로 들어갔다.[70] 남원에서 초학자가 익혔으면 하는 격언을「사제편(思齊篇)」상·하로 묶었다. 편명은 공자의 '견현사제(見賢思齊)'에서 취하였다. 상편은 '위학(爲學)'이며, 하편은 선비의 관혼상제와 향당 교제, 임금과 스승 섬김의 자세에 요긴한 구절을 모았다.[71] 이로써 보면 『근사록』의 바탕이 되는 공자·맹자의 어록을 뽑아 이웃 자제를 가르쳤던 듯싶다. 실제 순자강 언덕에 후진이 찾아오면 강학할 만한 정자를 올리고 사제(思齊)로 편액하고 다음의 원운을 지었다.[72]

---

69) 『중종실록』권39, 중종 15년 4월 26일 및 5월 2일(1520).
70) 『思齊先生實紀』권1,「연보」, "己卯冬 訪靜菴趙公於綾州 又涉海見自菴金公於南海" 또는 "知舊之擯于南者 無弗就慰 而極力周賚"
71) 『思齊先生實紀』권3,「思齊篇」上 및 권4.「思齊篇」下. "孝親·事君·事師·夫婦·兄弟·朋友·祭祀·居鄕·飮食·衣服·哀有喪·毁譽·正己·守身·待小人·安貧·素患難·尙友"
72) 『思齊先生實紀』권2,「思齊堂元韻」. 이전 자호는 '幾齋'였는데, 이후에는 '사제선생'으로 불렸다.

초옥을 처음 강 위에 열어놓고	草屋初開江上山
강가에서 날마다 낚시하고 돌아오네.	江干日日釣魚還
평생 마음껏 이 강의 풍광을 갖나니,	平生擅有玆江勝
천공께 한가로움 주심을 오래 감사하네.	長謝天公早畀閒

안처순은 모친과 백씨(伯氏)의 상을 마치고 그간 편지를 주고받았을 뿐인 남해의 김구를 찾았다. 두 사람의 수작이 전하는데, 그중에 '은자로 살며 자취 감춘 지 어언 십 년'라는 구를 보면 1529년 즈음이다.[73] 1531년에는 능성의 양팽손이 방문하여 사제당에 차운하였다.[74]

이 사람 맑은 운치 높은 산을 앙모하니	斯人淸致仰高山
선학이 훌쩍 날더니 돌아올 줄 모르는군.	仙鶴飄然不記還
양지 바른 산 피리 소리에 감개가 많으니	笛裏山陽多感慨
평생 산수를 사람 사는 데에 풀어야지.	百年雲水屬人間

'적리상양(笛裏山陽)'은 산양 땅에서 피리 소리를 들으며 죽은 친구가 그리웠다는 '산양문적(山陽聞笛)'이다. 사화로 희생당한 동지에 대한 감개함을 산수에 풀었다는 것이다. 양팽손은 조광조를 임종하고 중조산 쌍봉 계곡에 빈장하고 이듬해 상여 보내고 그 자리에 신주를 봉안한 초당을 지었다. 김구의 남해도 다녀왔었다.

---

73) 『사제선생실기』 권2, 「訪金大柔于海島」. "衡門掩跡十經秋 自恨從前久絶遊 一話平生猶切切 同爲流落更悠悠 人情遮莫隨雲變 功用應須與世酬 官渡無人風又緊 羈危空復倚孤舟" 및 「次 大柔」 "涵主恩海闊無極 睽隔非關子倦遊 白首紫扉應寂寂 滄波離思共悠悠 吟將松竹成心韻 酌與溪山擬勸酬 不識故人知此意 春江正好上孤舟" 大柔는 김구의 자. 이 시는 김구의 『自菴集』에는 없다.

74) 梁彭孫, 『學圃集』 권1, 「次安順之處順思齊堂韻」 및 『學圃集』 권4. 「年譜」. "辛卯春 訪安思齊堂處順于龍城"

1533년 봄, 일부 유배·폐고자가 복권 복직되었다. 권벌(權橃)·박훈(朴薰)·최산두(崔山斗)·장옥(張玉)·김구(金絿)·양팽손(梁彭孫) 등이었다. 영의정 정광필 등이 주선하였지만 기실 김안로의 기미책이었다. 안처순도 성균관 전적, 봉상사 판관을 맡았다. 이때 안처순은 외아들 안전(安瑑, 1518~1571)의 관례를 치렀다. 김구가 빈이 되어 '문보(文寶)'라는 자를 주었다. '옥은 갈고 닦아야 좋은 보물이 되는데 여기에 무늬[文]를 새기면 더욱 훌륭할 것이니 절차탁마하라'는 뜻이었다.[75] 또한 딸의 배필 될 청년을 만났다. 함양 덕곡 사는 노희(盧禧)가 데려왔다.

노희(1494~1550)는 노우명(盧友明)에게 시집간 누이의 아들로 두 살 터울 생질이었다. 노우명(1471~1523)은 일찍이 같은 마을 정여창에게 훈화를 받았으며, 경상감사 김안국의 천거로 문종 능침 현릉을 잠시 수호하였다. 누이가 죽고선 안동 권씨와 재취하였다.[76] 노희가 데려온 청년은 이복동생 17살 노진(盧禛)이었다.

노진(1518~1578)은 그간 아버지 무릎에 앉아 『중용』과 주자의 잠(箴)·명(銘)·발(跋)을 배웠고, 당형 노정(盧禎)·노상(盧祥)을 따라서 『여지승람』·『태평광기』를 섭렵하였다.[77] 또한 많은 후진을 인도하던 정희보(鄭希輔)를 스승으로 삼았다. 정희보(1488~1547)는 본디 남해 출신으로 함양으로 이사왔는데, 뜻을 펴지 못한 빈사(貧士)로 지내면서 후진을 인접하며 지치의 소망을 후학에게 기대하였다.[78]

---

75) 安瑑, 『竹巖遺稿』 부록, 「字說」. "夫瑑 玉上起文也 玉之性 堅貞淸潤之德 純粹光明 故礱磨追琢 爲圭爲璧爲瑞 世之寶 燦然煥然 文不可掩" 김구의 『自菴集』에는 없다. 『竹巖遺稿』는 안전(1518~1571)의 유고로 아들 安昌國(1541~1595)의 『梅潭實記』, 손자 安瑛(1565~1592)의 『淸溪實記』와 같이 『竹溪世蹟』으로 간행되었다. 한편 정철의 「竹巖安公墓碣銘幷」은 '君諱琢 字文寶'으로 '琢'이라 하는데, '琢'의 착오다. 노진 만사도 '安文寶琢'이다.
76) 盧禛, 『玉溪集』 권3, 「府君墓誌」; 『중종실록』 권32, 중종 13년 3월 26일(1518).
77) 『玉溪集』 부록. 「행장」 및 「연보」; 『豊川盧氏家學十圖』 제4도 「拙齋公樂道林泉圖」(盧祥). 「행장」은 안음 갈천의 林薰(1500~1584)이 찬하였다.

안처순은 노진의 기량과 재술을 보고 딸과 맺어주고 싶었지만, 그해 1534년 겨울 11월 17일 세상을 떠났다. 평생 친구 김구가 죽은 다음 날이었다. 그리고 2년 뒤 부인 한씨(韓氏)가 혼인을 성사시켰다. 이듬해 노진은 생원이 되고 성균관에 유학하였다. 김인후·노수신·홍인우 등과 종유하였다. 특히 김인후와 각별하였는데, 날 샘 강론하고 건넨 장편이 있다.[79]

5. 16세기 중반 을사사림 정황의 효제와 언론

1537년 초겨울 김안로가 패사하며 정국이 일변하였다. 10년 세도치곤 쉽게 무너졌다. 그러나 당시 사평이 '김안로의 일을 쾌히 여기지 않는 사람이 없었지만, 다만 일이 조정에서 나오지 않고 외척에서 나온지라 정대하지 못하여 식자들이 한스럽게 여겼다'고 하듯이 인심은 온전히 반기지 않았다.[80] 실제 문정왕후와 세자의 외숙 윤임이 위촉하고 국왕이 밀지를 내려 성사된 일이었다. 이때 대사헌 양연(梁淵)은 세조의 경륜대신 양성지의 손자였다.

그럼에도 조정은 해빙(解氷)의 활력을 회복해갔다. 그간 김안로에게 쫓겨났던 정광필·이언적·송순·송인수 등이 먼저 복직하고, 관학유생

---

[78] 『玉溪集』 권5, 「處士鄭公墓誌銘」. "晚歲 以訓迪後進爲己任 誨誘諄至 終日答問 略無倦色 學徒聞風遠來者甚衆 結茅齋于公之宅南百步許 常群聚而講習焉."; 최석기, 「唐谷 鄭希輔는 어떤 인물인가」, 『경남문화연구』 30, 2009.

[79] 金麟厚, 『河西全集』 권2. "盧子膺第 贈寡悔·孟明諸君 大秀·梁公燮·金慶老 同會 秀·燮夜還 餘同宿" 子膺은 함양의 盧禛, 寡悔는 상주의 盧守愼, 孟明은 한양의 李煇, 大秀는 장흥의 林薈, 公燮은 능성의 梁應鼎, 慶老는 김해의 金禧年이다. 임회는 林薈로 개명하며 자도 獻可로 고쳤다.

[80] 『중종실록』 권85, 중종 32년 10월 24일(1537).

이 기묘사화의 진상규명과 기묘인의 완전 복권을 요구하며 김안국·김정국 등 살아있던 '기묘인(己卯人)'이 복귀하였다. 삼사 또한 정치쇄신을 요구하였다. 그러나 국왕은 안정과 포용을 빌미로 궁정 외척에 힘을 실어주었고 쇄신파 사림 관료를 외직으로 내보냈다.

이런 때 남원은 정환(丁煥)·정황(丁熿) 형제의 극진한 시묘, 효행에 숙연하였다. 연산주에 세자빈을 들인 정세명의 아들이었다. 정환(1497~1540)은 일찍이 조광조의 문하에 출입하며 1516년 진사 되고, 1528년 홍패를 받으며 성절사의 서장관으로 연경을 다녀왔었다. 정황(1512~1560)은 1536년 가을 경회루 북원의 친시에서 선발한 4인 중에 들었는데, 8살 때 백씨를 따라 조광조에게 인사를 하였었다.[81] 이들은 1524년 부친상에도 지극 정성이었다.

이들은 1539년 정월 모친상을 당하였다. 정환은 경상도 도사였고 정황은 승문원 저작이었다. 형제는 정성스레 남원 원당산에 장사지내고 시묘에 들어갔는데 정환이 절명하였다. 이 사실을 당시 전라감사 송순은 서장(書狀)에 다음과 같이 알렸다.[82]

남원 사는 고(故) 경상도 도사 정환은 천성이 지극히 효성스러웠습니다. 갑신년(1524) 부친상을 당했을 때 모든 상제(喪祭)를 한결같이 예문(禮文)에 따랐습니다. …… 기해년(1539) 모친상을 당하고 아우 정황과 집상(執喪)하기를 한결같이 전상(前喪)처럼 하다가 지나친 슬픔으로 병이 나서 운명하였습니다.

---

81) 『游軒集』 附錄, 「行狀」(丁熠). "丙申秋 中廟試諸生于慶會樓北苑 立諸生促刻以論頌 唱拔四人 而公亦與焉." 및 「年譜」 "十四年己卯 先生八歲 始往拜靜菴趙先生 時伯氏檜山公受學於靜菴先生 已有年矣 先生才智聰敏 文藝夙就 見伯氏公出入於師門 亦欲隨往 伯氏嘉其志 與之受學"
82) 『중종실록』 권99, 중종 37년 11월 10일(1542).

정환이 시묘 중에 세상을 떠난 것은 그간 외직에 나가서 혼정신성(昏定晨省)을 하지 못하고 약물을 살펴드리지 못하여 자책하였기 때문이다.[83] 이런 상황에서 정황은 아들 없는 백씨의 상장(喪葬)을 감당하고 또한 모친상 마치고 벼슬에 나서지 않고 형수를 봉양하였다. 이런 사실을 전라감사는 서장에 다음과 같이 적었다.[84]

> 아우 정황은 형이 병들자, 부모처럼 약시중을 들고 형의 장수를 비는 기도는 더할 데 없었습니다. 당초 병이 위급하자, 똥을 맛보며 길흉을 징험하였고, 구할 수 없음에 미쳐서는 형에게 아들이 없고 또한 가난함을 애통하였나이다. 상장(喪葬)을 지성으로 치르고 모친 여막 옆에 별도로 형을 위한 여막을 짓고 먼저 망모의 신위에 조석전(朝夕奠)을 올리고, 또 심의(深衣)로 갈아입고 다음으로 형의 신위에 조석전을 올렸으며, 아침저녁 임곡(臨哭)은 부모나 다름없이 하였습니다. 복이 끝난 후 지금까지 백의(白衣)에 심상(心喪)으로 항상 형의 여막에 처하여 조석으로 손수 전을 올리고, 또 환(煥)의 아내 박씨(朴氏)를 받들기를 모친을 섬기듯 하였으며, 비록 복직 소식을 들었으나 차마 가지 못하고 사임장을 바치고 계속 봉양하였습니다. …… 고향 사람은 감화되어 혹 눈물까지 흘리면서 '효(孝)와 제(悌)가 한 집안에서 나온 것은 천고에 드문 일이라'고 하였습니다.

중종 또한 깊이 감동하였음은 물론이다. 이때 정황의 동네에 정려가 내렸으며 품계 또한 올랐다. 정황은 승문원 검교를 거쳐 예조좌랑이

---

83) 丁煥, 『檜山集』 附錄, 「墓表」(李恒福); "諱煥 字用晦 …… 歲戊戌 佐宣嶺南 母夫人卒於京口 公以久闕定省 藥餌無所及 摧慟成疾 耉年而卒" 이항복은 정환의 奉祀外孫 李尙吉(1556~1637)의 의뢰에 따라 묘문을 지었다. 이상길은 본관 성주, 자는 士祐로 강도에서 순절하였다. 『東川集』이 있다.
84) 『중종실록』 권99, 중종 37년 11월 10일(1542).

되었는데 이때도 녹봉을 수씨(嫂氏)에게 올렸다.[85]

1544년 가을 감사가 주최하고 부사가 주관하는 향시 도회가 남원에서 열렸다. 감사는 당시 정치 혁신과 사습 쇄신을 실천하며 사림의 중망을 받았던 송인수(宋麟壽)였으며, 부사는 송인수가 대사헌일 때 장령으로서 손발을 맞췄던 나주 출신 오겸(吳謙)이었다.[86] 남원에서 오겸은 '공물과 요역(徭役)을 공평히 부과하며 사람들이 친애하고 열복하였다.'[87] 이때 광주목사 송순과 옥과현감 김인후가 참시관이 되어 남원에 모였다. 이들 문집에 사제당 '차운'이 있는데 도회를 전후하여 안처순의 유지(遺址) 즉 사제당을 방문하였음이 틀림없다.[88] 이들은 광한루에서 감사를 전별하였는데 김인후의 시가 다음과 같았다.[89]

용절을 지니고 큰 해양에 왔다가,	龍節遙臨大海陽
임기가 넘쳐 더위 지나고 서늘하네요.	瓜期浩浩閱炎涼
남쪽 사람 부릅뜨고 신정을 지켜보니	南人拭目看新政
임금님과 근심을 나누려고 오랜 관행 사양하였네.	北闕分憂謝舊行

용절은 깃발로 용을 그렸고, 해양은 전라도의 고호이다. 3행 '신정'

---

85) 『游軒集』附錄,「年譜」"二十一年 先生三十一歲 壬寅春 陞承文院校檢 拜禮曹佐郎 冬 奉廟主還京第 與家嫂同爨 俸祿悉入于嫂氏 而出納必稟焉 人益稱服"
86) 『중종실록』권96, 중종 36년 11월 28일(1541) "司憲府大司憲宋麟壽等上疏 …… 此疏 吳謙所製 而其所陳說則皆宋麟壽之意也"
87) 『중종실록』권102, 중종 39년 2월 27일(1544).
88) 宋麟壽,『圭菴集』권1,「思齊堂題詠」; 송순,『면앙집』권2,「次亡友安順之處順韻」; 김인후,『하서전집』권7,「題安判官處順思齊堂」. 면앙정 주인 송순은 소윤과 마찰하며 모친봉양을 내세워 광주목사로 왔고, 신진 문한으로 홍문관에 있던 김인후 또한 양친 봉양을 이유로 내려왔다.
89) 宋純,『俛仰集』권2,「次宋監司留別韻 在龍城廣寒樓作」;『하서전집』권10,「龍城奉別圭庵相公」.

은 고을마다 사서오경을 간행하여 학풍을 일으키고 『소학』을 강론하였음을 말한다.[90] 4행 '오랜 관행'은 감사 임기 1년을 말한다. 1543년 2월 부임하였으니 2행에서 임기가 넘쳤다고 한 것이다. 얼마 후 송인수는 형조참판의 부름을 받고 올라가자말자 성절사가 되어 중국으로 떠났다.[91] 이때가 1544년 9월이었다.

1544년 겨울 11월 15일 저녁 중종이 창경궁 환경전에서 훙거하였다. 이날의 한 사론은 다음과 같았다.[92]

> 상은 인자하고 유순한 면은 남음이 있었으나 결단성이 부족하여 비록 일을 할 뜻은 있었으나 일을 한 실상이 없었다. 좋아하고 싫어함이 분명하지 않고 어진 사람과 간사한 무리를 뒤섞어 등용했기 때문에 재위 40년 동안에 다스려진 때는 적었고 혼란한 때가 많아 끝내 소강(小康)의 효과도 보지 못했으니 슬프다.

닷새 후 세자가 즉위하며 '백성을 어린 아이처럼 살피셨으며,' 또한 '오직 어진 인재를 등용하셨다'면서 부왕을 추모하였다. 자신은 정녕 인정을 베풀고 바른 인재를 등용하겠다는 '미지현(微之顯)'의 각오였다. 그리고 빈전에 별제하며 친히 지은 제문에서 '천지는 장구하고 원모(怨慕)의 정은 깊음'을 토로하였다.[93] 원모(怨慕)는 순임금의 완고한 부친 고수를 향해 애태우며 울부짖는 효심이다.

국장에서 먼저 닥친 문제는 중국에 보내는 표문이었다. 그때까지

---

90) 宋麟壽, 『圭菴集』 권4(부록), 「年譜」. "羅州戶長日記曰 癸卯年 觀察使宋某下界 右文興學 令各官開刊四書五經云."
91) 『圭菴集』 권4(부록), 「年譜」. "癸卯(1543) 二月丙戌 出按全羅道觀察使 …… 甲辰(1544) 秋 遞還 差冬至聖節副使 赴京師"; 『중종실록』 권104, 중종 39년 9월 11일(1544).
92) 『중종실록』 권105, 중종 39년 11월 15일(1544).
93) 『중종실록』 권105, 중종 39년 12월 3일(1544), "史臣以聞見追記."

조정은 반정 직후 보낸 표문의 거짓을 고치지 않았다. 중국에서 연산주는 폐주가 아닌 전위하고 아직도 살아있는 양로왕(養老王)이었다. 이때 종부시 정 이약빙(李若氷)이 그 잘못을 거론하였지만 신료들은 호응하지 않았고 대신은 무시하였다. 이때 사헌부 지평 정황이 나섰다.[94]

> 지금 전하가 정시(正始)하는 날에 당장 해야 하는 일을 놓치고 세월 보내다가 기회가 사라지면 종내 천지간에 자명(自明)할 수 없으리니, 전하는 어떻게 계지술사(繼志述事)의 도를 이루시렵니까? …… 세상이 바뀌었는데 구차스레 전철을 밟는다면 명나라 조정이 우리를 좋지 않게 여길 것이고 장차 반드시 알게 될 것이니 대행대왕께서도 구천에서 눈을 감지 못할 뿐만 아니라 전하의 사모함을 푸실 때가 없을 것입니다.

이때 홍문관 부제학 송세형(宋世珩)은 동조하였지만, 대신들은 전주(前奏)의 관례를 고집하며 거부하였다. 실제 고부사의 통사는 중국에서 '양로왕의 생존, 병환, 춘추, 자녀'를 묻자, '아직 살아있고 간질이 고질이 되어 방문을 나서지 못하고 일흔이 넘었으며 자식은 없다'고 응대하였다.[95]

신왕은 선왕 빈전의 조석전(朝夕奠)을 거르지 않았다. 그런데 경원대군은 종기가 났다며 삭망전(朔望奠)까지 불참하였다. 신료들이 그 실례(失禮)를 책망하였지만 신왕은 애써 무마하며 종기를 치료한 내의원 정 유지번(柳之蕃)를 포상하였다. 정황이 통박하였다.[96]

---

94) 『중종실록』 권105, 중종 39년 11월 27일 및 12월 5일(1544), "丁熿謂承旨曰 此疏非僚中所議云."
95) 『인종실록』 권1, 인종 1년 2월 27일(1545).
96) 『인종실록』 권1, 인종 1년 윤1월 17일(1545).

대군의 병을 치료하는 것은 의원의 직무인데, 작명을 남발하는 것은 국가의 공기(公器)인 작명(爵命)을 전하의 사물(私物)로 삼는 것이니 편사해공(偏私害公)이 되며, 동기에 대한 친애하는 우의(友誼)를 구차스럽게 만들 뿐입니다.

어느덧 능침이 정해지고 인산(因山)이 가까워지자 능호와 전호(殿號)를 지어야했다. 그런데 산릉도감 이하 대신은 별 고민 없이 희릉(禧陵)과 영경전(永慶殿)으로 정하였다. 금상을 생산하고 훙거한 장경왕후의 능호와 전호였다. 이때 대간들이 '희릉·영경전을 그대로 쓰는 것은 존비와 경중의 뜻에 어긋납니다.'고 문제를 제기하였다.[97] 그런데도 영의정 이하 의정부는 내상(內喪)을 치르고 능침과 전각에 명호가 있으면 고치지 않고 사용하였던 고례를 내세워 대간의 견해를 수용하지 않았다. 국왕도 침묵으로 동의하였다. 다음날 다음과 같은 제2차 대계가 올라갔는데 정황이 주도한 일이었다.[98]

낮은 데서 높은 데를 끌어당기지 않는 이치는 만고의 상도로 일월처럼 밝아서 미묘하고 알기 어려운 일이 아닙니다. 그런데 대신들은 구차하고 소홀함이 편하다며 일마다 예에 맞을 필요가 없다고 하며 정해진 논의를 고치길 꺼려하니 이는 자기의 소견을 버리고 남을 좇는다는 이치와는 차이가 있습니다. 주상께서 학문이 고명하시어 경중과 존비 사이의 털끝만한 차이도 반드시 밝히실 터인데 어찌 대왕이 후비의 능호를 답습할 수 없다는 것을 모르시겠습니까! 이렇듯 대신의 의논에 이끌려 예로써 결단하지 않으시니 신들은 서운함을 견딜 수 없습니다. 능침과 전각의 칭호를 빨리 고치소서.

---

97) 『인종실록』 권1, 인종 1년 윤1월 22일(1545).
98) 『인종실록』 권1, 인종 1년 윤1월 23일(1545); 『游軒集』 권3, 「請中宗大王陵殿改號啓辭」·「再啓」.

이렇게 되자 국왕이 윤허하였고, 정2품 공경의 논의를 거쳐 '정릉(靖陵)'과 '경사전(景思殿)'으로 결정하였다.[99] 이런 중에 국왕은 건강을 잃었다. 시약부터 육즙까지 거부하였던 것이다. 칠우제(七虞祭) 지나 졸곡제를 마치고 신료의 뜻을 받아 비로소 개소(開素) 즉 육선(肉膳)을 들었으나 이미 소화·순환 계통의 증상이 깊었다.[100]

조문사를 따라 들어온 책봉사는 구하는 것이 많아서 국왕은 내탕고까지 헐었다. 6월 2일 책봉사가 도성을 나가자, 국왕은 기맥을 놓아버렸다. 대신조차 알현이 쉽지 않았다.[101] 이때 정황이 대신과 대간이 공동으로 탕제를 친히 검사할 것을 제안하였는데 받아들여지지 않았다.[102] 경회루 기둥을 흔드는 천둥소리가 국왕의 외마디, 신료의 탄식을 삼켰다.[103] 국왕은 조광조 등의 복직, 현량과 복과, 대사령 반포, 경원대군 승습 등을 전교하고 7월 초하루 이른 아침 여덟 달 왕위를 마감하였다.

군왕의 장례는 오월장이었다. 그렇다면 넉 달 지난 11월 중에 장례하면 되는 것이다. 그런데 영의정은 정월에 윤달이 있어 추위가 빠를 것이므로 넉 달 안에 마칠 것을 제안하여, 처음 10월 27일로 정하였다가 10월 15일로 앞당겼다.[104] 홍문관 부제학 나숙(羅淑)을 비롯하여 사

---

99) 『인종실록』 권1, 인종 1년 윤1월 24일 및 25일(1545).
100) 『인종실록』 권1, 인종 1년 2월 24일(1545).
101) 『인종실록』 권2, 원년 4월 28일 및 5월 11일·29일 및 6월 15일·18일(1545).
102) 『游軒集』 권3, 「別記」. "因請入藥房 察視湯劑 有人言例而不可者 又爲峻責曰 許世子 止不嘗藥 聖人書以弑之 君父之疾 但委之於醫官可乎."; 李中悅, 『乙巳傳聞錄』, 「丁熿傳」. "仁廟大漸時 公請入藥房 參視製藥 有阻以不可者 公曰 許世子 止不嘗藥 聖人以弑書之 君父之疾 委之醫官可乎." '許世子 시해'는 『춘추』 昭公 19년 "夏五月戊辰 許世子止 弑其君買"을 말한다.
103) 『游軒集』 권3, 「日記」. "大雨 震慶會樓之柱 樓在寢殿最近 左右喪色罔措 上强聲傳于政院曰 迅雷 無乃驚動我慈殿乎"
104) 『명종실록』 권1, 명종 즉위년 7월 20일(1545).

헌부까지 장기진정(葬期進定)은 예를 어기는 것임을 역설하였다.[105] 그러나 섭정대비는 받아들이지 않았다. 이때 병조정랑 정황이 상소를 올려 '땅이 얼 것 같으면 8월이나 9월에 공역을 마치면 11월 안장이 아무 장애가 없을 것'이라며 대신의 안이함과 성의 없음을 비판하였다.[106]

  신이 듣기에 송사(送死)의 예를 한번 잘못하면 나중에 후회하더라도 미칠 수 없습니다. 대행대왕께서 1년 왕위에 계시는 동안 인후한 은택을 위로는 공경부터 아래로는 사서인(士庶人)까지 고루 입었습니다. 이런 망극한 변을 당하여 비록 천하고 어리석고 무지한 자들도 모두 목숨이 다하고 뼈가 부서질 때까지 만분의 하나라도 은택을 갚고자 하는데, 어찌 앞줄에서 뒷일을 당부하는 유교를 받은 사람들이 이리 구차한 설을 만들어내고 이리 한결같이 대사를 소홀히 할 줄을 생각이나 할 수 있겠습니까?

상소를 받아본 즉시 섭정대비는 '장일(葬日)을 물릴 수는 없으니, 졸곡을 물리면 어떻겠는가?'라고 하였다.[107] 장례는 졸곡으로 마감하는 만큼 졸곡을 늦추면 오월장의 취지와 어긋나지 않는다는 것이다. 이렇게 선왕의 인산을 바르게 치를 것을 주장하던 날, 정황은 '경연이 제일 급무임'을 거론하였다. 앞서 대비의 섭정에 즈음하여 이언적이 제출한 의정부의 서계에서도 경연을 첫째로 강조하였었다.[108]
8월 22일 섭정대비는 인종조 대신의 수상한 행적을 날조하며 논죄하였다. 을사사화(乙巳士禍)였다. 정황 또한 파직되었다. 당시 정황은 나라를 위한 감춤 없는 한결같은 정론으로 노수신과 같이 명성을 나란

---

105) 『명종실록』 권1, 명종 즉위년 7월 20일 및 8월 1일·2일(1545).
106) 『명종실록』 권1, 명종 즉위년 8월 3일(1545).
107) 위와 같음. 이때 10월 27일로 장례를 미뤘지만, 종내 10월 15일로 당겼다.
108) 『晦齋集』 권13, 「政府書啓十條」; 『명종실록』 권1, 명종 즉위년 7월 21일(1545).

히 하였다.[109] 그리고 1547년 봄 정황은 곤양, 노수신은 순천으로 유배되었다가, 8월 가을 양재역 벽서사건이 일어나며 정황은 거제, 노수신은 진도로 옮겨졌다. 이때 송인수·임형수(林亨秀) 등은 사약을 받고, 71살 권벌(權橃)은 평안도 삭주, 57살 이언적은 강계로 쫓겨났다. 유희춘은 처음 제주로 정해였는데 고향 해남이 가깝다며 함경도 종성에 안치되었다. 정미사화(丁未士禍)였다.

6. 16세기 후반 강학과 붕당의 출현

명종조 정국은 군약신강(君弱臣强)으로 요약된다. 음모와 공작으로 정국을 장악한 외척권신은 어전(漁箭)·해택(海澤)을 차지하며 중국 사행을 장삿길로 만들었다. 왕실 내수사의 장리(長利)나 탈점(奪占)도 노골적이었다. 당시 국부 유출, 기강 퇴락, 염치 상실, 사치 기승이 실록 사평을 장식하였다. 흉황은 연례사와 같았다. 을묘왜변과 '임꺽정 난리'의 배경이었다.

이런 상황에서 이황·조식·성운·이항·정지운·김인후·기대승 등은 심성의 본질 선악의 갈림에 골몰하며 강학과 저술에 종사하였다. 유배객들도 연찬과 저술을 그치지 않았다. 정황 또한 인사와 세도에 절실한 가언·선행을 『장행통고(壯行通考)』와 『부훤록(負喧錄)』에 담았다.[110] 사

---

109) 『명종실록』 권2, 명종 즉위년 9월 12일(1545). "(丁熿)國家有一非事 必力言不諱 然不許以爲直 與盧守愼齊名 …… (盧守愼)自布衣 大有名望 議論一出於正 與舍人丁熿 爲時俗所甚忌"

110) 『유헌집』 부록, 「年譜」. "壬子(1552) 著負暄錄·壯行通考各十卷." 『壯行通考』는 「爲學」「仕進」「奉使」「爲政」「便適」「見危」「離騷」「用兵」 등 16권이다. 閔丙承(1866~1946)의 필사본을 吳震泳(1868~1944)이 校勘하여 후손이 장수군 산서면 봉서리 永慕齋에서 1942년 간행하였다. 『負暄錄』은 전하지 않고 편찬의 감회를 담은 시

공(事功) 본위 찬술이었다. 그러나 '정력을 너무 허비하여 성학(聖學)에 잠심(潛心)하는 것만 못하다'고 여기면서 '본원에 힘들이며 실천 체득에 주력했다.'[111] 심학에 종사하였던 것이다.

이 시기 재야와 유배지의 학자들은 심학(心學)·도심인심(道心人心)·태극음양(太極陰陽)·사단칠정(四端七情) 등을 논변하였다. 주자성리학을 깊이 이해하게 되었을 뿐만 아니라, 우리 사회에 어떻게 적용하며 실천할 것인가를 가늠하기 시작하였다. 즉 '조선성리학'으로의 전환이었다. 아울러 경전의 토석언해가 진척되면서 '경학의 조선화'가 촉진되었다. 이런 중에 선비들은 성리학 탐구를 매개로 소통하였다. 성리학의 개념과 이론이 담론의 주제 나아가 평소의 생각거리가 되었다. 그러면서 후진은 선각을 찾아 '어떻게 배울 것인가'를 물었다. 이 시기 남원에서 소통과 강학의 장에서 노진과 정염(丁焰)이 큰 몫을 감당하였다.

노진은 중종 말년 신병 때문에 성균관 출입을 하지 않고 양주를 거쳐 남쪽으로 내려와 함양 본가와 남원 처가를 오갔다.[112] 양주에는 매형인 신잠(申潛)의 본가가 있었다. 신잠(1491~1554)은 진사 장원이며 현량과에 뽑혔던 문사이며 시서화(詩書畵) 특히 난초가 뛰어난 재사였다. 더구나 신숙주의 증손이며 세 번 장원한 '삼괴(三魁)' 신종호(申從濩)의 아들이었으며 조부가 당대 공신 한명회의 사위였으니 그 외증손이 되는 셈이다. 이렇게 당당한 위세에도 기묘의 여맥을 끊어내고 싶었던 심정·남곤이 날조한 무옥(誣獄)에 걸려 장흥에서 17년이나 유배 살았다.[113]

2수가 있다(『유헌집』 권2, 「題負暄錄後」).
111) 丁焰, 『晚軒集』 권3, 「舍人丁公行狀」; 宋時烈, 『宋子大全』 권172. 「游軒丁公墓碣銘」. "公嘗輯壯行通考 負暄錄各十餘卷 旣而曰 此枉費工夫 不若潛心聖賢之學 專用心於本原而躬踐履之實"
112) 金麟厚, 『河西全集』 권3, 「子膺將向楊州 求詩」, 권2, 「送子膺」. "之子返故鄕 值此春景暄 漢水初釋氷 嶺路歸雲奔"
113) 盧禛, 『玉溪集』 권3, 「行尙州牧使申公行狀」.

그러다가 1544년 봄부터 빼앗긴 백패를 돌려받고 태인 현감으로 내려왔다. 당대 문형으로 익산 살던 소세양(蘇世讓)이 다음과 같이 칭송하였다.[114]

> 흥학(興學)과 변속(變俗)을 내세우며 방리마다 국당(局堂)을 세우게 하고, 서책을 인쇄하여 비치하고 식량을 넉넉히 마련하여 준수한 자제를 모으고 선생을 뽑아 가르치도록 하였으며, 환과고독을 구휼하고 염치와 예양을 장려하니 교활한 구실아치까지 마음을 고쳐먹었다.

그런데 이때 노진의 모친이 태인관아에 살았다. 모친에게 인사갔던 노진은 매형에게 떠밀려 이웃 정읍에서 열린 향시도회에 참석하고 문과 초시에 들고 이듬해 1546년 복시까지 통과하였다.[115]

노진의 사환은 처음 경직으로 시작하였지만, 거의 외직이었다. 지례현감 마친 1556년부터 1561년 담양부사 되기까지 조정에 있었지만 모친 봉양에 한 해 두 번 남행하여 휴가가 많았다. 이후는 진주·전주 등 수령이 아니면 휴직이었다. 그런 중에 '염근'으로 뽑혀 향표리를 하사 받았으며, 아동교육에 요긴한 『양정편(養正編)』을 중간하며 보급하였다.[116] 또한 김인후·이항·조식·이황·임훈 등 당대 사림을 방문하고, 정황과 소식을 놓지 않았으며 노수신·이정과는 질의 논변까지 하였다.[117] 이런 중에 남원의 방응현·장급·변사정 등이 종유하고, 양사형·

---

114) 蘇世讓, 『陽谷集』 卷14, 「申泰仁潛善政記」.
115) 『玉溪集』 권5, 「年譜」 '명종 원년, 병오 29세'. 문과 초시 정원은 240명인데, 팔도 향시에서 150명을 선발하는데 전라도에는 25명이 배정되었다.
116) 『玉溪集』 권5, 「重刊養正編跋」. 『양정편』은 '孝悌孝順之歌', '吳陳의 詩箴' 및 '文公規訓'이 있고 '孫氏編'이라 하였다. 鄭經世가 屠義英(1523~1582)의 『鄕校禮輯』의 '童子禮篇' 저본으로 1604년 편찬한 『養正篇』과 다르다.
117) 『玉溪集』 권4, 「答李龜巖剛而書」 및 「與盧寡悔書」.

김익복 등이 훈화를 입었다.[118] 노진은 선조조에 이조판서까지 올랐어도 실제 근무는 짧아서, 30년 벼슬에 중앙 조정에 머문 기간은 서른 달이 못 되었다.[119]

한편 정염(1524~1609)도 후진 인도, 향학 진흥에 역할이 컸다. 일찍이 재종형인 정환·정황 형제가 여막에서 지낼 때 배웠으며, 유희춘의 선운사 강회에 선발되어 『주자대전』를 익혔고,[120] 경상감사 이언적과 전라감사 송인수의 지리산 백장사 회합을 수행하였었다.[121] 그리고 정황의 거제 배소를 찾아 공부하였다.[122]

정염은 1560년 별시에 들고 형조좌랑 예조정랑을 맡기도 하였지만 능성·영광·광주·고부 등 전라도의 수령으로 지냈다. 능성에서는 지방 공론에 따라 죽수서원을 건립하고 조광조의 위패를 봉안하였다. 그러나 벼슬을 쉴 때가 많았다. 이럴 때면 "정주(程朱)을 매우 좋아하여 깊이 생각하고 음미하며 뜻을 찾아갔는데, 주자서에서 일상에 절실한 문구를 써서 한 책을 만들고 만헌보완(晚軒寶玩)이라 하며 항상 책상 위에 두었다."[123] 그러면서 이웃의 후진과 강학하였다. 개중에 이웃 친지 이대유(李大㽕)는 문인이자 동지였다.

이대유(1540~1609)의 자는 경인(景引) 호는 활계(活溪)로 문장과 절행

---

118) 『玉溪集』 권1,「寄贈楊金兩生」. "時楊士衡·金益福 留棲書院" 및 『玉溪續集』 권4,「古龍書院事蹟」. "房沙溪應賢·張栗溪伋·邊桃灘士貞諸公 議于多士 建院于距白坪數里許古龍"
119) 林薰, 『葛川集』 권2,「玉溪盧公行狀」. "筮仕三十年 在朝不滿三十朔." 林薰(1500~1584)은 安陰縣 葛川에 살았다.
120) 丁焰, 『晚軒集』 권4(부록),「行狀」(丁命說). "宋圭菴爲本道方伯 柳眉巖適宰茂長 圭菴取道內年少聰敏於禪雲寺 使眉巖授小學 近思錄 以正士趣 眉巖以朱子大全 兼治學業 以是敎之 公首預是選"
121) 『晚軒集』 권1,「追次晦齋·圭菴韻」.
122) 『晚軒集』 권1,「敬次游軒韻」 및 「題游軒手稿後」.
123) 『晚軒集』 권4(부록),「行狀」(丁命說).

으로 명성이 있었던 무오사림 이원(李黿)의 증손으로 군수 조부가 순창으로 췌객이 되고 부친이 정씨(丁氏) 생관(甥館)에 살며 남원 사람이 되었다.[124]

이대유는 1570년 생원이 되고, 성혼이 이조참판으로 있을 때 사옹원 참봉을 제수하자 사은한 즉시 돌아온 후 일체 나서지 않았다. 영산(永山) 고당(高塘)의 읍청당(挹淸堂)를 무대로 원근의 동지와 덕업계(德業稧)를 결성하고 독서하며 신의를 다졌는데 그때 산서에 살던 박이항(朴以恒)도 참여하였는데, 이들의 상애상장(相愛相長)하는 모습이 다음과 같았다.[125]

> 중간 송정(松亭)에 모여 도의를 강론하니 사람들이 군자정(君子亭)이라 불렀는데, 앞서 입덕가(入德歌)을 지어 활계(活溪)에게 보이니 활계는 상춘가(賞春歌)을 지어 응답하고, 여덟 조목과 세 강령이 입덕문인데 / 아까워라 유지가 황량한 뜰에 잠기다니 / 후생이 구석진 근원을 엿보고 싶거든 / 굽이진 속에 분명 자물쇠가 있으리라.

이들 모임은 머지않아 최온(崔蘊)·이유형(李惟馨)·오정식(吳廷式)·이상형(李尙馨)·정명열(丁命說) 같은 후진이 참여하며 지금서사(知今書舍)가 되었다.[126]

한편 다른 고을 스승을 찾아 나섰던 선비가 있었다. 방응현(房應賢, 1523~1589)은 노수신이 진도로 유배오자 부친의 묘갈명을 의뢰하고 또

---

124) 張維, 『谿谷集』 권12, 「故刑曹佐郎活溪李公墓碣銘」.
125) 李大㽦, 『活溪遺稿』 권1, 「高塘德業稧序」; 崔是翁, 『東岡遺稿』 권7, 「秘巖朴公行狀」. "聚中路松亭 講論道義 故野人名其亭曰君子亭 嘗作入德歌示活溪 活溪爲作賞春歌以答之 繼之以詩曰 八目三綱入德門 可嗟遺址沒荒園 後生若欲窺源曲 曲裏分明鎖鑰存 盖其相愛相長之樂 可想也"
126) 이선아, 「16세기 호남 사림 丁熖의 학맥과 知今書舍 강학」, 『민족문화논총』 79, 2021.

한 배웠다. 노수신의 처가의 외가가 방씨였으니 인친이었다. 당시 민성(閔誠)·서우량(徐友諒)·백광훈(白光勳) 등 이웃 고을 선비가 여럿 출입하였다. 노수신은 강론을 마치고 대취하여 다음 시를 건넸다.[127]

나도 그대들과 함께 천지의 중을 받았건만	與君共受天地中
나는 여기에 다 순응하지 못한 게 부끄럽네.	愧我於斯有未窮
나무가 이미 말라 죽고 재 또한 식었으니	木旣槁焉灰又死
어떻게 느끼어 천하의 일을 통할 수 있으랴	安能天下感而通

노수신이 괴산으로 중도 이배되었을 때도 방응현은 찾아갔는데 '도처에서 이 준부(俊夫)를 만나네.' 하여 어긋났다.[128] 방응현은 이후 조식과 이항의 문하에 출입하며 마침내 과거 공부를 내던지고 농사짓고 채소 가꾸고 화죽(花竹)에 물을 댔다.[129] 또한 집안에 경적·서첩이 많았는데,[130] 운봉에 사는 변사정(邊士貞)이 자주 왔다.

---

127) 盧守愼, 『蘇齋集』 권2, 「族從房應賢遠訪夜話時閔徐二生在坐」 및 「大醉 次韻示三子」. '天地之中'은 『春秋左氏傳』 魯成公 13년(B.C. 578) 3월 "劉子曰 吾聞之 民受天地之中以生 所謂命也 ……"에 나온다.
128) 『소재집』 권4, 「房生來訪 謾書爲贈」. "守愼其名卽姓盧 常呼寡悔別號穌 沃州海闊商山峻 處處相逢是俊夫"
129) 李廷龜, 『월사집』 권46, 「沙溪房君墓碣銘」. "遊南冥一齋之門 得聞爲學之方 遂抛擧子業 靜坐一室 誦詩讀書 暇則課農圃圃 灌漑花竹以自適"
130) 趙纘韓, 『玄洲集』 권15, 「房氏書貼遺失記」. "倪天使親自書詩三十餘篇, 張天使寶自書文與詩五十餘篇 國朝盧蘇齋自書詩與簡百餘篇 白玉峯所書蘇齋詩又百餘篇 集三詩四筆 總二百八十餘篇 爲一卷" 倪謙(1415~1479)은 1450년(세종 32) 景泰帝 登極使로 왔는데, 書畫와 曆日을 河演에게 주었다는 실록기사가 있다. 張寶이 사신으로 왔다는 기록은 찾지 못하였다. 『세종실록』 기사의 요동 여진과 관련하여 성명이 확인되지 않는 張天使나 인종 원년 조문부사로 문장이 뛰어난 '張承憲'은 아니다. 『百度百科』에 의하면 徐邦達 편, 『古書畵過眼要錄: 元明淸書法3』에 張寶이 나오며 『명실록』 검색 결과는 靖帝 때 '刑部員外郞'을 지냈다. 『네이버』의 '중국역대인물 초상화'의 張寶(1486~1581)에 부합한다. 嘉靖帝의 재상 顧鼎臣(1473~1540)의 『顧文康公全集』에 '刑部山西司員外郞 張寶父母誥命'라는 기록이 있다는데 확인하지 못하였다.

변사정(1529~1596)은 한양에서 태어나 어릴 때 안음의 초계 정씨 외가에 갔다가 양친을 잃고 의탁하였다가 20살에 남원의 췌객이 되었다. 이때 노진이 『성리대전』을 선물하며 격려하였는데 첫 스승인 셈이었다. 1553년 25살에는 운봉 도탄에 집을 지었다. 노진이 벼슬을 쉬며 남원과 함양을 오갈 때 쉽게 찾고자 함이었다.[131] 이듬해엔 태인의 이항에게 집지하며 두 선생 문하를 오갔다. 그러면서 기대승·김천일·기효간(奇孝諫)·박광옥(朴光玉) 등과 종유하였다. 한편 안음으로 소분(掃墳)갈 때면, 조식을 배알하고 또한 강익(姜翼, 1500~1584)에게 성리설을 질의하였다. 안음 갈천의 임훈은 '입에 올리고 귓가에 맴도는 구상이저(口上耳底)'의 학풍을 경계하라고 훈계하였다. 또한 파주의 선대의 세천(世阡)을 참배하면서는 한양에서 조헌·정철·서익(徐益)과 통하였는데 정철이 『근사록』을 기증하였다.

한편 노진의 처가인 안씨 일가와는 두루 가까웠다.[132] 그리고 정염을 따랐으며 오수성(吳遂性)과 기맥을 통하였다.[133] 오수성(1529~1584)은 조식을 사숙하고 정염을 종유하며 옥과의 유팽로(柳彭老)와 이웃 장경세(張經世) 등을 인도하였다.[134] 자를 복초(復初) 당호를 복재(復齋)라 하였음은 '진기성(盡其性)의 성인은 못되지만 복기성(復其性) 하는 군자가 되리라'는 의지를 새긴 것이었다.

그런데 변사정과 오수성은 과거 출세에 집착하진 않았어도 사마시

---

131) 邊士貞, 『桃灘集』 권2, 「연보」. '명종 8년(26세)' "其時 玉溪盧先生 設皐比 倡道學於嶺南 故有從遊之意 而桃灘之距玉溪 不遠故也"
132) 『桃灘集』 권1, 「輓安思齊室內」 및 「輓安竹巖文寶」 및 「輓安察訪昌國」. 사제당 부인 한씨, 사제당 아들 안전, 안전의 아들 안창국의 만사이다. 만사 중의 "灘邊舊契曾投分 野外新居更卜鄰"에 비춰볼 때 사제당과 영사정을 강학 공간으로 삼았을 것이다.
133) 『도탄집』 권1, 「贈別丁君晦」 및 「挽吳遂性復初」.
134) 丁焰, 『만헌집』 권1, 「吳復初遂性挽」. "復初吾益友 所愛在冲襟"; 奇宇萬, 『松沙集』 권26, 「復齋先生吳公墓碣銘」.

까지 가볍게 볼 수는 없었다. 두 사람은 선조 즉위년(1567) 10월 회시를 치르기 위해 호서를 지나다가 함경도 종성에서 은진으로 중도부처 되었다가 사명을 받고 올라가는 유희춘에게 인사하였는데 같은 남원의 안혼(安琿)도 있었다.[135] 안혼은 늦가을 진사가 되었는데 두 사람은 급제하지 못하였다. 이후 안혼은 형 안황(安璜) 매제 김복흥(金復興)과 같이 유희춘에게 집지하고 『이락연원록(伊洛淵源錄)』을 질의하였다.[136]

그때 총각 선비 최상중(崔尙重)은 유희춘이 은진에 오면서 바로 스승 삼았다. 최상중(1551~1604)은 집현전 학사 출신 영의정 최항의 후예로 고조가 남원으로 내려왔으며 조부 및 백부·숙부가 모두 문과에 들었다. 6살 때 처음 배우기 시작하여 16살에 유희춘을 배알할 때까지 공부내력을 오언장편 「자서평생(自敍平生)」에 이렇게 적었다.[137]

여섯 살 처음 글자 배웠는데	六歲始學字
읽는 것이 분명하다는 말 들었네.	人謂分明讀
이웃에 조상사가 있어	隣有上舍趙
당신 훈화가 은근하고 절실했지	慇懃訓誨切
열서너 살에	年至十三四
스승 찾아 처음 보따리 짊어졌지.	尋師始負笈
권과 장 두 사문이신데,	權張兩斯文
오두막이 구묘 곁이라.	結廬丘墓側

---

[135] 柳希春, 『미암일기』 1책 정묘(1567) 10월 15일.
[136] 『미암일기』 6책 신미(1571) 6월 28일. "南原安璜·生員金復興及安琿來謁, 質問伊洛淵源錄." 이들 형제는 안기의 현손으로 먼저 이항에게 배웠다. 奇宇, 『松沙集』 권26. 「雪齋安公墓碣銘」. "公諱璜 字仲瑞 號雪齋 順興之安 …… 專門於李一齋先生 得聞性命之奧 就正於柳眉巖先生"
[137] 崔尙重, 『未能齋集』 권1, 「自敍平生」. 18세기 남원 노봉서원은 未能齋 崔尙重과 두 아들 星灣 崔葙과 砭齋 崔蘊, 손자인 鰲州 崔徵之와 艮湖 崔攸之 3대 5인의 문집을 『대방세고』로 묶었는데 바로 간행되지 못하고 20세기 구례에서 신활자로 발간되었다.

3행 '조상사'는 1561년 진사가 되었던 마을 훈장 조륜이었으며,[138] 7행 '권과 장'은 순창에 살았던 1561년 문과 급제 권대덕(權大德)[139]과 1549년 문과에 급제하고 형조정랑으로 있다가 1562년 6월 부친상을 당한 장건(張健)이었다. 그가 결복하던 때까지 배웠는데, 매형 양사형과 그 아들 장경세도 같이 배웠다.[140]

이후 최상중은 무안현감이던 외삼촌 송정순(宋庭筍)에게 갔는데 외종형 송제민(宋濟民)과 외매제 나덕용(羅德用)과 고기잡이 사냥 구경하다가 돌아와서는 서넛 많은 김복홍과 막역하게 지내며 많은 도움을 받았다.[141] 그리고 한양의 백부·숙부가 성묘 왔다가 유희춘이 북쪽 황량한 땅에서 호서 어느 읍으로 옮겨왔다는 소식을 들었다.[142]

분발하고 참으며 능력을 키웠으니	動忍有增益
이 분이 유림의 종장이네.	是謂儒林宗
하물며 나와는 가까운 집안이니	況我連門族
옷섶 걷기를 어찌 멀다고 꺼려 할 것인가?	攄衣豈憚遠

---

138) 趙倫은 1527년 생으로, 본관은 함안이다. 『미암일기』에 따르면 선조 치세 장흥·남원·무주향교의 훈도와 담양 학관을 지냈다. 김인후 사위 조희문의 가까운 조카 항열이다.
139) 권대덕은 『미암일기』에 의하면 부안·고성·회령 수령을 지냈는데 1581년 남원부사에 제수되었을 때 전라감사 정철이 순창과 이웃이며 권속이 많아 남원이 적합하지 않다며 개정을 요구하였는데, 훗날 그 아들은 화적의 괴수였다는 기사가 있다(『선조실록』 권16, 선조 15년 7월 20일 및 선조 35년 4월 27일).
140) 張經世, 『沙村集』 권3, 「本生先府君行狀」; 黃胤錫, 『頤齋遺藁』 권20, 「金溝縣令沙邨張公行狀」.
141) 『未能齋集』 권1, 「自敍平生」. "其冬乃發憤 登山頗忔忔 有友金景言 已作交莫逆 長我四五年 指引多開發." '景言'은 앞의 주 137)의 김복홍이다. 김복홍(1546~1604)은 선조 3년(1570) 사마시 양과 급제하였다. 鄭澔, 『丈巖集』 권18, 「都事谿谷金公墓表」. "公諱復興 字景言 號谿谷 順天之金 …… 配順興安氏 父曰弘業 文成公裕之後也"
142) 『未能齋集』 권1, 「自敍平生」.

이때 양사형·양주(梁澍)와 함께 갔는데 많은 문생 중에 허성(許筬)·허봉(許篈) 형제가 영특했다.[143] 유희춘을 한양까지 따랐던 최상중은 1576년 백패, 1589년에 홍패를 받았다. 이렇게 최상중이 입신한 전후로 김익복(金益福)·이대윤(李大胤)·조유직(趙惟直)·양사형·장경세 등도 문과에 급제하였다. 김익복은 부안 출신으로 안전의 사위가 되고 노진에게 배웠으며,[144] 국성(國姓) 이대윤은 정엄과 이웃하며 유희춘을 여러 번 찾았다.[145] 조유직은 최상중이 처음 글을 익힌 마을 훈장 조륜의 아들이었다. 이들 문과 급제 나이는 조유직 29살, 김익복 30살, 최상중 38살, 양사형 40살, 장경세 42살, 이대윤 56살이었다. 이렇듯 문과 출세는 쉽지 않았던 것이다.

그런데 이때 중국까지 문명을 알린 학사가 있었다. 본관은 남원, 자가 사진(士眞)인 양대박(梁大樸, 1543~1592)이었다. 1544년 문과에 들고 사헌부 집의로 있다가 순천·성주·원주 등 수령을 지낸 양의(梁艤)의 서자였다. 양의는 그의 재주가 가상하여 당대 문형 정사룡(鄭士龍)에게 보내 시를 배우게 하였다.[146] 박순도 인정하여 '이문학관(吏文學官)'을 시키고 싶었다. 유희춘에게도 데리고 갔다.[147] 그리고 1572년 4월 원주 목사 때에 금강산을 다녀오며 시중들게 할 겸 양대박을 데리고 갔다.

---

143) 『未能齋集』 권1, 「自敍平生」. "聯鑣與誰伴 楊梁誠共篤 …… 同遊多才俊 二許最英特"
144) 尹定鉉, 『梣溪遺稿』 권6, 「贈吏曹判書金公益福諡狀」. "公諱益福字季膺 …… 萬曆癸酉中進士 庚辰擢文科 以禮部郎爲忠淸都事 與沙溪金先生講磨道誼 除綾城縣令 是歲倭寇大逞 …… 配順興安氏 己卯名賢弘文博士處順之孫 竹巖處士琢之女"
145) 丁焰, 『晩軒集』 권3, 「贈參判李君墓誌」; 崔是翁, 『東岡遺稿』 권6, 「處士李公墓碣銘」. "公諱文冑 字長吉 系出國氏 …… 諱渾 於公爲高祖 繼季父春城正諱聃孫後 以外鄕居南原 曾祖諱大胤登第爲正郎"
146) 趙緯韓, 『玄谷集』 권12, 「靑溪集跋」. "少而學於湖陰 而得其宗旨"
147) 『미암일기』 庚午(1570) 8월 10일. "前牧使梁艤泛翁來訪 告以近將下歸南原云 泛翁孼子大朴 能詩文 朴判書淳 曾欲差吏文學官云" '吏文學官'은 승문원의 외교문서에 긴요한 '吏文'에 밝은 구실아치로 習讀官·漢吏學官이라고도 한다.

이때 양대박은 「금강산기행록(金剛山紀行錄)」을 지었다. 그런데 이를 정유길(鄭惟吉)이 보고 극찬하고 그해 가을 만력제의 등극사가 왔을 때 원접사가 되어 의주로 가며 제술관으로 삼았다.[148] 시전재(詩戰才)로 발탁한 것이다. 종사관은 권벽(權擘)·정유일(鄭惟一)·유성룡이고, 동반 제술관은 백광훈·이달·임기(林芑)이었다. 이때 중국 정사 한세능(韓世能), 부사 등달(滕達)과 많은 시를 주고받았는데, 등달이 돌아가 종사관과 제술관 5인, 그리고 1574년 북경에서 교제한 허봉·윤유후(尹裕後)를 합친 7인의 시문을 묶어 『번경칠자시(藩京七子詩)』로 간행하였다. 등달은 특히 양대박을 좋아하였다.

양대박은 1575년 12월 부친상을 겪었다.[149] 탈상 직후 백광훈·이달·임제를 광한루로 초청하고 시회를 열었다. 이때 양대박은 사다리를 치우며 '우리 네 사람 다음에 누가 이 누각에 오를 수 있겠는가?'라고 하였다.[150] 시문은 『용성창수집(龍城唱酬集)』으로 묶였는데, 이를 살핀 허봉이 '원전(圓轉)하고 순숙(純熟)하기는 사진(士眞)이다'라고 평가하였다.[151]

양대박은 한양에서 간의대 수개도감(簡儀臺修改都監)의 감역관으로 복무하고, 이를 갈무리하는 기문을 지었다.[152] 이후 관역에서 벗어나 남원에 내려와 순자강 건너 청계동에 정사를 짓고 마을을 열었다. 1583년 남원부사가 요천의 물길을 광한루로 돌리며 크게 확장하자, 양

---

148) 梁大樸, 『靑溪集』 附錄, 鄭惟吉, 「題松嵒金剛山錄後」. "身後浮名夢裏身 相將羈伴沒紅塵 隨波苦海空傷老 紀迹仙山政値春 寒雨燒香非俗韻 碧嵒敲火是眞人 長懷叢桂無歸日 擊節高吟字字珍"
149) 『미암일기』 乙亥(1575) 12월 14일. "南原前牧使梁艤卒"
150) 白光勳, 『玉峯集』 부록, 「연보」. "戊寅春 上洛 路由南原 與林白湖悌·李蓀谷達·梁松嚴大樸 邂逅相逢 共登廣寒樓 以詩酬唱 絶句短律 至於累牘 旣下 梁撤去樓梯曰 吾四人登此後 誰敢更登云"
151) 許筠, 『惺所覆瓿藁』 권4, 「靑溪集序」.
152) 『선조실록』 권14, 선조 13년 5월 25일(1580); 『靑溪集』 권3 「重修簡儀臺記」.

대박은 "10년 못가 누각은 병화로 불탈 것인데, 어찌 사람을 고단케 하는가?"라고 하였다.[153]

이즈음 정국은 요동쳤다. 동인의 박근원(朴謹元)·송응개(宋應漑)·허봉이 이이·성혼을 공격하자, 서인은 성균관 유생과 기맥을 통하면서까지 반격하였다. 이때 최상중은 성균관 유생 상소에 앞장섰고, 변사정 또한 경기전 참봉을 사임하며 동인을 배척하였다.[154] 이때 선조는 주자의 인군위당(引君爲黨)을 인용하며 이이·성혼의 당이 되겠다고 선언하며 위 3인을 유배 보내고 동인 관료를 외직으로 내보냈으니, 이른바 계미삼찬(癸未三竄)이었다.[155]

그러나 이이가 별세하며 동인이 재부상하면서 1585년 8월 서인은 퇴진하였다. 동인 주론 이발(李潑)과 정여립(鄭汝立)에 대한 서인의 공세는 한층 격화하였다. 이런 상황에서 정염은 광주목사 재직 중에 인근 남평에 살던 이발 형제와 불화하였으며,[156] 최상중 또한 정인홍을 무시하고 정여립을 배척하였다.[157]

1589년 10월 황해감사가 정여립 역모를 고변하고, 정여립이 자결한 상태에서 국청에 잡혀간 17살 아들 옥남(玉男)은 공술하기를 '모주는 길삼봉(吉三峯)이며 남원의 조유직(趙惟直)과 신여성(辛汝成)이 자주 왕

---

153) 梁大樸,『靑溪集』권3.「倡義從軍記」. "癸未 本府使張義國 重創廣寒樓 余曰 不出十年 此樓必爲兵燼 何乃苦民爲"
154) 崔尙重,「自敍平生」; 崔是翁,『東岡遺稿』권6,「曾祖考未能齋先生墓表」; 邊士貞,『桃灘集』권1,「癸未上疏」.
155)『선조수정실록』권17, 선조 16년 8월 1일(1583) 및『선조실록』권17, 선조 16년 8월 28 및 9월 3일. "答曰 …… 予亦法朱熹之說 願入於珥渾之黨也 自今以後 爾輩以予爲珥渾之黨可也"
156) 丁焰,『晩軒集』권4,「행장」(丁命說) "(甲申冬) 除光州牧使 …… 時有名士 卽李潑·洁 兄弟之往來, 隣邑守令 趨謁恐後, 公一不往見 坐是啓罷."
157) 崔是翁,『東岡遺稿』권6.「曾祖考未能齋先生墓表」. "鄭仁弘, 宰求禮 釣名干譽 先生知其爲凶人 家住至近而不一見 汝立假儒名 証惑一世 先生曰 此人蜂目豺聲 必包藏禍心" 정인홍은「우계연보」에 의하면 선조 10년(1577) 구례현감이 되었다.

래하였다'고 공술하였다. 두 사람은 불복하고 장살되었지만 평소 정여립이 '사마공이 위(魏)를 기념(紀年) 삼았으니, 진실로 직필이다, 천하는 공물이니 어찌 정해진 주인이 있으리? 요·순·우가 상전(相傳)하였으니 성인이 아닌가?'라고 하였을 때, 두 사람은 '고금의 유현이 말하지 않았던 의론'이라며 찬동하였었다.[158] 신여성은 불명이지만, 조유직은 1586년 별시 급제한, 소년 최상중을 가르쳤던 조상사의 아들이었다.

길삼봉은 애매하였다. 그런 중에 보성 사람이 '승려 성희(性熙)와 임지(林地)가 송광사 삼일암에서 길삼봉을 만났다'고 고부 관아에 발고하였다. 보성 사람이라면 응당 보성이나 송광사가 소재한 순천에 고발하여야 할 터인데, 멀리 떨어진 고부까지 간 것은 군수 정염을 찾았던 것이다. 두 번이나 상처한 정염의 첩이 보성 사람의 누이였던 것이다.[159] 이후 전라감사 홍여순(洪汝諄)이 '길삼봉은 최영경이다'라는 밀고를 치계하며 최영경은 잡혔다가 혐의가 없었다. 하여 풀려날 터인데 양사가 재국(再鞫)을 주장하여 심하게 문초를 받다가 옥사하였다. 북인이 정권을 잡았을 때 최영경을 잡아들이자는 간관들은 기망죄에 걸려 유배 파직되었다가 한참 후 사면되었다.[160] 개중에 이상길(李尙吉, 1556~1637)이 있었는데, 정환의 외손봉사로 어릴 때 남원에서 정염에게 『소학』을 배우고 의지하였다.[161]

---

158) 『선조수정실록』 권23, 선조 22년 10월 1일.;『大事編年』 7책,「宣祖紀·鄭汝立獄」.
159) 『선조수정실록』 권24, 선조 23년 4월 1일. 이때 유배당한 林地는 林悌의 아들이었다.
160) 『선조실록』 권25 선조 24년 8월 13일 및 9월 16일(1591), 권147 선조 35년 윤2월 23일(1602);『인조실록』 권6, 인조 2년 5월 29일(1624).
161) 李尙吉,『東川集』 부록,「행장」(李弘淵) 및 「연보」.

7. 맺음말

지금까지 여말선초 이래 임진왜란 전야까지 2세기를 몇 단계로 나누어 남원 지방 유학 관료와 학자의 활동 및 시대 역할을 일별하였다. 이를 정리하여 결론으로 삼고자 한다.

첫째, 여말선초 유학 관료 사대부는 제용재(濟用財)에서 보듯이, 향론(鄕論)을 대변 혹은 추동하였고, 신왕조 개창에서 정치적 선택 여하를 떠나 이들이 과거를 통한 입신출세의 주역이었다.

둘째, 15세기 중후반 세조의 정변으로 벼슬을 그만두는 신료가 있었지만, 이 때문에 유생이 과거 공부와 응시를 포기하지 않았다. 그러나 유교국시(儒敎國是), 정학본령(政學本領)에 충실하려는 사군(事君)·득민(得民)의 방향을 모색하였으니, 성리학 연구 및 교화 본위 선정 등은 그 일환이었다.

셋째, 16세기 전반 기묘사림은 변법혁신을 단행하는 한편 『소학』을 보급하고 향약을 실시하였다. 이러한 향풍과 향학의 정책은 사화로 좌절되었으나, 그 여훈은 향선생의 몫이었다.

넷째, 16세기 중반 정국은 김안로 몰락 이후 적폐청산과 기묘사화의 국왕 책임론 제기, 여기에 중종과 외척의 반격, 그리고 한 해 사이 두 차례 국장과 잇따른 사화로 요약할 수 있다. 이때 남원의 부세 형평 및 유생의 강학 활동, 그리고 정황의 효제와 정론은 돋보였다. 유배지의 연찬 소통도 새겨볼 일이다.

다섯째, 16세기 후반의 정치사는 군약신강(君弱臣强)의 외척정치를 성학 기반 군신공치(君臣共治)가 대체하고, 공론 기반 붕당정치가 시작되었다고 이해할 수 있다. 그 기반에 학술 즉 조선성리학과 각처의 강학 활동이었다. 남원의 후학은 조식·이항·노수신 등에 집지하였으며, 노진·정염은 사환 중이라도 후진과 소통 교유에 할애하였다. 선조조로 들면 후진은 유희춘에게 의존하고, 또한 이이와 성혼을 찾았다. 강학은 공론형성에 기여하고 선조 치세 신정(新政)의 바탕이 되며 붕당의 동력을 제공하였다.

그렇다면 조선 전기 2세기에 걸친 남원의 유학 관료 및 유교 학인의 시기에 따라 서로 다른 다양한 활동을 어떻게 정돈할 수 있을까? 주자성리학 연찬과 유교의 기본 윤리 실천, 향풍·향학 진작을 통한 향촌의 책임, 강학과 소통의 연계망 갖추기 정도가 아닐까 한다. 여기에 더하여 입신출세와 득민행정 그리고 군심(君心) 얻기이다. 이것은 수사유학(洙泗儒學)이 천명하였던 수기치인(修己治人)이다.

『중용』에 "아랫자리에 있으면서 윗사람에게 신임을 얻지 못하면 백성을 다스리지 못할 것이다. 윗사람에게 신임을 얻는 데 방법이 있으니, 친구에게 신임을 받지 못하면 윗사람에게 신임을 얻지 못할 것이다. 친구에게 신임을 받는 데 방법이 있으니, 어버이의 마음에 들지 못하면 친구에게 신임을 받지 못할 것이다. 어버이의 마음에 들게 하는 데 방법이 있으니, 자신을 돌이켜보아 성실하지 못하면 어버이의 마음에 들지 못할 것이다. 자신을 성실하게 하는 데 방법이 있으니, 선을 밝게 알지 못하면 자신을 성실하게 하지 못할 것이다."[162]라고 하였다.

군주와 아래 신하가 사람을 다스리려면 선을 밝히는 명선(明善), 성실한 자신 성신(誠身), 부모에 순종하는 순친(順親), 붕우와의 신의 신우(信友), 윗사람의 마음 얻은 획상(獲上)을 하여야 한다는 것이다. 명선성신(明善誠身)은 대학의 궁리수신(窮理修身), 순친(順親)은 효제(孝悌), 여기의 신우(信友)는 사제관계까지 포괄하는 지인(知人)의 의미이다. 획상은 사군이충(事君以忠)·물기범안(勿欺犯顏)·인군당도(引君當道)·격군심

---

162) 『중용장구』 제20장. "在下位 不獲乎上 民不可得而治矣 獲乎上 有道 不信乎朋友 不獲乎上矣 信乎朋友 有道 不順乎親 不信乎朋友矣 順乎親 有道 反諸身不誠 不順乎親矣 誠身 有道 不明乎善 不誠乎身矣"

(格君心) 등 다양하다. 이러한 선비의 시선은 또한 아래를 경홀히 할 수 없었다.

『주역』은 "윗사람에게 아첨하지 않으며, 아래로 사귐에 함부로 하지 않는다."[163]라고 하였으며, 『중용』은 "윗자리에 있으며 아랫사람을 업신여기지 않고 아랫자리에 있으며 윗사람을 끌어내지 않는다."[164]고 하였다. 이런 점에서 공부하는 선비는 상·하, 국(國)·민(民)의 중간·균형자였다. 조선 전기 남원 선비 역시 이와 다르지 않을 것인데, 이야말로 전란을 극복하는 향촌의 동력을 제공하였다고 생각한다. 이후 향촌 재조, 붕당과 정론, 실사 학풍 등은 차후의 과제로 삼고 싶다.

• 참고문헌

『高麗史』.
『高麗史節要』.
『太宗實錄』.
『世宗實錄』.
『世祖實錄』.
『睿宗實錄』.
『成宗實錄』.
『燕山君日記』.
『中宗實錄』.
『仁宗實錄』.
『明宗實錄』.
『宣祖實錄』.
『宣祖修正實錄』.
『國朝五禮儀』.
『經國大典』.

---

163) 『周易』, 「繫辭下」 제5장. "子曰 …… 君子 上交不諂 下交不瀆 其知幾乎"
164) 『중용장구』 제14장. "在上位 不陵下 在下位 不援上"

『牧民心書』.
『東文選』.
『燃藜室記述』.
『大事編年』.
『己卯錄補遺』.
『海東雜錄』.
『龍城誌』.

奇宇萬, 『松沙集』.
金絿, 『自菴集』.
金麟厚, 『河西全集』.
金安國, 『慕齋集』.
金淨, 『冲庵集』.
金宗直, 『佔畢齋集』.
金冲漢, 『樹隱先生實記』.
盧守愼, 『穌齋集』.
盧禛, 『玉溪集』.
朴祥, 『訥齋集』.
朴宜中, 『貞齋逸稿』.
白光勳, 『玉峯集』.
邊士貞, 『桃灘集』.
蘇世讓, 『陽谷集』.
宋麟壽, 『圭菴集』.
宋純, 『俛仰集』.
宋煥箕, 『性潭集』.
申景濬, 『旅菴遺稿』.
申叔舟, 『保閑齋集』.
申用漑, 『二樂亭集』.
申混, 『初菴集』.
安珠, 『竹巖遺稿』.
安處順, 『思齊實紀』.
梁大樸, 『靑溪集』.
梁彭孫, 『學圃集』.
柳希春, 『眉巖集』.

尹定鉉, 『梣溪遺稿』.
尹孝孫, 『楸溪實記』.
李大甹, 『活溪遺稿』.
李德壽, 『西堂私載』.
李穡, 『牧隱文藁』.
李睟光, 『芝峯類說』.
李彦迪, 『晦齋集』.
李珥, 『栗谷全書』.
李縡, 『陶菴集』.
李廷龜, 『月沙集』.
李恒, 『一齋集』.
李恒福, 『白沙集』.
張經世, 『沙村集』.
張維, 『谿谷集』.
鄭汝昌, 『一蠹集』.
丁焰, 『晩軒集』.
鄭知年, 『老松實記』.
鄭澔, 『丈巖集』.
丁煥, 『檜山集』.
丁熿, 『游軒集』.
趙纘韓, 『玄洲集』.
崔尙重, 『未能齋集』.
崔是翁, 『東岡遺稿』.
許筠, 『惺所覆瓿藁』.
黃胤錫, 『頤齋遺藁』.

김용섭, 『동아시아 역사 속의 한국문명의 전환』, 지식산업사, 2008.
김현영, 『朝鮮後期 南原地方 士族의 鄕村支配에 관한 연구』, 서울대 박사학위논문, 1993.
박영웅「조선 후기 '두문동 72현'의 인식 형성과 변천」, 『한국사학보』 98, 2025.
박종진, 「高麗末의 濟用財와 그 性格」, 『蔚山史學』 2, 1988.
오영교 편, 『조선 건국과 경국대전체제의 형성』, 혜안, 2004.
이선아, 「16세기 호남 사림 丁焰의 학맥과 知今書舍 강학」, 『민족문화논총』 79, 2021.

이종범, 「15·16세기 조선사회의 道學運動과 事君論」, 『歷史學硏究』 61, 2016.
이종봉, 「조선 초기 新編集成牛·馬醫方 편찬배경과 찬자」, 『역사와 경계』 121, 2021.
이태진, 『朝鮮儒敎社會史論』, 지식산업사, 1989.
최석기, 「唐谷 鄭希輔는 어떤 인물인가」, 『경남문화연구』 30, 2009.

영남학자의 선비정신
― 돈후와 결기

전성건 | 국립경국대학교 인문·문화학부 교수

1. 서론

선비란 무엇일까? 서양의 기사도(騎士道)나 일본의 무사도(武士道)는 한국의 선비와 중국의 유생(儒生)과는 차별성을 지닐 듯하다. 무사(武士)와 문사(文士)의 결이 다르기 때문이다. 물론 서로 다르게만 볼 것은 아닌지도 모른다. 특히 정신의 측면에서 보면, 더욱 그렇다. 기사나 무사에게 측은지심·수오지심·사양지심·시비지심 등이 있을 수 있고, 반대로 선비나 유생에게도 그에 비견할 만한 죽음으로서의 충성과 간언의 의무 등의 행동규범이나 도덕규율이 있을 수 있기 때문이다.

선비는 보통 유(儒)·사(士)·군자(君子) 등을 포함하는 말로 쓰여왔다.[1] 선비라는 개념이 우리 문화사에 언제 등장하였는지, 그 최초 개념으로서의 선비가 어떤 의미였는지를 정확하게 확인할 수는 없지만, 당대의 시대정신을 자기규율의 척도로 삼아 그것을 행사를 통해 실천해내는 사람이라고 말할 수는 있을 것이다. 시대의 명령을 인식하고 그것을 현실화하기 위해 실천한다는 점에서 언행일치(言行一致), 지행병진(知行竝進), 지행합일(知行合一)에 주력하는 이들도 선비라고 할 수 있을

---

[1] 김언종, 「선비, 그 용어의 기원과 의미의 내함」, 『退溪學論集』 15, 2014.

것이다. 그런데, 이는 다소 원론적인 이야기일 수 있다. 이 글은 이러한 문제의식을 갖고 시작되었다.

이 글은 조선 시대 영남학자의 선비정신을 표현하는 개념으로 '돈후(敦厚)'와 '결기(決氣)'를 선택하고 그에 대한 이유를 설명하고자 작성된 것이다. 영남 학술의 대표 지식인으로 퇴계(退溪) 이황(李滉, 1501~1570)과 남명(南冥) 조식(曺植, 1501~1572)을 지목하는 데에는 이견이 없을 것이다. 그들의 학문과 정신이 그들 사후에도 조선 시대 학자들은 물론, 지금까지도 상당한 영향력을 행사하고 있기 때문이다. 안동에서는 한국국학진흥원과 도선서원선비문화수련원 등에서 퇴계학진흥을 위한 노력들이 꾸준하게 진행되고 있고, 진주에서는 남명학연구소와 한국선비문화연구원 등에서 남명학진흥을 위한 노력들이 꾸준하게 진행되고 있다.

그렇다면 그 이유가 있을 것이다. 이 글은 그 이유를 밝혀 보고자 작성된 것이다. 여기에 곡진(曲盡)과 무심(無心)이라는 개념을 추가하였다. 곡진은 퇴계와 관련된 것이고 무심은 남명과 관련된 것인데, 다소 현대적인 의미에서 필자의 고민의 산물이다. 퇴계의 글을 읽으면서 느꼈던 감정이 곡진으로 표현된 것이고, 마찬가지로 남명의 글을 읽으면서 느꼈던 생각이 무심으로 표현된 것이다. 심리적인 측면에서 보면, 퇴계는 따뜻한 봄날이 생각나고, 남명은 추상(秋霜) 같은 가을을 상상하게도 된다.

그런데 이 글을 작성하면서 고민이 되는 부분이 있었다. '온유(溫柔)'라는 개념이 그것이다. 온유는 퇴계를 설명하는 개념이지만, 결기와 짝을 이루기에는 다소 곤란한 점이 있었다. 그것은 결기가 결단(決斷)으로 이어지는 심리적 개념인 반면, 온유는 그 결과가 설명되지 않는다는 점에서 핵심 개념으로 설정하기에 조금 부족하다는 염려가 있었다. 그래서 선택한 개념이 '돈후'였다. 물론 온유와 돈후는 퇴계가 함께 제시하여 선비의 지향점을 보이기도 한 개념이기도 하지만,[2] 결기와 개넘적 짝을 이룬다는 점에서 돈후를 전면에 내세우게 된 것이다.

남명을 상징하는 개념으로 결기를 착안한 것은 경의검(敬義劍: 佩劍)과 성성자(惺惺子) 때문이다. 남명은 경의검이라는 이름의 단검과 성성자라는 이름의 방울을 늘 허리춤에 차고 다닌 것으로 유명하다. 비록 남명이 자신에게 수렴되어 있던 어질고 곧은 마음을 불행히도 사람들에게 베풀지 못하였지만, 그 자신은 간직한 바가 넉넉하였다는 점은 부인할 수 없다는 평가[3]도 있기에, 그를 바라보는 조선 유교 지식인들의 생각을 필자는 '결기'로 수렴하였다. 게다가 조선에서 남명처럼 단검과 방울을 지니고 다닌 유학자는 없을 것이라는 주장[4]도 이 글을 작성하는 데 한몫 거든 것도 사실이다.

이 글은 남명과 퇴계의 사유를 검토하여 그들 각각에게서 보이는 선비정신의 차이점을 밝히려는 것이 아니다. 퇴계와 남명의 선비정신을 모두 영남학자의 범주에서 살펴보고, 그들의 선비정신을 통합적으로 이해함으로써 우리들이 지향할 수 있는 어떤 한 지점을 제안해 보고자 작성되었기 때문이다. 당대 퇴계와 남명은 각기 새로운 유형의 인간형을 제시하고 있다고 할 수 있다. 그 새로운 인간형을 찾아보고자 한 것도 이 글이 작성된 이유 가운데 하나이다.

이 글의 구성은 다음과 같다.

2장에서는 퇴계의 글을 통해 그를 표현하는 돈후(敦厚)와 곡진(曲盡)

---

[2] 『退溪集』 권43, 跋, 「陶山十二曲跋」. "吾東方歌曲 大抵多淫哇不足言 如翰林別曲之類 出於文人之口 而矜豪放蕩 兼以褻慢戲狎 尤非君子所宜尙 惟近世有李鼈六歌者 世所盛傳 猶爲彼善於此 亦惜乎其有玩世不恭之意 而少溫柔敦厚之實也"

[3] 『大谷集』 권하, 「南溟先生【曺植】墓碣」. "天與之德 旣仁且直 斂之在身 自容則足 不施于人 澤靡普及 時耶命耶 悼民無祿"

[4] 최재목, 「칼과 방울의 은유-동아시아사상사에서 남명 조식 읽기 試論-」, 『嶺南學』 21, 2016. 이 논문은 남명이 지녔던 칼과 방울의 은유적 의미를 동아시아의 사상사 속에서 독해한 것이다. 칼의 시각적 요소와 방울의 청각적 요소가 武人과 兵家의 이미지를 갖고 있다는 점을 강조하고 있다.

이라는 개념을 해석하고 설명한다. 먼저, 온유와 돈후는 퇴계가 군자의 소양으로 생각하는 개념이다. 그런데 온유와 돈후는 우매함과 자기애에 빠진 이에게서도 발견될 수 있는 모습이기도 하다. 그러므로 이른바 중도사상(中道思想)에 토대를 두고 있으면서 기이(奇異)와 격앙(激昻)에서 벗어날 수 있어야 한다. 기이와 격앙은 퇴계가 경계한 인간형에서 나타나는 모습이다. 퇴계에게서 미발함양(未發涵養)이라는 정처(靜處) 공부가 중요한 이유가 여기에 있다.

　3장에서는 내암 정인홍에 의해 쓰인 남명의 행장 등을 통해 남명을 표현하는 결기와 무심이라는 개념을 살펴보려고 한다. 내암은 남명이 희기하고[奇] 고상한 것[高]을 좋아하고, 호탕하고[豪邁] 자유로운 인물[不羈]로 표현한다. 천 길을 날아오르는 봉황으로 표현한 것도 인상적이다. 초학자가 성리의 이치를 탐구하는 것을 반대하고 부형을 잘 모시는 실천을 중시하였다. 그의 공부론에서는 찰식단예(察識端倪)와 심식상고(心息相顧)라는 용어가 특징적이다. 찰식동미(察識動微)로도 표현되는 찰삭단예는 기미(幾微)를 살피는 것을 중시한 남명의 공부법으로 동처(動處) 공부라고 할 수 있고, 마음과 호흡이 서로를 마음에 두는 것은 일종의 호흡법으로 남명의 독특한 수양법이라고 할 수 있다.

　4장에서는 퇴계와 남명에 대한 후대 학자들의 평가를 통해서 조선의 지식인들이 어떤 점에서 퇴계와 남명의 정신을 찾고 있는지 확인해 본다. 퇴계에 대한 평가는 영남학자뿐만 아니라, 근기 퇴계학파 즉 성호학파에서도 긍정적으로 평가되는 반면, 남명은 비판적 입장과 그에 대한 반론, 그리고 적극적 옹호 등으로 평가가 뚜렷하게 나뉜다. 그들 각자의 사정이 있겠지만, 남명의 결기에 대한 생각은 유사해 보인다. 그런데, 특히 면우 곽종석의 남명에 대한 평가는 매우 눈에 띈다. 이른바 도통론의 입장에서 남명을 읽고 있기 때문이다.

2. 퇴계 이황의 돈후와 곡진

온유와 돈후는 『예기』「경해(經解)」에 등장하는 말이다. 공자가 "그 나라에 들어가면, 그 가르침을 알 수 있다. 그 사람됨이 온유하고 돈후한 것은 시(詩)의 가르침이다. …… 그러므로 시의 잘못은 어리석은 것에 있다. …… 그 사람됨이 온유하고 돈후하면서도 어리석지 않다면 시를 깊이 터득한 자이다."[5]라고 하였다. 이에 대해 정현은 "시는 돈독하고 투텁기 때문에 우매함에 가깝다."라고 하였고, 방씨(方氏)는 "온유와 돈후한 것에 힘쓰다가 자기 뜻에 빠지게 되면, 스스로 옳다고 생각한 것에 따라 행동하고 남의 의견을 받아들이지 않는 데에서 잘못하게 된다."[6]라고 하였다. 요컨대, 『예기』에서 언급하는 온유와 돈후는 시교(詩敎)의 측면에서 발휘되는 이상적 인간형을 설정하되, 우매(愚昧)함에 이르거나[失愚] 자기애에 빠지는 것[溺其志]을 경계하고 있는 것이라고 할 수 있다.

퇴계가 말하는 온유와 돈후는 군자가 지니고 있어야 할 심리적 요소이지만, 간혹 우매한 사람이나 자기애에 빠진 사람도 갖고 있는 것처럼 보일 수 있기에 그러한 데에 빠지지 않도록 경계해야 한다는 것이다. 그런 의미에서 퇴계의 「도산십이곡발(陶山十二曲跋)」은 매우 유의미한 작품이다.

> 우리나라의 가곡은 음란한 것이 많아 말할 것이 못 된다. 「한림별곡(翰林別曲)」과 같은 것은 문인들의 입에서 나왔지만, 뻐기고 제멋대로 굴면서[矜

---

[5] 『禮記』,「經解」. "孔子曰 入其國 其敎可知也 其爲人也 溫柔敦厚 詩敎也 …… 故詩之失愚 …… 其爲人也 溫柔敦厚而不愚 則深於詩者也"
[6] 『禮記集說』 鄭注. "詩 敦厚 近愚" 集說 "務溫柔敦厚 而溺其志 則失於自用矣 故詩之失愚"

豪放蕩] 거만하고 무례하게 구니[褻慢戱狎], 군자로서는 더욱 숭상할 것이 못 된다. 근세에는 이별(李鼈)의 「육가(六歌)」가 있어 세상에 널리 전해지고 있다. 오히려 이것보다 저것이 더 낫겠지만, 또 애석하게도 세상을 냉소적으로 바라보고 불손한 태도가 있고, 온유하고 돈후한 것은 적다.[7]

「한림별곡」은 고려 고종 때 한림의 선비들이 자신이 소속된 집단의 소속감을 강조하기 위해 한림연(翰林宴)에서 창작된 것인데, 〈고려는 물론〉조선에서도 뻐기고 제멋대로 군다는 의미의 '긍호방탕(矜豪放蕩)하다'는 평가를 받았지만, 예문관의 면신연(免新宴)을 통해서 조선 후기까지 유행할 수 있었던 우리나라의 대표적 가곡이라고 한다.[8] 이별은 박팽년(朴彭年, 1417~1456)의 외손으로 방외인적 성향을 지녔던 인물이고, 그가 창작한 「육가」는 이별의 호 장육당(藏六堂)을 따서 「장육당육가(藏六堂六歌)」로도 불리는 작품이다.[9]

퇴계가 볼 때, 「한림별곡」은 음란한 노래[淫哇]라서 문제인데, 그 구체적인 내용은 긍호방탕(矜豪放蕩)과 설만희압(褻慢戱狎)이다. 그나마 근세에 등장한 이별의 「육가」는 나은 측면이 있지만, 완세불공(玩世不恭)이라는 점에서는 역시 문제로 인식할 수밖에 없다. 요컨대, 퇴계는 경중의 차이는 있지만, 「한림별곡」과 「육가」 모두를 비판하고, 그 대안으로 「도산십이곡」을 작성한 것이다.

이를 조금 더 구체적으로 생각해 보자. 퇴계의 언어를 통해 살펴보자면, 호걸(豪傑)은 방탕(放蕩)이나 종사(縱肆)와 함께 쓰이고,[10] 설만(褻

---

7) 『退溪集』 권43, 跋, 「陶山十二曲跋」. "吾東方歌曲 大抵多淫哇不足言 如「翰林別曲」之類 出於文人之口 而矜豪放蕩 兼以褻慢戱狎 尤非君子所宜尙 惟近世有李鼈「六歌」者 世所盛傳 猶爲彼善於此 亦惜乎 其有玩世不恭之意 而少溫柔敦厚之實也"
8) 권혁면, 「〈翰林別曲〉의 創作 背景과 朝鮮時代 〈翰林別曲〉의 流行」, 『東洋古典硏究』 57, 2014. 이 논문에서도 「도산십이곡발」의 矜豪放蕩하다는 평가를 인용하고 있다.
9) 임형택, 「17세기 전후 六歌形式의 발전과 시조문학」, 『민족문학사연구』 6, 1994.

慢)은 야연(夜宴)과 함께 연동되어 쓰이고 있는 것을 확인할 수 있다.[11] 호걸은 지혜와 용기가 뛰어나고 기개와 풍모가 있다는 의미를 지니고 있지만, 그것은 방탕하거나 자의적으로 살아가는 것과 연계될 수 있는데, 그러한 결과가 설만희압이다. 설만희압은 제멋대로 장난치거나 함부로 구는 것을 표현하는 것인데, 이러한 것은 군자에게 있을 수 없는, 아니 있어서는 안 되는 것이다. 그렇기 때문에 퇴계는 호걸방탕을 비판적으로 바라보는 것이다.

퇴계는 겸허(謙虛)·염퇴(斂退)·온후(溫厚)의 뜻을 여러 곳에서 언급하고, 그에 대한 상대어로 과령(誇逞)·긍부(矜負)·자희(自喜)를 제시하여 경계한다.[12] 스스로 가질 수 있는 과령·긍부·자희 등은 겸허·염퇴·온후에 방해가 될 수 있고, 이것은 덕을 진작시키고 사업을 하는데 방해가 된다는 것이다. 겸허는 자신을 낮추고 비우는 태도를 말하고, 자신을 수렴하고 나서지 않으려는 태도를 뜻하며, 온후는 앞서 언급한 것처럼 온유하고 돈후한 마음을 표현한 것이다. 과령은 지나치게 자신을 내세우는 것을 말하고, 긍부는 자신의 재능을 자랑하고 자부하는 것이며, 자희는 스스로의 기쁨에 빠져 있는 것을 말한다.

남명 조식이 작성한 「유두류록(遊頭流錄)」을 보고 쓴 퇴계의 글을 보면, "감정을 격앙시키는 말들이 많아 사람을 늠름하게 만드니, 그 사람됨을 상상할 수 있다."[13]는 표현을 확인할 수 있다. 남명이 천고의

---

10) 『退溪集』 권13, 書, 「答宋寡尤【言愼○庚午】」. "然苟恃此自負而謂人之莫己若也 則必至於矜豪縱肆 不循軌度 傲物輕世 其行於世也"
11) 『退溪集續集』 권6, 書, 「答李棐彦問目【家禮】」. "(問)第二十八板 小註程子說 宴不以夜 何以云禮耶 (答)夜宴似涉褻慢 故云禮也" (問)과 (答)은 필자가 작성한 것이다.
12) 『退溪集』 권23, 書, 「與趙士敬」. "前惠詩簡 『心經』 等 所當報者甚多 彼日對人草謝 後來亦一向因循 闕然至此 殊媿遭慢也 細看公詩 近覺有長進得趣味 可喜 但其間 不無有誇逞矜負自喜之態 而少謙虛斂退溫厚之意 恐如此不已 終或有妨於進德修業之實也"
13) 『退溪集』 권43, 跋, 「書曹南冥遊頭流錄後」. "曹南冥 『遊頭流錄』 觀其遊歷探討之外 隨事寓意 多感憤激昂之辭 使人凜凜猶可想見其爲人"

영웅이라고 할 수 있겠지만, 또 기이한 것을 숭상하여 중도로 요약하기는 힘들다는 평가도 있으니, 남명도 이와 같은 산림의 부류라고 평가한 것이다.[14] 퇴계는 이와 달리 온유와 돈후가 군자가 머물 곳이라고 생각한다. 요컨대, 퇴계의 온유와 돈후는 중도사상을 기초로 형성된 것이고, 기이(奇異)와 격앙(激昻)의 방향성을 항상 경계하면서 살아가는 심리적 태도라고 할 수 있다.

> 보내준 「청야음(淸夜吟)」에 대한 생각을 대략 알 수 있을 것 같습니다. 그러나 나는 아무런 욕심 없이 자득한 사람이 청명하고 고원한 마음을 갖고 있다가 한가로운 때 광풍제월이 나타나는 때를 만나면 자연스럽게 경물(景物)과 정의(情意)가 융회(融會)하여 천인합일이 된다고 생각합니다. 그렇게 되면 흥취(興趣)가 초묘(超妙)해져 정결하고 정밀하게 되며, 조용하고 쇄락한 기상이 있게 됩니다. 이는 말로 형용하기는 어렵지만, 즐거움 또한 끝이 없으니, 소강절이 운운한 것은 이 뜻일 뿐입니다.[15]

퇴계는 강절(康節) 소옹(邵雍, 1011~1077)이 작성한 「청야음」의 의미가 결국 천인합일로 귀결되는데, 이로 인해 정결(精潔)과 정미(精微) 및 종용(從容)과 쇄락(灑落)의 기상이 있게 된다고 하였다. 즉 천인합일은 무욕과 자득의 경지에 있는 사람이 청명하고 고원한 마음을 갖고 있다가 광풍제월의 때를 만나게 되면 자연의 경물과 나의 정의가 융합하는 것을 통해 이루어지는데, 그 성취는 나의 흥취가 초묘해져 정결하고

---

14) 『退溪集』 권43, 跋, 「書曹南冥遊頭流錄後」. "眞可以發千古英雄之歎 而泣鬼神於冥冥中矣 或以其尙奇好異 難要以中道爲疑者 噫 自古山林之士 類多如此 不如此 不足以爲南冥矣"

15) 『退溪集』 권36, 書, 「答李宏仲」. "示喩「淸夜吟」意思大槩得之 但愚恐只是無欲自得之人 淸明高遠之懷 閒遇著光風霽月之時 自然景與意會 天人合一 興趣超妙 潔淨精微 從容灑落底氣象 言所難狀 樂亦無涯 康節云云 只此意耳"

정미하게 되는 동시에, 종용하고 쇄락한 기상을 갖게 된다는 것이다. 종용(從容)은 모든 것을 자연스럽게 포용할 수 있게 되는 것이고 쇄락(灑落)은 마음이 시원하게 되는 것을 말한다.

퇴계는 문봉(文峯) 정유일(鄭惟一, 1533~1576)이 병풍의 화제를 청하는 글에 답하면서 「염계애련(濂溪愛蓮)」이란 시를 적어 준 적이 있다. "하늘이 부자 낳아 건곤을 열었으니, 쇄락한 가슴에 티끌 한 점 없어라. 어여뻐라 맑고 시원한 아름다운 그 꽃이여, 꽃 가운데 군자니 묘하여 말할 수 없네."[16] 염계(濂溪) 주돈이(周敦頤, 1017~1073)를 표상하는 대표적인 구절이 바로 광풍제월(光風霽月)이다. 퇴계는 여기에 더해 하늘이 염계를 낳아 「태극도」를 짓게 하였고, 그의 마음은 시원하여 티끌 한 점 없었으며, 「애련설」[17]을 지어 화중군자(花中君子)로 연꽃을 표현하였는데, 그것을 형용할 말은 없다고 하였다.

그런데 퇴계는 이러한 기상과 경지에 오를 수 있기 위해서 가장 중요한 것은 마음이 주재할 수 있어야 한다고 하였다. 마음이 주재할 수 없다면, 시를 짓고 글을 쓰거나, 산을 유람하고 강물을 감상하더라도, 유학에서는 모두 그것을 경계로 삼는 것이 바로 이 때문이라는 것이다.[18] 즉 마음이 주재하고 전일할 수 있다면, 생각하지 않아도 모든 일이 절도에 들어맞게 될 것이라는 퇴계의 생각이 반영된 것이다.[19]

---

16) 『退溪集』 권3, 詩, 「鄭子中求題屛畫【八絶】」. "濂溪愛蓮 天生夫子闢乾坤 灑落胸懷絶點痕 卻愛淸通一佳植 花中君子妙無言"
17) 『愛蓮說』. "水陸草木之花 可愛者 甚蕃 晉陶淵明 獨愛菊 自李唐來 世人 甚愛牡丹 予獨愛蓮之出於泥而不染 濯淸漣而不夭 中通外直 不蔓不枝 香遠益淸 亭亭淨植 可遠觀而不可褻翫焉 予謂菊 花之隱逸者也 牡丹 花之富貴者也 蓮 花之君子者也 噫 菊之愛 陶後 鮮有聞 蓮之愛 同予者 何人 牡丹之愛 宜乎衆矣"
18) 『退溪集』 권26, 書, 「答鄭子中」. "心不能主宰 則雖作詩寫字 游山玩水 程朱之門 皆以爲戒者 爲此故也 亦不可不知也"
19) 『退溪集』 권28, 書, 「答金惇敍【丁巳】」. "心能主宰專一 則有不待思而能隨事中節"

3. 남명 조식의 결기와 무심

남명 조식에 대한 평가는 그의 고제 내암(來庵) 정인홍(鄭仁弘, 1536~1623)을 통해서 확인할 수 있다. 길기는 하지만, 내암이 작성한 남명의 행장(行狀)을 통해서 남명의 결기와 무심의 내용이 무엇인지 확인해 본다.

관례를 올리기 전부터 공명과 문장을 이루리라 스스로 기약하였으니, 당시에는 세상을 압도하고 천고의 옛사람들을 능가할 뜻이 있었다. 책을 읽을 때는 『춘추좌씨전』과 유종원(柳宗元)의 글을 좋아했고, 글을 지을 때는 희기하고 고상한 것을 좋아하여 당시 세상에 유행하는 문체로 짓는 것을 탐탁하게 여기지 않았다. …… 상을 마치자 원래 살던 집으로 돌아왔다. 옛날 살던 집 가까이에 집 한 채를 지어 '계부당(鷄伏堂)'이라는 이름을 붙였다. 앞으로 흐르는 물을 굽어보는 곳에 띠집을 지어 '뇌룡사(雷龍舍)'라고 하고, 그림 잘 그리는 사람을 불러 우레와 용의 모양을 그리게 하여 벽에 붙여 두었다. 만년에 두류산 아래에 자리를 잡았는데, 그 집을 다시 '뇌룡'이라고 이름 지었다. 따로 정사 하나를 지어 '산천재(山天齋)'라는 편액을 내걸고 거기서 노년을 보냈다. …… 초학자가 고상하게 성명(性命)의 이치를 이야기하는 것을 들을 때마다 꾸짖어 금지시키며 "공부하는 것은 애초 어버이를 섬기고 형을 공경하는 것에서 벗어나지 않는다. 초학자 가운데 간혹 부모와 형제에게 잘 하지 못하면서, 갑자기 천도의 오묘함을 탐구하려고 하니, 이는 무슨 학문이며, 무슨 습관인가?"라고 하였다. …… 일재(一齋) 이항(李恒)도 사축(司畜)으로 부름을 받아 한양에 와 있었다. 어느 날 만나보니, 선비들이 성대하게 모여 있었고, 일재는 스승으로 자처하며 후배들과 의리를 강론하고 있었다. 선생은 술잔을 주고받을 적에 문득 그에게 장난을 걸어 "자네와 나는 모두 도둑놈일세. 이름을 도둑질하고 관작을 훔쳤는데,

감히 다른 사람을 향해서 학문을 논하는가? 어째서 자네는 소뿔을 굽히지 않으며 경건하고 신중하지 못한가?"라고 하였다. …… 선생은 구차하게 남을 따르지도 않았고 구차하게 침묵하지도 않았다. 선생을 아는 사람들은 좋아했지만, 알지 못하는 사람들은 매우 미워했다. 숨는 것과 세상에 나아가는 것을 반드시 때를 보고 하려고 했으며, 자신을 지켜 다른 사람을 따르려고 하지 않았다. 초야에 선비로 문을 단단히 닫고 지내며 죽어도 후회하지 않았기 때문에, 선생을 일러 '천 길 날아오르는 봉황'이라고 할 수 있다. …… 공부함에 있어서는 화(和)·항(恒)·직(直)·방(方) 네 글자를 부절로 삼고, 격물치지를 으뜸가는 공부로 삼았다. 경(敬)으로 마음과 호흡을 서로 돌아보며, 기미로 은미한 움직임을 살피고 알아서 하나에 집중하고 홀로 있을 때를 삼가는 법으로 삼았다. 「금인명(金人銘)」을 짓고 '색태(塞兌)'라는 글자를 써두어 말을 조심하는 경계로 삼았는데, 모두 표제로 삼아서 생각을 거기에 두었다. 항상 쇠방울을 차고 다니며 이름을 '성성자'라고 불렀으니, 자신을 일깨우려는 공부였다. …… 보검을 차고 다니기를 좋아했는데, "안을 밝히는 것은 경(敬)이고, 밖을 결단하는 것은 의(義)라네."라는 명(銘)을 썼다. …… 선생은 기상이 맑고 높았으며, 두 눈은 밝게 빛나 바라보면 속세 사람이 아니라는 것을 알 수 있었다. 말씀이 뛰어나 마치 우레가 울고 바람이 일어나듯 하여, 사람으로 하여금 이욕에 대한 마음이 저절로 없어지게 하면서도 스스로 깨닫지 못하게 하였으니, 사람을 감동시키는 것이 이와 같았다. …… 아, 한쪽에 치우쳐 있고 문명이 없는 나라가 말세가 되어 도학(道學)을 인도하는 사람이 없었지만, 선생은 우뚝하게 떨쳐 일어나, 스승이 전해주는 것에 말미암지 않고 능히 스스로 학문을 이루어 높게 뛰어나고 홀로 나아갔으니, 이런 것이 능한 사람이 드문 지 오래되었다. 이 말은 내가 좋아한다고 아첨하는 말이 아니다.[20]

---

[20] 『南冥集』, 行狀, 「行狀[鄭仁弘]」. "未冠 以功名文章自期 有駕一世軼千古之意 讀書喜

남명은 관례를 하기 전부터 공명과 문장을 이룰 것을 기약하였으니, 세상을 압도하고 옛사람을 능가할 뜻이 있었다고 하였다. 남명이 22세에 충순위 조수(曺琇)의 딸 남평조씨(南平曺氏)와 혼인하였으니, 약관에 품은 뜻이 매우 높았던 것을 알 수 있다. 독서 또한 미언대의를 밝히는 『춘추좌씨전』과 환관과 수구파에 저항했던 유종원(773~819)의 글을 좋아했고, 희기하고 고상한 것을 좋아하는 한편, 당시 유행하는 문체로 글을 짓는 것을 탐탁하게 여기지도 않았다. 평범한 일상을 초월한 모습을 표현하고 있는 것이다.

1545년 모친상을 당하여 여묘살이를 마치고 구택(舊宅)으로 돌아와 우리가 알고 있는 계부당과 뇌룡사 그리고 산천재를 마련하였다. 남명의 성품은 호탕하고 자유로웠으며[豪邁不羣], 미래를 바라보는 높은 안목과 식견[明見高識]은 천성이었다. 여기서 퇴계의 돈후와 견줄만한 개념이 등장하는데, 호매(豪邁)가 바로 그것이다. 초학자가 고상하게 성명의 이치를 담론하는 것을 항상 꾸짖으면서, 사친(事親)과 경형(敬兄)이 중요하지 알 수 없는 천도(天道)를 탐구하는 것은 처음 배우는 선비가 할 일이 아니라고 꾸짖는다. 이 부분도 성리의 의미와 의리를 중시

左柳文字 製作好奇高 不屑爲世體 屢捷發解 …… 服闋 因居本業 近舊宅構一室曰雞伏堂 俯前流結茅屋曰雷龍舍 使工畵者摹雷龍狀 棲諸壁 晩卜頭流山下 其室復以雷龍名 別構精舍 扁曰山天齋 老焉 先生豪邁不羣 明見高識 出於天性 …… 每聞初學高談性命之理 未嘗不呵止之曰 爲學 初不出事親敬兄之間 始學之士 或不能於其父母兄弟 而遽欲探天道之妙 此何等學也 何等習也 …… 丙寅拜命時 李一齋亦以司畜 召至京師 一日相見 士子坌集 一齋以師道自任 與後輩講論義理 先生因杯勺 遽爲之戱曰 君與我儘是盜 盜名字竊官爵 乃敢向人論學爲 胡不彎君牛角 不甚敬重 …… 先生不苟從 不苟默 識者雖好之 不知者 亦頗惡之 隱見必欲相時 自守不欲徇人 牢關嚴穴 死而不悔 謂之翔千仞鳳凰 …… 其用功也 以和恒直方爲四字符 以格物致知爲第一功夫 敬以心息相顧 幾以察識動微 爲主一謹獨法 作金人銘 書塞兌字 爲謹言戒 皆標題而念在焉 常佩金鈴 號曰惺惺子 蓋喚惺之工也 …… 愛佩寶劍 銘曰 內明者敬 外斷者義 …… 先生氣宇淸高 兩目炯耀 望之知其非塵世間人物 言論英發 雷厲風飛 使人潛消利欲之念而不自覺 其動人如此 …… 嗚呼 偏荒晚世 道學未唱 而先生傑然奮起 不由師傳 能自樹立 迥發獨往 蓋亦民鮮能久矣 此非阿所好之言也"

하는 퇴계와의 비교가 될 만한 부분이다.

　일재(一齋) 이항(李恒, 1499~1576)이 스승으로 자임하면서 후배들과 의리를 강론하는 것을 보고는 "자네와 나는 모두 도둑놈일세. 이름을 도둑질하고 관작을 훔쳤는데, 다른 사람을 향해서 학문을 논하는가? 어째서 자네는 소뿔을 굽히지 않고 경건하고 신중치 못한가?"라고 농을 건다. 당시 일재는 하서(河西) 김인후(金麟厚, 1510~1560), 소재(穌齋) 노수신(盧守愼, 1515~1590), 고봉(高峯) 기대승(奇大升, 1527~1572) 등과 서한을 통해 이기론과 태극론 등을 논변했는데, 이에 대한 판단이 남명에게 있었던 것이다.

　남명은 구차하게 타인의 의견을 따르지도 않았고 묵수하지도 않았다. 은거하는 것과 세상에 나가는 것을 반드시 때를 보고 하려고 했지만, 스스로를 지킬 뿐 다른 사람을 따르려고 하지 않았다. 초야의 선비로 문을 닫고 지내면서도 죽음에 이르더라도 후회하지 않았기 때문에 '천 길 날아오르는 봉황'[翔千仞鳳凰]이라고 할 만한 사람이었다. 범상치 않은 남명의 모습을 비유한 것이다.

　남명은 공부할 때 화(和)·항(恒)·직(直)·방(方) 네 글자를 부절로 삼았고 격물치지를 으뜸가는 공부로 삼았다. 「신명사도(神明舍圖)」에는 "네 글자를 부절로 삼는다.【화·항·직·방이다. 예는 화(和)를 쓰니, 화는 절도에 들어맞는 것이다. 평소 신의가 있고 항상 삼가니, 홀로 있을 때 삼가는 것은 혈구(絜矩)이다.】"라고 하였다.[21] 격물치지를 제1공부로 삼았다. 경(敬)은 마음과 호흡을 서로 돌아보는 것이고,[心息相顧] 기미는 마음의 미미한 움직임을 관찰하여 아는 것[察識動微]이다. 그리고 이것이 한 곳에 집중하여 홀로를 삼가는 방법[主一謹獨法]이다. '찰식동미(察

---

21) 『南冥集』 권1, 銘, 「神明舍銘」. "發四字符【和恒直方 禮之用和 和中節 庸信謹恒 恒攸允 謹獨絜矩】"

識動微)'라고 하였는데, 이는 찰식단예(察識端倪)와 유사한 표현이다.

주지하고 있는 것처럼, 도남학(道南學)의 공부방법은 미발체인(未發體認)이고, 호상학(湖湘學)의 공부방법은 찰식단예이다. 도남학의 사승관계는 일반적으로 이천(伊川) 정이(程頤, 1033~1107) → 구산(龜山) 양시(楊時, 1053~1135) → 예장(豫章) 나종언(羅從彦, 1072~1135) → 연평(延平) 이동(李侗, 1093~1163)이고, 호상학의 사승관계는 명도(明道) 정호(程顥, 1032~1085) → 상채(上蔡) 사량좌(謝良佐, 1050~1103) → 오봉(五峯) 호굉(胡宏, 1106~1161) → 남헌(南軒) 장식(張栻, 1133~1180)으로 알려져 있다. 도남학파는 정처공부(靜處工夫)를 통해 도리를 파악하고, 도리를 파악함으로써 덕행을 실천하는 것을 핵심으로 생각하는 반면, 호상학파는 동처공부(動處工夫)를 통해 주어진 행사를 잘 처리하는 것을 주요 공부방법으로 생각한다. 이를 주희의 공부방법으로 표현하면 미발함양(未發涵養)과 이발성찰(已發省察)로 분리하여 설명할 수 있다. 남명은 호상학의 공부방법에 기울어져 있었던 것이다.

그리고 또 중요한 것이 바로 경(敬)을 '마음과 호흡이 서로를 돌아보는 것'[心息相顧]으로 이해하고 있다는 것이다. 『광해군일기』 기사를 보면, 남명의 학문은 "의리를 강론하는 것을 크게 꺼려하였으니, 이는 주자가 육씨(陸氏)를 공격한 바였고, 경(敬)을 논함에 심식(心息)이 서로 의지하는 것을 요체로 삼았으니, 이는 도가의 수련법에서 나온 것이다. 우리 유가에서는 일찍이 이러한 공부의 과정이 없었다."[22]라고 하였다. 마음과 호흡이 서로를 본다는 표현이나 마음과 호흡이 서로를 의지한다는 표현을 꼭 도가의 수련법이라고 말할 수 없다. 여하튼 이는 퇴계의 학문과 비교하는 데에서 나온 것으로, 이 기사에서 "퇴계의 학문은

---

22) 『光海君日記』[중초본] 권14, 광해 3년 3월 26일 丙寅 5번째 기사. "植之學 以講論義理 爲大忌 此朱子所以攻陸氏者也 論敬 以心息相依爲要 此出於道家修鍊法 吾儒未嘗有此工程也"

한결같이 주자를 표준으로 삼아 논변과 저술에 크게 발명함이 있었고, 또 그의 기상이 화평하고 신밀(愼密)하여 자연히 도에 가까웠다. ……만년에 학문이 진전되고 덕이 이루어져 우뚝하게 수립함에 성명(誠明)이 둘 다 지극한 데에 이르고 행실과 견해가 함께 도달하였다. 그가 사문에 기여한 공이 컸기 때문에 학자들이 우리 동방의 주자라고 일컬었으니, 대체로 근사하다 하겠다."[23]라고 하였다. 퇴계가 이른 나이에 학문이 성취하지 못한 상태에서 벼슬길에 올랐으나, 귀향한 만년에 학문과 덕행이 진전되어 그의 견해와 행실이 지극하게 되었다는 평가이고, 그의 학문의 과정은 역시 주자를 표준으로 삼았다는 데에 있었다는 것이다. 심식상고(心息相顧)와 화평신밀(和平愼密)의 상대적 평가가 여기에서 이루어진 것이라고 할 수 있다.

군세고 장중하니, 그 덕을 감당할 수 없다.【의(義)와 인(仁)이다】 이미 말이 없는데【소리도 없고 냄새도 없다.】, 다시 세 번이나 봉하였네.【성(誠)과 경(敬)을 극진히 하여 말과 행동을 할 겨를이 없고, 오로지 공경할 뿐이다.】 태묘에 있으면서, 귀신이 참석하기를 엄숙히 기다린다.【홀로를 삼갈 뿐, 자신의 덕을 드러내지 않는다. 드러내지 않아도 귀신은 임한다. 빈틈없는 위의(威儀)가 그 덕의 태도이다.】[24]

「금인명」은 번역이 쉽지 않고, 본문과 주석이 어디까지인지도 이해가 되지 않는다. 다만 남명이 말을 삼가려는 뜻에서 지은 명인 듯하다.

---

23) 『光海君日記』[중초본] 권14, 광해 3년 3월 26일 丙寅 5번째 기사. "滉之學 一以朱子爲標準 論辨著述 大有發明 且其氣像和平愼密 自然近道 …… 晚來學進德成 卓然樹立 誠明兩至 足目俱到(開導後學 發揮幽眇) 其有功於斯文甚大 故學者稱爲我東朱子 蓋近之矣"
24) 『南冥集』권1, 銘,「金人銘」. "剛而重 德莫戡【義仁】 已無言【無聲臭】 緘復三【極其誠敬 不假言動 篤恭】 在太廟 肅鬼參【謹獨不顯惟德 不顯亦臨 ○抑抑威儀 惟德之隅】

금인(金人)은 주나라 시조 후직(后稷)의 사당 오른쪽 계단에 두었던 쇠로 만든 동상이다. 공자가 주나라 태묘에 가서 이 금인을 보았는데, 입은 세 번 봉해져 있었고, 그 등에 "옛날 말을 삼가던 사람이다."라고 새겨져 있었다고 한다.[25] 남명의 기백을 확인할 수 있는 부분이다. 그러나 「금인명」에 반대하는 이가 없는 것도 아니다. 성호(星湖) 이익(李瀷)은 『성호사설』에서 "주나라 사당의 「금인명」은 성인이 칭송한 것이다. 그러나 의리에 있어서는 미진한 부분이 있다. 군자는 말에 있어서 이치에 맞도록 하기를 힘쓰기 때문에, '말할 만한 자리에서 말하지 않으면 사람을 잃는 것이 된다.'고 하였는데, 하물며 자기 나라 조정에 서게 되면, 아는 일은 모두 말하여 그 직책을 다할 따름인데, 어찌하여 그 입을 세 겹으로 봉하는 지경에 이른다는 말인가?"[26]라고 하였다. '색태(塞兌)'는 『노자』 제56장에 등장하는 말로, 욕심이 나오는 이목구비를 막는 것을 말한다.

남명은 평소 성성자(惺惺子)라는 방울과 경의검(敬義劍)이라는 단검을 몸에 지니고 있으면서 경(敬)공부와 의(義)공부의 방편으로 사용했다고 한다. 말년에는 성성자를 동강(東岡) 김우옹(金宇顒, 1540~1603)에게, 경의검을 내암 정인홍에게 물려주었다고 한다. 자신의 신념과 이상을 이룰 제자로 이들을 생각하였기 때문이다.[27] 동강은 시(是)와 비(非), 군자와 소인의 확고한 분별을 주문하고, 소인을 제거하기 위해서는 붕당이 불가피하다는 점을 주장한 인물이다. 그래야 군주가 지배하는 사회가 건설될 수 있다는 것인데, 이러한 주장은 내암 정인홍도 제기한

---

25) 『孔子家語』, 「觀周」에 보인다.
26) 『星湖僿說』 권28, 詩文門, 「反金人銘」. "周廟金人銘爲聖人所稱. 然扵義 盖未盡也 君子之言也 務中乎理 故曰可與言而不與之言爲失人 況立乎人之本朝 知無不言 盡職而後已 何至扵三緘其口耶"
27) 설석규, 「왕을 일깨운 惺惺子-東岡 金宇顒-」, 『선비문화』 2, 2004, 115쪽.

적이 있어 남명학파의 공통된 인식이라고 할 수 있다.[28]

내암은 남명의 시대를 문명이 없는 나라의 말기적 세기로 인식하고 도학을 인도하는 사람이 없는 시대로 인식하였다. 그러다가 우뚝하게 떨쳐 일어난 사람이 바로 남명이라는 것이다. 그런데 남명은 스승이 전수해 주는 것이 없었고, 스스로 학문을 이룬 사람이었다. 내암은 이것이 스승에게 아첨하는 말은 아니고 자신이 경험한 바를 말한 것뿐이라고 역설한다. '크게 발명하여 홀로 나아갔다.[逈發獨往]'는 말이 인상적이다.

4. 퇴계와 남명에 대한 후대의 평가

평가적 서술은 다소 위험이 따른다. 특히 선인들에 대한 것은 가벼운 것이 아니다. 그러나 의리를 따지고 도리를 논하는 데에 있어서는 터럭만큼 구차해서는 안 된다. 제자로서 스승을 논의하는 것도 인정상 문제가 될 수 있다. 그러나 의리는 공적인 것인 만큼, 합당한 데에다 초점을 맞추면 후대의 평가 또한 문제가 없을 것이다.[29] 여기에서 합당하다는 것은 후학들의 진덕수업의 진전이라는 목적에 부합하다는 것으로 이해하면 될 듯하다.

> 선생께서는 겸허(謙虛)로 덕을 삼아서 털끝만큼도 자만하거나 뽐내는 마음이 없었다. 도를 보아 이미 밝았으나 아직도 보지 못한 것처럼 이를

---

28) 설석규, 「왕을 일깨운 惺惺子-東岡 金宇顒-」, 『선비문화』 2, 2004, 121~122쪽.
29) 『退溪集』 권19, 書, 「答黃仲擧論白鹿洞規集解【松堂朴公有集解, 近始刊行】」. "夫非議前輩 固後學之不敢輕也 然至於析理論道 則一毫不可苟也 故晦菴與東萊訂定知言之醇疵也 南軒亦與焉 南軒 五峯之門人也 以弟子而議師門之書 不以爲嫌者 豈不以義理天下之公也"

바라보았으며, 덕이 이미 높았으나 부족한 것처럼 여겨 아무것도 얻음이 없는 것 같았다. 높은 경지를 지향하는 마음은 죽을 때까지 한결같아서 항상 마음먹기를 차라리 성인을 배우다가 이르지 못할지언정 한 가지를 잘하는 것으로 이름을 이루려고 하지 않았다. 일찍이 세상 사람들 가운데 자부심이 지나친 자를 보면 매우 그르게 여기면서 반드시 거론하여 경계로 삼았다. 선생께서는 따스하고 공손하며 단정하고 조용하여 성난 모습이나 거친 기색을 몸에 나타내는 일이 없었다. 이에 멀리서 바라보면 엄연하여 존경할 만한 풍도가 있었으며, 가까이서 대하면 따스하여 사랑할 만한 너그러운 덕성이 있었다. 평이하고 명백함은 선생의 학문이며, 정대하고 광명함은 선생의 도이며, 바람처럼 훈훈하고 구름처럼 상서로움은 선생의 덕이며, 포백이나 숙속처럼 평범하면서도 절실한 것은 선생의 문장이다. 마음씨는 맑고 탁 트이어 가을 달이나 얼음 항아리와 같았으며, 기상은 따뜻하고 순수하여 정금(精金)이나 미옥(美玉)과 같았다. 묵중하기는 산악과 같았으며, 깊고 고요하기는 연못과 같았다. 이에 바라보면 곧 덕성을 이룬 군자임을 알 수가 있었다.[30]

학봉(鶴峯) 김성일(金誠一, 1538~1593)이 기록한 『퇴계선생언행록』의 일부이다. 학봉은 퇴계가 겸허(謙虛)를 덕으로 삼고, 도를 본 것이 이미 분명한데, 마치 보지 못한 것처럼 한 인물로 평가한다. 항상 성인을 배우면서도 일선(一善)으로 성명(成名)하려 하지 않았고, 자부심이

---

[30] 『鶴峯集』續集, 권5, 雜著, 「退溪先生言行錄」. "先生謙虛爲德 無一毫滿假之心 見道已明 而望之若不見 德已尊矣 而歉然若無得 向上之心 至死如一日 其設心以爲寧學聖人而未至 不欲以一善成名 嘗見世人自許太過者 深以爲非 必擧以爲戒 先生溫良恭謹端詳閒泰 暴慢之容 忿戾之氣 未嘗加諸身 瞻之也 儼然有可敬之儀則 卽之也 溫然有可愛之容德 平易明白 先生之學也 正大光明 先生之道也 和風慶雲 先生之德也 布帛菽粟 先生之文也 襟懷洞徹 如秋月氷壺 氣象溫粹 如精金美玉 凝重如山嶽 靜深如淵泉 望之可知其爲成德君子"

지나친 사람을 보면 잘못되었다고 평가하고 그를 거론하여 경계하였다고 한다. 또 항상 온량(溫良)하고 공근(恭謹)한 자세로 포만의 모습이나 분려(忿戾)의 기운을 보이는 일이 없었다. 학봉은 이를 정리하면서 그의 학문을 평이와 명백으로, 그의 도리를 정대와 광명으로, 그의 덕성을 화풍(和風)과 경운(慶雲)으로, 그의 문장을 포백(布帛)과 숙속(菽粟)으로 표현한 이후, 퇴계를 성덕군자(成德君子)로 묘사하였다. 퇴계가 모재(慕齋) 김안국(金安國, 1478~1543)을 '정인군자(正人君子)'로 묘사했다면,[31] 그의 제자는 퇴계를 '성덕군자(成德君子)'로 명명한 것이다.

여기에 하나 더 생각해 볼 것은 퇴계를 추월빙호(秋月氷壺)로 표현한 것이다. 퇴계는 연평 이통을 자신이 추구하는 전범 가운데 한 인물로 생각하였다. 퇴계는 고요한 가운데 경을 유지하면서 옷깃을 단정히 하여 마음을 관찰하곤 하였다. 관심(觀心)이 무엇인지 연평에게 물으려고 하였으나, 빙호추월처럼 살다 간 연평을 찾을 길이 없어 안타까워하였다.[32] 빙호추월은 연평을 비유하는 말이지만, 퇴계학파의 인물 또한 퇴계를 비유하는 표현으로 재현한다. 대산(大山) 이상정(李象靖, 1711~1781)이 대표적이다.

> 빈 마루로 옮겨 한참을 앉았노라니
> 쓸쓸하게 저녁 나무에 그늘이 지네.
> 강촌에는 저녁 안개가 걷히고
> 산사에는 저녁 종소리가 그윽하네.

---

31) 『退溪先生年譜』 권1, 年譜, 「十二年癸巳【先生三十三歲】」. "遊泮宮【流輩多敬服】秋下鄉 道經驪州 見慕齋金先生【是行 隨權忠定公撥同行 慕齋名安國 時罷官居驪州梨湖村 先生晚年 自言見慕齋 始聞正人君子之論】赴慶尙道鄕擧 居第一"
32) 『退溪集』 권3, 詩, 「林居十五詠【李玉山韻】」. "觀心 靜中持敬只端襟 若道觀心是兩心 欲向延平窮此旨 氷壺秋月杳無尋"

한 차례 비에 삼추의 기운이 완연한데
외로운 등불에 만고의 감회가 일어나네.
빙호의 소식은 아득도 하니
홀연히 서림의 감개를 느끼네.[33]

회암 주희와 연평 이통의 서신을 모아 작성된 『연평답문(延平答問)』은 중국은 물론 조선에서도 중요한 저술이 되었다. 모재 김안국이 1518년 사은사로 북경에 갔다가 성리학 서적들을 구입해 왔는데, 거기에 포함되어 있는 것이 바로 『연평답문』이다.[34] 그리고 그것이 1554년 처음 간행되었는데, 그것은 퇴계의 부탁을 받은 청주목사 구암(龜巖) 이정(李楨, 1512~1571)에 의해서였다. 이밖에 동춘당(同春堂) 송준길(宋浚吉)이 연기현감 조지강(趙指綱, 1622~1672)에게 부탁하여 간행한 것이 있기는 하지만, 『연평답문』에 대한 조선의 마지막 필사본은 바로 대산이 보완한 『연평답문속록(延平答問續錄)』이다.[35]

빙호(氷壺)는 얼음 호리병을 말하는데, 맑고 밝은 인품을 표현한 것이다. 밝은 가을 달과 함께 빙호추월(氷壺秋月)이라고도 하는데, 회암 주희의 부친 위재(韋齋) 주송(朱松, 1097~1143)이 연평 이통의 인품을 가리키면서 말했던 고사에서 등장한 말이다.[36] 서림(西林)은 회암이 이통을 배알하고 수학할 때 머물던 절 이름이다. 회암은 「제서림가사달관헌(題西林

---

33) 『大山集』 권1, 詩,「暮坐偶題」. "徙倚虛堂久 蕭蕭晚木陰 江村夕烟斂 山寺暮鐘深 一雨三秋色 孤燈萬古心 冰壺消息杳 感慨忽西林"
34) 『中宗實錄』, 中宗 13년(1518) 11월 22일 기사.
35) 『大山集』 권45, 跋,「延平答問續錄識」. "延平先生 躬聖學之蘊而不自著述 其微言妙義 僅見於朱子所編答問之書 後人又采先生之言與夫朱子之書 著爲後錄・補錄 亦旣詳且悉矣 然柘軒三詩見於濂洛風雅而不見收 語類・大全諸書 亦多有可采者 夫先生一言一句 莫非妙道精義之所寓 豈可以零碎斷爛非大義所係而不之取乎 少讀是書 輒隨手箚錄 得若干條 附于補錄之後 爲續錄云 韓山李象靖謹識"
36) 『宋名臣言行錄』 外集, 권11.

可師達觀軒)」이라는 시를 지었는데, "옛 절에 다시 오니 감개가 깊은데, 작은 집은 옛날에 지내던 그대로이네. 지난날 묘처라고 여겼던 것이 지금은 한으로 남나니, 만고의 하늘에 한 조각 마음이로다.[古寺重來感慨深 小軒仍是舊窺臨 向來妙處今遺恨 萬古長空一片心]"라고 한 내용이 있다. 그 후 퇴계가 도산 근처 월란사(月瀾寺)에서 노닐면서 지은 「유월란암(遊月瀾菴)」이라는 시에 "금란대에 안 와본 지 어언 몇 해이던가, 밝은 창 한 방에 선승처럼 앉았네. 옛날 서림에서 감개하던 뜻을 떠올리니, 추월 빙호의 소식은 아직도 묘연하구나.[不到瀾臺今幾年 明窓一室坐如禪 憶曾感慨西林意 秋月氷壺尚杳然]"라고 하였는데, 대산의 이 시구는 이 두 가지 의사를 차용한 것이다. 도남학파의 미발함양(未發涵養) 공부가 퇴계를 통해 대산에게 이어지고 있는 것이다.

또 성호 이익은 퇴계를 사숙한 학자로 공자→주자→이자(李子, 퇴계)로 계승되는 도통론을 세우고, 영남 퇴계학파와의 학문적이고 정치적인 제휴를 맺고자 노력하였다.[37] 성호는 남명의 언행록에 대한 발문을 쓰기도 하였는데, 그가 평가한 남명은 다음과 같다. "고상한 선비였는데, 그의 말씀은 고고(高苦)하고 상각(傷刻)한 경우가 많았다. …… 남명은 심정은 무시하고 행적만 논한 이로 실제와 맞지 않는다. …… 후세에 포은의 마음을 알아준 사람은 오직 퇴계뿐이다."[38] 퇴계와 남명을 비교한 부분이다.

율곡(栗谷) 이이(李珥, 1537~1584)는 남명이 고종(考終)하자, 그를 평가하여 "세상을 피해 홀로 서서 지조와 행실이 높고 깨끗하니, 진실로

---

37) 『星湖全集』 권50, 序, 「李子粹語序」. "周衰典禮在魯 聖人歸而述之 統緒有傳 歷千五百有餘年 而紫陽子朱子生 大明先王之道 薄海內外 莫不尊親 是周禮之復行也 …… 歷二千有餘年 而退溪子李子生 步趨六經 以紫陽爲依歸 實因殷之質用周之文 彬彬大成也"
38) 『星湖全集』 권55, 跋, 「跋南冥言行錄」. "南冥先生 高尙之士也 其言槩多高苦而傷刻 …… 此廢心論蹟之說 未有得其實也 …… 後圃隱而知其所存者 惟退溪耳"

한 시대의 일민(逸民)"이라고 칭송하였다. 그러나 "학문에 실견이 없고, 경제의 방책도 없어 치도(治道)를 이룰 수 없었다."고 저평가하였다. 또 "처사 가운데 한결같이 절개를 보전하여 천 길 벼랑 같은 기상을 가진 인물이라는 점에서는 비견할 만한 사람이 없다."라고도 하였다.[39] 농암(農巖) 김창협(金昌協, 1651~1708)은 여기에서 더 나아가 남명은 실제로 학문을 알지 못하고, 기절(氣節)만 있는 처사일뿐이라고 일축하면서, 그 기절을 숭상하고 기이한 것을 좋아한 이들 가운데, 심한 경우는 내암 정인홍이 되고, 심하지 않은 경우는 수우당 최영경이라고 지목하면서 순자의 문하에서 이사(李斯)가 나온 것이라고 혹평하였다.[40]

미수(眉叟) 허목(許穆, 1595~1682)의 「덕산비(德山碑)」에는 남명에 대한 남명 제자들의 평가가 수록되어 있다. 덕계(德溪) 오건(吳健, 1521~1574)은 "의지가 굳고 절개가 확고하셨다."라고 하였고, 수우당 최영경은 "강대하고 원대한 재주를 지니셨다."라고 하였으며, 동강 김우옹은 "뜨거운 태양과 가을의 서릿발 같은 기상이었다."라고 하였고, 한강 정구는 "깎아지른 태산 같은 모습이셨다."라고 하였다.[41] 그 뒤 미수는 명(銘)을 다음과 같이 지었다. "고결함으로 스스로를 지키고, 은거하여 의리를 행하였으며, 몸을 욕되게 하지 않고, 뜻을 굽히지 아니하여, 도를 굽혀 시의를 따르지 않았으니, 고상하구나 그 일들이여!"[42]

---

39) 『石潭日記』권상, 「隆慶六年壬申」. "曺植遯世獨立 志行峻潔 眞是一代之逸民也 第見其所論著 則於學問無實見 所上疏章 亦非經濟之策 雖使行乎世 有所施設 未可必能成治道也 門人推重 至謂植道學君子 則誠過其實矣 雖然 近代所謂處士者 終始完節 壁立千仞 如植比無幾"

40) 『農巖集』권32, 雜誌, 「內篇二」. "南冥·一齋·聽松·大谷 一時同有盛名 南冥尤以師道自任 門徒之盛 幾與退溪分嶺南之半 然南冥實不知學 只是處士之有氣節者耳 其言論風采 雖有聳動人處 弊病亦不少 游其門者 大抵皆尙氣好異 甚則爲鄭仁弘 不甚則爲崔永慶 荀卿之門出李斯 未爲無所自也"

41) 『記言』권39, 東序記言, 「德山碑」. "德溪·守愚·寒岡·東岡數賢者 皆師事之 德溪曰 刻意堅節 守愚曰 剛大趠遠之才 東岡曰 冽日秋霜之氣 寒岡曰 有泰山壁立之像"

면우(俛宇) 곽종석(郭鍾錫, 1846~1919)은 남명을 적극적으로 변호하면서 "도학이 끊어진 뒤에 태어나 사우(師友)와 연원(淵源)을 통해 배울 수 없었다. 그리하여 남겨진 말씀에서 홀로 깨달아 천성(千聖)의 심법이 한결같이 경(敬)과 의(義) 두 글자를 벗어나지 않는다는 사실을 발견했다. …… 천덕(天德)에 도달하여 사욕이 다 사라졌으며, 타고난 기질이 변화하여 마음속은 깨끗해지고 기상은 탁 트였다. …… 평소 눈은 흘겨보지 않았고 귀는 비스듬히 듣지 않았다. 저속한 논평은 입 밖으로 내지 않았고 게으른 모습은 몸에 나타내지 않았다. …… 명분과 행실을 닦은 점은 무극옹(無極翁:周敦頤)과 같았고, 영민과 비범이 당대 우뚝한 것은 소요부(邵堯夫:邵雍)와 같았으며, 정밀히 사색하고 힘써 실천한 일은 횡거씨(橫渠氏:張載)와 같았고, 엄숙하고 정제된 모습은 이천자(伊川子:程伊川)와 같았고, 저술을 숭상하지 않고 고요히 살펴 묵묵히 알고, 환하고 밝게 깨달은 점은 연평씨(延平氏:李侗)와 같았다. 경(敬)을 유지하고 의(義)를 정밀하게 판단하며, 태극이 동정하는 이치를 이해하고, 감추어져 있거나 드러나 있는 이치와 거대하거나 미세한 일에 있어서 모두 하나로 관통하지 않음이 없었던 것은 진실로 자양(紫陽:朱熹)의 방으로 들어가기에 부끄러움이 없었다."43)고 평가하였다. 암서(巖棲) 조긍섭(曺兢燮, 1873~1933)은 농암의 혹평에 대해 비판하면서 남명의 학문이 정미(精微)·중용(中庸)에 있어서는 퇴계에 미치지 못하지만, 광대(廣大)·고명(高明)에 있어서는 우리나라 선비들 가운데 견줄 사람이 드물다고 변호하였다.44)

---

42) 『記言』 권39, 東序記言, 「德山碑」. "銘曰 高潔自守 隱居行義 不辱其身 不降其志 不屈道而循時 高尙其事"
43) 『俛宇集』 권149, 墓誌銘, 「南冥曺先生墓誌銘【幷序○壬子】」. "先生生道學斬伐之餘 無師友淵源以啓發之 而獨得於遺言之中 見千聖心法之斷斷不外於敬義二字 存心明理 兩下用功 …… 達于天德 以至己私淨盡 天質融化 襟宇灑落 氣象淸通 …… 平居目無淫視 耳無傾聽 淫褻之評 不出於口 惰慢之容 不設于軆 冰壺消息杳"

5. 결론

조선의 역사에서 단 한 번 시행된 현량과를 통한 인재 등용이 기묘사화로 인해 짧은 시간에 끝나면서 이른바 '기묘명현'들이 대부분 목숨을 잃게 되었고, 중종 사후 인종에 대한 선비사회의 큰 기대가 즉위 후 불과 8개월 만에 인종의 죽음으로 끝나면서 을사사화로 이어지고 말았다. 두 사화로 인하여 조선 초기 집현전 학사들의 죽음과 축출 이후 학문의 맥을 이어온 엘리트 사족들이 궤멸하면서 퇴계와 남명이라는 걸출한 두 인물로 대표되는 조선 중기가 시작된 것이다. 학문의 맥이 획기적인 전환점을 맞게 되는 시기에 퇴계는 출사를 선택하였고, 남명은 처사로 자처하였다. 그러므로 그들의 두 시선은 국가와 사회를 바라보는 관점을 달리하고 있었음을 알 수 있다. 그렇다면 그들이 생각했던 선비정신은 과연 '어떤 인물형을 통해서 구현될 수 있었을까?'라는 궁금증이 생긴다.[45]

선비란 무엇일까? 선비정신은 우리 민족의 전통적인, 그리고 대표적인 윤리의식이라고 할 수 있고, 절의(節義)·명분(名分)·염치(廉恥)·숭검(崇儉)의 네 가지 요소로 설명되곤 한다.[46] 지조·절의·의리·청렴·정의 등을 한 부류로 하는 '절개의 정신'과 화해·소통·배려·이해·인내

---

[44] 『巖棲集』 권17, 雜著, 「讀金農巖雜識·三淵答魚有鳳書論南冥事」. "以南冥比退溪 則誠如朱子所論橫渠之於二程 然謂冥翁實不知學 則亦太輕率矣 冥翁之學 於精微·中庸 雖不及退溪 而其廣大·高明 則吾東諸儒鮮有可比者"

[45] 그들의 출처관에 대한 해석적 판단이 있어야 선비정신에 대한 이야기를 할 수 있다는 논의가 있었다. 퇴계와 남명의 출처관에 대한 연구는 기왕에 많이 제시되어 있기 때문에 이 글에서는 이에 대한 논의를 구체적으로 다루지 않았다. 다만 퇴계는 출사를 통해 세상을 바꾸려는 노력을 하였지만, 귀향(歸鄕)의 바램을 지속적으로 지니고 있었다는 점 및 남명은 처사를 자처했지만, 세상을 바꾸려는 노력을 게을리하지 않았다는 점에서 그 동이(同異)와 명암(明暗)이 상존하고 있었다고 할 수 있다.

[46] 이동환, 「선비정신의 유래와 명암」, 『선비문화』 11, 2007, 3쪽.

등을 한 부류로 하는 '관용의 정신'으로 제시되기도 한다.[47] 또한 일반적으로 효제충신(孝弟忠信)과 예의염치(禮義廉恥)를 선비정신으로 이야기하기도 한다. 이밖에도 인의예지(仁義禮智)나 수기치인(修己治人) 등 선비정신에 대한 다양한 주장과 논제 등이 있을 것이다. 이 글은 이러한 다양한 선비정신을 토대로 작성된 것이되, 영남학자라는 범주 내에서 작성된 것이다. 그리고 그 중심 인물로 퇴계와 남명을 제시하였다.

조선 성리학의 자장 아래에서 선비는 기본적으로 도통(道統)과 절의(節義)를 한 축으로 이해될 필요가 있다. 정신의 계승이라는 측면에서 말이다. 도통은 특히 도리를 실천하는 학문인 도학과 연동된다. 인륜이라는 도리를 실천하는 학문이 도학이고, 이를 계통화한 것이 바로 도통론이라고 할 수 있기 때문이다. 사화의 현실과 사림의 등장에서 주목되는 것은 절의라고 할 수 있다. 사화 이후 조선의 대표 인물이 등장하는데, 남명 조식과 퇴계 이황이 발군이었다.

남명은 산림처사로 지내면서 경의를 중심으로 한 유학 정신을 실천하였고, 퇴계는 벼슬길에 나아가 50세 이후 성리 철학을 탐구하고 거경(居敬) 심학을 실천하였다. 퇴계와 남명의 가장 큰 공로는 제자를 통해 그들의 학문적 지향을 전수하여 계승시킨 것이라고 할 수 있다. 16세기 후반 대표적 인물은 퇴계의 고제 월천 조목, 학봉 김성일, 서애 류성룡과 남명의 고제 덕계 오건, 내암 정인홍 등이라고 할 수 있다. 그들은 각자의 향촌 사회에서뿐만 아니라, 국난을 극복하는 데에 주어진 역할을 해냈다고 할 수 있다.

17세기부터는 정치적 문제로 인해 남명학파가 무너지고 퇴계학파가 이른바 사림을 주도하게 되는 한편, 18세기부터는 성호 이익을 종장으

---

[47] 장윤수, 「선비정신의 두 範本-남명의 '절개'와 퇴계의 '관용'을 중심으로-」, 『哲學研究』, 2016, 221쪽.

로 하는 근기의 성호학파가 학문적이고 정치적인 측면에서의 제휴를 영남 퇴계학파와 맺게 된다. 그러므로 영남학자의 선비정신은 퇴계와 남명을 빼놓고는 이야기할 수 없는 것이 명백하다. 후대 학자들의 모범이 바로 퇴계와 남명이라는 유교 정신의 두 거인이었기 때문이다.

이 글을 통해서 영남학자의 선비정신으로 돈후와 결기를 제시하였다. 퇴계의 온유와 돈후 정신은 『도산십이곡』을 토대로 제기하였기 때문에 음악과 관련이 있을 수밖에 없다. 음악은 조화를 핵심으로 한다. 그러나 음악을 만들 때는 그 이면에 음률을 조절하는 조율이라는 작업이 필요하다. 음악 자체의 규율이 있는 것이다. 그러므로 온화와 돈후라고 해서 그 이면에 자기규율이 없다고 생각해서는 곤란하다. 퇴계는 이를 이론적인 측면에서는 의리라고 표현하고 있고, 공부론적인 측면에서는 경(敬)이라고 언표(言表)한다. 정제엄숙(整齊嚴肅)·주일무적(主一無適)·기심수렴 불용일물(其心收斂不容一物)·상성성(常惺惺) 등으로 정리되는 경공부가 대표적이다.

남명 또한 경의공부를 중시한다. 경의검에 쓰여 있는 내명자경 외단자의(內明者敬 外斷者義)가 대표적이고, "주인옹은 깨어 있는가?"라는 물음을 항상 자신에게 던지는 성성자라는 방울이 대표적이다. 남명에게 가장 중요했던 것은 깨어 있는 마음이었던 것이다. 남명의 정신을 결기로 표현한 이유가 여기에 있다. 결기는 무심(無心)을 전제로 한다. 결기의 마음은 언제나 대상이나 사건이 다가왔을 때, 그에 대한 평가와 함께 행동으로 이어지는 심리를 말한다고 할 수 있다. 그러므로 그 대상이나 사건이 지나가고 나면 남아 있는 것은 없게 된다. 이것이 바로 무심이다. 어떤 사태에 대한 시비를 판단하기 위해서는 개인적 관계와 감정 등이 뒤섞여 버려서는 곤란하다. 그렇다고 하여 남명을 결기만 있는 사람으로 표현하는 것은 어쩌면 미안한 일인지도 모른다.

선비정신은 고정된 실체가 아니다. 그 사회의 시대정신에 따라 요구되는 것이 다르기 때문이다. 그렇기 때문에 이 글에서 제시하는 퇴계와 남명의 그것이 절대적이라고는 할 수 없다. 그럼에도 불구하고 그들이 제시한 선비정신, 아니 필자가 그들을 통해서 찾아낸 선비정신은 지금도 유효하다고 할 수 있다. 지식인들의 우환의식은 자연스럽다. 국가와 사회의 방향성이 국민·도민·시민·군민·읍민 등의 행복과 평안에서 벗어나 있다면 더욱 그렇다고 할 수 있다. 때문에 지금 선비정신을 다시 생각해 보는 것은 더욱 유의미한 일이다.

기실 이 글은 퇴계와 남명이 제시하는 유교적 인간형을 생각하면서 작성된 것이다. 퇴계는 온화한 기질을 가진 사람으로 타인에게 최대한의 배려를 하는 사람이되 명분에서 벗어나는 일을 행하지 않기 위해 부단히 노력한 돈후한 사람이라고 할 수 있다. 외부에서 볼 때, 나약한 이미지로 다가올 수 있는 측면이 있을 수도 있다. 이는 그의 문장을 통해서도 느껴진다. 이 글을 쓰면서 곡진이라는 개념을 사용한 이유도 거기에 있다. 퇴계의 서신을 보면, 제자들에게 단순하고 명료하게 가르쳐주는 것이 아니라, 자세한 사정과 이유 등을 매우 구체적으로 이야기해주고 있다는 것을 알 수 있다.

남명은 희기(希奇)한 데에 시선을 두는 경향이 있었고, 일반적인 문체에 흥미를 느끼지 못하는 기질을 가지고 있었다. 세상을 바라보는 눈이 남들과 달랐던 것이다. 그렇다고 희기한 것을 좋아했던 그의 기질을 이단(異端)과 사설(邪說)을 숭상한 것으로 보는 것은 곤란하다. 우리 눈에 보이지 않는 이면의 세계를 그가 보았을 가능성이 있기 때문이다. 그의 글을 읽어보면, 범상치 않다는 느낌을 가질 수밖에 없다. 세속의 눈높이와 다른 도인(道人)을 보는 느낌이 들기도 한다. 실행이 중요하지, 이론은 이미 선현들이 다 밝혀놓았다는 그의 말을 통해서도 이것은 확인이 된다.

남명과 퇴계의 공부론에도 차이가 있는 것으로 보인다. 남명의 찰식단예(察識端倪)와 퇴계의 미발체인(未發體認)이 그것이다. 찰식단예는 동처에서 기미를 살피는 공부라는 점에서 호상학의 공부론과 연동된다고 할 수 있고, 미발체인은 정처에서 마음을 관찰하는 공부라는 점에서 도남학의 공부론과 관련된다고 할 수 있다. 이들의 서로 다른 공부 방법은 경공부에 대한 이해에서도 차이를 보인다. 남명의 경공부는 마음과 호흡이 서로를 조절하는 호흡법과 관련이 있고, 퇴계는 마음의 주재력을 높이는 방향성을 가지고 있다. 물론 이러한 차이 또한 우리에게는 차이라기보다는 근기에 따라 배워야 할 단계로 설정할 수도 있다.

요컨대, 퇴계의 돈후와 남명의 결기 등을 이분법적으로 이해할 필요가 없다는 말이다. 영남학자의 선비정신으로 이 두 가지를 선택한 것은, 오늘날 우리에게 필요한 배려와 소통, 그리고 결단과 실천의 실마리를 퇴계와 남명의 선비정신을 통해 배울 수 있기 때문이다. 문인에게 덧붙여진 연약함의 그림자를 결단과 실천을 내함하고 있는 결기로 걸어낼 수 있고, 무인에게 덧붙여진 무모함의 그림자를 배려와 소통을 함유하고 있는 돈후로 걸어낼 수 있다는 것이다.

- 참고문헌

『孔子家語』.
『光海君日記』.
『記言』.
『南冥集』.
『農巖集』.
『大谷集』.
『大山集』.
『禮記集說』.
『禮記』.
『俛宇集』.
『石潭日記』.

『星湖僿說』.
『星湖全集』.
『宋名臣言行錄』.
『巖棲集』.
『中宗實錄』.
『退溪先生年譜』.
『退溪集』.
『鶴峯集』.

권혁면, 「〈翰林別曲〉의 創作 背景과 朝鮮時代 〈翰林別曲〉의 流行」, 『東洋古典研究』 57, 2014.
김언종, 「선비, 그 용어의 기원과 의미의 내함」, 『退溪學論集』 15, 2014.
설석규, 「왕을 일깨운 惺惺子-東岡 金宇顒-」, 『선비문화』 2, 2004.
이동환, 「선비정신의 유래와 명암」, 『선비문화』 11, 2007.
임형택, 「17세기 전후 六歌形式의 발전과 시조문학」, 『민족문학사연구』 6, 1994.
장윤수, 「선비정신의 두 範本-남명의 '절개'와 퇴계의 '관용'을 중심으로-」, 『哲學研究』, 2016.
최재목, 「칼과 방울의 은유-동아시아사상사에서 남명 조식 읽기 試論-」, 『嶺南學』 21, 2016.

선비정신의 현재적 의미와 가치*
—국민개사(國民皆士), 민주주의 그리고 통합의 리더십

김석근 | 전 아산서원 부원장

1. 머리말

'선비'·'선비정신'·'선비문화'는 오늘날 한국사회와 한국문화 연구에서 중요한 키워드가 되어 있다. 선비촌, 선비문화학회, 선비문화축제, 선비문화수련원, 선비정신 실천운동본부, 선비정신 실천 매뉴얼 등이 주목을 끌었다. 그와 더불어 선비와 선비정신 그리고 선비문화를 다루는 글과 책 역시 나오고 있다. 개념적, 역사적 연구를 넘어서 현대적으로 재해석해보려는 시도도 이루어지고 있다. 나아가 선비와 선비정신, 그리고 선비문화의 가치를 일반인들에게 널리 알리기 위해서 각종 선비문화 체험, 축제, 강연회, 토크쇼 등도 활발하게 개최되고 있다. 되돌아보면 1980년대 이후 선비와 선비정신에 대해서 꾸준히 주목해왔으며, 특히 세월호사건(2014) 이후 한층 더 활발해졌다고 할 수 있다.[1] 선비의 역사를 단군신화에까지 거슬러 올라가게 하거나 이념적으

---

* 이 글은 한국선비문화연구원에서 개최된 학술발표회[선비 어떤 사람인가: 선비의 삶과 사상](2024년 10월 18일)에서 발표한 내용을 수정, 보완한 것이다.
1) 김석근 엮음, 『선비정신과 한국사회: 미래의 리더십을 찾아서』(아산서원, 2016) 부록에서, 그 책 간행 직전까지 정리한 선비, 선비문화, 선비정신 관련 문헌목록을 참조할 수 있다. 그리고 세월호 사건은 우리 사회에 만연해 있는 여러 가지 사회문제에 대해서 근원적으로 되돌아보게 해주는 중요한 하나의 계기가 된 것으로 여겨진다.

로 홍익인간과 연결시키는 주장까지 나와 있다.[2]

하지만 선비에 대해서 심히 비판적인 견해도 적지 않다. "우리가 아는 선비는 없다"는 명제를 내걸고 "조선을 지배한 엘리트 선비의 두 얼굴"이라는 부제를 가진 책도 나와 있다.[3] 선비는 흔히 생각하는 것과는 다른 모습도 지니고 있다는 말이라 하겠다. 신분과 계층, 특히 양반 사회에 초점을 맞춘다면 비판적인 면모 역시 찾아낼 수 있을 것이다. 또한 젊은 세대들 사이에서는 "너 선비냐?" "어디서 선비질이야" 하는 식의 비아냥거리는 말투, 그리고 '개선비', '씹선비' 같은 새로운 용어까지도 만들어내고 있다. 선비문화의 빛과 그림자, 다시 말해 긍정적인 측면과 부정적인 측면을 동시에 같이 보려는 시도도 이루어지고 있다.[4] 거기서는 선비를 "지식인 파워 엘리트"로 파악하고 있다.[5]

이 글에서는 그동안 필자가 '선비정신'과 관련해서 겪었던 개인적인 체험, 써왔던 글, 그리고 토크쇼 등에서 했던 발언 등을 되돌아보면서[6], 오늘날 한국 사회에 선비정신이 어떤 의미와 가치를 가지고 있는지, 그리고 가질 수 있는지에 대해서 논의해보고자 한다. 선비정신의 현재적 의미와 가치에 초점을 맞추어보려는 것이다. 그런데 현재적인 가치를 논의한다는 것 자체, 이미 자의적이고 주관적인 성격을 띤다고

---

[2] 예컨대 한영우, 『한국선비지성사』, 지식산업사, 2010; 한영우, 『미래와 만나는 한국의 선비문화』, 세창출판사, 2014.
[3] 계승범, 『우리가 아는 선비는 없다』, 역사의 아침, 2011.
[4] 김경동, 『선비문화의 빛과 그림자』, 박영사, 2022.
[5] 기본적으로 '선비'란 어떤 존재인가 하는 의문 혹은 문제제기가 내포되어 있다. 조선시대의 지식인 파워엘리트는 곧바로 '선비'인가, 그리고 선비는 곧 지식인 파워엘리트인가, 하는 의문을 던져볼 수 있겠다.
[6] 그동안 필자가 쓴 글은 이글의 '참고문헌' 참조. 역사문화토크콘서트「선비를 다시 생각한다」(율곡연구원, 제5회 율곡인문포럼, 2023.10.2)에 참여해 발언한 부분. [필자 외에 참석한 분들은 김희곤(국립대한민국임시정부기념관), 오용원(한국국학진흥원), 정순우(한국학중앙연구원).]

해야 할 것이다.

다만 불필요한 오해를 피하기 위해 미리 일러두자면 '선비정신'을 말하는 것은 회고나 복고주의 혹은 국수주의 경향과는 거리가 멀다고 하겠다. 현실(현재)에 대한 비판적 인식, 나아가서는 미래적 지향성과 함의를 염두에 두고 있다. 미래를 위한 재해석이라 해도 좋겠다. 나아가야 할 길을 잃어버리지 않기 위해서 '국민개사'(國民皆士)[7], '민주주의'(Democracy), 그리고 '통합의 리더십(Leadership)' 같은 준거틀을 적절하게 원용하려는 것 역시 그 때문이다.

2. 선비정신의 재천명

1) 왜 '선비정신'인가?

"'선비정신'이란, '선비'와 '정신'이란 두 단어의 합성어가 우리 사회에 통용된 것은 아주 최근의 일로 생각된다. 아마 4.19 내지 5.16 이후의 일로 생각된다. '선비'라는 말은 한말 이후 줄곧 유교망국론(儒敎亡國論)과 관련하여 혐오의 표적[的]이 되어왔다. 그러다가 이 고풍스러운 말이 되살아난 것은 주로 조지훈과 같이 고전적 교양을 가진 논객(論客)들이 4.19 내지 5.16 전후에 쓴 일련의 시사논설(時事論說)에서 **옛 선비의 바른 도리로서**, 정객(政客)과 지식인들을 일깨우면서부터이고[8], 이에 이어서 **올바른 지식인의 윤리적 자세를 가리키는 말로서** '선비정신'이란 합성어가 있게 된 것 같다. 이 말은 물론 우리나라의 현대 지성인의 윤리적 자세를 역사에 반조

---

[7] 유길준(兪吉濬, 1856~1914)이 제시한 명제 '국민개사(國民皆士)', "모든 국민이 다 선비가 되어야 한다"는 것.
[8] "조지훈은 1959년 『지조론』이란 시사논설집을 냈고, 그 속에서 선비의 지조 등을 문제 삼았다."(인용문에 딸린 각주)

(返照)해서 자기조정(自己措定)을 하려는 요구에서 나왔으며, 그런 점에서 우리나라 지성계에 우리 것에 대한 지적인 관심이 되살아난 1970년대부터 통용된 것이 아닌가 생각된다."[9]

엄격하게 말자자면 '선비'와 '정신'의 합성어로서의 '선비정신', 이 말은 역시 시대의 산물이라 할 수 있다. 조지훈 등이 "옛 선비의 바른 도리"로 당시의 정객과 지식인들을 일깨우기 위해서, 그리고 "올바른 지식인의 윤리적 자세"를 가리키기 위해서 일정한 시점에서 쓴 것이라 할 수 있다. 조지훈이 선비의 지조를 특별히 논한 것 역시 그 시대(특히 지식인들)에 대한 솔직한 발언이라 할 수 있겠다.

그 시대와 상황은 당연히 객관적, 주관적 상황이 많이 다르겠지만, 필자 역시 거의 비슷한 맥락에서 현재 시점에서 '선비정신'을 '재발견' 해야 한다고 주장한 적이 있다. 더 정확하게는 선비정신을 '**재천명**'한 다고 했다.[10] '재천명(再闡明)'이란 다시 천명하는 것이다. 사전적인 정의에 따르면, 천명은 "진리나 사실, 입장 따위를 드러내어 밝힘"을 말한다.[11] 그러니까 새롭게 만들어내는 것[案出]이 아니라 전해지는 전통

---

9) 이동환, 「선비정신의 개념과 전개」, 『대동문화연구』 38, 2001, 9쪽. 강조는 인용자. 이하 같음.
10) 김석근, 「선비정신의 현재적 함의와 전망:'국민개사'(國民皆士)와 민주주의와 관련해서」, 『선비정신과 한국사회: 미래의 리더십을 찾아서』, 아산서원, 2016, 351쪽.
11) 일찍이 '신라정신'을 천명한 바 있는 범부 김정설에 의하면, 예로부터 전해지는 전통 가운데서 계승해야 할 것과 계승할 필요가 없는 것이 있다는 점을 인정하고, **계승해야 할 것이 무엇인지 '천명'해야 한다**고 했다. 천명에 대비되는 것으로 그는 '안출(案出)'이라는 용어를 쓰고 있는데, 그것은 말 그대로 "새롭게 생각해내는 것"이다["요는 **우리가 이제부터 繼承해야 할 것이 무엇이냐 그것을 우리가 闡明해야 할 것입니다.** 그러므로 국민윤리는 案出하는 것이 아니라 역사적 사실 가운데서, 우리 生活의 事實 가운데서 이 生活의 性格 가운데서 闡明해야 하는 것입니다."(『국민윤리특강』, 209쪽)]. 이에 대해서는 김석근, 「'신라정신'의 '천명'(闡明)과 그 정치적 함의: 언제, 누가, 그리고 왜」, 『범부 김정설 연구논문 자료집』(도서출판 선인, 2010)을 참조.

가운데 우리가 이어가야 할 것을 찾아내서 밝혀내는 것이다. 약간의 시간이 흘렀지만, 필자의 입장은 달라지지 않았다.

그런데, 앞의 인용문에서도 지적하고 있듯이, 선비라는 말은 한말 이후 줄곧 유교망국론과 관련하여 혐오의 표적이 되어왔다. 혐오의 대상이 되기도 했다는 것, 선비와 선비정신에 대해서 오로지 긍정적인 평가만 있었던 것은 아니다. 나름대로의 부침이 있었다.[12] 그럼에도 왜 선비정신을 다시 천명해야 하는가? 요컨대 우리는 왜 선비와 선비정신에 대해서 관심을 갖는가 하는 것이다. 그 물음에 대해서 간단히 답하자면 '시대가 선비를 부른다!'고 할 수 있을 것이다.

그렇게 재천명하는 데 이르기까지 역시 개인적인 체험이 크게 작용했다. 우선 한국문화 전반에 걸쳐서 재조명해보는 〈한국문화대탐사〉 프로젝트에 참여할 수 있었다[2014].[13] '아카데미즘과 저널리즘의 만남'이라 불리기도 했다. 아산정책연구원과 중앙일보사가 같이 추진한 인문사업이었다. 인문학 연구자, 신문사 기자, 작가들의 공동작업으로 진행된 그 프로젝트에서는 자유로운 토론을 거쳐 주제를 선정했으며, 그에 대한 집중 토론과 자료조사, 이어 탐사 기사를 작성, 게재했다. 집단 창작에 가까운 방식이었다. 논쟁도 매주 되풀이하지 않으면 안되었다.

다루는 주제를 선택하는 일부터 논쟁적이었지만, '선비'의 경우 어떠한 이견 없이 결정되었다. 선비는 총 4회에 걸쳐 연재되었다.[14] 선비

---

12) 지난 역사를 되돌아보면, 선비에 대한 잘못된 부정적인 인식, 선입견과 오해가 마치 시대정신인 것처럼 여겨지던 때도 없지 않았다. 선비 하면 실용이 없는 허례허식과 무의미한 탁상공론, 명분에 사로잡힌 답답한 사람들, 청산되어야 할 부정적인 유산, 이른바 근대화의 걸림돌 식으로 여겨지기도 했다. 그 같은 인식은 무엇보다 잘못된 식민사관의 해독, 그리고 제대로 이루어지지 못한 역사 교육에서 비롯된 것으로 여겨진다.
13) 〈한국문화대탐사〉 시리즈에 연재되었던 글들은 수정, 보완을 거쳐서 단행본으로 간행되었다. 김석근 외, 『한국문화대탐사』, 아산서원, 2015.
14) 「권력 앞에서도 대놓고 바른말 …… 왕도 껄끄러운 선비」(『중앙일보』, 2014.2.23);

들의 발자취가 남아 있는 삶의 현장을 취재했으며, 중국과 일본을 방문, 현지 학자들을 만나 인터뷰를 하기도 했다. 그 과정에서 특기할 만한 사항은, 필자의 제안으로 '선비정신'과 관련해서 19세 이상 남녀 1천명을 대상으로 하는 전국적인 규모의 여론조사를 실시했다는 점 —아마 처음이 아니었을까 싶다—, 이어 다양한 전공의 학자들을 대상으로 두 차례 심층 설문조사까지 시도했다. 그 같은 조사를 통해서 다양한 점들을 새삼 확인할 수 있었다.[15] 그 기사는 다루는 방식과 내역이 흥미로웠기 때문인지 온라인 열독률에서도 매주 상위권을 차지했다. 선비 시리즈는 종래의 선비에 대한 선입견을 일정 부분 불식시켰을 뿐만 아니라 선비에 대한 관심을 새롭게 환기시킬 수 있었던 것으로 여겨진다.

그런 작업에 이어 다시 두 번의 계기를 체험하게 되었다. 그 하나는, 그 당시 재직하던 교육기관[아산서원]에서 개원 2주년을 맞으면서 〈선비정신과 한국사회: 미래의 리더십을 찾아서〉라는 주제로 학술대회를 개최했다(2014.9.26.).[16] 학술대회에 앞서 대학생들의 〈젊은 세대가 바라

「"조선인에겐 더러운 피" …… 일제가 왜곡한 선비상 아직 못 지워」(『중앙일보』, 2014.3.2) ; 「중·일엔 없는 선비의 공론정치, 조선 500년 버틴 힘인가」(『중앙일보』, 2014.3.9) ; 「영조 이후 여성선비 르네상스. 『규합총서』 쓴 빙허각 이씨, 시동생 직접 가르쳐」(『중앙일보』, 2014.3.16)

15) 선비정신에 대해서 "매우 중요하다"(31.2%) 응답을 포함해, 전체 응답자 중 74.5%가 중요하다고 답했다. 특정 성별, 연령, 직업, 학력, 소득, 이념에 특별히 치우치지 않았다. 세대별로는 40대에서 82.9%로, 전 연령대에서 제일 높았다. 가장 비율이 낮았던 19~29세 구간도 68%가 중요하다고 보았다. 선비정신에 대해서 긍정적인 평가는 68.5%, 부정적인 응답은 12.1%에 지나지 않았다. 선비정신을 중요하게 여기는 40대에서는 79.9%가 긍정적으로 평가했다.
긍정적으로 평가한 요소로는 인격수양, 청렴, 대의명분, 학문탐구 등을 들었고, 부정적으로 평가한 요소로는 권위주의, 당파싸움, 융통성부재, 남녀차별을 들었다. 진보와 보수 진영 모두에게 선비정신을 긍정적으로 평가했다는 점도 주목할 만하다. 다만 보수에서는 인격수양을 더 중시했으며, 진보에서는 청렴을 더 중시하고 있다. 김석근 외, 앞의 책(2015), 368~369쪽.

보는 선비와 선비정신〉 발표가 있었다는 점을 지적해두고 싶다. 다른 하나는, 당시 맡고 있던 수업에서 선비 시리즈 기사 및 관련된 자료를 제공, 읽은 다음, 자신이 생각하는 바를 A4 용지 한 장에 적어내도록 하는 과제를 내주었다. 그들은 기숙사에서 공동체 생활을 하면서 정해진 커리큘럼에 따라서 인문학 수업을 듣는 한편으로, 한국문화와 관련해서 다양한 경험을 하고 있었다. 젊은 세대들의 솔직한 생각을 알고 싶다는 바램을 피력하면서 자유롭게 써줄 것을 당부했다.

얼마 후 그들이 제출한 감상문들은 필자가 예상했던 기대 수준을 훨씬 더 넘어서고 있었다. 그들이 보여준 지적인 감수성과 발랄한 상상력에 놀라지 않을 수 없었다. 역시 신세대 젊은이다웠다. 그 감상문들은 필자가 발표한 글을 통해서 상당 부분 소개되기도 했다.[다음 절 「새롭게 바라보기」 참조][17] 이 글에서도 같은 방식으로 적절하게 이용하고자 한다.

이 같은 일련의 과정을 통해서, 필자는 전통적인 지식인으로서의 선비와 그들의 정신세계라 할 수 있는 선비정신에 대한 재발견이 필요하며, 충분히 현재적인 의미를 가질 수 있다는 것을 확신할 수 있었다. 이는 현재 한국사회를 이끌어가고 있는 엘리트층에 대한 불만과도 무

---

16) 학술대회는 두 부분으로 구성되었다. 제1부에서는 〈아산서원과 선비: 우리들의 이야기〉라는 제목으로 아산서원 졸업생들이 젊은 시각으로 활기차게 꾸민 무대가 있었다. 국악 공연[유초신지곡 중 타령 군악], 『대학』 경1장 외우기(우리말, 중국어, 일본어), 『반야심경』 외우기, 인문교육 소감 발표, 그리고 〈젊은 세대가 바라보는 선비와 선비정신〉 발표가 있었다. 이어 제2부 〈선비정신과 한국사회: 전통과 현대 그리고 미래〉에서는 25명의 전문가들이 참여, 발표와 토론을 통해 선비에 대해 같이 논의하는 시간을 가졌다. 필자 역시 그 학술대회 제3세션 '사회변동과 선비정신'에서 「선비정신의 재천명, 현재적 함의와 미래의 전망」이라는 제목의 글을 발표했다. 학술대회에서 발표된 글들은 수정과 보완을 거쳐 단행본[김석근 엮음, 앞의 책(2016)]으로 간행되었다.
17) 김석근, 「선비정신의 현재적 함의와 전망」, 김석근 엮음, 앞의 책(2016), 제3장 「젊은 세대의 발상: 재발견과 상상력」 참조. 젊은이들의 귀중한 자료인 만큼, 이 글에서도 적절하게 이용하고자 한다. 감상문 제목은 〈 〉로 이름은 '김○○' 식으로 적기로 한다.

관하지 않다. 한국의 지도층에는 노블리스 오블리제(Noblesse Oblige)가 부족하다는 말을 어렵지 않게 들을 수 있다. 설문조사에서도 ①사회지도층과 지식인들의 부족한 인격수양과 ②엘리트층의 사리사욕 추구를 꼽았다.[18] 그 점이 유난히 두드러진다. 한 젊은이는 한국사회에 대해서 이렇게 논평했다. 한마디로 '선비정신'의 실종이다.[19] 다른 말로 하자면 혼탁한 시대임에도, 아니 혼탁한 시대일수록 우리 국민은 선비정신에 뭔가를 기대하고 있다는 것, 그 같은 관심은 지금 우리의 현실에 대한 신랄한 비판 및 비판의식과 깊이 관련되어 있다. 역시 선비정신을 필요로 한다는 것이다.

2) 새롭게 바라보기

선비와 선비정신을 우리의 중요한 정신적 유산으로 여길 수 있기 위해서는 종래의 부정적인 선입견과 오해를 넘어설 수 있어야 할 것이다. 좀 더 넓게 그리고 입체적으로 바라보면서 새로운 눈으로 바라볼 수 있는 안목이 필요하다. 예를 들면 이런 식이다. "심지어 우리가 부정적으로 인식하고 있는 조선시대 선비들이 벌인 당쟁 역시 따지고 보면 현대 민주주의에서는 당연히 발생하는 그것과 같다. 선비정신은 그렇게 우리와 먼 것이 아니다. 당쟁으로 알려진 당의도 지금의 그것과 크게 다르지 않다."[20] 그런 만큼 거시적인 한국지성사라는 맥락에서 이른

---

18) 김석근 외, 앞의 책, 370쪽 참조.
19) 종래의 독재나 군부통치 하에서는 '반독재, 반군부, 민주주의'라는 몇 개의 키워드로 모든 것이 커버될 수 있었다. 하지만 한국의 산업화와 민주화 과정을 통해서 현실을 객관적으로 바라볼 수 있게 되었다. 또한 절차적인 민주주의 확립을 통해서, 예컨대 인사청문회 등을 통해서 사회지도층의 이기적인 모습들, 도덕적인 타락상, 내지 부정과 부패, 편법과 축재 등의 병리현상과 무관하지 않다는 점이 여실히 드러나게 되었다.
20) 이렇게 말하기도 한다. "나는 선비정신의 재평가가 이루어지는 다른 이유 중 하나는 지금의 사회에서 우리가 흔히 말하는 리더십, 즉 **리더가 갖춰야 할 덕목은 무엇인가라는 질문이 중요해졌기 때문**이라고 생각한다."(〈내가 생각하는 선비와 선비정신, 그리

바 '오래된 미래'로서의 선비와 선비정신에 대해서 차분하게 되돌아보아야 하는 것이다.

선비 시리즈 기사와 관련 자료를 읽고 제출한 학생들의 감상문에서는 종래 부정적으로 생각하고 있던 선비와 선비정신에 대해서 새롭게 바라볼 수 있게 되었다는 것, 아울러 대의를 추구하는 선비정신은 오늘날에도 계승되어야 한다는 의견이 두루 나왔다. "선비정신이 왜 현재의 우리에게 중요한가. 선비정신은 언뜻 보면 구시대적이고 민족주의적 요소를 내포 하는 개념처럼 보이지만 나는 **선비정신은 우리의 중요한 정신적 유산이며 도덕·인격적 수양을 갖추고 사리사욕을 넘어 공적인 것과 공동체를 진정으로 생각하는 빛나는 우리 고유의 정신이라고 생각한다**."[21] 젊은이들의 생생한 발언을 좀 더 들어보기로 하자.[22]

◎ 부정적인 인식과 식민사관에 대한 반성

"그렇다면 현대에도 선비의 덕목을 이어가려면 우리는 어떤 자세를 가져야할까. '사람은 반드시 스스로가 스스로를 모독한 연후에 남들도 그를 모독한다.'라는 맹자의 가르침을 곱씹어보며 선비를 포함한 한국의 전통문화에 대한 나의 생각을 되돌아보았다. **사실 주어진 자료를 읽기 전 조선시대 선비들의 붕당정치에 대해 부정적으로만 생각해왔던 것에서 무비판적으로 식민사관에 젖어있는 나의 모습을 발견했다.** 물론 붕당에는 부정적인 면도 있지만 동시에 상호 견제와 비판 인정을 통해 책임정치로 향하게 만드는 등의 순기능도 있다는 것을 알게 된 것이다. 우리의 가치는 우리가 먼저 깨달을 때에야 빛을 내고 다른 사람들도 알아볼 수 있다는 것을 마음에 새기며 지금 이 시간을 소중히 해야겠다."[23]

고 아산서원〉 전○○) 강조는 인용자, 이하 마찬가지.
21) 〈민주주의 사회와 선비정신〉 이○○.
22) ◎로 표시한 타이틀 부분은 필자가 편의상 붙인 것이다.

◎ 선비: 답답한 사람들? 대의를 추구하는 사람?

"교양 있는 고집스러움. 이전까지 내가 생각했던 선비정신을 표현한 말이다. 수기치인, 즉 스스로 수양하여 세상을 다스리고자 하며, 사익보다는 공익을 중시하는 교양인이지만 한편으로는 **자신의 신념에 갇혀 권위를 중시하고 열린 마음을 갖지 못한 답답한 사람들이 선비라는 생각**을 갖고 있었다. 과연 현대 우리 사회에 필요한 덕목인지 반신반의하는 입장이었던 것이다. 하지만 이번 과제를 통해 선비정신에 관한 여러 글을 읽어보고 나의 생각을 재정립하는 시간을 가지면서 생각의 변화가 일어났다. …… **이렇게 대의를 추구하는 선비정신은 현대에도 계승되어야 할 소중한 덕목**이라고 생각한다. 뉴스에는 눈앞의 사사로운 이익을 추구하다 사회악이 되어버린 사람들의 이야기가 많이 나오는데 더 안타까운 것은, 그들이 다른 누구보다 국가를 위하고 공익을 추구해야 하는 자리에 있는 사람들이라는 것이다."[24]

또 한 가지 흥미로웠던 것은, 조선시대의 붕당(朋黨), 당의(黨議)를 비판과 견제, 그리고 세력균형이라는 측면에서 책임정치 나아가서는 '민주주의'와도 연결시켜서 생각해보려는 모습이었다. 왕과 선비, 선비들 사이의 견제와 균형을 통해서 오히려 공론(公論) 정치 내지 공공(公共) 정신을 구현하고자 한 것으로 볼 수도 있다는 것이다.

◎ 당의(黨議)와 선비정신: 민주주의의 모습이 아닌가

"당쟁이 가장 활발했던 숙종 대가 가장 훌륭했고 백성이 가장 편안했던 시기라고 했으며 …… 『한국사』에서도 붕당 정치의 원리를 세력 균형을 통해 상대를 견제 비판하며 책임정치를 한 것이라고 말했다. 이를 다시 생각

---

23) 〈아산서원에서 조선의 선비를 돌아보다〉 황○○.
24) 〈대의 그리고 포용〉 변○○.

해보면 조선 사회에서 나왔던 민주주의의 모습이 아닌가 싶다. 민주주의는 단순히 하나의 만장일치된 의견을 목적으로 하는 것이 아니기에 단지 한 가치만 대변하는 쪽만 있게 되면 필시 옳지 못한 곳으로 흐르고 만다. 또한 서로를 비판하되 그 과정에서 상대를 무시하는 것이 아니라, 상대를 인정하면서 사회의 발전을 이끌어내는 것이다. 이런 점을 봤을 때 **公(왕/위정자)과 私(아랫사람) 사이에서 公共을 통해, 즉 왕 및 선비 사이에서 끊임없는 당의를 했던 당시 선비들의 정치는 현대 어쩌면 우리가 바라는 정치상과 닮은 구석이 있다.**"[25]

그 같은 측면에서 바라본다면 선비는 정직하게 나라와 백성을 생각했던 '조선시대의 민주적인 리더'였다고 볼 수 있겠다는 지적도 나왔다.[26] 생각이 그 언저리에 미치게 되면, 오늘날에도 필요하다는 생각이 드는 것은 어쩌면 자연스럽다. 더구나 우리 사회의 어두운 현실, 특히 더러 언론에 보도되는 고위층과 공직자들의 비리나 부정 등을 감안한다면 더욱 그렇다. 그래서 선비정신에서 오히려 민주주의와 공동체 정신이 조화를 이루는 것으로 볼 수도 있다는 식이다.[27]

---

25) 〈끊임없는 고민과 토론 속 修己, 아산서원의 '나'〉 오○○.
26) "이제 보니, 선비정신을 갖는다는 것은 우리가 오늘 배우는 인문학 같은 것을 배우고, 그것들을 이용해 판단을 잘하고, 가장 직접적이게 망설임 없이, 그리고 부패하고 전략적인 것 없이 임금에게 좋은 정책을 세울 수 있도록 잡아준다는 것이 정말 인상적이었다. 특히 정말 **정의를 위해 목숨을 걸고 하는 일이니, 선비만큼 정직하게 나라와 국민들을 위해 살았던 사람이 없는 것 같다.**"(〈조선시대의 민주적인 리더: 선비〉 함○○)
27) ◎ 선비정신: 민주주의와 공동체 정신의 조화: "선비는 대(大)를 위해 소(小)를 희생한다. 더 많은 사람들을 위해 자신을 내던지는 덕목으로 '거의', '순절', '절의' 등을 강조하며 선비정신은 개개인의 이기심을 조절하도록 한다. 여기서 선비정신의 흥미로운 특징을 발견할 수 있다. 민주주의란 본래 개인의 가치가 극대화된 체제인데 선비정신은 민주주의의 제도적 방법론을 포함하는 동시에 역설적으로 자기희생을 강조한다. **민주주의와 공동체 정신 이 두 가치가 조화를 이룰 수 있도록 하는 것이 바로 선비정신이다.**"(〈고루한 선비정신에서 찾은 근대적 가치〉 이○○)

◎ 우리 사회에 어느 때 보다 선비정신이 필요하다

"그러나 **이번에 신문 기사를 읽고 우리 사회의 현실을 되돌아보면서, 우리 사회에 어느 때보다 선비, 그리고 선비정신이 필요하다는 생각이 들었다.** 조선시대 선비들이 보여줬던 청렴이라는 가치와 왕에 대한 직언, 그리고 여론 형성이라는 역할은 우리나라를 이끌어 가는 고위 관직자들과 공무원들, 그리고 소위 말하는 지식인들에게 필수적이기 때문이다. 실제로 우리 사회, 그 중에서도 고위층을 들여다보면 이미 그 안에서 소통의 기능이 상실된 듯 보이고, 청렴이라는 가치는 점점 옛 것이 되어가고 있다. **우리는 이 위기를 조선시대의 선비들을 통해 배움으로써 타개할 수 있다.** 이 사회의 지도층이 스스로를 갈고 닦고 부정한 것에 얽매이지 않도록 애쓰면서, 지식인들과 정책 실행자들이 협심하여 나라가 나아갈 방향을 결정하는 것이 바로 우리 조선시대의 선비 문화가 지향한 방향이었고, 이는 지금 우리 사회가 나아갈 방향을 제시해 주고 있다."[28]

3. 선비정신, 그 의미와 가치

1) 선비: '바람직한 인간상'

선비의 정신세계[선비정신]는 과연 어떤 것인가, 그에 앞서 선비정신의 주체로서의 선비는 어떤 존재인가. 어떻게 보아야 할 것인가.[29] 이

---

28) 〈내가 생각하는 선비와 선비정신, 그리고 아산서원〉 배○○.
29) 참고로 『표준국어대사전』에 의하면, 선비는 다음의 네 가지 의미로 쓰이고 있다. ①예전에, 학식은 있으나 벼슬하지 않은 사람. ②학문을 닦는 사람을 예스럽게 이르는 말. ③학식이 있고 행동과 예절이 바르며 의리와 원칙을 지키고 관직과 재물을 탐내지 않는 고결한 인품을 지닌 사람. ④품성이 얌전하기만 하고 현실에 어두운 사람을 비유적으로 이르는 말[구체적인 용례: 요즘 세상은 선비 같은 남자들이 살아가기 힘든 세상이다.] https://stdict.korean.go.kr/search/searchResult.do

에 대해서는 다양한 차원에서의 논의가 가능하겠지만[30], 필자의 경우 선비는 일종의 '이상적인 인격체' 내지 '바람직한 인간상'이란 측면에 주목하려는 것이다. 선비라는 말과 개념 자체가 이미 조선 사회에 고유한 것이라 할 수 있다. 한자어 '士'[선비 사]의 '훈'(訓)으로 붙이는 것 자체가 독특한 것이다.[31] 말하자면 같은 한자, 유교문화권이라 하더라도 약간의 차이가 생겨난 것이다. 공통점과 차이점이 있으며, 다양성은 거기서 나온다. 선비는 조선의 독자적인 것이라 해야 할 것이다.

선비는 일본[에도시대]의 사무라이[士], 중국[명·청시대]의 신사(紳士) 내지 향신(鄕紳)과도 구별된다. 먼저 일본의 무사(武士), 무사도(武士道)와는 확연히 구분된다. "꽃은 사쿠라, 사람은 사무라이"라는 말처럼, '士'(시, 사무라이), 무사는 지배계급으로서의 성격을 지녔다. 그래서 무사도는 일본의 무사계층에서 발달한 도덕, 가마쿠라 시대부터 발달해 에도시대 유교 사상에 뒷받침되어 집대성, 봉건 지배체제의 관념적 지주가 되었다. 충성, 희생, 신의, 염치, 예의, 결백, 꾸밈없음, 검약, 상무, 명예, 애정 등을 중시하는 것이다. "무사도는 결국 자신이 잘 죽을 곳을 찾아내는 것"(『하카쿠레(葉隱)』)이라는 말처럼, 사무라이는 두 자루 칼을 차고서 주군을 위해서 죽을 각오를 하고 싸우는 존재였던 것이다. 무력을 장악한 지배계층이라는 측면에서는, 오히려 유럽과 더 닮아 있다고 할 수도 있겠다.[32]

---

30) 예컨대 양반층으로서의 선비, 지배층으로서의 선비, 예비 관료군으로서의 선비, 지주계층으로서의 선비 등, 다양한 측면에서 접근할 수 있을 것이다. 연암 박지원의 『양반전』에는 다음과 같은 구절이 나온다. "본디 양반은 여러 말로 부르노니, 이를테면 글만 읽는 양반은 선비라 하고, 정사(政事)에 관여하는 양반은 대부(大夫)라 하고, 덕이 높은 양반은 군자(君子)라 하느니라." 이가원 외 편, 『초기한문소설』, 성문사, 1970, 48쪽.
31) 음(音)이 이미 훈(訓)을 포함하고 있는 중국어나 '시'라는 음과 '무사(武士)' 내지 '사무라이'라는 훈을 갖는 일본어와 확연히 구분된다. 사농공상(士農工商)이라 하더라도 일본어에서는 무사(사무라이)를 가리키는 것이 좋은 예라 하겠다.

마찬가지로 선비는 거의 동시대에 해당하는 명·청 시대의 신사 혹은 향신과도 달랐다.[33] 인문학적인 지식을 습득한다는 점에서는 공통점도 없지 않았지만, 사회적 존재로서의 위상이 서로 달랐다. 그들은 명나라 중엽에서 청나라 말엽에 이르기까지의 관직 경력자 '신(紳)'과 관직 경험이 없는 합격증 소지자 '사(士)'로 구성된 지배층이었다. 그들은 향촌에 정착한 지배층으로 요역을 면제받는 특권층이었다. 말하자면 국가가 부여한 특권을 향유하면서 개인의 이익을 추구해서 일반 농민들과 유리되고 있었다. 그들은 사회적으로 존경을 받는 실질적인 향촌 지배자이기도 했다.

정리하자면 조선의 선비는 신사[향신], 사무라이와 구분되는 사회적 위상을 지니고 있었다. 특권을 향유하며 개인의 이익을 추구하며, 농민과 유리되었다는 측면에서는 향신과 달랐다. 아울러 두 자루의 칼, 준비된 죽음, 주군에 대한 충성 등으로 요약되는 사무라이와도 달랐다. 흔히 칼과 붓, 문(文)과 무(武)로 대비되는 것처럼. 따라서 선비는 아주 독특한 존재라 해야 하지 않을까 한다.[34]

이 점에 대해서 조금 더 부연해두고자 한다. 세계사적 맥락에서 보자면, 우선 일본의 무사, 사무라이 계급에 요청되는 정신적인 자세로서의 무사도(武士道)는 서구 유럽의 경험과 상통하는 부분이 많다고 하겠다. 중앙집권이 아니라 분권(分權)이라는 사회구조는 차치해두더라도, 무력을 장악한 계층이 지배층을 형성했다는 점에서 그러하다. 이른바

---

[32] 전근대 시대에 무력 소유자가 지배층을 구성하지 않은 예는 동아시아 유교국가 중에서도 중국, 한국, 베트남 정도에 지나지 않았다. 과거 시험을 통한 지배층 충원방식에 힘입은 것이었다.

[33] 가장 가까운 사례를 찾아보자면 아무래도 남송 시대의 사대부(士大夫)를 들 수 있을 듯한데, 이에 대한 검증은 다른 기회로 미룰 수밖에 없다.

[34] '士'는 사회적 환경에 따라 '文士'와 '武士'로 특화된 것으로 볼 수 있지 않을까 하는 생각도 든다.

기사(騎士, Knight) 계급과 기사도(騎士道, Chivalry) 정신을 들 수 있다. 기사 계급은 중세 유럽에서, 봉건 영주에 속한 직업 기마 무사로서, 12~13세기 전성기를 누리며 봉건 영주와 주종관계를 맺었다. 기사도 정신이란 기사들 사이에서 성립한 규범의식 또는 행동양식의 이상형을 가리키며, 무용(武勇)·성실(誠實)·명예·예의·경건(敬虔)·겸양(謙讓)·약자 보호 등을 주요한 요소로 하고 있다.[35]

하지만 기사 계급은 14세기 이후 화폐 경제의 발달과 화기(火器) 보급으로 인해 몰락하게 된다. 봉건제도의 몰락과 더불어 기사와 기사도 정신은 사회적 몰락을 겪게 된 것이다. 완전히 사라진 것은 아니며 약간 변형된 모습으로 살아남게 된다. 흔히 '신사도'(紳士道) 정신[the Code of Gentleman]으로 불리는 그것이다.

봉건제도 해체 과정에서 기사 계급 자리를 대체하게 된 것은 '젠트리'(Gentry, Gentleman)로 불리는 계층이었다. 중세 후기에 등장한 중산적인 토지 소유자층을 말한다. 흔히 그들은 신사(紳士) 혹은 향신(鄕紳)으로 번역되기도 한다.[36] 그들은 귀족과 요먼리(Yeomanry: 독립자영농민)의 세력 쇠퇴와는 달리, 지방 유력자로 성장, 사회의 실권을 장악했으며, 마침내 교양 있고 예의바른 남성으로 자리 잡았다. 그들 신사(Gentleman)는 숙녀(Lady)와 짝을 이룬다. Ladies and Gentlemen, 그 말은 곧 상투어처럼 되어버렸고, 지금도 사용되고 있다. 신사로서 품위를 유지하기 위하여 지켜야 하는 도리, 그것이 곧 '신사도'(the Code[Ideals] of a gentleman)라 할 수 있다.

그 외에 바람직한 인간상과 관련해 비교해 볼 수 있는 것으로 '시

---

35) 기사와 기사도 정신은 수많은 문학 작품들의 소재가 되었는데, 이는 기사도가 사회적으로 깊고 넓게 스며들었다는 것을 말해준다.
36) 중국 명·청시대의 지배층으로서의 '신사'와 '향신'을 Gentleman의 번역어로 선택한 것은, 아주 좋은 번역이었다고 하겠다.

민'(市民)(Citizen, Citoyen, Bürger)과 '인텔리겐챠'(Intelligentsia)를 들 수 있다. 시민 개념은 고대로까지 거슬러 올라가며, 그리스의 폴리스나 로마 공화정에서 자유를 누리던 구성원을 가리킨다[여자와 노예 배제]. 시민은 근대에 이르러 역사에 다시 소환되었다. 이른바 제3계급 시민을 말하며, 시민혁명의 주체로 여겨졌다. 지금도 여전히 쓰이고 있다. 기본적인 요건은 '교양과 재산'에 다름 아니었다.

한편 19세기 중엽 동유럽(폴란드)과 러시아에서 기원하는 '인텔리겐챠' 역시 빼놓을 수 없다. 그 사회를 위하여 세계에 대한 해석을 제공하는 것을 그 사회적 임무로 하는 사회집단이 있었는데, 그들이 인텔리겐챠였다. 사회개혁을 지향하며, 국가의 장래와 발전을 지도해야 할 일을 스스로 자부하며 또 그러한 책임감을 지니고 있는 '지식인 사회계층'을 가리킨다. 핵심적인 요소는 '지식과 변혁의지'라 할 수 있겠다.

종합해 본다면, 우리의 '선비'는 바람직한 인간상으로 세계의 다른 개념들과 비견해볼 수 있다고 하겠다. 우선 무력에 의한 지배가 아니라 인문학적 소양을 갖춘 '문인'(文人)들이었다. 관련해서 중요한 것은 '재산이나 토지소유'와 같은 물적인 기반이 아니라 단순한 교양을 넘어서 '지식과 학문'의 소지자라는 측면이다. 지식과 사회적 책임이라는 측면에서는 인텔리겐챠와 일맥상통하는 부분도 없지 않다.[37] 특히 중요한 것은 인격수양을 바탕으로 하는 '도덕성'을 갖추고 있다는 점이다.(이에 대해서는 다음 절에서 논의하고자 한다.)

---

37) 1980년대 한국사회에서 학생운동권에서 전개한 민주화 운동에 대해서 젊은 인텔리겐챠의 변혁의지라는 관점에서 보는 시각도 있었으며-일부에서는 스스로 그런 의식을 가졌던 듯하다-, 전통 시대 선비들의 비판적인 활동의 현대판 버전으로 보는 시각도 없지 않았다.

2) 선비정신, 마음가짐과 자세

그 자신 인격수양을 통해서 도덕성을 갖추고 있으면서, 재산과 토지와 같은 물적인 요소가 아니라 지식과 학문을 연마하며, 그에 의거해 도덕적으로 행동하는 존재로서의 선비, 그리고 그들에게 고유한 정신세계로서의 선비정신! 선비와 선비정신은 전 세계 역사를 통해서 여러 지역에서 떠올랐던 다양한 형태의 지배층 내지 바람직한 인간상에 견줄 수 있다고 생각한다. 국제적인 경쟁력을 충분히 지니고 있다고 해도 좋겠다. 나아가 바람직한 미래의 인간상을 모색하는 데 많은 시사를 제공해줄 수 있다고 하겠다.

이제 선비를 선비답게 만들어주는, 혹은 참된 선비가 지녀야 하는 정신적인 가치는 어떤 것인가에 대해서 논의해 보고자 한다. 역시 기본적인 마음가짐과 자세라는 차원에서 접근해갈 수 있을 것이다. 하나의 시론(試論)으로 그려내 보고자 한다.

(1) 이로움[利]과 의로움[義]

『맹자』첫머리에는 유명한 장면이 나온다. 전국시대 양나라의 양혜왕과 자신의 뜻을 펼칠 수 있을지 타진하기 위해서 찾아온 맹자가 만난 것이다. 왕은 단도직입적으로 이렇게 묻는다. "어르신께서 천리를 멀다 않고 오셨는데, 또한 내 나라를 이롭게 함이 있겠습니까."[38] '내 나라를 이롭게 해줄 수 있는 방책을 가지고 있는가' 하는 물음이었다. 이에 대해 맹자는 대답한다. "왕께서는 어찌 '이로움'을 말씀하십니까? 역시 '어짊과 의로움'이 있을 따름입니다."[39]

이로움[利]을 말하는 왕에 대해서 맹자는 어짊[仁]과 의로움[義]을

---

38) 王曰 叟不遠千里而來 亦將有以利吾國乎.
39) 孟子對曰 王何必曰利 亦有仁義而已矣.

말한다. 하지만 강조점은 '인' 보다는 '의'에 주어져 있다. 이로움에 대비되는 것은 의로움[義]이다. 맹자 스스로 그 후계자임을 자임해마지 않았던 공자, 역시 『논어』에 '견리사의(見利思義)'라는 구절이 나온다.[40] '이로움을 보면 의로움을 생각한다'는 것, 다시 말해 '이로움이 있으면 그것이 의로운 것인지 아닌지 생각해보아야 한다'는 것이다.[41] 오늘날의 용어로 바꿔 읽으면 이로움은 이익(Interest), 의로움은 정의(Justice) 혹은 공정(Fair)이라 할 수 있겠다.[42] 맹자는 이익이 아니라 정의, 공정이 더 중요하다고 보았던 것이다.[43]

현실에서 이로움과 의로움, 이익과 정의[공정]이 서로 부딪힐 때, 선비는 어떤 선택을 할 것인가? 이익이 주는 세속적인 달콤함을 버리고 정의의 편에 기꺼이 설 수 없다면, 누가 그를 가리켜 선비라 하겠는가. 정의, 공정함을 주장하다 보면 어쩔 수 없이 현실의 이익을 빼앗길 수 있다. 역시 참된 선비는 이익 보다는 정의, 공정을 선택한다고, 아니 선택할 수 있어야 한다고 하겠다.[44]

(2) 항산(恒産)과 항심(恒心): 士[선비]와 民[백성]

현실적인 이익 보다는 추상적인 정의, 공정을 택하는 선비는, 일반

---

[40] 子路問成人. 子曰 若臧武仲之知 公綽之不欲 卞莊子之勇 冉求之藝 文之以禮樂 亦可以 爲成人矣. 曰之成人者何必然 見利思義 見危授命 久要不忘平生之言 亦可以爲成人 矣.(『논어』, 「헌문편」)
[41] 비슷한 의미로 "견득사의(見得思義)"라는 구절도 나온다(『논어』, 「자장편」). 얻은 게 있으면 의로운 것인지 생각해본다는 것이다.
[42] 『논어』, 「이인」에서도 '의'와 '리'는 분명하게 대비되고 있다(子曰 君子喩於義 小人喩 於利).
[43] 맹자는 도도하게 유세를 펼치지만 이미 이익에만 관심을 갖는 양혜왕을 설득시킬 수는 없었다.
[44] 견리사의(見利思義)와 관련해서 최근 견리망의(見利忘義)라는 말도 만들어졌다. 눈앞의 이익에만 사로잡혀 의리를 저버린다는 뜻이다. '見利忘義'는 2023년 『교수신문』이 선정한 올해의 사자성어(四字成語)이기도 했다.

사람들과는 확실히 다르다. 일반 사람들이 이익을 쫓는 것은, 어쩌면 자연스러운 일이기도 하다. 선비는 그렇게 하지 않는다, 그래서 선비인 것이다. 선비는 확실히 다르다. 어떻게 그럴 수 있을까.

『맹자』「양혜왕」편에 '항산'(恒産)과 '항심'(恒心)이란 용어가 나온다. '항산'은 언제나 안정적인 소득을 가져다주는 직업 혹은 재산, 먹고 살 것을 말하며, '항심'이란 언제나 그러한 변하지 않는 마음을 가리킨다. 어느 날 제(齊)나라 선왕(宣王)이 맹자에게 정치에 대해 물었다. 맹자는 백성들이 배부르게 먹고 따뜻하게 지내면 왕도의 길은 자연히 열리게 된다면서 이렇게 대답한다.

"경제적으로 생활이 안정되지 않아도 항상 바른 마음을 가질 수 있는 것은 오직 뜻있는 선비만 가능한 일입니다. 일반 백성에 이르러서는 경제적 안정이 없으면 항상 바른 마음을 가질 수 없습니다. 항상 바른 마음을 가질 수 없다면 방탕하고 편벽되며 부정하고 허황되어 이미 어찌할 수가 없게 됩니다. 그들이 죄를 범한 후에 법으로 그들을 처벌하는 것은 곧 백성을 그물질하는 것과 같습니다."[45]

여기서 일반 백성들과 뜻있는 선비의 대비는 분명하다. 백성들에게 먹고 살 것이 없으면 항심을 기대할 수 없다. 방탕하고, 편벽되며, 부정하고, 허황되기 마련이다. 결국은 죄를 짓게 되는 것이다. 백성들에게 항산이 얼마나 중요한지 말하고 있으며, 어진 군주라면 그 항산은 보장해주어야 한다는 것이다. 이는 맹자가 말하는 왕도정치와도 이어진다. 그런데 그 논의를 시작하면서 맹자는 분명하게 "無恒産而有恒心者, 惟

---

[45] "無恒産而有恒心者 唯士爲能 若民則無恒産因無恒心 苟無恒心 放僻邪侈 無不爲已 及陷於罪然後 從而刑之 是罔民也" 그런 다음 맹자는 반문한다. "어떻게 어진 임금이 백성들을 그물질할 수 있습니까?"

士爲能", 항산 없이도 항심을 갖는 것은, 오로지 선비만이 할 수 있다는 것을 전제했다.

맹자에게 '士'와 '民'의 위상과 의식은 달랐던 것이다. 다소 극단으로 몰고 갔다는 생각이 들기는 하지만, 맹자가 생각하는 선비의 정신적인 자세나 기개를 느끼게 해주기에는 충분하다. 이미 앞 장에서 본대로 선비는 '재산과 토지' 등의 소유와는 일정한 거리를 두고 있었다[無所有].[46]

(3) '己'와 '人'의 관계와 자세
① **수기치인(修己治人)** : 언제 어디서나 나와 다른 사람의 관계는 중요하다. 나는 '己', 다른 사람은 '人'으로 표현된다. 그 관계에 대해서, 일찍부터 분명한 명제가 제시되었다. 『대학』에서 말하는 修己治人(수기치인)이 그것이다. 표현을 살짝 달리해서 修己以安人(수기이안인: 자신을 수양해서 다른 사람을 편안하게 해준다), 修己而安百姓(수기이안백성: 자신을 수양해서 백성들을 편안하게 해준다)이라 하기도 했지만, 그 본질에서는 다르지 않다.

수기치인은 그야말로 유교 정치론의 핵심이라 할 수 있다. '수기'는 자신의 (인격적인) 수양을 말하며, 그 수양을 통해서 도덕성과 윤리성이 확보되는 것이다. 뿐만 아니라 그런 수양을 통해서 '치인'으로 이어진다. 다른 사람을 다스리는 행위의 정당성은 '修己'에서 비롯되고 있다. 자신의 인격적인 도야를 조건으로 다른 사람을 다스릴 수 있다는 논리는, 적나라한 무력을 통한 지배, 혹은 경제적인 부와 재산을 근간으로

---

46) 그렇다고 부와 귀[富貴]를 완전히 부인하는 것은 아니다. 중요한 것은 정당한 방법으로 얻었는가 하는 것이다. "부와 귀는 사람들이 탐내는 바이나, 정도(正道)로써 얻은 것이 아니면 누리지 말아야 한다. 빈과 천은 사람들이 싫어하는 바이나 정도를 어기고 그것을 떠나서는 안된다. 군자가 인(仁)을 버리면 어떻게 명예를 이룰 수 있겠는가?"[子曰 富與貴 是人之所欲也 不以其道得之 不處也, 貧與賤 是人之所惡也 不以其道得之 不去也. 君子去仁 惡乎成名](『논어』, 「이인」)

하는 지배방식에 비하면 훨씬 더 선진적이라 할 수 있지 않을까.

② '己'와 '人'에 대한 마음가짐 : '기'와 '인'은 '수'[수양]를 통한 '치'[다스림]으로 이어지지만, 그와 동시에 다른 방식으로 비추어지기도 한다. 자신과 다른 사람에 대한 기본적인 마음가짐인 셈이다. 『논어』「이인편」에는 다음과 같은 대화가 실려 있다.

> 공자께서 말씀하시기를 "삼아! 나의 도(道)는 한 가지 이치가 만 가지 일을 꿰뚫고 있다." 하시니, 증자가 "예." 하고 대답하였다. 공자께서 나가시자, 문인들이 "무슨 말씀입니까?" 하고 물으니, 증자가 대답하셨다. "선생님[夫子]의 도(道)는 충(忠)과 서(恕)일 뿐이다."[47]

공자가 증자에게 자신의 도는 일이관지, 즉 '한 가지 이치로 모든 것을 꿰뚫고 있다'고 하니, 증자가 '네, 그렇습니다.'라고 답했다. 증자는 제대로 이해했는데, 문인들은 알아듣지 못해서 공자가 나간 다음 증자에게 물었다. 증자는 선생님의 도는 '충'과 '서' 일뿐이라 했다. 공자의 핵심은 인(仁)이라 했으니, '충'과 '서'는 인을 실천하기 위한 구체적인 덕목이라 할 수 있겠다.

그런데 이에 대해서 주희는 "盡己之謂忠, 推己之謂恕"라는 주석을 달았다. "자신을 다하는 것을 '충'이라 하고, 자신을 헤아리는 것을 '서'라고 한다." 오늘의 언어로 바꾸어 본다면, '충(忠)'은 자신의 양심에 충실한 것이다. 양심, 내면의 목소리에 귀기울이기라 해도 좋겠다. '서(恕)'는 자신을 헤아려 다른 사람을 그렇게 대하는 것[推己及人]을 말한다. 스스로는 양심과 내면의 목소리에 귀 기울이며, 남에 대해서는 그

---

[47] "子曰 參乎 吾道一以貫之 曾子曰唯 子出 門人問曰 何謂也 曾子曰 夫子之道 忠恕而已矣"

런 자신을 미루어 다른 사람도 그렇게 대하는 자세라 할 수 있다.

덧붙여 두자면, 『논어』「위령공편」에는 좀 더 직설적으로 말하기도 했다. "자기가 바라지 않는 바를 다른 사람에게 베풀지 말라"[48] 또한 『중용』에서는 "충과 서는 도로부터 멀지 않다. 자기에게 베풀어 보아 원하지 않으면 다른 이에게도 베풀지 말라"[49]고 하기도 했다. 이 같은 열려 있는 마음가짐과 자세는 현재적인 맥락에서도 충분한 설득력을 가지고 있다고 할 수 있지 않을까.

③ '수기'의 내역과 공동체로의 확대[修身齊家治國平天下]

수기치인과 더불어 우리에게 익숙한 구절에 '수신제가치국평천하'라는 것이 있다. 여기서 우리는 신유학의 핵심적인 저작 『대학』에 나오는 3강령 8조목을 떠올리지 않을 수 없다.[50] 특히 팔조목이 그러하다 [格物・致知・誠意・正心・修身・齊家・治國・平天下]. 관련해서 우리는 두 개의 물음을 던져볼 수 있다.

우선, '수기', '수신'의 구체적이 내역은 무엇인가 하는 것이고, 다른 하나는 수신제가치국평천하를 어떻게 읽을 것인가 하는 것이다. 먼저 수신, 수기에 대한 필자의 생각은, 팔조목에서 수신 이전에 나오는 항목들, 다시 말해서 '格物・致知・誠意・正心'이야말로 수기, 수신의 핵심이 아닐까 한다. 수기를 단순히 애매하고 추상적인 인격적인 도야로만 보는 것은 그 범위를 너무 좁게 한정짓는 것이다. 격물치지와 성의정심은 사물의 객관적인 탐구와 자신의 뜻과 마음에 대한 주관적인 수양을

---

[48] "己所不欲 勿施於人"
[49] "忠恕 違道不遠 施諸己而不願 亦勿施於人"
[50] "大學之道 在明明德 在(親)新民 在止於至善 …… 古之欲明明德於天下者 先治其國 欲治其國者 先齊其家 欲齊其家者 先修其身 欲修其身者 先正其心 欲正其心者 先誠其意 欲誠其意者 先致其知 致知在格物"

말하는 것으로 볼 수 있다고 하겠다.

다음으로 수신·제가·치국·평천하는 자신 → 가족[家] → 향촌[鄕]과 국가[國] → 천하[天下]로 이어지는 것처럼, 다름 아닌 공동체로의 확대를 말하는 것이 아닐까 한다. 거기서 공(公)과 사(私)의 관계, 나아가서는 공공(公共)의 세계로까지 시야와 관심이 확대되어가는 모습을 확인할 수 있다.

3) 선비와 권력: 관계와 그 유형

선비에 대해서는 여러 측면에서 다양하게 정의를 내릴 수 있을 것이다. 아직 충분히 합의되지 않았다는 것이 더 정확하겠다.[51] 역사적인 사실에 충실하자면 역시 양반 같은 신분적인 요소가 일차적일 것이다. 하지만 더 넓혀 보자면, 어떤 생각을 품어야 하는가, 혹은 어떤 형태의 삶을 살아야 하는가 식으로 다채로워질 수 있다.[52] 그럼에도 선비에게 가장 핵심적인 요소 둘을 든다면 역시 '**지식/학문**'과 '**도덕성(윤리)**'이 아닐까 한다.

때문에 그들은 본래적으로 '지식인'이라 할 수 있다. 지식인인 만큼 그 사회적 존재일 뿐만 아니라 '정치' 영역으로부터 자유롭지 않다. '수

---

51) 한자어 '儒'와 '士' 그리고 '선비'의 얽힘과 구조 변화에 대한 면밀한 검토가 필요하다고 하겠다.
52) 예를 들자면 "조선조의 선비들이 생활의 신조로 삼았고 선비다운 선비들의 대부분이 실천에 옮겼던 것으로 알려진 삶의 원칙을 우리는 대략 다음과 같이 간추릴 수 있을 것이다. ①인간에게는 인간으로서 지켜야할 도리가 있다. 그 도리에 어긋남이 없도록 정성을 다한다. ②사사로운 이익보다도 국가와 민족을 먼저 생각한다. ③도리에 어긋남이 없이도 부귀를 누릴 수 있다면, 굳이 그것을 회피할 까닭은 없으나, 현실적으로 불의를 범하지 않고 부귀를 누리기는 지극히 어렵다. 그러므로 지나친 물욕과 권세욕을 자제하고 깨끗하게 살기를 도모한다. ④불의와 타협하지 않고 용감하게 맞서서 싸운다. ⑤자연 또는 예술을 즐기는 풍류(風流)로써 마음의 여유를 갖도록 노력한다." (김태길, 「조선시대의 선비와 오늘의 한국」, 『학술원논문집』(인문사회과학 편) 39, 2000, 26~27쪽)

신제가치국평천하'라는 말 자체 이미 정치참여를 전제하고 있다. 수기 치인이라는 말로 요약될 수 있는데, 중요한 것은 '수기'와 '치인'이 연결되고 있다는 점이다. 그 연결은 강제적인 것은 아니다. 다시 말해서 수기한다고 해서 반드시 치인해야 하는 것은 아니며, 또 그렇게 할 수도 없다. 또한 현실에서 수기가 바로 치인으로 이어지지도 않는다. 하지만 명분상으로 치인하기 위해서는 수기가 요청되는 것이다. 그 점이 중요하다.

지식과 학문은 그 속성상 정치, 더 궁극적으로는 권력과 이어지고 있다. 그러면 선비와 권력의 관계는 어떠할까. 학문과 도덕성을 동시에 갖춘 선비, 지식인으로서의 선비가 권력과 맺어질 수 있는 관계 역시 몇 가지 유형으로 나누어 볼 수 있지 않을까 한다.

① 스스로 권력을 잡고자 하는 경우 : 자신이 지닌 지식이나 이념을 실현하기 위해서 혁명가 혹은 저항가가 되는 것이다. 현실적으로 기존의 권력에 저항하는 일종의 '대항 권력'(Counter-power)의 지도부로 볼 수도 있겠다. 그 극한에 이르게 되면 폭군방벌론(暴君放伐論) 내지 역성혁명론(易姓革命論)으로 될 수 있겠다. 인텔리겐챠와 비슷한 측면이라 해도 좋겠다. ② 권력에 대해서 비판하는 경우: 정치권력에 대한 건전한 비판은 언제 어디서나 필요하다. 하지만 특히 정당성(Legitimacy)을 결여한 권력 혹은 타락한 권력에 대한 신랄한 비판자로서의 선비를 상정해볼 수 있다. ③ 권력에 참여해서, 적극적으로 권력을 돕거나 보좌하는 경우: 이 경우에도 권력의 정당성 여부가 관건이 된다. 정당성을 갖춘 권력에 참여하는 것이 문제가 될 수는 없겠다.[53] 열심히 학문을

---

53) 한국 현대정치사에서도 지식인, 특히 교수들의 정치참여가 문제가 되었던 적이 있다. 정권 혹은 정부에 국회의원, 장관, 총리 등으로 참여했던 교수들이 대학으로 돌아가는 문제와 관련해서, 이른바 문민정부(김영삼 정권) 이전에는 본인의 의지와는 관계없이 다시 대학으로 돌아가지 못한 경우가 많았다. 하지만 이른바 '민주화' 이후 그런 양상

닦아 과거 시험을 거쳐 관료가 되어 정치 및 행정에 참여하는 경우라 하겠다. 일반적으로 생각하는 가장 전형적인 경로라 할 수도 있다. 하지만 ④정당성을 결여한 권력, 특히 독재 권력에 가담하는 경우: 흔히 부당한 권력에 아부하는 경우로 여겨지곤 한다.[54] 뜻있는 선비들은 그들에 대해서 대놓고 야유를 보내기도 하고 심지어 조롱하기도 한다. ⑤세상을 등지고 초야에 묻힌 선비: 권력이나 사회적 지위 등 그 모든 것들에서 벗어나서 그야말로 가난하게 살면서도 지적인, 학문적인 자부심만으로 살아가는 경우도 더러 있다.

이들 유형 중에서 첫 번째와 마지막 유형은 극단적인 유형이라 할 수 있다. 마지막 유형은 『논어』 뒷부분에 보이는, 정치사회를 떠나 있는 은둔형 지식인에 가깝다고 할 수 있다. 공자는 나름 그들의 심정을 이해하면서도 자신은 결코 그럴 수 없다고 했다. 인간인 이상 정치사회를 떠날 수 없다는 것이었다. 그런데 참여는 정당한 정치권력에 '참여'하는가, 아니면 부당한 권력이나 독재정권에 가담하는가로 구분된다. 부당한 권력이나 독재정권에 가담하는 것은, 참여라 할 수 없을 것이며, 선비의 이미지에도 맞지 않는다. 결국에는 '참여'와 '비판'으로 압축될 것이다.

그런데 참여와 비판이라는 문제는, 선비의 경우 이른바 '거취'(去就) 혹은 '출처'(出處)[출처진퇴(出處進退)] 문제와도 이어진다. 『맹자』에 나오는 다음과 같은 구절이 적절한 참조가 된다.

"천하의 넓은 곳에 거하며, 천하의 바른 지위에 서며, 천하의 큰 도를 행하며, **뜻을 얻어 공직에 나아가면 백성과 더불어 말미암고, 뜻을 얻지**

은 달라지게 되었다.
[54] 지난날 한때 유행했던 한국 사회에서의 '어용' 지식인 논쟁 역시 이와 무관하지 않다. 이에 대한 자세한 검토는 훗날로 미루고자 한다.

못하여도 홀로 그 도를 행하며, 부귀하여도 음란하지 않으며, 빈천하여도 뜻을 바꾸지 않으며, 위엄과 무력으로도 능히 굽힐 수 없는 사람이야말로 대장부라고 할 만한다."55)

"뜻을 얻어 공직에 나아가면 백성과 더불어 말미암고, 뜻을 얻지 못하여도 홀로 그 도를 행한다[得志 與民由之 不得志 獨行其道]"는 것이다. 뜻을 얻기 이전에 해야 할 일이 있다. 천하의 넓은 곳에 거하며, 천하의 바른 지위에 서며, 천하의 큰 도를 행하는 것이다. 그런 다음에 뜻을 얻느냐 얻지 못하느냐가 문제가 된다. 바로 '참여' 문제인 것이다. 하지만 아무리 적극적으로 참여하고자 해도 기회가 오지 않을 수 있다. 그런 기회는 공자와 맹자에게도 오지 않았다. 설령 뜻을 얻지 못하더라도 홀로 그 도를 행한다는 것, 그리하여 부귀함도 그의 마음을 흔들어 놓지 못하고, 빈천함도 그 마음을 옮아가게 할 수 없으며, 위무(威武)로도 굴복시킬 수 없게 한다는 것이다. 그런 사람이야말로 대장부(大丈夫)라 할 만하다는 것이다.

이렇게 본다면 선비에게는 정치권력과 관련해서 크게 '참여'와 '비판'이라는 두 가지 기능이 동시에 주어져 있다고 하겠다. 하지만 필자가 보기에, 한국근현대사에서는 권력에 대해서 비판하는 기능이 특히 두드러졌던 듯하다. 그것은 근현대 한국정치사의 굴곡과 무관하지 않다고 생각한다. 19세기말 이후 밀려오는 제국주의 침탈과 식민지하에서, 그리고 해방 이후 이어진 독재와 군부통치 같은 상황 하에서는 그 같은 꿋꿋한 지사(志士), 심지어 기꺼이 목숨까지도 버릴 수 있는 절의(節義)를 보여준 지식인, 강직한 선비들이 훨씬 더 두드러질 수밖에 없

---

55) "居天下廣居 立天下之正位 行天下之大道 得志 與民由之 不得志 獨行其道 富貴不能淫 貧賤不能移 威武不能屈 此之謂大丈夫"(『맹자』,「등문공하」)

었다. 실은 그 같은 인식 자체가 그 시대상을 반영하고 있다. 제국주의가 가하는 억압과 부당한 권력에 정의를 내세우며 용감하게 맞서는 사람들의 이미지에서 선비를 찾았던 것이다. 시대의 요구에 부응하는 선비 이미지라 해도 좋겠다.

하지만 어느 시점부터인가, 대체로 비정하자면 '민주화' 이후부터, 선비와 선비정신에 대해서 기대하는 것 역시 크게 변하고 있다는 점, 아울러 앞으로는 달라져야 한다는 것을 느낄 수 있게 되었다고 생각한다. 그 방향성은 요컨대 권력 비판과 절의로 특징지워지던 지사형 선비만이 아니라 도덕성과 사회통합을 지향하는 참여형 선비, 미래의 리더십으로서의 선비까지 포괄할 수 있어야 한다는 것이다.

4) 국민개사(國民皆士)와 민주주의

선비와 선비정신 하면, 여전히 많은 사람들은 조선시대를 떠올리는 듯하다. 그 같은 인식을 넘어서 현재적 관점에서는 어떻게 선비와 선비정신을 읽어낼 수 있을까? 20세기 이후 보편적인 이념이 되어버린 민주주의와는 어떻게 연결시켜 이해해야 할 것인가? 우리는 19세기말, 20세기 초에 일찌감치 선비, 즉 사(士)에 주목했던 유길준에서 그 실마리를 찾을 수 있을 듯하다.

최초로 일본과 미국에 유학했던 그는 1907년 (그러니까 도산 안창호가 1913년 만들었던 것 보다 앞서서) 흥사단(興士團)을 만들었다. 말 그대로 '사를 일으키는 단체'(士를 興하는 團)라 할 수 있다. 거기서 말하는 선비(士)는 전통적인 사농공상 질서 안에 있는 '사'가 아니라 근대적인 지식과 도덕을 갖춘 사람을 의미한다. 그는 국민 모두를 '선비'로 만든다는 것을 목표로 설정했다. '국민개사'(國民皆士)는 국민 전체를 당장 '사'로 만든다는 의미가 아니라 교육으로 '사'를 창출하여 새롭게 형성된 '사'가 전국에 사풍(士風)을 일으키고 국가의 제반 산업을 담당하여 부국강

병을 이룩한다는 것이다. 그는 이렇게 말하고 있다.

> 무릇 사람이 배우게 되면 곧 모두가 선비라. 고로 보통교육으로 국민을 인도하고 길러서 사(士) 근기(根基)를 정할 수가 있다. 오늘의 사가 옛날의 사와 다른 까닭은 옛날의 사는 사민(四民)의 하나에 위치하여 일종의 특별한 계급을 이루니, 이는 당시에 교육을 받아서 사가 되기에 충분한 지식과 도덕을 홀로 가졌기 때문에 그 명칭을 향유했다. 그러나 **오늘날에는 그렇지 않아서 농공상 중 어떤 직업에 종사하든 간에 진실로 사의 지식과 도덕을 갖춘다면 역시 사이니, 하필 그 업무에 따라서 명칭을 구별하겠는가.** 세간의 수만 수천 가지 사업을 불문하고 사의 자격은 염치를 귀중하게 여기며 지력(智力)이 풍부하여 그 이익이 개인에 그치지 않고서 국가 전체에 미치나니 세계의 여러 나라가 일신하고 흥륭을 이룬 것은 바로 여기서 비롯된 것이다.[56]

'사'의 조건은 근대적 지식과 더불어 보편적인 도덕을 갖추어야 한다는 것. 그리고 그것이 자신의 개인 수양에 그치는 것이 아니라 그 지력을 국가 전체에 미친다는 것이다. 그러니까 선비의 재창조를 통해서 '국민'을 형성하고자 했다. 국민상을 선비(士)와 동일시하면서 그런 선비를 키우는데 노력하고자 했다.

이렇듯이 국민 모두가 '선비'가 되고, 선비로서 모든 일들을 해나간

---

56) "凡人이 學ᄒᆞ면則皆士라 故로 普通敎育으로써 國民을 導養ᄒᆞ야 士의 根基를 定홈이 可ᄒᆞ니 今日의 士가 古時의 士와 異ᄒᆞᆫ 所以오녀 古時의 士는 四民의 一에 居하여 一種 特立ᄒᆞᆫ 階級을 成하니 是는 當時 敎育을 受ᄒᆞ야 士되기에 足ᄒᆞᆫ 知識道德을 獨有ᄒᆞᆫ 故로 其名稱을 享有홈이나 然이나 今日에는 不然ᄒᆞ야 農商工中 何業에 從ᄒᆞ든지 苟士의 知識과 道德이 備홀진대 亦士니 何必其業務를 因ᄒᆞ야 名稱을 區別ᄒᆞ리오 世間의 萬千事業을 勿論ᄒᆞ고 士로 以홈則 廉恥를 重히 ᄒᆞ며 智力에 富ᄒᆞ야 其利益이 個人 一己에 止치 아니ᄒᆞ고 國家全體에 及ᄒᆞ나니 宇內諸國의 日新興隆을 致ᄒᆞᄂᆞᆫ 者는 此에 職由홈이라"(『유길준전서』 제2권, 364쪽)

다면 일종의 '선비 민주주의'론에 다다르게 될 것이다. 말그대로 국민 모두가 선비가 된다면, 그야말로 유길준이 말하는 '국민개사'가 실현되는 셈이다.

덧붙여두자면 비슷한 맥락에서 선비정신은 보편적인 사람 됨됨이에 관한 것으로 볼 수 있으며, 사람이라면 누구나 그 같은 선비정신을 갖춰야 한다는 주장도 젊은이들 사이에서 나오고 있다. 민주주의를 지향하는 현대 사회에서는 이제 온 국민이 선비라 할 수 있으며, 또 그래야 한다는 것이다. 그렇다면 당연히 여성도 선비가 될 수 있다. 그리 특별한 것은 아니라는 것. 그야말로 오천만 선비시대!

◎ 보편적인 사람 됨됨이: 사람이라면 선비정신을 갖춰야 한다.

"하지만 오히려 선비정신이 무엇인지, 왜 그것을 중요하게 여겨야 하는지를 고민할수록 이것은 리더십이 아니라 **보편적인 사람 됨됨이에 관한 것**이라는 생각이 든다. 다르게 말하자면 누구에게 특히 선비정신이 요구된다라는 말보다 **무릇 사람이라면 선비정신을 갖춰야 한다라는 말이 더 일리가 있다**는 것이다. …… 올바른 가치와 덕목을 사회 전체가 추구해야 뛰어난 리더가 나오며 그/그녀와 함께 뛰어난 사회를 만들 수 있는 것이다."[57]

◎ 5000만 선비시대: 이제 온 국민이 선비

"선비란 본래 '문제를 알고 이를 극복하기 위해 노력'한다는 점에서 수신하는 사람이며 현실을 개혁하는 사람이다. 사람들의 본(本)이 되어 이렇게 살자 몸소 제시하고, 더 나아가 그렇게 살 수 있도록 사회를 개선해 나가는 사람들이다. 그렇다면 오늘날의 선비는 누구일까? **나는 이제 온 국민이 선비라고 생각한다.** 누구나 교육이 기본권으로 보장되고 자아실현을 궁극적

---

57) 〈내가 생각하는 선비와 선비정신, 그리고 아산서원〉 전○○.

향방으로 두는 민주주의 사회에서, 여성선비도 크게 특별할 것이 없다."[58]

오늘을 살고 있는 20대 젊은이들의 생기발랄한 상상력과 유연한 발언에 놀라지 않을 수 없었다.[59] 필자 역시 나이 들면서 어쩔 수 없는 기성세대의 한 사람이 되어버렸는가 하고 자문해보기도 했다. 선비정신의 재발견과 현재적 의미를 생각하고 말하면서도 마음 한 켠에서는 혹시라도 민족주의 내지 국수주의로 기우는 것은 아닌가, 하는 약간의 우려와 더불어 스스로 경계하는 마음을 지녀 왔기 때문이다. 하지만 당당하고 자신있게 표현하는 모습에서 큰 힘을 얻은 것도 부인할 수 없겠다.

5) 여성선비[女士]와 여중군자(女中君子)

모든 국민이 다 같이 선비[士]가 되고, 또 그런 정신에 입각해서 민주주의를 구현해낼 수 있다면, 여성[젠더] 문제가 떠오를 여지가 없어질 것이다. 누구든지 기본 교육을 받을 권리를 가진 사회에서는 남녀차별 문제는 불거지지 않는다. 하지만 누가 보더라도 아직은 우리 사회가 그런 지점에는 이르지 못하고 있다. 다른 각도에서 보자면 여전히 유교적 전통 아래의 여성 이미지가 남아 있으며, 그것은 흔히 남성중심

---

58) 〈5천만 선비시대〉 이○○.
59) 한 젊은이는 더 나아가 '공화적 선비정신'에 대해서도 말하고 있다. "여기에 조금만 더 개인적인 사견을 부연하자면, '**공화적 선비정신**'을 이야기하는 것 역시 의미있는 일이라 생각한다. 본디 유가 사상은 공동체 내의 관계 속에서 각 개인이 스스로의 본분에 충실할 것을 강조하는 사상이며, 禮는 그러한 '**관계적 덕성**'의 이념을 담고 있다. 이는 어쩌면 **서유럽에서 기원한 공화주의적 덕성과도 상통하는 바가 있지 않을까** 생각해본다. …… 우리의 정신문명적 전통 속의 선비들을 불러와 그들과 '민주공화국 대한민국'에 대해 이야기해보는 것은 어떨까. 더 나아가서, 서구인들이 일본의 'Bushido'에 대해 연구하듯이 미래의 어느 날 'Republican Sunbijungshin'에 대해 이야기하는 상황을 상상하면, 또한 즐겁지 아니한가?"〈민주 공화국 대한민국 속에서의 '선비정신'의 재구성에 대한 시론〉정○○.

의 가부장제로 특징 지워지고 있다. 그런 만큼 '여성도 선비가 될 수 있는가' 하는 문제를 제기하면서, 여성선비에 대해서 조금 부연해두고자 한다.

우리는 종종 "암탉이 (새벽에) 울면 집안이 망한다."[60]거나 "여자와 소인은 다루기 어렵다."[61]는 말을 듣곤 한다. 아울러 남녀칠세부동석(男女七歲不同席), 칠거지악(七去之惡)과 삼종지도(三從之道), 그리고 남편은 아내의 하늘[부내부천(夫乃婦天)]이라는 생각[여필종부(女必從夫)], 여인은 두 남편을 섬기지 않는다[불경이부(不更二夫) 내지 일부종사一夫從事)] 같은 명제도 접할 수 있다. 그 끝간 데에 이르면 "굶어 죽는 것은 지극히 작은 일이요, 절개를 잃는 것은 지극히 큰일"[62]이라는 주자학적 엄격주의 나아가서는 '열녀이데올로기'를 만나게 된다.

그 같은 남성 중심주의적 사고가 자리 잡은 것은 조선의 건국 이후의 일이다. 세종의 『소학』보급과 장려[63], 이어 소혜왕후 한씨의 『내훈』이 간행됨으로써, 『소학』의 조선화가 이루어지게 되었다. 특히 『내훈』을 통해서, 여성에 의한 주자학적 여성관이 확립되었다는 측면을 간과할 수 없다.[64] 『경국대전』에서 "재가하거나 실절한 부녀의 아들 및 손자는 문과와 무과, 생원 진사 시험에 응시할 수 없다."[65]고 한 규정은 남성중심의 사회를 결정적인 것으로 만들었다.

이른바 임진왜란과 병자호란을 거친 후 조선 후기에 이르게 되면

---

60) "牝鷄之晨惟家之索"(『서경』, 「목서」)
61) 子曰 唯女子與小人爲難養也. 近之則不遜 遠之則怨.(『논어』, 「양화편」)
62) 餓死事極小 失節事極大.
63) 이남희, 『여성선비와 여중군자: 조선 지식인 여성들의 역사』(다할미디어, 2023), 제1장 참조.
64) 이에 대해서는 이남희, 「소혜왕후 한씨와 『내훈 그리고 젠더문제: 그 사회사적 독해와 재음미」, 『국학연구』 51, 2023 참조.
65) 再嫁失行婦女之子孫 勿許赴文科生員進士試「並武科同」(『경국대전』 권3, 예전 제과조 및 권4, 병전 시취조)

국가에 의한, 극단적인 열녀 권장, 말하자면 '열녀 이데올로기'를 낳기에 이르렀다. 전통적인 여성상의 강조와 더불어 사회의 보수화가 기획되었다. 하지만 그것이 전부는 아니었다. 여성들의 책 읽기와 글쓰기 열풍과 더불어 새로운 여성들이 등장하기 시작했다. 조선 후기 문헌에 이미 '女士'와 '女中君子'라는 용어가 등장하고 있다.[66]

우리의 눈길을 끄는 것은, 한글을 넘어서 문자[한문]를 알고 한문으로 글쓰기가 가능한 여성들의 등장에 다름 아니다. 주자학적 지식을 갖추고 개인 문집까지 남긴 '지식인 여성들'이 등장했다.[67] 그들을 가리켜 '여성선비'[女士]라 불렀으며, 스스로 그 같은 자의식을 지니고 있었다. 그들의 주장을 여기서 자세히 소개할 수는 없지만, 그들이 생각했던 것은 다음과 같은 몇 가지로 요약, 정리할 수 있을 것이다.[68]

①하늘로부터 받은 성품은 남녀가 다르지 않다—여기서 우리는 남녀평등 관념의 싹을 확인할 수 있다. ②남녀는 다만 그 분수와 역할이 다를 뿐이다. ③여성도 공부하고 수양해야 한다[선비와 군자가 되어야 한다], ④여성도 '성인'(聖人)이 될 수 있다[士·君子·聖人]. 이런 생각을 거쳐서 그들은 남녀 구분과 차별화를 넘어선 평등한 보편적 인간을 상정하기에 이르렀다.

요컨대 조선 사회 내부에서 자생적으로 그 같은 지적인 운동과 역량이 생겨나고 있었다는 사실 자체가 놀라운 것이다. 그들의 삶과 생각은 여성선비, 아니 (남녀를 넘어선) 선비에 어울리는, 훌륭한 그것이었다.

---

[66] 이들 용어는 사대부 남성들이 여성을 상찬(賞讚)할 경우 사용하기도 했다. 그 덕목은 예와 법칙에 맞는 바른 생활, 정절과 순절, 효도와 공경, 내조와 근검절약 등이었다.
[67] 구체적인 예를 들자면, 임윤지당(任允摯堂, 1721~1793), 이사주당(李師朱堂, 1739~1821), 이빙허각(李憑虛閣, 1759~1824), 강정일당(姜靜一堂, 1772~1832), 김호연재(金浩然齋, 1681~1722) 등.
[68] 이에 대한 자세한 논의는 이남희, 앞의 책, 특히 제4장 조선의 지식인 여성: 여성선비와 여중군자 참조.

다른 각도에서 보자면, 이 글에서 말하는 선비정신은 '보편적인 인간'을 지향하는 이념으로서의 면모도 충분히 갖출 수 있는 것이라 하겠다.

4. 맺음말: 통합의 리더십

이 글에서는 오늘날 한국 사회에 선비정신이 어떤 의미와 가치를 가지고 있는지, 그리고 가질 수 있는지에 대해서 논의해 보고자 했다. 선비정신의 현재적 의미와 가치에 초점을 맞추었다고 할 수 있겠다. 선비정신을 말한다고 해서 과거로 돌아가자는 것은 아니며, 과거를 재현하고자 하는 것도 아니다. 오랜 전통을 통해서 축적된 좋은 측면을 오늘에 끌어와서 되살리려는 노력이라 하겠다. 미래를 여는 전통이라 해도 좋겠고, 오래된 미래로서의 선비정신이라 할 수도 있겠다.[69] 이제 '선비정신'과 관련해서 앞에서 논의한 점들을 몇 가지로 정리하고, 앞으로의 과제와 전망에 대해서 특히 통합의 리더십과 관련해서 간략하게 덧붙이는 것으로 이 글을 마무리하고자 한다.

우선 '선비'와 '정신'이란 두 단어가 연결된 선비정신이란 말은 1960년대에 들어선 이후의 일이라 할 수 있다. 선비정신을 말하게 된 것은, 당시의 시대적 현실에 대한 비판과 더불어 지난 역사에서 빛났던 선비들의 정신세계에서 그 대안을 찾아보려는 적극적인 의미가 담겨 있다. 그야말로 시대가 정신적 유산이라 할 만한 선비정신을 호출해낸

---

[69] 지나간 과거의 그 모든 것들이 곧바로 전통이 되는 것은 아니다. 시대의 변화와 생각의 변화를 거치면서 살아남는 것들이야말로 '전통'이 된다. 전통의 재발견 혹은 발명이라 해도 좋겠다. 다른 말로 하자면 우리가 계승해야 할 것이 무엇인지 '천명'해야 한다는 것이다. 따라서 전통으로서의 선비정신을 말하는 것은 단순한 복고주의도 아니고 우리 것이야말로 최고라는 국수주의와도 분명한 거리를 두고 있다.

것이다. 앞으로 이 사회를 이끌어가야 할 리더들이 갖추어야 할 마음가짐과 자세에 대한 참고자료가 될 수도 있겠다.

더욱이 선비와 그들의 정신세계는 오랜 우리 역사와 삶 속에 뿌리내리고 있다. 의미있는 문화적 유산일 뿐만 아니라 이상적인 인격 혹은 바람직한 인간상이라는 측면에서 전 세계적으로 보더라도 충분한 경쟁력을 지니고 있다고 필자는 생각한다. 근세 일본의 사무라이(士), 중국 명·청시대의 신사(紳士)[향신(鄕紳)], 중세 유럽의 '기사'(騎士, Knight), 근대 초엽의 '젠트리'(Gentry) 혹은 '젠틀맨'(Gentleman), 고대 그리스 및 로마 나아가 근대에 부활한 '시민'(市民)[Citizen, Citoyen, Bürger], 그리고 근대 초엽 동유럽 및 러시아의 '인텔리겐챠'(Intelligentsia) 등에 뒤지지 않는 인간상이라 할 수 있기 때문이다. 무인(武人)이 아니라 인문학적인 소양을 갖춘 '문인'(文人)이었다는 점, 그 토대가 재산이나 토지소유와 같은 물적인 것이 아니라 '지식과 학문'의 담지자라는 측면이다. 게다가 인격수양을 바탕으로 하는 '도덕성'을 갖추고 있다는 점이다.

뿐만 아니라 도덕과 학문을 겸비한 문인으로서의 선비는 그에 어울리는 마음가짐과 자세를 지닐 것이 요청되었다. 선비는 이로움[利], 이익 보다는 의로움[義], 정의와 공정을 따르고, 항산(恒産)이 없을지라도 항심(恒心)을 잃지 않는다. 또한 자신[己]과 다른 사람들[人]과의 관계에서, 자신의 수양을 통해서 남을 다스리는 관계로 이어진다[修己治人]. 다른 사람을 다스리는 행위의 정당성은 '수기'에서 비롯된다. 그 과정에서 스스로는 양심과 내면의 목소리에 귀 기울이며, 그런 자신을 미루어 다른 사람도 그렇게 대하는 것이다. 그리고 '수기'는 애매하고 추상적인 인격적인 도야를 넘어서며, 8조목에서 말하는 '格物·致知·誠意·正心'을 포괄하는 것, 말하자면 사물의 객관적인 탐구와 자신의 마음에 대한 주관적인 수양을 가리킨다고 하겠다. 또한 수신제가치국평천하라는 말이 상징해주듯이, 개인과 가족을 넘어서 항상 공동체를 생각하고, 더 큰 공동체[鄕·國·天下]로 나아가는 진취적인 모습을 보여준다.

그 같은 선비와 선비정신은, 흔히 생각하는 것과는 달리 근대화 과정이나 현대 사회에서도 충분히 발전적으로 방향으로 활용될 수 있다. 예컨대 유길준은 "국민 모두를 '선비'로 만든다"(國民皆士)는 것을 목표로 설정했다. 거기서 말하는 선비(士)는 전통적인 사농공상에서의 '사'가 아니라 근대적인 지식과 도덕을 갖춘 사람을 의미한다. 그렇다면 그런 비전은 민주주의와도 친화력을 갖는다고 해야 할 것이다. 이제 온 국민이 선비가 되고, 그리하여 5천만 선비시대가 온다면 민주주의 역시 그 안에 용해되어버릴 것이다. 선비 민주주의라 해도 좋고 유교 민주주의로 불러도 상관없다. 우리에게는 낯선 기원을 가진 '시민'('부르죠아') 보다는 '선비' 혹은 '군자'가 더 와 닿는다.[70] 모든 국민이 선비정신을 발현할 수 있다면, 여성[젠더] 문제 역시 자연스레 해소되어버릴 것이다. 이미 조선 후기에 보편적인 인간과 남녀평등을 주장하는 선구적인 여성선비[女士]도 출현했었다. 귀중한 정신적 자산이라 하지 않을 수 없다.

이와 같은 현재적인 의미와 가치를 갖는다고 할 수 있는 선비정신은 동시에 현실에 대한 비판이라는 성격도 동시에 지니고 있다. 동전의 양면과도 같다. 한 사회의 고위층 인사들에게 요구되는 높은 수준의 도덕적 의무, 이른바 노블레스 오블리주(Noblesse Oblige) 역시 선비정신에 포괄될 수 있다고 해야 하지 않을까. 그러면 오늘날 한국사회를 이끌어가고 있는 지도층은 과연 어떠한가? 그 물음에 대해서 우리는 충분히 그렇다고 답할 수 있을까? 우리의 지식인들은 또 어떤가?[71] 그들 모두에

---

[70] 누가 과연 시민이며 그 자격과 요건은 어떤 것인가, 더 구체적으로 농촌에 살아도 시민인가 등. 그 시민 개념의 밑바탕에 해당하는 부르죠아 관념과 용어 역시 그렇게 피부에 와 닿지 않는다.

[71] "'지식인다운 지식인'을 우리는 흔히 '지성인'이라고 부른다. 우리의 현실은 한국의 지식인들이 단순한 '지식인'에 머물지 않고 '지성인'으로서 살기를 요청한다. 오늘의 한국이 요청하는 '지성인'은 조선조의 '선비'로부터 많은 것을 배워야 하지 않을까."

게 선비정신이야말로 가장 요청되고 있는 덕목이 아닐까 한다.

나아가 선비정신은 앞으로 다가올 미래에 대해서도 시사하는 바 크다고 하겠다.[72] 우선 단기적으로 보자면, 현재 여러 층차에서 다양하고 격심한 분열과 갈등을 겪고 있는 우리 사회에 가장 요청되는 것은 '사

김태길, 앞의 책, 33쪽.

[72] 2024년 10월 학술발표회 발표문(이 글의 초고)을 작성하고 얼마 후의 일이다. 작가 한강의 노벨문학상 수상에 뒤이어, 한국계 미국인 작가 김주혜(JUHEA KIM, 1987~)의 *Beasts of a Little Land*가 러시아 '야스나야 폴랴나상(톨스토이 문학상)' 해외문학 부문 수상작으로 선정되는 반가운 소식이 있었다. 그 책은 『작은 땅의 야수들』(다산책방)이란 제목으로 이미 두 해 전에 한국어로 번역, 소개되었다. 무엇보다 필자의 관심을 끌었던 것은, 작가가 아홉 살 때 가족과 함께 미국으로 이민을 떠났다는 점, 그런데 그 책 내용이 이민 이후 실제로 겪는 경험담이 아니라 일제하에서 한국의 독립을 위해서 싸웠던 정의롭고 용감했던 사람들의 이야기라는 점이었다. 작가는 이렇게 말했다. "우리 선조들은 그렇게 급박한 상황에서도 정의, 용기, 충실함, 신의, 사랑, 우정, 이런 거 안 잊고, 국가를 설립했습니다."
문득 이민 2세, 한국계 미국인 작가가 어떻게 그럴 수 있었을까? 하는 의문이 들었다. 각종 언론과 유튜브 등, 다양한 인터뷰 기사를 통해서 그런 의문을 어느 정도 풀 수 있었다. 정리해보면 이러하다. 이민 이후 겪게 되는 수많은 핍박에도 그녀는 개의치 않았으며, 돈 많은 백인 상류층의 멸시에도 결코 자부심을 잃지 않았다. 자신에게는 "고귀한 혈통을 잇고 있다", "양반집 자손이라는 굉장한 자부심"이 있었다. 그리고 그 바탕에는 "한국의 유교사상과 양반문화"가 깔려 있다고 생각한다. 물론 "남존여비, 가부장제 같은 부정적인 측면"이 있으며, 또 "계급주의적 사상이 좋다고 생각하는 건 아니다." 그렇지만 "나라가 망했을 때 생명과 피를 바쳐 나라를 구하고 지키고자 하는 것", "선비사상에 깃든 정신들"은 정말 귀중하다고 생각한다. 이런 것들에 대해서, 자신은 어려서부터 끊임없이 교육을 받았다. 그래서 스스로 한국인이라 생각하며, 한국어도 사랑한다고 했다.
이민자 아홉 살 난 아이에게 누가 그런 교육을 했겠는가? 역시 부모가 가르쳤을 것이다. 새로운 환경에 적응하기도 힘들었을 텐데, 어쩌면 그래서 더 아이들에게 유교 문화와 선비사상의 좋은 점을 강조해마지 않았다는 것, 그것은 독립운동가 외할아버지가 작가의 어머니에게, 다시 어머니가 작가에게 전해준 넉넉한 정신적인 유산이라 할 수 있지 않을까. 정말 오랜만에 접하는 감동적인 장면이었다. 필자가 발표를 통해서 전달하고자 했던 메시지를 잘 보여주는 실제 사례 같다는 느낌이었다. 남존여비, 가부장제와 관련해서는, 작가가 이 글의 '여성선비' '여중군자' 부분을 참조해주었으면 좋겠다는 생각도 들었다. 유교 문화와 선비정신에 대한 균형 잡힌 이해와 미래를 위한 창조적인 독해와 재구성 작업은 무의미한 일은 아니라 생각한다. 선비정신을 이해하고 기꺼이 자신의 것으로 만들 수 있는 젊은이들이 더 많이 등장해 우리 사회를 옳은 방향으로 이끌어 갈 수 있기를 바라마지 않는다.

회통합'이라 할 수 있다. 여론조사에서도 선비정신이 한국의 사회통합에 도움이 된다고 생각하느냐는 질문에 대해서 긍정적인 대답이 많았다.[73] 선비정신이 곧바로 사회통합을 구현해낸다고 할 수는 없겠지만, 그 같은 사회통합을 이루어낼 수 있는 리더십에서 선비정신은 중요한 부분을 차지할 수 있을 것으로 기대된다.

다음으로 장기적으로 보자면, 새로운 시대를 향해 나아갈 수 있는 사회통합의 리더십 그리고 미래의 리더십을 창출해내는 데도 기여할 수 있을 것으로 여겨진다.[74] 자라나는 젊은 세대들에게 이상적인 인격 내지 바람직한 인간상으로서의 선비와 선비정신 '이야기'를 들려주고 다각도로 생각하게 해줄 필요가 있다.[75] 어떤 일을 하건 공(公)과 사(私)의 엄격한 구분, 공공(公共)에 대한 관심, 공동체를 중시하는 태도. 그런 미덕을 갖춘 사람으로 성장해가야 하지 않을까.

그렇다면 우리로서는 '선비정신'을 근간으로 하는 새로운 통합의 리더십을 창출해가야 한다고 할 수 있지 않을까. 선비정신은 인격적 수양을 갖추고 사리사욕을 넘어서 공적인 것과 공동체를 생각하는 건전함에 대해서 들려주기 때문이다. 요컨대 선비정신은 사회통합을 위한 미래의 '리더십'을 창출해내는 원동력이 될 수 있다는 것, 특히 미래의 리더가 되고자 하는 젊은이들은 중요한 하나의 준거틀로 삼아야 할 것이다.

---

[73] 응답자의 55.7%. 부정적인 의견은 24.8%에 그쳤다. 선비들의 당파싸움이 가장 문제라고 지적했던 지역 응답자들도 56.0%가 선비정신이 사회통합에 긍정적이라고 답했다. 김석근 엮음, 앞의 책, 324쪽.

[74] 선비에 관심을 가진 학자들을 대상으로 한 심층 설문조사에서, "현재 우리 사회, 더 나아가서는 미래 한국 사회에 왜 선비정신이 필요한가" 하고 물었다. 이에 대해서 ①리더십 발휘를 위해서, 그리고 ②사회통합을 위해서 선비정신이 필요하다는 답변이 나왔다. 종래의 권력 비판에서 미래를 향한 리더십과 사회통합으로 강조점이 이동했다고 볼 수도 있겠다. 김석근 외, 앞의 책, 370쪽.

[75] 의대와 일류대학 진학만이 젊은 그들의 꿈이 된다면 얼마나 서글픈 일일까. 그들이 기성세대가 되어 이끌어가게 될 세상은 또 어떨 것인가.

• 참고문헌

고병익, 『선비와 지식인』, 문음사, 1985.
권순철, 「'선비' 개념의 생성과 변화」, 2016. [김석근 엮음, 2016 수록]
금장태, 『한국의 선비와 선비정신』, 서울대학교 출판부, 2000.
김경동, 『선비문화의 빛과 그림자, 박영사, 2022.
김석근, 「'신라정신'의 '천명'(闡明)과 그 정치적 함의」, 『범부 김정설연구논문자료집』, 도서출판 선인, 2010.
김석근, 「공과 사 그리고 수기치인(修己治人)」, 『오늘의동양사상』 22, 2011.
김석근, 「선비정신의 현재적 함의와 전망」, 2016. [김석근 엮음, 2016 수록]
김석근 엮음, 『선비정신과 한국사회: 미래의 리더십을 찾아서』, 아산서원, 2016.
김석근, 「무사도, 일본의 혼」, 『일본을 강하게 만든 문화코드16』, 나무와 숲, 2000.
김석근 외, 『한국문화대탐사』, 아산서원, 2015.
김태길, 「조선시대의 선비와 오늘의 한국」, 『학술원논문집(인문사회과학편)』 39, 2000.
김태길, 『유교적 전통과 현대 한국』, 철학과현실사, 2001.
박종홍, 『한국사상사논고』(유학편), 서문당, 1977.
시마다 겐지, 김석근 옮김, 『주자학과 양명학』, AK커뮤니케이션즈, 2020.
유길준, 『유길준전서』 제2권, 일조각, 1971.
율곡연구원, 「역사문화토크콘서트 "선비를 다시 생각한다"(제5회 율곡인문포럼)」, 2023.
이남희, 「소혜왕후 한씨와 『내훈』 그리고 젠더문제」, 『국학연구』 51, 2023.
이남희, 『여성선비와 여중군자: 조선 지식인 여성들의 역사』, 다할미디어, 2023.
이동환, 「선비정신의 개념과 전개」, 『대동문화연구』 38, 2001.
조지훈, 『지조론』, 나남, 1959(1996).

엮은이 최석기(한국선비문화연구원 부원장, 경상국립대학교 명예교수)
글쓴이 김언종(한국고전번역원 원장, 고려대학교 명예교수)
　　　　권순철(일본 사이타마대학 명예교수)
　　　　임태홍(성균관대학교 동아시아학술원 수석연구원)
　　　　김기현(전북대학교 명예교수)
　　　　심경호(고려대학교 명예교수)
　　　　오세현(경상국립대학교 사학과 교수)
　　　　이종범(조선대학교 명예교수)
　　　　전성건(국립경국대학교 인문·문화학부 교수)
　　　　김석근(전 아산서원 부원장)

한국선비문화총서 01

선비, 어떤 사람인가

2025년 9월 30일 초판 1쇄 펴냄

엮은이 최석기
글쓴이 김언종·권순철·임태홍·김기현·심경호·오세현·이종범·전성건·김석근
펴낸이 김흥국
펴낸곳 도서출판 보고사

책임편집 이경민
표지디자인 김규범

등록 1990년 12월 13일 제6-0429호
주소 경기도 파주시 회동길 337-15 보고사
전화 031-955-9797(대표)
팩스 02-922-6990
메일 bogosabooks@naver.com
http://www.bogosabooks.co.kr

ISBN 979-11-6587-923-5　94150
　　　979-11-6587-922-8　94080 (세트)
ⓒ 한국선비문화연구원, 2025

정가 30,000원
사전 동의 없는 무단 전재 및 복제를 금합니다.
잘못 만들어진 책은 바꾸어 드립니다.